中央與特別行政區關係專論

基本法
研究叢書

中央與特別行政區關係專論

朱國斌 朱世海 主編

CITY UNIVERSITY OF
HONG KONG PRESS
香港城市大學出版社

編　　輯	陳小歡
實習編輯	陳泳淇（香港城市大學中文及歷史學系四年級）
書籍設計	劉偉進　Création 城大創意製作

國際統一書號：978-962-937-419-8

出版

香港城市大學出版社
香港九龍達之路
香港城市大學
網址：www.cityu.edu.hk/upress
電郵：upress@cityu.edu.hk

A Study of the Relationship between the Central Authorities and the Hong Kong Special Administraive Region
(in traditional Chinese characters)

ISBN: 978-962-937-419-8

Published by

City University of Hong Kong Press
Tat Chee Avenue
Kowloon, Hong Kong
Website: www.cityu.edu.hk/upress
E-mail: upress@cityu.edu.hk

Printed in Hong Kong

目錄

詳細目錄

總序

一

　　1997 年 7 月 1 日，中華人民共和國恢復對香港行使主權，「實現了長期以來中國人民收回香港的共同願望」（參見《香港特別行政區基本法·序言》）。同日，香港特別行政區成立，成為「中華人民共和國的一個享有高度自治權的地方行政區域」（第 12 條）；《香港特別行政區基本法》正式生效，「以保障國家對香港的基本方針政策的實施」（〈序言〉）。始自這日，香港的歷史翻開了嶄新的一頁。

　　香港回歸標誌着中國在國家統一之路上邁出了一大步。對於香港特區而言，在《基本法》載明的「一國兩制」、「港人治港」、「高度自治」這些根本性原則統率之下，回歸更意味着憲制秩序的轉換與重構，以及中央與地方關係制度再造。在特區之內，「不實行社會主義制度和政策，保持原有的資本主義制度和生活方式，五十年不變」。就政府管治制度而言，基本的立法、行政、司法制度得以延續。就此而言，香港回歸取得了巨大成就，達成了歷史使命。

　　彈指間，香港回歸祖國已經二十年了。

二

　　常聽說：「香港是一本很難讀懂的大書。」對一些人而言，這本書依然晦澀難懂；而對另一些人來說，這本書寫到這般田地，不讀也罷。二十年後的今日，有人不斷地追問，東方之珠的「風采是否浪漫依然」？君不見，港英政府時代的制度瓶頸與問題，如貧富差距、地產霸權，今日仍揮之不去，赫然在目；特區政府又面臨着新的、尖銳的挑戰，有如北京—香港關係、行政—立法關係、管治低效、社會發展裏

足不前、本土主義與港獨思潮、普通法之延續，等等。這些，我們不可能視而不見。

然而，這又是一本必須去讀的書。之於內地讀者來說，很難理解在同文同種之下，為什麼兩地人民關係仍然顯得那麼生分，其程度甚至比回歸前更甚；為什麼祖國大家庭的小兄弟還是那麼「調皮」，時不時惹得父母生氣和懊惱。而對這本書的作者——香港人——來說，儘管「本是同根生」，但就是沒有那種親密無間的感覺。

這些年來，中國經濟發展突飛猛進，改革開放造就了「製造大國」。以經濟體量觀之，中國一躍而為世界第二大經濟體，這的確讓國人引以為傲，這就是「硬實力」。反觀香港，其 GDP 佔全國 GDP 的比重從 1997 年的 18.45%，下跌到 2016 年的 2.85%（《橙新聞》，2017 年 6 月 25 日），斷崖式下跌，今非昔比。

若僅以「硬實力」比拼，香港早就慘敗了。然而，在一國兩制下，香港人仍然有那份執着和「制度自信」，社會仍然繁榮昌盛。而且，客觀地觀察，香港也有自己的「軟實力」（soft power）。香港人自持的核心價值是法治、廉潔政府、自由，甚至還有有限的民主。

三

香港是一本必須讀懂的書。

在內地，以學術論文發表數量為衡量依據，香港研究曾一度成為「顯學」，時間大約是在《中英聯合聲明》簽署之後至《基本法》制定期間。及至香港九七回歸前後，也曾見研究興趣的再現。近兩三年來，在社會科學界，有關香港的研究又見興趣和出版高峰，這尤以法學界和政治學界為甚。

就《基本法》研究而言，學術成果猶如「雨後春筍，層出不窮」。理論的繁榮不一定表現在為成就唱讚歌，在客觀上，它反映了在實踐中存在並出現了很多新問題。今時今日，學術界首先面對的宏觀課題就是《基本法》理論的體系化、深度建設及研究的應用性。

從檢視現在的學術成果可以看到，學術界目前正關注的理論性、

實踐型問題包括：憲法與特區憲制秩序的形成、憲法與《基本法》的關係與互動、《基本法》變遷與政治發展之道、政治改革與中央權力、作為憲法原則的一國兩制、一國與兩制的關係、全面管治權與中央監督權之確立與行使、一國兩制與新型中央與地方關係模式、統一與多元之下中央與地方關係、特區管治與《基本法》、《基本法》之下權力分立模式、行政主導抑或三權分立、善治與行政—立法關係、《基本法》的「自足性」與全國人大常委會、《基本法》的「自足性」與香港普通法法庭、《基本法》下「雙軌制」釋法制度、本土主義及港獨思潮與《基本法》、《基本法》法理學，等等。

這些重大課題值得我們投入精力，一一闡發、澄清。

四

自 1996 年開始，我就在香港城市大學法律學院講授《香港基本法》及相關課程，對《基本法》研究略有心得，也希望為學術研究盡點綿薄之力。策劃出版本套「基本法研究叢書」的基本出發點及「初心」就是，多研究些問題，在理論與實踐間架設橋樑。進而言之，這也是為了學術，為了一國兩制繼續成功實踐，為了香港特區更好的未來。簡而言之，總結經驗，繼往開來。

「學術性」和「開放性」，是本叢書編輯出版所秉承的兩個基本原則。「學術性」不等於刻意追求著作的理論性、抽象性，不等於建造象牙之塔。不過，構造、解構與重構概念與理論是本叢書的使命之一。一部有質量的學術著作往往對實踐具有直接或間接的參考價值和指導意義。這樣的著作才有擔當，才能展現作者的使命感。至於「開放性」，具體而言，是指研究課題的開放性、研究方法的跨學科性，以及稿源的開放性。一切與《基本法》實施有關的課題都是本叢書關注的焦點，跨學科的著作尤為珍貴。叢書歡迎兩岸四地及海外作者不吝賜教、踴躍投稿，中英文著作兼收並蓄。

本叢書不敢好高騖遠，但還是志存高遠，希望為《基本法》研究提供一個共享平台，為學人搭建一個交流的園地。

最後，不能也不應該忘記的是，從策劃這套叢書的念頭一閃現開始，我就得到了來自香港和內地的傑出法律人和學者的至關重要的精神與道義支持。在此，我要特別記下對本叢書學術顧問委員會成員的真誠謝意，他們是：梁愛詩、王振民、王磊、何建宗、胡錦光、秦前紅、陳弘毅、楊艾文、韓大元。

五

香港城市大學位於九龍塘、獅子山下。在寫作本序言時，我情不自禁地想起那首耳熟能詳、由黃霑作詞、羅文演唱的名曲：《獅子山下》，不覺思緒萬千。《基本法》載明，一國兩制，「五十年不變」。二十年轉瞬即逝了，往者不可諫，來者猶可追。在未來的三十年，香港仍然會面對新的矛盾與挑戰，與此同時且重要的是，還有更多的發展機遇和更大的成功機會。香港人更應秉承獅子山精神，不斷適應變換中的新形勢、新環境，追求進步、繁榮、幸福。不忘初心，香港的前景必定是美好的。這也是我內心的深切願望。

行文至此，讓我引用一段《獅子山下》的歌詞為本序作結：

放開　彼此心中矛盾
理想　一起去追
同舟人　誓相隨
無畏　更無懼
同處　海角天邊
攜手　踏平崎嶇
我哋大家　用艱辛努力
寫下那　不朽香江名句

朱國斌

香港城市大學法律學院教授、法學博士

於九龍塘、獅子山下

2017 年 6 月 25 日子夜

序言

　　2017 年對香港來說是個特別的年份。歲月悠悠，山河依舊，香港回歸已 20 載。為紀念香港回歸 20 周年，香港城市大學法律學院中國法與比較法研究中心與香港基本法實施研究計劃於 2017 年 10 月 26 至 27 日共同主辦了主題「香港特別行政區憲制秩序的演進：理論與比較的視角」國際學術研討會。一時間，國際及國內專家雲集，共同研討這一具有廣泛學術和實踐意義的課題。本次會議邀請來自香港、澳門、內地，以及加拿大、西班牙、蘇格蘭、法國、芬蘭、印度的專家學者，討論香港特別行政區的新憲制秩序的演進與發展，並作出認真且有系統的回顧與前瞻。有意義的是，有目的地特邀外國專家所帶來的域外知識為會議研討提供了宏觀的、比較的視野和認知的廣度。

　　此次國際學術研討會旨在全面探討「香港特別行政區憲制秩序的演進」，在該中心主題之下，會議集中討論了以下重要問題：第一，從歷史及理論角度解讀中國的中央地方關係；第二，大陸法系國家之下的普通法法院，以及法院在新政治法律環境之下的憲制角色；第三，「一國兩制」：比較與域外經驗；第四，中國憲政與《香港基本法》的未來；及第五，本土主義、民族主義與「一國兩制」。

　　鑑於此次研討會部分學者提交的論文涉及中央與特別行政區關係，並且十分有理論高度和深度，以及多有新見解，故我決定先選取此一問題的論文修訂結集出版。為了豐富和深化關於此一主題的討論，我還決定收入范忠信教授、焦洪昌教授、李浩然博士發表在其他學術期刊上的論文。在此，我特別感謝作者和原刊的慷慨授權，使得本書不是一本簡單的會議論文彙編，而是一本有中心議題、有研究框架和思想內涵的專題著作。

　　在本書出版之際，我滿懷誠摯的感激之情。首先，我得感謝論文提交者和與會者的大力支持。其次，感謝香港城市大學法律學院對此次會議的召開給予慷慨資助和提供優質的專業會議服務。再次，感謝我的師弟、澳門科技大學法學院副教授朱世海博士接受邀請，和我一起共同編輯本著作，我非常欣賞他做事的一絲不苟態度和紮實的專業功底。與此同時，感謝北京大學法學院博士候選人馮韓美皓小姐對本書編輯出版作出的努力。馮韓美皓小姐（時任我所在的法律學院的副研究員）認真、高效地完成具體編輯和研究工作，還應邀撰寫了〈中央與特別行政區關係研究綜述〉和編製了「參考書目」作為本書的附錄。最後，我還得感謝香港城市大學出版社同仁，特別是陳小歡小姐為本書編輯出版工作付出的辛勞。

　　新書即將問世，謹以此文為序，既交代編輯出版之緣起，又表達我的深切感激之情。

朱國斌

2019 年 5 月 18 日

香港城市大學法律學院樂耘齋

導讀

一、本書的特點和結構

2017 年是香港回歸 20 周年，香港城市大學法律學院中國法與比較法研究中心召開了「香港特別行政區憲制秩序的演變：理論與比較的視角」國際學術研討會。研討會包括「從歷史及理論角度解讀中國的中央地方關係」和「大陸法系國家之下的普通法法院：法院在新政治法律環境之下的憲制角色」這兩大主題，在這兩個主題下都有學者對中央和特別行政區關係進行深入討論。本書共收錄 14 篇論文，包括部分參會文章，以及邀請撰稿文章，擬對中央與特別行政區關係的一般理論及司法權關係進行深入討論。

本書的作者來自香港、澳門、內地及海外不同地區，既有學術界人士，也有業界人士。他們採用歷史、文本、案例、比較研究等方法，從理論及實踐方面對中央與特別行政區關係進行討論。中央與特別行政區的關係在《基本法》起草之初就備受關注，因它關係着「一國兩制」能否順利落實。大多數學者認為，中央與特別行政區的關係是授權與被授權的關係，中央以憲法為基礎，通過《基本法》對特別行政區在立法、行政和司法方面授予了不同範圍的權力，使特別行政區享有高度自治權。《香港基本法》與《澳門基本法》對中央與地方的權力關係都有專門規定，但這些規定多為原則性的，現實中兩者在權力劃分、權力行使和權力監督等方面仍存在一些紛爭。例如，在特別行政區是否享有「剩餘權力」的問題上，大部分學者認為在憲制框架下港澳沒有「剩餘權力」，但少數學者認為港澳存在該權力。在特別行政區被授予權力是否可以被收回的問題上，有人認為授權者可以依法收回授權，也有學者認為高度自治權是不可收回的。同時，如果授權可以收回，

在什麼範圍、通過何種形式收回也存在爭議，這些與全國人大常委會釋法、西九龍「一地兩檢」等實踐中存在的問題密切相關。因此，本書邀請不同作者從不同角度對上述問題進行論述，旨在提供一個溝通交流平台，希望能為學術發展作出貢獻。

本書的研究主題為中央與特別行政區關係，鑑於各位作者對此議題的研究各有側重，故將內容依次分為兩個部分。第一部分是中央與特別行政區關係基本理論的討論，對授權理論、中央與特別行政區的權力結構和權力關係、中央對特別行政區的統戰工作等問題進行討論。第二部分是中央與特別行政區司法權關係專論，結合香港回歸後法院作出審判的案件，如吳嘉玲案、剛果金案、議員宣誓案等，對大陸法系之下的香港普通法法院進行分析，並對如何完善全國人大常委會釋法制度提出合理的建議。

二、各篇論文簡介

第一部分：中央與特別行政區關係中的法理與政治

這部分共收錄九篇文章。

朱國斌教授的〈新憲制秩序與中央—特區關係〉一文，指出香港回歸是當代中國歷史和香港歷史上的重大「憲法時刻」，標誌着香港憲制秩序完成了根本性的新舊更替，以及以《英皇制誥》和《皇室訓令》為核心的港英舊憲政秩序的終結。憲政秩序由政治的與法律的制度和制度所體現的原則共同構成。在中國憲法統率之下，香港新憲制秩序包括以下的制度與原則因素：一、它確立了「一國兩制」作為一種新形式的國家內部結構；二、它創立了另外一種中心與周邊關係模式和一種新型的中央地方關係；三、它創造了調整新型中央與地方關係的相應法律規範；四、「一國兩制」作為憲法原則充實和拓展了中國憲法理論與實踐。作者在文中將從憲法與政治學的角度討論三個問題：一、

作為新型憲政制度的「一國兩制」；二、新憲政秩序之下的「中央」及其之於香港的管治權威；三、香港管治與《基本法》。

朱國斌教授的〈「一國多制」下的複合制中國 —— 理論構建和方法論考量〉一文，指出隨着特別行政區的成立，中國的國家結構實際上發生了改變，中國不能再被定義為單一制國家，也不是一個聯邦制國家，將她定義為「複合制國家」更為準確。本章提出的「複合制」概念，不僅從理論上闡述了新形成的中央與地方關係，更有助於理順國家的縱向權力分配，有助於設計不同程度和不同形式的自治模式以滿足不同地方的需求，以及釐清每種自治制度的特徵。文章以香港現時的自治實踐經驗為例，提出「複合制」這新的法律概念和政治概念。作者認為就定義而言，「複合制國家」是由一個群（aggregate）或一組構成單位所組成的國家，其中每一構成單位根據不同的憲法性安排設立。文章同時期待為未來解決內地與台灣的統一問題提供一種新的理論範式和憲法性框架。文章指出，在適用複合制國家這一概念時，必須強調恪守以下原則，包括：統一主權、自治、世俗主義。

程潔博士的〈香港新憲制秩序的法理基礎 —— 分權還是授權〉一文指出，香港回歸20年來，在中央和特區關係層面和特區政府機構內部現了一些政治和法律問題。作者認為要回應這些問題和挑戰，需要從香港新憲制秩序的理論出發。目前，涉及香港新憲制秩序的理論有兩種代表性觀點：分權論和授權論。分權論主張，《基本法》為中央和特區權力範圍提供了依據，特別是為特區高度自治權提供了保障；授權論者認為，《基本法》確認特區的高度自治權來自中央授權，特區只能在授權範圍內行使立法權、行政權和司法權，不能逾越授權範圍。從香港回歸以來的實踐看，對同一事物採取分權論或授權論的視角，會得出不同的結論。文章從以下四部分進行分析：第一部分總結有關香港新憲制秩序的兩種主要理論；第二部分從規範基礎及範式表達方面分析兩種理論，並說明其法律意義和政策導向；第三部分論證授權作為新憲制基礎的正當性及分權論主張存在的主要問題；第四部分對既有授權理論的局限性，特別說明《基本法》中的不對稱授權。

　　朱世海副教授的〈中央與香港特別行政區的權力關係〉一文，指出雖然《基本法》對中央與特別行政區權力關係作出了較為明確的規定，但是現實中關於兩者之間的權力劃分、權力行使和權力監督等方面仍存在一些紛爭。在權力劃分方面，作者認為中央享有的是本源性權力，特別行政區享有的是授權性權力，兩者存在密切的聯繫和明顯的區別。在權力行使方面，作者指出目前存在的爭議是中央能否再行使已經授出的權力。在權力監督方面，作者對監督內容、監督效力和監督方式等問題進行探討，並對中央是否可以依法收回授權進行討論。作者認為一般來說授權者可以收回授出的權力，但具體結合香港的實際來分析會發現中央收回授權會受到很多限制。

　　熊文釗教授的〈論多元一體的中央與地方權力關係 —— 兼論中央與特別行政區的權力關係〉一文，指出特定國家的中央與地方關係所呈現出的格局形態取決於該國特定的社會政治環境，中國的中央與地方已經呈現多元一體的關係格局。所謂「一體」，指的是這種模式具有的中央集權特徵，即中央與地方政府間政治關係的「一元化」方面；所謂「多元」，指的是這種模式體現出的中央與地方之間的分權色彩，即中央與地方政府間的政治 —— 經濟關係的「多元化」方面。作者從中央與一般地方事權關係、中央與民族自治地方事權的關係和中央與特別行政區的權力關係三個方面，對該格局在中國的體現作出全面介紹。

　　焦洪昌教授、楊敬之博士的〈中央與特別行政區關係中的授權〉一文，指出將中央與特別行政區關係理解為以授權為基礎的主權與地方自治權之間的關係，具有重要的現實意義。文章從理論、規範、制度和實踐四個層面全面梳理了中央於特別行政區關係中授權的含義。在理論層面，文章指出特別行政區的權力源於國家授予，中央對特別行政區具有全面管治權；在規範層面，憲法和基本法共同構成特別行政區的憲制基礎；在制度層面，特別行政區制度已經成為中國的基本政治制度；在實踐層面，目前中國有經濟管理和政治發展的授權。文章最後指出，尊重「八二憲法」，加強憲法權威，推動憲法在特別行政區

的傳播和教育，可能是推動特別行政區政治經濟發展，促進基本法實施的因變之道。

盧兆興教授、洪松勳博士和盧海馳先生的〈從選舉政治的統一戰線視角看京港關係〉一文，認為香港回歸後，北京與香港的關係成為問題的核心。文章認為可以從中國共產黨統一戰線的角度去閱讀、理解和探索香港的政治問題。香港的統戰工作對應立法會選舉就是協調好參選名單，動員有限票源投票而要獲得最多的議席。文章透過近期的議會競選對北京在選舉中的統戰工作進行分析，認為如果統一戰線的工作得心應手地成功的話，可期望的結果是親北京力量完全獲得優勢，但作者認為有關形式未能確立；相反，這情況還需要一段頗長的時間來完成統一戰線的工作，接着才可能在政治上取得成功的。

李芝蘭教授的〈當代中國的中央與地方關係 —— 發展路徑及對政策執行的影響〉一文，將中國在 1949 年來的中央與地方關係變遷視為國家建設和民族融合、發展效率、職位晉升和外部影響等因素交互影響的結果，並分析了每一因素在其中的作用。文章指出，中央和地方關係經歷了三個階段。自 1950 年至今，行政性分權一直佔據主導地位；自 1980 年代以來，政府與市場邊界的變化更重視制度化的權力劃分。文章主張超越一貫的「遵從模式」，以「聯合主體」的視角來理解中央與地方的互動性質，以及中央與地方合作時行為出現差距的涵義。文章提出通過法制機制處理中央與地方之間的關係，從而提高政策實踐的品質。

賈廷思（Danny Gittings）先生的〈對權力分立的一國兩態 —— 國家級與次國家級對應闕如引致的張力〉一文，指出在憲制未有要求下，國家級與次國家級政府在行政立法的關係上通常會一致，次國家級的權力分立模式往往會與國家級對應，這是因為兩級架構的不吻合會帶來張力，導致其中一方轉變。《香港基本法》明確要求特別行政區在若干重要制度上與國家其他地區有別，鑑於兩級制度缺乏對應，中央並不認可香港法院確認的《基本法》權力分立原則，從而引發摩擦。作者認

為雖然張力或無可避免，但釐清《基本法》賦予的究竟是何種權力分立模式，有助於緩和當前形勢。

第二部分：中央與特別行政區司法權關係

這部分共收錄五篇文章。

楊曉楠博士、楊振碩士的〈大陸法國家中的普通法法院——「一國兩制」與普通法〉一文，指出作為法治的守衛者，香港特別行政區法院在特別行政區政治制度中扮演着重要的角色。在回歸後的 20 年中，香港法院的很多判決引發了《香港基本法》的設計者都始料未及的憲制爭議。作為《香港基本法》的解釋者之一，香港法院在「一國兩制」的框架下解釋地區憲法性文件的含義，與另一個解釋者即全國人大常委會形成了複雜的互動關係。作者認為大陸法和普通法之間的區別並沒有想像得那麼大。因此期待未來彼此之間有更多理解，並期待一種更透明的解釋程序，以及更成熟、穩定的法律解釋方法論，以便於塑造「一國兩制」原則下更謹慎的司法機構。

范忠信教授的〈「基本法」模式下的中央與特區司法關係〉一文，指出《基本法》所確立的中央與特別行政區司法關係，僅僅是以國防、外交等國家行為為分界的中央與特別行政區司法權的劃分，並沒有中央司法與地方司法之間關係的構思，這種過於原則、抽象甚至模糊不清的劃分，必將給未來「一國兩制」實踐帶來諸多問題。作者舉例說明當前存在的一些問題，就特別行政區與中央在司法方面可能出現的管轄糾紛及已經出現的司法相關的《基本法》解釋權爭議等問題做了一個初步的勾劃。文章提出在將來用全國人大常委會對《基本法》的解釋來完善這種司法關係機制較為合理。

李浩然博士的〈香港司法案例中的中央與特區關係——以提請釋法的條件和程序為視角〉一文，指出《香港基本法》第 158 條對終審法院提請全國人大常委會解釋基本法作出規定，這是中央與特別行政區關係在司法方面的重要內容。但該條文只規定了基本原則，沒有詳細的執行安排。作者指出，經過回歸後多年來的審判實踐，法院逐步建

立了提請釋法的判定標準,即對爭議內容是否屬於「範圍外條款」的前置判斷。文章指出,在提請程序上,終審法院通過剛果(金)案,嘗試對提請程序和提請內容進行規範化構建;全國人大常委會以《立法法》為依據,逐漸發展出有別於法院提請的釋法制度。

付婧博士的〈香港涉立法會案件中的司法與立法關係——普通法系下的比較研究〉一文從比較法的視角,對普通法系下法院如何處理議會事務作比較研究。作者對傳統普通法下的「不干預原則」和「歸檔法案規則」的發展和內涵進行梳理,認為在成文憲制的影響下,普通法地區的法院不再受制於因議會主權而對其審查議會內部事務或行為的限制,在管轄權原則上有了更大的突破。同時作者通過對梁國雄訴立法會主席、梁游立法會宣誓等案件的梳理,對香港法院如何介入立法會事務這一問題進行廓清,分析香港法院介入立法會事務的基本理路。

羅沛然大律師的〈讀「四議員資格」初審判詞,斷香港法院「消化不良」之症〉一文,通過閱讀和分析區慶祥原訴法庭法官對四議員資格案的判案書,以及考慮梁國雄及劉小麗針對該判案書的上訴理據和終審法院上訴委員會在拒絕接受梁游議員資格案所持的依據,來研判香港特別行政區法院在領受、應用 2016 年全國人大常委會釋法時採用的面向,以及試圖譜出日後香港司法者面對中央行為和國家法理的發展方面。作者提出了香港特別行政區法院對待全國人大常委會解釋的兩種路徑:一種是香港特別行政區機構收取全國人大常委會解釋,認定和固定它的「異體」性質,將它投進普通法系統的「水域」;另一種是香港特別行政區機構領受全國人大常委會解釋並在自覺或不自覺地受到它的社會主義法制(民法法制)的立法法理影響。

作者簡介

（按文章先後排序）

朱國斌：香港城市大學法律學院教授、法學博士，香港城市大學法律學院人權法律與政策論壇主任，香港城市大學出版社社長。近期主要著作包括：《中國憲法與政治制度》、《香江法政縱橫——香港基本法學緒論》、《新編中國法》（主編）、《當代中國政治與政府》（合著）、《香港司法制度》（合著）、*Personal Data (Privacy) Law in Hong Kong*（主編）、《香港特區政治體制研究》（主編）和《第五次人大釋法：憲法與學理論爭》（主編）。近期論文發表在：*Stanford Journal of International Law, International Journal of Constitutional Law, Human Rights Quarterly, Columbia Journal of Asian Law, Suffolk University Law Review, International Review of Administrative Sciences, China: An International Journal, and Hong Kong Law Journal.*

程　潔：清華大學法學院副教授，加拿大不列顛哥倫比亞大學法學院講師。中國政法大學法學學士（1993）、法學碩士（1996），北京大學法學博士（1999）。主要研究領域包括：中國憲法、比較憲法、香港基本法、澳門基本法、土地權利與徵地權、資訊自由與資訊安全、司法政治等。主要代表作品包括《治道與治權：中國憲法的制度分析》、《憲政精義——法治下的開放政府》、《憲法與行政法》（譯著）等，並曾經在《中國法學》、《法學研究》、《法學家》等專業期刊發表多篇學術文章。

朱世海：澳門科技大學法學院副教授、法學博士，主要研究領域：憲法學（港澳基本法）、政治學（政黨與政黨體制）。近十年來，出版《香港政黨研究》、《香港行政主導制研究》和《分歧與共識——香港行政長官普選制度研究》（第一作者）等專著；發表論文二十餘篇，其中多篇文章分別被《新華文摘》、《新華月報》、《思想理論動態參閱》、《國圖決策參考》、《憲法學、行政法學》、《中國政治》、《港澳台研究》、《黨政幹部決策參考》、《中國機構改革與管理》、《中國政協》、《民主法制周刊》、《民主法制時報》、《學習時報》、《長江日報》、《人民之聲報》和《人民政壇》等期刊轉載或摘編。

熊文釗：中央民族大學法學院教授（國家二級）、法學博士，法治政府與地方制度研究中心主任，兼任中國立法學研究會副會長、中國憲法學研究會常務理事、中國行政法學研究會常務理事、中國法學會董必武法學思想研究會常務理事、中國行政管理學會理事、中國財稅法學研究會常務理事、海峽兩岸關係法學研究會理事、中華全國律師協會行政法專業委員會副主任委員、中國民族學人類學聯合會法律人類學專業委員會副主任、中國行為法學會行政執法研究會副會長、北京市憲法學研究會常務理事。受聘擔任中華人民共和國財政部法律顧問、北京市人民政府立法諮詢委員，中國消費者協會專家委員會委員等。學術研究領域：憲法與行政法學、公法基本理論、民族法學、央地關係、法治政府建設、文化法治研究等。著有《大國地方——中國中央與地方關係憲政研究》、《大國地方——中國民族區域自治制度的新發展》、《大國地方——中央與地方關係法治化研究》等十餘本學術著作，主編《民族法學》，發表學術論文百餘篇。

焦洪昌：中國政法大學法學院院長、教授，法學博士，兼任中國法學會憲法學研究會副會長、北京市人民代表大會法制委員會委員、中國農工民主黨中央委員會委員等職。曾於美國印第安那大學、杜肯大學、芬蘭土爾庫大學等進行學術訪問。主要研究領域：憲法學、人權理論、憲政理論，講授中國憲法、外國憲法、港澳台法制等課程。代表作包括：《選舉權的法律保障》、《私有財產權法律保護研究 —— 一個憲法學視角》，並在國家權威期刊、核心期刊發表論文二十餘篇。

楊敬之：中國政法大學法學院憲法與行政法學專業博士研究生、美國明尼蘇達大學聯合培養博士生。曾就職於北京市海澱區人民法院任助理審判員，從事民商事審判工作。主要研究領域：憲法學、司法制度等。於《國家行政學院學報》、《北京聯合大學學報》等期刊發表論文六篇，並於《人民政協報》、《法制晚報》、《法律與生活雜誌》等報刊發表多篇普法類文章。

盧兆興：香港大學專業進修學院文理學院副院長、教授，曾於香港教育大學、滑鐵盧大學、香港大學和香港科技大學歷任要職。著作、論文、專書研究涉及中國、台灣、香港和澳門，主要內容包括民主政治與管治、有組織犯罪、危機管理等。

洪松勳：香港教育大學社會學系助理教授、博士，其香港研究專著散佈於不同的學術期刊和書籍中。在香港歷史研究中探索學校公民教育政策，並將香港研究範圍拓展到不同的政治、社會文化和教育議題上。

盧海馳：香港城市大學中國研究文學碩士，其研究主要集中在京港關係、香港與台灣的社會運動，近期則關注由粵港澳大灣區及「一帶一路」引伸出的外交問題；在相關期刊和書籍發表了關於香港本土主義和京港關係論文和專著若干篇。

李芝蘭：香港城市大學公共政策學系政治學教授、博士，香港持續發展研究中心總監，香港持續發展研究樞紐召集人。其研究成果強調合作和衝突在理解政治和公共政策中的共同作用，在政府間關係和中國政府改革領域尤具影響。主要著作包括：*Centre and Provinces: China, 1978–93-Power as Non-zero-sum*, *Towards Responsible Government in East Asia: Trajectories, Intentions and Meanings*, *Administrative Reform in China–Guangdong–Hong Kong Exploration and Inspiration*, and *Good Governance in Asia: Multiple Trajectories to Development*.

賈廷思：香港大學專業進修學院人文及法律學院副教授，香港基本法高級課程主任，香港大學法律學院博士候選人；香港高等法院和倫敦格雷律師學院大律師。著有 *Introduction to the Hong Kong Basic Law*。該書是在香港基本法領域被廣泛適用的教科書，並因權力分立原則在香港「一國兩制」實踐中被應用而獲得廣泛發表。賈廷思先生出生在英國，並在香港生活超過 30 年。他曾是《南華早報》和《華爾街日報》的編輯，現在每周出席廣播節目，是 Backchat 的共同主持，並出席香港廣播電視台主要的英文清談節目。他在節目中採訪了很多政界和法律界的知名人士，包括香港最近三任行政長官。

楊曉楠：大連海事大學法學院副教授、法學博士，密西根大學 Grotius Research Scholar，香港大學、香港城市大學訪問學者，中國法學會憲法學研究會理事。主要研究領域：憲法學、港澳基本法、法學理論，發表學術期刊論文多篇。

楊　振：西北政法大學法學學士、大連海事大學法學碩士研究生。主要研究方向為憲法學與行政法學。

范忠信：杭州師範大學法學院教授、法學博士，法治中國化研究中心主任。曾在中國社科院台灣所、蘇州大學法學院、中南財經政法大學法學院任職。曾為中國法律史學會執行會長（第八屆）。著有《情理法與中國人》、《中國法律傳統的基本精神》等學術專著九本，以及學術論文百餘篇（其中在《中國社會科學》、《法學研究》、《中國法學》等刊物發表者十餘篇）；有一本專著和四篇論文被譯為韓、日、英文在國外發表。

李浩然：清華大學憲法學博士，專攻基本法研究。著有《基本法起草過程概覽》、《基本法案例彙編》、《以法達治》、《行政長官產生辦法考》、《基本法通識 160》、《數字香港：回歸 20 年》、《從世界工廠到世界工程師 —— 新時代下中國的一帶一路倡議》、《世貿變局：技術革新界説國際規則》等。曾擔任貴州省息烽縣政府縣長助理參與扶貧工作、團結香港基金副總幹事等。現為基本法基金會會長、華潤集團粵港澳大灣區發展辦公室主任兼秘書長，同時擔任特區政府基本法推廣督導委員會教師及學生工作組召集人、課程發展議會成員、國務院參事室「香港參與一帶一路」課題組金融及法律組召集人、哈佛大學法學院 PIFS 顧問、香港大學法學院訪問學者（2013年）、全國港澳研究會理事、香港基本法澳門基本法研究會兼職研究員等公共服務。於 2016 年獲香港特區政府頒發榮譽勳章（MH）、於 2017 年獲選為香港十大傑出青年。

付　婧：中南財經政法大學法學院講師，法學博士。著有：《香港特區立法權與行政權關係研究》，發表過〈香港特別行政區立法會提案權研究 —— 從提案權的行使看香港行政與立法的關係〉、〈香港法院在涉選舉案件中的司法尊讓〉、〈私人如何影響言論自由 —— 一個美國法上的觀察〉、〈論香港基本法解釋方法的衝突與協調〉等學術論文。

羅沛然：英格蘭及香港大律師，倫敦大學政治經濟學院法律學士、香港大學哲學博士。現兼任數個香港法定上訴委員會小組成員、香港大律師公會競爭法委員會主席、中國法學會香港基本法澳門基本法研究會會員，曾任香港大律師公會執行委員會委員及其下憲法及人權事務委員會主席。代表性著作有：*The Hong Kong Basic Law, The Judicial Construction of Hong Kong's Basic Law*；其他著作包括：《香港區域法院實務》、《一株活樹》（文集），學術專書章節若干；參與 *Hong Kong Civil Procedure, Archbold Hong Kong, Hong Kong Civil Court Practice* 的編纂工作；若干學術論文發表在 *Hong Kong Law Journal, The City University of Hong Kong Law Review, Hong Kong Lawyer*、《中國法律評論》及《港澳研究》等學刊雜誌。

馮韓美皓：香港城市大學法律學院副研究員、北京大學法學院憲法學與行政法學博士候選人。著有〈「後政改」時期的香港青年本土派〉、〈香港立法會選舉確認書合理性的法律分析〉等學術論文。

第一部分

中央與特別行政區關係中的法理與政治

第一章

新憲制秩序與
中央 — 特區關係[*]

朱國斌

香港城市大學法律學院教授

　　香港回歸是當代中國歷史和香港歷史上的重大「憲法時刻」，具有劃時代的意義。它標誌着香港憲制秩序完成了根本性的新舊更替，以及以《英皇制誥》和《皇室訓令》為核心的港英舊憲政秩序的終結。哈佛大學 Mark Tushnet 教授指出，憲政秩序是指「一套合理穩定的制度，透過它，一國的根本決策在一定的持續期內得以制定，同時也包括指導決策的原則」；「這些制度與原則形成體制」。[1]職是之故，憲政秩序由政治的與法律的制度和制度所體現的原則共同構成。中華人民共和國恢復對香港行使主權之日就是香港新憲政秩序確立之時。[2]在中國憲法統率之下，香港新憲政秩序包含如下制度與原則因素：一、它確立了「一國兩制」作為一種新形式的國家內部結構；二、它創立了另外一

---

* 本章原載《原道》（2016）。北京：東方出版社。27 輯，12–25 頁。感謝雜誌授權在此發表。感謝《原道》編委會，特別是北京航空航天大學高研院田飛龍講師熱情、執着的寫作邀請。經與田博士商討並徵得允許，本章是在作者近期發表在《大公報》、《中國評論》、《香港基本法面面觀》上的若干論文基礎上改造重寫而成，特此說明。

1. Mark Tushnet (2003). *The New Constitutional Order*. New Jersey: Princeton University Press. p. 1.

2. 著名憲法學家、香港大學法學院榮休教授 Yash Ghai 的一本專著就是以「香港新憲政秩序」為題。參見 Yash Ghai (1999). *Hong Kong's New Constitutional Order: The Resumption of Chinese Sovereignty and the Basic Law*, 2nd ed. Hong Kong: University of Hong Kong Press.

種中心與周邊關係模式和一種新型的中央地方關係；三、它創造了調整新型中央與地方關係的相應法律規範；四、「一國兩制」作為憲法原則充實和拓展了中國憲法理論與實踐。同時，新憲政秩序也是相對於回歸前的港英政府憲政秩序而言的。在本章中，作者將從憲法與政治學的角度討論三個問題：一、作為新型憲政制度的「一國兩制」；二、新憲政秩序之下的「中央」及其之於香港的管治權威；三、香港管治與《基本法》。

一、「一國兩制」是新型憲政制度

（一）「一國兩制」與憲法

眾所周知，香港自古以來就是中國的領土。1840 年爆發的鴉片戰爭致使清政府簽署接受不平等的《南京條約》，香港遂被英國佔領，成為英帝國的殖民地。1984 年 12 月 19 日，中英兩國政府簽署了關於香港問題的聯合聲明，共同確認中華人民共和國政府於 1997 年 7 月 1 日恢復對香港行使主權，從而實現了長期以來中國人民收回香港的共同願望。為了「維護國家的統一和領土完整，保持香港的繁榮和穩定」，並考慮到香港的歷史和現實情況，中國政府決定在對香港恢復行使主權時，根據《中國憲法》第 31 條的規定，設立「特別行政區」，並按照「一個國家，兩種制度」的方針，不在香港實行社會主義的制度和政策，保持原有的資本主義制度和生活方式，五十年不變。

「一國兩制」是中國人民的智慧結晶，也體現了當時中國領導人的不凡氣魄和高瞻遠矚。這不僅是一項偉大的思想創舉，更是一種具有歷史意義的制度創舉和實踐。《基本法》的起草歷史和香港特別行政區的回歸實踐都充分證明「一國兩制」作為一種新型的國家結構模式的開創性、可行性和前瞻性。從比較政治制度與憲法角度觀之，「一國兩制」是一種具有獨創性的國家憲法制度，為解決一國歷史問題和中央與地方關係提供了重要參照。重要的是，「一國兩制」從 18 年的回歸實踐中證明了整體上是成功的，是具有開放性、擁有生機和活力的國家制度。

（二）保障香港長期繁榮穩定是確立「一國兩制」的立法原意

　　根據《憲法》，全國人民代表大會為香港度身製作了《基本法》，規定香港特區不實行與中國內地相同的社會主義制度，這既是為了保障國家對香港的基本方針政策的貫徹落實，又是充分體現「港人治港」和高度自治的政治與法律原則。

　　香港作為中國的一個特別行政區，與中國其他地方行政單位比較而言，享有無與倫比的高度自治。《基本法》中訂立具體條文，授權香港特區依法實行高度自治，享有行政管理權、立法權、獨立的司法權和終審權。「特別行政區」這個新的憲法地位為香港的未來帶來了巨大生存和發展空間，為香港的持續繁榮穩定奠定了制度性基礎。僅舉數例以證明高度自治的充分性和真實性。香港特區的行政機關和立法機關由香港永久性居民組成；特區依法保障特區居民的權利和自由；特區不實行社會主義制度和政策，保持原有的資本主義制度和生活方式；特區依法保護私有財產權；對境內的土地和自然資源，特區政府有權管理、使用、開發、出租或批給個人、法人或團體使用或開發，其收入全歸特區政府支配；還有，香港的原有法律，即普通法、衡平法、條例、附屬立法和習慣法，除與《基本法》相抵觸或經特區立法機關作出修改者外，均予以保留。

　　回顧特區的成功經驗，香港特區經濟與社會之所以能夠持續平穩發展，居民生活水準穩步上升，居民權益得到充分保障，無不歸功於中央政府踐行高度自治的承諾和特區高度自治體制的貫徹落實。

（三）「一國兩制」是一個制度整體

　　「一國兩制」是一個完整的概念，對「一國兩制」的理解可以追溯到回歸到政治偉人鄧小平的思想那裏。國務院新聞辦公室於 2014 年 6 月發佈的《「一國兩制」在香港特別行政區的實踐》（以下簡稱白皮書）對此有全面的論述。白皮書指出：「兩制」是指在「一國」之內，國家主體實行社會主義制度，香港等某些區域實行資本主義制度。「一國」

是實行「兩制」的前提和基礎,「兩制」從屬和派生於「一國」,並統一於「一國」之內。「一國」之內的「兩制」並非等量齊觀,國家的主體必須實行社會主義制度,是不會改變的。

過分地,甚至片面強調「兩制」當然不妥,大失偏頗,因為只講「兩制」不講「一國」不僅背離了制度設計的初衷和根本,同樣背叛了「一國兩制」之本義。同樣地必須指出,一味地突出「一國」也會消蝕「一國兩制」之價值和意義。這種傾向現階段發展很明顯,這可以從內地學者和一些高級官員的文章和講話見到和讀到。我們說,資本主義的香港從憲制上屬於中華人民共和國、社會主義中國,這是很容易被理解並必須堅持的;如果把它簡單理解為從屬於社會主義具體的(政治、法律和經濟)制度,那「兩制」就不是原來意義的「兩制」了。同時,我們也要警惕當今香港社會發展中的旨在排斥「一國」原則的本土主義和民粹主義思潮。只要激進思潮還是停留在思想和言論階段,我們只需觀察分析預測、分解引導消除負面影響。若發展成為激進行動勢力,並且展開有組織的行動,特區政府當依法採取行動制止之。與對「一國兩制」的理解認識相關,白皮書提出理解《香港基本法》不能「只見樹木、不見森林」。白皮書的觀點是具有針對性的。它說:「《基本法》條文之間不是孤立的,而是相互聯繫的,必須把《香港基本法》的每個條文放在整體規定中來理解,放在香港特別行政區制度體系中來把握」。針對性在於,因為香港社會有些組織和人物喜歡挑出若干有利條文片面主張權力和權利,並無限放大。「一國兩制」作為制度,它是一個整體,不能打碎,化整為零,各取所需。

(四)「一國兩制」的出發點就是「和而不同」

「一國兩制」的核心原則是既堅持國家對香港行使主權,又維持香港回歸前的基本政治、社會、經濟制度不變。「一國」解決的是國家統一問題,即「和」。「和」就是統一與和諧。「兩制」要求維持內地與香港制度的「不同」現狀。所以,「和而不同」就是既有國家統一又有地區制度之分別,既維護國家憲政制度的一體又保持不同地區制度運作

的相互獨立。就此而言，「一國兩制」就是「和而不同」，它是中國人民傳統智慧的高度結晶。能否達到「和而不同」的境界是檢驗回歸實踐成功與否的客觀指標。「兩制」之下的香港存在充分的政治空間、自由的經濟環境和高度的行政自治。然而，有些港人眼裏只有「兩制」而沒有「一國」的概念，或者經濟上要「一國」，政治上要「兩制」。客觀來看，這些人的大多數是從香港的地方利益和個人利害關係出發的，也無可厚非。不過近年來有愈來愈多的人純粹從本土主義的角度提出非分的政治要求，那就另當別論了。從邏輯和現實來看，在一個主體為社會主義的國家內，社會主義與資本主義這兩種性質不同的制度並存這一現象的確存在內在矛盾和張力。從政治發展和經濟整合的趨勢來看，社會主義和資本主義不會一方「吃掉」另一方，但雙方會相互滲透、相互影響、相互補充，因為雙方互有需要，可以取長補短、共同發展。

現在看來，這種持續的互動過程也給一些港人帶來憂慮，擔心「兩制」不再；有更甚者，一些激進人士以捍衛「兩制」之名提出「香港城邦論」、「香港自決論」和「香港民族論」。【3】這無疑給我們帶來意識形態上的衝擊，甚至引發不當的、不切實際的香港自決和「獨立」的幻想和夢囈。

二、「中央」之於香港的管治權威與政改決定權

（一）誰代表「中央」？

在新憲政秩序和《香港基本法》之下，在中國現實政治語境下和話語體系中，「中央」或「中央政府」須作廣義解釋。它包括全國人民代表大會及其常務委員會、中央人民政府即國務院、中華人民共和國

---

3. 代表著作有陳雲（2012）。《香港城邦論》。香港：香港天窗出版有限公司；陳雲（2014）。《光復本土：香港城邦論 II》。香港：香港天窗出版有限公司；《香港民族論》。香港：香港大學學生會；戴耀廷（2013）。《佔領中環》。香港：香港天窗出版有限公司。

國家主席、中華人民共和國中央軍事委員會這些國家權力主體。[4]根據《憲法》和《香港基本法》的有關規定，上述中央機關或中央政府共同、直接和全面地行使對香港特區的管治權。例如，全國人大有權修改《基本法》，人大常委會有權對《基本法》作出解釋，國家主席出席行政長官及新一屆政府就職典禮，國務院總理作為中央人民政府行政首長簽署行政長官任命令、聽取行政長官述職，中央軍委領導中國人民解放軍駐港部隊等。從立法層面觀之，全國人大於 1990 年 4 月 4 日通過《中華人民共和國香港特別行政區基本法》及相關決定。自香港於 1997 年 7 月 1 日回歸中華人民共和國以來，人大常委會分別於 2004、2007 和 2014 年就行政長官選舉和立法會產生辦法做出過三次決定；分別於 1999、2004、2005 和 2011 年對《香港基本法》做出過四次解釋；還在 1997 年、1998 年和 2005 年作出對基本法附件三所列全國性法律增減的決定。此外，在回歸前的 1996 和 1997 年，人大常委會就中國《國籍法》在香港特區的落實和如何執行《基本法》第 160 條處理回歸前的法律分別做出過解釋和決定，並於 1996 年通過《中華人民共和國香港特別行政區駐軍法》。概而論之，人大及其常委會透過行使立法權和決定權一致在行使對香港特區的管治權。

（二）憲法條文梳理和學理辨析

全國人大之於特別行政區管治權權力的文本來源源自《憲法》和《基本法》，取決於全國人大的「雙重」性質，即它既是「國家權力機關」，又是立法機關。《憲法》第 57 條規定：「中華人民共和國全國人民代表大會是最高國家權力機關。它的常設機關是全國人民代表大會常務委員會。」；「最高國家權力機關」的官方英文翻譯是"the highest organ of state power"。第 58 條隨即規定：「全國人民代表大會和全國

---

4. 王振民（2002）。《中央與特別行政區關係：一種法治結構的解析》。北京：清華大學出版社。143 頁。

人民代表大會常務委員會行使國家立法權」；「國家立法權」即 "the legislative power of the state"。

　　從憲法條文內在邏輯分析，全國人大及其常委會的第一身份是「國家權力機關」；作為「國家權力機關」，它們被賦予「國家立法權」。那麼，全國人大到底有多少權力呢？憲法學界有代表性的理論主張：「全國人民代表大會是全國人民行使國家權力的機關，從理論上說，它應是一個全權機關。」[5] 憲法教科書沒有關於「全權機關」的準確定義。粗略理解，它是一個擁有全面的權力的國家機關；實質上，它可以被接近譯為 "totalistic organ"，或者 "totalitarian organ"。

　　支撐「全權機關」理論的是「人民主權」這根本憲法原則。根據憲法學理，中國立憲立國的基礎是「人民主權」原則，人民委託他們的代表透過全國人大及其常委會以人民的名義行使全面的權力，人民是權力最終所有人。《憲法》第 2 條和第 3 條落實了這種安排：「中華人民共和國的一切權力屬於人民。人民行使國家權力的機關是全國人民代表大會和地方各級人民代表大會」（第 2 條）；和「中華人民共和國的國家機構實行民主集中制的原則。全國人民代表大會和地方各級人民代表大會都由民主選舉產生，對人民負責，受人民監督。」（第 3（2）條）。

　　進而言之，全國人大制度在集權原則（即「民主集中制」）統率下，在設計原理上是先集權，再進行職權分工。在實踐中，全國人大及其常委會不可能（實際上也不應該）行使全部的國家權力，這就必須將不同性質的職權分配給其他國家機關受理。因為「國家機關既然要分工，就不可能一切國家事務都要集中由它直接處理。全國人大通過憲法和法律確定了各類國家機關之間的職權劃分，而把最具決定性意義的職權留給自己」。[6] 與此同時，憲法要求，「國家行政機關、審判機關、檢察機關都由人民代表大會產生，對它負責，受它監督」（第 3（3）

---

5. 許崇德（2006）。《中國憲法》。北京：中國人民大學出版社。147 頁。

6. 同上註。

條），即將這些國家機關置於全國人大監督之下。由此觀之，我們絕不能將人大制度下的權力分工安排與西方民主國家實施的分權架構進行橫向比較，甚至等同之。

從憲法文本上進一步考察，全國人大有權行使 15 項職權（見第 62 條），其中包括「（13）決定特別行政區的設立及其制度」一項。許崇德將它們排列列舉為以下權力：修改憲法、制定和修改法律、組織其他國家機關、批准國家計劃和預算、監督常務委員會和其他等六個方面。[7]為便於對比研究，這些職權也可以具體分解為四個性質和類別的權力，即：立法權、任免權（或人事權）、決定權和監督權。[8]即，這四方面職權是「最具決定性意義的職權」（許崇德語）。

作為全國人大的常設機關，常委會同樣享有充分而又廣泛的職權，共達 21 項，分屬四個方面：立法權、決定權、任免權和監督權。[9]常委會有權行使的這些職權與全國人大的職權是重迭的，二者職權的性質也是相同的，這是由人民主權這一憲法原則和全國人大及其常委會的共同屬性（「國家權力機關」）決定的。當然，常委會行使上述職權時是要受制於憲法指定的某些條件的，如：只能「制定和修改除應當由全國人民代表大會制定的法律以外的其他法律」和「在全國人民代表大會閉會期間，對全國人民代表大會制定的法律進行部分補充和修改，但是不得同該法律的基本原則相抵觸」等。

（三）全國人大及其常委會：適格的香港政改決策者

就全國人大及其常委會之於特別行政區的職權而言，《憲法》第 31 條是基礎性條款：「國家在必要時得設立特別行政區。在特別行政區內實行的制度按照具體情況由全國人民代表大會以法律規定。」第 31 條是憲法授權條款，它明確授權全國人大確立特別行政區內的主要「制

---

7. 許崇德（2006）。《中國憲法》。北京：中國人民大學出版社。147–148 頁。

8. 朱國斌（2006）。《中國憲法與政治制度》。北京：法律出版社。117–123 頁。

9. 同上註。129–133 頁。

度」。這與《憲法》第 62 條第（13）項規定的全國人大「決定特別行政區的設立及其制度」相呼應。此外，《憲法》第 67 條第（4）項常委會有權「解釋法律」；「法律」自然包括作為全國性法律的兩個特別行政區基本法。對於後一點是毫無爭議的。

　　一直以來，香港有人對中央政府是否對有權就香港政改問題作出決定提出疑問，或表示不解。那麼，全國人大常委會是否有充分權力直接就特別行政區制度作出決定或決議？從憲法文本看，的確不存在如此字眼和規定。難道人大關於香港特別行政區的三個決定，即 2004 年 4 月 26 日通過的《關於香港特別行政區 2007 年行政長官和 2008 年立法會產生辦法有關問題的決定》、2007 年 12 月 29 日通過的《關於香港特別行政區 2012 年行政長官和立法會產生辦法及有關普選問題的決定》和 2014 年 8 月 31 日通過的《關於香港特別行政區行政長官普選問題和 2016 年立法會產生辦法的決定》，是違憲的？

　　根據中國憲法理論，上述決定當然是合憲的。概論之，基本理由如下：第一，且是首要的，全國人大及其常委會同為「國家權力機關」和政權機關，享有全面的管治權力與充分的政治權威，其權力來源的正當性毋容置疑；第二，常委會作為全國人大的常設機關（而非秘書處），從機構設置和立憲原意來看，它本來就是全國人大的一部分，與全國人大是一體的，二者不可被分割對待。[10]「全國人大常委會已經成為中國名副其實的『行動中的國會』，承擔着非常繁重的立法任務及其他工作任務。」[11] 第三，常委會擁有的職權，其性質與全國人大職權是相同的，其制定的法律與全國人大制定的基本法律在法律效力上是一致的，[12] 其決定和行為應該被理解為具有憲法和全國人大的授權；即常委會制定的法律、作出的決定從憲法安排和機構性質來看必定是有權立法和決定，行為是正當的。最後，《憲法》第 62 條第 13 項規定全

10. 張千帆（2008）。《憲法》。北京：北京大學出版社。363 頁。

11. 同上註。

12. 同上註。

國人大有權「決定特別行政區的設立及其制度」，行政長官選舉及立法會產生辦法顯然包含於「制度」之內；並依據《憲法》第 31 條即「在特別行政區內實行的制度按照具體情況由全國人民代表大會以法律規定」，全國人大須制定香港基本法將上述制度法律化、制度化。因而可以肯定，全國人大本源性地享有對香港政制事務及其發展的決定權。至於說《中國憲法》和《基本法》下的這種憲政安排和制度設計本身是否符合其他民主國家的一般原則和憲政制度，則另當別論。這不是本章的關注點。

為了證明人大常委會有權決定香港政治體制改革及其相應安排，為了說明上述三個決定是符合憲法和基本法律的，我們可以從決定的內容來分析。在「一國兩制」之下，管治香港特區的權力可以分為「中央享有的權力」和「特別行政區享有的權力」。[13] 從事務性質或屬性上分析，香港特區事務也可以概況區分為主權範圍內事務（「中央事務」）和地方自治事務（「自治事務」）。根據《香港基本法》第一章和第二章，簡言之，關於香港的外交、防務和特區內政治制度設計與安排（因為它涉及到特區與中央政府的關係）應該屬於中央事務，即由「中央人民政府」或廣義的「中央」管理的事務。據此，行政長官選舉和立法會產生辦法是應當由中央直接負責的事務，這也可以從《基本法》第 45 條與附件一、第 68 條與附件二規定的程序和原則解讀出來。從《憲法》和《基本法》規定來看，「兩個產生辦法」的任何變更須經由全國人大常委會「批准」或「備案」這兩個憲法法律程序。

1990 年 4 月 4 日，全國人大曾經通過《關於香港特別行政區第一屆政府和立法會產生辦法的決定》。可見，僅就香港政改事務包括「兩個產生辦法」而言，全國人大及其常委會無疑在「憲制上適格」，即是合憲的決定權主體。對於該種制度性安排，李飛（時任全國人大常委會法制工作委員會副主任）於 2004 年 4 月 2 日在第十屆全國人大常委

---

13. 王振民（2002）。《中央與特別行政區關係：一種法治結構的解析》。北京：清華大學出版社。第 6、7 章。

會第八次會議上對《全國人民代表大會常務委員會關於〈中華人民共和國香港特別行政區基本法〉附件一第 7 條和附件二第 3 條的解釋（草案）》作出的說明中，就明確闡述了該次釋法的目的及理據。他指出：「香港特別行政區是直轄於中央人民政府的享有高度自治權的地方行政區域。香港特別行政區的高度自治權來源於中央的授權。香港特別行政區的政治體制是由全國人大制定的香港基本法予以規定的。我國是單一制國家，不是聯邦制，地方無權自行決定或改變其政治體制。香港政治體制的發展，涉及中央和特別行政區的關係，必須在香港基本法的框架內進行。修改行政長官的產生辦法和立法會的產生辦法及立法會法案、議案的表決程序，是香港政治體制發展中的重大問題。是否需要修改和如何修改，決定權在中央。這是《憲法》和《香港基本法》確立的一項極為重要的原則，是『一國兩制』方針的應有之義。」

中央政府發佈的《「一國兩制」在香港特別行政區的實踐》（2014）在談到「全面準確把握『一國兩制』的含義」部分與李飛提出的理據原則上相吻合。

（四）中央和特區權力與義務關係辨析

在《憲法》和《基本法》之下，「一國兩制」又被演繹為「一國兩法」這種新型的法律制度安排。在「一國兩制」之下，主權者（中央政府）對特區承擔有作為和不作為的義務。如「作為」的義務包括：作為國家主體的社會主義制度並不施行於資本主義的香港，中央保證香港的高度自治，保障香港的繁榮穩定。而「不作為」的義務則有：中央不為特區自治事務立法，不干預任何屬於特區自治範圍內的事務，中央司法權不淩駕於香港法院系統等。但是，作為地方自治單位的香港特區，在從中央那裏為居民爭取更多權益的同時，同樣應對中央政府承擔義務，這包括：特區政府有維護中央政府依法治理特區的義務（如主導政治改革），特區立法和行政機關有良好管治的義務，對全國性決策（如反「獨」促統）有執行的義務。一言蔽之，一方既不能以「一國」為理

由模糊特區的身份或角色甚至消滅之，另一方也不能以「兩制」為依據行變相「獨立」之實，搞所謂「民族自決」。

然而，「一國兩制」的形成也體現着一種建諸於政治權威秩序之上的政治義務格局，中央和特區相互負有政治義務的格局根源於此。迄今為止，鮮有論者從宏觀政治學的視角深入考察中央和特區的政治義務及其形成，在中央和特區關係中，對政治權威的識別決定，對誰承擔政治義務和承擔多大範圍的政治義務，並且說明為什麼要承擔政治義務。不管你認同與否，從《中英聯合聲明》到《基本法》的過程就是香港人識別並接受北京政治權威的過程。制定《基本法》的初衷（即立法原意）是「為了維護國家的統一和領土完整，保持香港的繁榮和穩定」這兩個方面（參見本書〈序言〉）。因而，中央和特區相互負有的政治義務都納入《基本法》之中。

推而論之，特區政府對中央政府負有「維護國家的統一和領土完整」包括自行立法落實第 23 條的政治義務，何時立法當然要等待時機是否成熟來決定。那種不承認權威、形式上表現為自由主義的觀點不能詮釋中央和特區關係所代表的政治現實。這是有百害而無一益的，因為它甚至可能會造成無政府主義和「革命的社會主義」，或者出現一種以人民的名義出現的、實為民粹主義的社會運動。事實上，香港政治黨派社民聯主張和從事的就是這樣一種民粹主義的社會運動。

在《基本法》之下，政治義務是法定義務，因而是無條件的。此外，中央和特區雙方還相互負有道德義務。道德義務並不具有法定強制性，也可以是有條件的。中央政府從「保持香港的繁榮和穩定」這一法定義務出發，在 2004 年中及以後推出了一系列「挺港」措施，這是中央政府履行道德義務的表現，從而提高中央政府的道德人格。權利和義務關係從來不是單向的，建立在自私且不公平的基礎之上的關係也不會持久。特區政府和居民是否也應該捫心自問：對於中央政府和內地人民，我們是否已經履行了法定的政治義務和基本的道德義務？

三、「依法治港」是特區管治實踐的根本經驗

（一）《香港基本法》乃治港根本大法

　　法者，治之端也。香港能否實現經濟長期繁榮、法治持續昌盛、民主有序發展等善治景象，主要取決於《基本法》能否順利實施和遵守。回歸歷史確已證明，《基本法》是以「一國兩制」為依託的香港新憲制秩序得以成功形塑的保證書。

　　香港特區新憲制秩序的前提在於保證原有資本主義制度與生活方式的不變。以此為保障，奉消極不干預為圭臬的資本主義香港能夠繼續保持其在國際經濟中的優勢地位。「五十年不變」的另一維度在於保持香港原有法律制度不變。通過《基本法》，源自英國的香港普通法法律體系得以在中國法制下存續。原有法治制度在新憲制秩序下得以保留，體現了《基本法》對香港在回歸前法律完備、法律人員配置及法治傳統的認可與保障，更構成作為今日香港核心價值之一的法治精神的基礎。香港居民和國際社會對香港法治傳統和法律制度的認同與信賴，既是香港持續吸引外國投資者的根本動因，也是香港人引以為豪和區別於內地之處。

　　基於香港特區「依法保障香港特別行政區居民和其他人的權利和自由」的法律承諾，《基本法》第三章以列舉的方式釐定了香港居民享有的各項基本權利與自由，為香港的人權保障提供了成文的憲制性依據。以被港人視為核心價值的表達自由為例，在堅決維護法治的前提下，港人不時就包括如勞工福利、文物古跡保育、政制發展、教育改革等在內的各種議題以不同方式表達意見。對此，特區政府也始終尊重居民和平聚會示威的權利，回歸後的香港法院在一系列判例中伸張和保障了香港居民的言論和表達自由。概言之，對於香港居民而言，其享有的較回歸前更為廣泛的基本權利和自由有賴於《基本法》的有效貫徹與執行，這無疑是形塑香港憲制秩序的重要手段。然而也要看

到，「表達自由」在任何制度之下都是有界限的。不久前發生的「佔領中環」運動對人民心目中的法治制度和理念無疑帶來了直接的衝擊。如何才能讓人們重拾法治信心是現階段應努力的重點。

（二）回歸《基本法》以鞏固憲制秩序

《基本法》經歷了準備階段（制定通過到實施開始）、法治化階段（實施開始至政改啟動）和 2013 年開始的民主化階段。在最後這一階段，《基本法》的着眼點在於如何順利推「雙普選」，以最終落實發展香港民主政治的遠大宏偉目標。然而在 2015 年 6 月 18 日，香港立法會否決了政府提出的政改方案，從而使得政改的未來面臨很多變數。香港社會圍繞政改這問題一直爭議不斷，社會也持續處於分裂狀態，以「佔領中環」運動為代表的政治對抗將爭議推向了極致，「6·18 立法會否決」將這種狀態暫時凝固化。何去何從，看來一時難見分曉。

此時此刻，香港憲制秩序的修築與鞏固面臨考驗，「一國兩制」的典範意義也飽受質疑。究其本質，矛盾與衝突的深層次根源在於「一國兩制」之下香港憲制秩序具有某種因傳統和體制差異而與生俱來的內在張力。這種張力應如何消解呢？歸根結底，我們還是應該回歸《基本法》，只有依賴《基本法》設定的原則和框架才能逐步解決社會衝突和矛盾，包括政治改革這一重大議題。實際上，被譽為「創造性傑作」的《基本法》所擁有的內生性獨特構造具備這種消解能力。我們確信，正如香港法院認為那樣，作為「活的文件」的《基本法》具有包容、妥協以及平衡與再平衡的制度改造能力，應該並且能夠適應不斷變化的社會環境。概而言之，回歸《基本法》乃是鞏固香港新憲制秩序的唯一途徑。

四、結語

「一國兩制」是中國執政當局提出的創造性的舉措，它既解決了歷史遺留問題，又能夠保持一地行之有效的基本制度。它體現了變與不

變的辯證關係，打通了統一與多元價值觀之間的通道，活用了中國立法的原則性與靈活性，創造了一種新型的中央與地方關聯式結構和模式，在中國憲法之下形塑了一種新型憲法制度。然而，我們看到，這一新型制度的創立與運作從來沒有一帆風順過，22 年的回歸實踐磕磕碰碰，久經風吹雨打，取得今日之成就實為不易。所以，我們首先應該正面評估特別行政區回歸與發展史。

就中央政府與香港特別行政區關係而言，在確認中央對於香港的「全面管治權」（白皮書之用語）之餘，我們特別需要思考中央管治香港的管治哲學和方式方法。「積極不干預」或曰「放任式的管治」實踐固然難以為繼，而威權式的管治方式不一定就長期有效。就特別行政區管治而言，行政長官和政府施政遭遇到種種掣肘，困難重重，除了現行制度缺失和行政長官個人素質等因素之外，管治正當性和政府民主性也是重要原因。有很多經驗和教訓值得我們從理論層面上反思和制度層面上檢討。套用內地的話來講，香港目前的狀況就是一種「新常態」。今日香港發生的這一切都是有原因的，只是我們以前沒那麼警惕、發覺、預測，進而予以防範。回歸以來，香港社會在繼續繁榮的表象之下，思想界進入迷失、混沌和分裂狀態，比如要找出主流思想來是很困難。「新常態」還會持續一段相當長的時間，並將圍繞兩個方面展開，一個是政改，另一個是管治，而兩者其實互為關聯。是的，香港需要思考、重新定位。

最後，管治問題從來就不僅僅是一個法律問題；就香港特別行政區而言，它同時、甚至更是一個政治問題。研究「一國兩制」下的中央特區關係除了圍繞《憲法》和《香港基本法》展開之外，我們要始終關注中央政治與政策這一大環境的相應變化，否則研究乃是閉門造車，或者隔靴搔癢。

第二章

「一國多制」下的複合制中國
理論建構和方法論考量[*]

∞∞∞∞∞∞∞∞∞∞∞∞∞∞∞∞∞∞∞∞

朱國斌
香港城市大學法律學院教授

根據「一國兩制」原則，香港和澳門先後回歸中國，成為中國的兩個特別行政區。目前中國共有 33 個「次國家單位」或組成單位：22 個省、4 個直轄市、5 個民族自治區和 2 個特別行政區。作者認為，隨着特別行政區的成立，中國的國家結構實際上發生了改變，中國不能再被界定為單一制國家，也不是一個聯邦制國家，將她定義為「複合制國家」更為準確。本章提出的「複合制」概念，不僅從理論上闡述了新近形成的中央與地方關係，更有助於理順國家的縱向權力分配，有助於設計不同程度和不同形式的自治模式以滿足不同地方的需要，以及釐清每種自治制度的特徵。本章特以香港現時的自治實踐經驗為例，提出「複合制」這一新的法律概念和政治概念，以期望為未來解決大陸與台灣的統一問題提供一種新的理論範式和憲法性框架。

[*] 本章首先發表於《國際憲法學雜誌》(2012)。1 期，272–297 頁。原文引用 (2012). *International Journal Constitutional Law*, 10(1): 272–297. 作者感謝以下教授和朋友們有價值的、建設性的批評意見，他們是：Mark Tushnet, Eduardo J. Ruiz Vieytez, Rohan Prize, Bryan Bachner, Larry Cata Backer, Bjorn Ahl, Tahirih Lee。作者還感謝雜誌匿名審稿人的修改意見，以及編輯們的專業編審工作。最後，作者感謝雜誌同意出版文章的中文版。該文由王晶、石世峰、鄧凱、顧俊翻譯，由作者作最後校對統稿，作者對文章內容負責。作者借校對機會更新了文中個別資料。

一、導論

《中華人民共和國憲法》（1982 年，下稱「憲法」）第 30 條規定了次國家單位（subnational units）或組成單位（constituencies），以及國家各級行政區域劃分。在省一級，「全國分為省、自治區、直轄市」。[1]第 31 條規定了國家可以設立特別行政區，而該制度並未見於 1954、1975 和 1978 年這三部憲法。該條款是設立特別行政區的憲法依據：「國家在必要時得設立特別行政區。在特別行政區內實行的制度按照具體情況由全國人民代表大會以法律規定。」依照這一憲法條款和「一國兩制」原則，香港和澳門 —— 兩個原來分別屬於英國和葡萄牙的殖民地 —— 先後於 1997 和 1999 年回歸中華人民共和國（「中國」），成為中國主權之下的香港特別行政區和澳門特別行政區。

「一國兩制」、「高度自治」和「港人治港」是重要的政治原則和憲法原則，是中國恢復對香港行使主權和設立特別行政區的基石，[2]貫穿於 1990 年 4 月 4 日全國人民代表大會通過的《香港特別行政區基本法》（簡稱「基本法」）全文。《基本法》第 2 條規定：「全國人民代表大會授權香港特別行政區依照本法的規定實行高度自治，享有行政管理權、立法權、獨立的司法權和終審權。」第 5 條進一步規定香港特別行政區不實行社會主義制度和政策，原有的資本主義制度和生活方式保持五十年不變。從憲法理論的角度來看，上述《憲法》第 31 條和《基

---

1. 《中華人民共和國憲法》第 30 條第 1 款。目前中國大陸共設立 22 個省、4 個直轄市和 5 個民族自治區。

2. 該等原則最早見於 1984 年 12 月 19 日簽署的《中華人民共和國政府和大不列顛及北愛爾蘭聯合王國政府關於香港問題的聯合聲明》（簡稱「中英聯合聲明」）。《中英聯合聲明》包括一項附件，即《中華人民共和國政府對香港的基本方針政策的具體說明》，該附件是這一國際條約的重要組成部分。《中英聯合聲明》第 1 條宣佈：「中華人民共和國政府決定於 1997 年 7 月 1 日對香港恢復行使主權。」第 3 條第 2 款規定：「除外交及國防事務屬中央人民政府管理外，香港特別行政區享有高度的自治權。」第 3 條第 4 款進一步規定：「香港特別行政區政府由當地人組成。」

本法》第 11 條【3】，共同賦予《基本法》一種特殊的法律地位，即它是香港特別行政區的實質憲法。

《基本法》所創立的中央與香港特別行政區的關係絕對是新穎的，在結構與模式方面有其獨特性。其「新穎」性體現在其不同於中國現有的任何中央地方關係類型，如直轄市制度、民族區域自治制度和經濟特區制度。其「獨特」性是指該模式與其他國家的或世界上有比較價值的中央地方關係模式（如意大利和西班牙的高度分權制，比利時的聯邦化體制，以及美國、加拿大、澳洲典型的聯邦制等）均不具有實際的或直接的可比性。

以香港特別行政區為例，這種類型的中央地方關係至今已實際運行逾 15 年，體現了國家結構的重構和一種新型的以中央和地方分權為特徵的自治模式，彰顯了中國憲法理論上的範式變遷。

本章從探討「一國兩制」和特別行政區自治制度的意義開始，提出「複合制國家」這一新的概念並將該憲法範式理論化，旨在更好地界定當前中央與特別行政區的憲法關係，以及特別行政區的自治實踐。本章還希望為中國政府提供完整且務實的憲法框架以最終解決台灣問題。

二、「一國兩制」的憲法解讀

如何定義和正確解釋這種全新的憲法關係？至今為止，中國政府和學者均在使用傳統理論解釋《香港基本法》和相關問題，以及據此解讀自香港回歸以來不時出現的各種爭議。

中國內地的主流理論認為「中華人民共和國是單一制國家」【4】，「一國兩制」下的特別行政區制度與中國的其他區域自治制度相類似，這也

---

3. 《基本法》第 11 條規定：「根據中華人民共和國憲法第 31 條，香港特別行政區的制度和政策，包括社會、經濟制度，有關保障居民的基本權利和自由的制度，行政管理、立法和司法方面的制度，以及有關政策，均以本法的規定為依據。香港特別行政區立法機關制定的任何法律，均不得同本法相抵觸。」

4. 許崇德（2006）。《中國憲法》。北京：中國人民大學出版社。121 頁。

是唯一被中國官方所採信的理論。憲法學教授許崇德重申,「特別行政區的設立並不會引起我國單一制國家結構形式的任何根本性變化。」[5]另一位憲法學教授蕭蔚雲也持相同看法,認為香港特別行政區「是單一制國家結構形式下的一個享有高度自治權的地方行政區域」。[6] 年輕一代的憲法學者莫紀宏教授也承繼了這一觀念,認為特別行政區與中央的關係「均屬於單一制國家中中央與地方的關係」。[7] 即使已歷經了香港和澳門特別行政區逾 10 年的憲法發展,該理論至今尚未被中國內地的學者重新評估或修正,更未受到挑戰過。

(一) 作為政治概念 (political concept) 的「一國兩制」和《基本法》的創制

「一國兩制」首先被視作是一項政治觀念和政治原則。「一國兩制」的概念不是一天形成的。事實上,這一概念首次被提出是為了解決台灣問題,後被用於香港。已故中國最高領導人鄧小平在 1984 年 6 月 22 日和 23 日會見香港工商業代表和其他香港傑出人士時正式提出「一國兩制」。他說:[8]

> 我們的政策是實行「一個國家,兩種制度」,具體說,就是在中華人民共和國內,十億人口的大陸實行社會主義制度,香港、台灣實行資本主義制度。

鄧進一步闡述:

我們多次講過,我國政府在一九九七年恢復行使對香港的主權後,香港現行的社會、經濟制度不變,法律基本不變,生活方式不變,香港自由港的地位和國際貿易、金融中心的地位也不變,香港可

5. 許崇德(1994)。《港澳基本法教程》。北京:中國人民大學出版社。53 頁。

6. 蕭蔚雲(1990)。《一國兩制與香港特別行政區基本法》。香港:香港文化教育出版社有限公司。92 頁。

7. 莫紀宏(2004)。《憲法學》。北京:社會科學文獻出版社。478 頁。

8. 鄧小平(2004)。《鄧小平論「一國兩制」》。香港:三聯書店(香港)有限公司。11 頁。

以繼續同其他國家和地區保持和發展經濟關係⋯北京不向香港特區政府派出幹部，這也是不會改變的⋯我們對香港的政策五十年不變，我們說這個話是算數的。

之後於 1984 年 7 月 31 日，鄧小平在與英國時任外交大臣傑佛瑞・豪（Geoffrey Howe）會談時重申這概念。【9】

我們有足夠的理由相信，在 1982 至 1987 年間，鄧小平代表中國政府所發表的這些重要言論呈現了「一國兩制」這一政策漸進的發展過程。下一步的期待則是如何將該政治概念或政策轉化為法律概念。在這一背景下，起草《香港特別行政區基本法》的工作於 1985 年啟動。「一國兩制」政策首先被系統闡述於 1984 年 12 月 19 日中英兩國政府簽訂的聯合聲明中，之後由全國人民代表大會於 1990 年 4 月 4 日通過的《基本法》予以貫徹落實。

《基本法》具有雙重屬性。有趣的是，香港學者和香港法官普遍視《基本法》為香港特別行政區的憲法，同時也認其為國內法。香港法院也認同《基本法》的這種雙重屬性。時任香港高等法院首席法官陳兆凱在「香港特別行政區訴馬維昆案」（David Ma）中首次提出如下意見：「基本法不僅是一項國際條約即中英聯合聲明的產物（brainchild），也是中華人民共和國的國內法和香港特別行政區的憲法」。【10】這一立論也得到了終審法院上任首席大法官李國能（Andrew Li）的肯定，他在具有里程碑意義的「吳嘉玲訴入境處處長案」（Ng Ka-ling）中指出：「基本法既是一部國內法，也是特區的憲法」。【11】香港大學法學教授和資深律師陳文敏（Johannes Chan）也認可「基本法具有內地的國內法和特區憲法的雙重性質。」【12】

---

9. 同註 8，15 頁。

10. 參閱 [1997] 2 HKC 315.

11. 參閱 [1999] 1 HKC 323.

12. Johannes Chan (2007). "Basic Law and Constitutional Review: The First Decade," *Hong Kong Law Journal*, 37: 413.

時任高等法院首席法官陳兆凱法官曾對《基本法》做出以下陳述：【13】

> 基本法是一部獨特的法律，她體現兩國之間簽署的條約的內容，調整主權國家與實行不同制度的自治地區之間的關係，規定政府部門的組織結構和職能，以及公民的權利與義務。因此，基本法至少具有三個維度：國際的、國內的和憲法的。

（二）作為法律規範和憲法規範（legal and constitutional norm）的「一國兩制」

「一國兩制」原則對憲法秩序和法律發生着直接影響，它允許不同的政治、行政、法律和社會制度在統一的主權國家內共存。

從政治制度角度觀之，因「一國兩制」允許社會主義和資本主義並存，故作為中國根本制度的社會主義並不適用於實行資本主義的特別行政區。進而言之，以香港和澳門的司法制度為例，一國之內存在三個不同的法域，三個以獨立的終審權為標誌的司法權力中心，和三個法系——即內地的社會主義性質的大陸法法系、香港的普通法法系和澳門的大陸法法系。除政治和憲法糾紛外，不同法域間法律糾紛的解決基本上依賴不同司法機構在平等基礎上發生的司法協助和合作。【14】為達到解決糾紛之目的，北京和特別行政區已簽署了一系列關於司法互助和仲裁合作的雙邊協定。【15】但在宏觀經濟政策層面，可以確定地説，

---

13. 參閲 [1997] 2 HKC 324。

14.《香港特別行政區基本法》第 95 條和《澳門特別行政區基本法》第 93 條。

15. 例如，1999 年 1 月 14 日在深圳簽署的《關於內地與香港特別行政區法院相互委託送達民商事司法文書的安排》；1999 年 6 月 21 日在深圳簽署的《關於內地與香港特別行政區相互執行仲裁裁決的安排》；2006 年 7 月 14 日在香港簽署的《關於內地與香港特別行政區法院相互認可和執行當事人協議管轄的民商事案件判決的安排》；2005 年 5 月 20 日在香港簽署的《香港特別行政區政府與澳門特別行政區政府關於移交被判刑人的安排》；2006 年 3 月 29 日在澳門簽署的《香港特別行政區懲教署與澳門特別行政區澳門監獄的合作安排》。在香港特別行政區律政司網站上發佈，原文連結：www.legislation.gov.hk/intracountry/eng/index.htm#mainland

中央政府對特別行政區政府的政策制定過程確實有實質的影響力，雖然它盡量避免通過立法為特別行政區政府直接設置議程。如中央政府和香港特別行政區於 2003 年簽署的《內地與香港建立更緊密經貿關係的安排》（CEPA）；【16】新近的例子是香港特別行政區正在積極考慮參與《珠三角地區改革發展規劃綱要》，該綱要是由國務院推動並發佈於 2009 年 1 月的一份跨區域發展規劃。【17】

「一國兩制」已經變成一個廣泛適用的習慣性說法用以描述京港和京澳關係。當前，「一國兩制」下的中央與地方關係模式一直在發展中和多元化，在內容、結構和存在方式上不斷地得以豐富。總的說來，「一國兩制」應被理解為一項重要的憲法原則，因其對重塑中央地方關係和地方自治體制，以及對解決國家統一和民族團結問題具有直接且深遠的影響。【18】

三、為什麼中國不再是單一制，也不是聯邦制

（一）單一制的概念及其適用於當今中國的難度

單一制國家的概念並無精確的定義，儘管其在中國的語境下有着通行的理解。憲法學家蕭蔚雲教授認為：【19】

---

16. 參見香港特別行政區工業貿易署的官方網站，原文連結：www.tid.gov.hk/english/cepa/cepa_overview.html。CEPA 模式已被用於解決海峽兩岸的經濟關係和降低兩岸之間的關稅及商業壁壘，此即 2010 年 6 月 29 日簽署的《海峽兩岸經濟合作框架協定》（ECFA）。

17. 香港特別行政區政務司司長宣佈：「香港特別行政區高度重視該綱要的戰略意義。我們將盡最大努力實施綱要的內容。」參見香港特別行政區政府官方網站，原文連結：www.info.gov.hk/gia/general/200902/19/P200902190275.html。《珠三角地區改革發展規劃綱要》原文連結：www.china.org.cn/government/scio-press-conferences/2009-01/08/content_17075239_2.html

18. 作者認為，鑑於「一國兩制」原則在國家統一進程中的指導性地位和約束力，以及其在處理地區性爭議方面的價值，它應被視作是一項憲法原則。參見朱國斌（2005）.〈回歸實踐呼喚「香港《基本法》學」〉，《紫荊》。1 期，45–47 頁。

19. 蕭蔚雲（1990）.《一國兩制與香港特別行政區基本法》。香港：香港文化教育出版社有限公司。89 頁。

在現代國家結構形式中，單一制與聯邦制是其基本形式。在憲法理論上，單一制是指由若干行政區域構成單一主權國家的結構形式。在單一制的形式下，全國只有一個統一的立法機關、一個憲法、一個中央政府、統一的國籍。在國家內部，各行政區域的地方政府均受中央政府的統一領導；對外關係中，中央政府是國際法的主體。

不得不說，這是一個過於寬泛的定義，因而需要進一步闡釋。憲法學家許崇德教授在其所著的教科書中也有如下表述：「單一制國家在形式上比較簡單，全國只有一個憲法和一個中央政府。它在國際交往中是單一的主體，由中央政府代表各該完整的主權國家。」[20]同樣，該定義也是泛泛而談。

我們也可以嘗試從比較法的角度理解單一制國家概念。在討論斯里蘭卡未來的國家結構時，Ram Manikkalingam 提出了他對單一制的理解：[21]

> 單一制國家就是一種將行政權、立法權以及司法權集於中央的政治安排。單一制可能涉及橫向展開的權力分立（separation of powers），即行政權、立法權與司法權在一個政治實體中的分立，但它不允許這些權力在該政治實體與其子單位之間的縱向分配。單一制國家可以授權其子單位行使這些權力，卻反對權力脫離中央。在單一制管治體制下，中央政府有權決定收回授予地方行使的政治權力。單一制國家的例子包括法國與斯里蘭卡。（着重號為引者所加）

從不同角度來理解，可能會得出其他的定義與描述。根據現有資料和作者之見，單一制國家是指如下這種國家制度：

（1）包括立法權、行政權及司法權在內的所有國家權力都集中於並由中央掌控，這由成文憲法和政治制度的安排予以確定；

---

20. 許崇德（2006）。《中國憲法》。北京：中國人民大學出版社。118 頁。

21. Ram Manikkalingam (2003). *A Unitary State, A Federal State or Two Separate States?* Colombo: Social Scientists Association. p. 2.

（2）不存在實質意義上的縱向分權（separation of powers）。然而，權力下放（delegation of powers）還是可能的，前提是所下放之權仍然歸屬中央，且中央有權隨時收回該等權力。換言之，地方單位不得擁有（appropriate）國家權力，卻可以使用國家權力；

（3）中央與地方適用的立法與法律本質相同，地方無權自行立法，也沒有第二個議院代表地方組成單位；

（4）權力下放（de-concentration）與地方分權（decentralization）是可能的，條件是整個過程是自上而下的；同時，任何形式的地方自治都必須受中央的監督與指導；

（5）在設計地方政府體制時，少數族裔的身份並不經常是被考慮的決定性因素，更有甚者，甚至從未被考慮過；

（6）文化與宗教的多樣性或不存在，或被中央所忽視；以及

（7）在憲法框架內發展真正意義上的自治體制的空間不存在或極小。

中國是符合上述標準的單一制國家嗎？中國的權威學者均給予肯定答覆。[22]然而，在香港與澳門特別行政區成立之後，該答案就撲朔難辨了。《香港基本法》的前兩章就輕而易舉地印證了該判斷。

鑑於《基本法》中的憲制安排，我們該如何描述「一國兩制」下的中央與地方（包括特別行政區）關係？儘管傳統理論與當今通說仍堅持認為，以王叔文的觀點為例，北京與香港之間是「單一制下的中央和地方關係」[23]。顯然，傳統理論仍佔據主流地位，雖過時但為中國政治當局所接受。值得注意的是，這也是最為安全的理論闡述，不致造成當權者不安，也不致引發來自執政的中國共產黨和政府的政治駁斥。

---

22. 許崇德（2006）。《中國憲法》。北京：中國人民大學出版社。121頁；蕭蔚雲（1990）。《一國兩制與香港特別行政區基本法》。香港：香港文化教育出版社有限公司。92頁；莫紀宏（2004）。《憲法學》。北京：社會科學文獻出版社。478頁。

23. 王叔文（2006）。《香港特別行政區基本法導論》。北京：中國民主法制出版社與中共中央黨校出版社。105頁。

我們面臨的問題是，傳統的憲法理論已無法解釋因特別行政區之創設而引發的新憲法秩序及隨之產生的新狀況。進而，「一國兩制」下新的中央地方關係模式需要一種更為適當的理論予以闡釋。有趣的是，當內地學者認為，仍以王叔文為例，如今香港與澳門享有的權力相當於甚或遠遠超過聯邦制國家的州或省所享有的權力，他們提出該觀點是想表達什麼意圖呢？【24】當然，該觀點有兩部基本法的條文及回歸以來持續不斷的實踐支持，但它還是缺乏適當的憲法理論支撐。特別行政區制度無疑突破了傳統的單一制和聯邦制二分法或二元論之理論範式。

承認單一制理論在解讀中國情況時的理論缺陷或局限性後，接下來的問題是，是否存在其他替代理論？香港大學陳弘毅教授（Albert Chen）也提出過同樣的問題：「單一制和聯邦制的區別是什麼？世界上有無第三種國家結構形式？」【25】

（二）為什麼中國當局和精英反對聯邦制？

對聯邦制之涵義有頗多學術爭議。為釐清爭議，有必要對如下三個概念加以辨析：「聯邦主義」（federalism）、「聯邦政治制度／體系」（federal political systems），以及「聯邦制」（federation）。

按照頗有影響力的加拿大學者 Ronald L. Watts 的理解，聯邦主義「本質上是一個規範意義上的而非描述性的術語，指的是構建一個兼備規則共用（shared-rule）和區域自治（regional self-rule）的多層次政府的主張。它建基在一個大的政治聯盟內的、既兼備統一性與多樣化、又適應、保護和促進特殊性（distinct identities）的價值基礎之上。聯邦主義作為一個規範性原則，其本質就在於聯合和非集權化（non-centralization）共存共榮。」在他看來，「『聯邦政治制度』和『聯

---

24. 同註 23，52–53 頁。

25. 陳弘毅（2004）。〈單一與多元——「一國兩制」下的香港特別行政區基本法〉。見張千帆編（2004）。《憲法學》。北京：法律出版社。491 頁。

邦制』都是適用於特定政治組織形式的描述性術語。『聯邦政治制度』是一類寬泛的政治體系，較之於單一制中一元的中央權力來源，聯邦政治制度下存在兩級（或更多級的）政府，既通過共設機構（common institutions）實現規則共用，也允許組成單位的區域自治。」他將大量更具體的非單一制形式，從準聯邦制到邦聯（confederacies）等，作為子類歸入聯邦政治制度／系統之下。他進一步闡述道，「在聯邦政治制度內，聯邦制代表一個特定的子類。聯邦制下，從憲法意義上來看，聯邦政府和其成員單位的政府互不隸屬，即兩者的主權性權力均來源於憲法而非另一層級的政府，二者均有權通過行使立法權、行政權和稅收權直接與其公民發生聯繫（deal directly with its citizens），二者均由其公民直接選出。」【26】（着重號為引者所加）

Daniel Elazar 是南非研究聯邦主義的著名學者，他將下列概念均歸入「聯邦政治制度／體系」中：聯合制（unions）、憲法上地方分權的聯合制（constitutionally decentralized unions）、聯邦制（federations）、邦聯制（confederations）、非對稱性聯邦制（federacies）、聯合國家（associated statehood）、共治體（condominiums）、國家聯盟（league of nations），和聯合職能當局（joint functional authorities）。【27】

鑑於其體系龐大、內容寬泛，「聯邦政治體系」一詞常與漢語中的「複合制」在同一意義上使用。按字面意思理解，複合制指「一個多重結合的體系（a system of complex combination）」。依據許崇德的理解，

---

26. Ronald L. Watts (1999). *Comparing Federal Systems*. London: Institute of Intergovernmental Relations (Queen's University). pp. 6–7.

27. Daniel J. Elazar (1995). *Federalism: An Overview*. Pretoria: HSRC Publishers. pp. 2–7, 16；Daniel J. Elazar (1994). *Federal Systems of the World*. New York: Stockton Press, p. 16. Elazar 在其著作中根據概念製作表格形式，其下列舉各相關國家，參見*Federalism: An Overview*. Pretoria: HSRC Publishers. pp. 3–5. Ronald L. Watts 在其著作中吸收了該等表格，但略微做了修訂。See Ronald L. Watts (1999). *Comparing Federal Systems*. London: Institute of Intergovernmental Relations (Queen's University). pp. 8–9. 有趣的是 Daniel J. Elazar 將中國歸入「具聯邦制安排的政治制度」表格中，認為這是因為中國具有不同的構成單位（省、自治區和直轄市）；Daniel J. Elazar (1995). *Federalism: An Overview*. Pretoria: HSRC Publishers. p. 5.

複合制「是由兩個或多個成員國聯合組成的複合國家,是一種國家同國家的結合。」[28]

Elazar 解釋道,那些賦予聯邦體系活力的政治原則強調多個權力中心間議價(bargaining)和協商性合作(negotiated cooperation)的重要性。因此,聯邦主義強調分散的權力中心的優勢在於能夠保障個人及地方的自由。他指出,聯邦與聯邦主義的拉丁語詞源同為「foedus」,意為盟約。他進一步闡述了聯邦關係的三個重要因素:「根據定義,聯邦關係強調的是個人、群體與政府之間的夥伴關係(partnership),能使夥伴關係得以實現的合作關係(cooperative relationship),以及作為夥伴間權力共用之基礎的協商(negotiation)。」[29](着重號為引者所加)

根據上述對聯邦制的理解,當今世界有 24 個國家實行聯邦制,涵蓋全球百分之四十以上的人口。[30]值得説明的是,儘管南非與西班牙在外形上主要表現為聯邦制,但兩國憲法均未特別指明它們就是聯邦制國家。

基於全面的比較研究,Watts 總結了作為聯邦政治體系中一種具體模式的聯邦制的結構特點。該等結構特點廣為認可,包括:(1)存在兩層政府,並各自直接作用於其公民;(2)兩層政府間存在着立法權、行政權與收入資源配置權的憲制性劃分,以保障各該政府均能實現在一些領域的實質性自治;(3)在聯邦決策機構記憶體在代表顯著的地方性觀點的建制,一般情況下這就是具有特定形式的聯邦第二議院;(4)一部具有最高地位的成文憲法,該憲法不能單方面修改,需經顯著多數的成員單位同意;(5)存在一個處理政府間爭端的機制(以法院

---

28. 許崇德(2006)。《中國憲法》。北京:中國人民大學出版社。118–119 頁。

29. Daniel J. Elazar (1995). *Federalism: An Overview*. Pretoria: HSRC Publishers. p. 1.

30. 這些國家包括:阿根廷、澳洲、奧地利、比利時、巴西、加拿大、科摩羅伊斯蘭聯邦共和國、埃塞俄比亞、德國、印度、馬來西亞、墨西哥、密克羅尼西亞聯邦、奈及利亞、巴基斯坦、俄羅斯、聖基茨和尼維斯、南非、西班牙、瑞士、阿拉伯聯合酋長國、美國、委內瑞拉和南斯拉夫。截至今日,該名單可能需要根據變化做出修訂。Ronald L. Watts (1999). *Comparing Federal Systems*. London: Institute of Intergovernmental Relations (Queen's University). p. 10.

形式出現或是全民公決條款）；以及（6）存在旨在促進政府間在權屬共用領域或權屬不可避免發生重疊的領域內進行合作的程序和機制。[31]

在實踐中，聯邦制可能採取不同的運行模式。在《聯邦主義的概念》（*Concepts of Federalism*）一書中，William H. Stewart 展示了可能逾百種的聯邦主義概念和範例。[32]當我們不能就聯邦主義的概念達成一致時，我們仍然可以以聯邦制基本原則、憲制框架和運行模式及實踐為基礎，通過把握上文所述的聯邦主義顯著特徵來理解和描述聯邦制。

例如，聯邦制通常指的是具有下列特徵的、穩固的（consolidated）憲政秩序：

（1）通常存在兩套政府：體現國家統一的聯邦政府，和代表多元性的州 / 省 / 區政府；

（2）以「雙重主權」觀念為主導。據此，一個公民既是聯邦公民，也是其所居住地的公民；

（3）聯邦政府和州 / 省政府之間存在縱向的權力（立法權、行政權和財政權，甚至司法權）分立 / 分配；

（4）權力分配與聯邦—地方關係由聯邦和州共同接受的成文聯邦憲法予以規定；

（5）關於權力範圍和權力行使的憲法性爭議和法律爭端通常提交聯邦法院裁決，由聯邦法院依據憲法和憲政主義作出裁判；以及

（6）若各司法管轄區及其法律之間出現衝突紛爭，則由聯邦憲法規定司法管轄和法律適用。

中國政府決不考慮套用聯邦主義 / 聯邦制的概念來解讀當前的國家結構形式，或作為設計未來國家結構的可選模式。中國執政黨和政府斷然拒絕在中國實行三權分立、政治多元化或兩黨制，以及聯邦

---

31. Ronald L. Watts (1999). *Comparing Federal Systems*. London: Institute of Intergovernmental Relations (Queen's University). p. 7.

32. William H. Stewart (1984). *Concepts of Federalism*. Lanham, Maryland: University Press of America.

制。【33】能夠確定的是，Elazar 所述的「議價和協商性合作的重要性」及聯邦關係的三個重要因素肯定是不會被中國執政當局接受的，因為這是對當前中國黨—國體制根基的嚴重挑戰。

內地學者對聯邦主義的研究基本上集中於介紹外國的理論與實踐。他們執着於以美國的經驗為模版，這或多或少忽略了聯邦主義在世界範圍內持續不斷的發展與多樣性。儘管有學者開始從比較的角度研究聯邦主義，但無人敢於公開贊成其適用於中國。【34】無一例外，主流學者的理論均建立在一個被普遍接受卻極具誤導性的觀念之上，即：聯邦主義可能導致國家分裂或解體，或導致中國官方常説的「分裂主義」（splitism）。從這個意義上講，在中國贊同聯邦制等同於「搞分裂」。另一些人迴避聯邦主義的原因在於，他們堅信聯邦主義會導致地方化和地方保護主義，並由此進一步擴大國內發達地區與欠發達地區已有的並不斷擴大的差異。儘管上述理解很天真和簡單化，但學者們普遍不願意踏入雷區一步。

除現實政治考量之外，學術精英和政治精英拒絕考慮實行聯邦制的另一原因與近代中國聯邦制運動的失敗密切有關。20 世紀早期，聯邦主義是個很時髦的詞語，在中國若干省份（例如浙江、湖南和廣東）

---

33. 中國政府在 2005 年發佈的一份白皮書中闡述了其政治理念、治國原則和民主立場。參見國務院新聞辦公室於 2005 年 10 月發佈的《中國的民主政治建設》白皮書，原文連結：http://news.xinhuanet.com/politics/2005-10/19/content_3645619.html
中共中央宣傳部於 2009 年出版了一本名為《六個「為什麼」》的小冊子，包括六個重大問題與答案，期望統一認識。參見中共中央宣傳部理論局（2009）。《六個「為什麼」——對幾個重大問題的回答》。北京：學習出版社。

34. 80 年代晚期和 90 年代早期，內地關於聯邦主義的研究曾一度興盛。也有觀點建議採用聯邦主義解決中國的少數民族和統一問題。參見 Tahirih V. Lee. "The Future of Federalism in China," in *The Limits of the Rule of Law in China*, Karen G. Turner, James V. Feinerman and R. Kent Guy, eds. Washington: University of Washington Press, pp. 271–272, 296–297. Footnote 4, 8.
一些學者和旅居境外的中國政治異見人物，如嚴家其和吳稼祥，曾大膽提出聯邦制中國的觀點。參見嚴家其（1992）。《聯邦中國構想》。香港：明報出版社。近來也有出版物討論轉型中國事實上的聯邦主義。參見鄭永年（2006）。〈中國的事實聯邦主義——變革中的中央地方關係〉。西文學術電子書；鄭永年（2006）。〈轉型中國事實聯邦主義源泉的解讀——政府間權力下放、全球化和中央地方關係〉，《日本政治科學評論》。第 7 卷，101–126 頁。

出現了實踐聯邦制的運動。自由主義學者在那段時間裏聲嘶力竭地為該運動搖旗吶喊。[35]然而軍閥們卻藉此發動了內戰。[36]這個歷史傷疤從未真正被抹去，更談不上治癒，它給學術界及奉政治正確為圭臬的政治家們留下的陰影顯而易見。

實際上，中國的學者和精英曾兩次對「聯邦制中國」的概念展開大探討。第一波聯邦主義思潮要追溯到 20 世紀 20、30 年代的「省憲運動」及「聯省自治」。[37]李秀清在其論文的第四部分「省憲運動的失敗——聯邦制不適合近代中國」中總結道：「近代中國省憲運動失敗的一項重要原因，固然是由於它的興起不是因為民眾的要求而是因為軍閥、政客為了各自的目的相互呼應的結果，但更深層次的原因是，聯省自治或者聯邦制有悖於中國傳統與當時中國的國情。」[38]許多學者與政治家依舊固守傳統與國情這樣的觀念，即一個穩固並強有力的中央是中國繁榮統一的前提，分裂將意味着無序與混亂。[39]

在 20 世紀 80、90 年代，學者們重啟了對聯邦主義的探討，與之相關的背景是推進中的經濟體制改革、已提上日程的港澳回歸問題以及台灣問題。正如 Tahirih Lee 所說：「海峽兩岸及流亡在外的中國政治學者、經濟學者和政治家們都借用『聯邦主義』的概念描述當前中國的權力下放、『大中國』意義下中國、香港、澳門與台灣的融合，以及未來

---

35. Tahirih V. Lee. "The Future of Federalism in China" in *The Limits of the Rule of Law in China*, Karen G. Turner, James V. Feinerman and R. Kent Guy, eds. Washington: University of Washington Press, pp. 272–286.

36. 李秀清（2001）。〈近代中國聯邦制的理論和實踐〉，《環球法律評論》。4 期。

37. 同上註。

38. 同上註。

39. 許多論著均持該等觀點。參見田炯錦（1933）。〈聯邦制與中國〉，《時代公論》。62 號。見李秀清（2001）。〈近代中國聯邦制的理論和實踐〉，《環球法律評論》。4 期，466–480 頁。李在其文章中也贊同該觀點。

可能形成『大中華』國。」她也恰當地指出：「正式來講，中國聯邦制概念的可行性部分取決於中國政府正式選擇聯邦制的可能性。」【40】

然而，現實將令 Tahirih Lee（和許多其他人）失望。根據作者的長期觀察與研究，在可以預見的將來，除非出現政治體制的巨變，聯邦制政府模式不可能是中國決策者的選項。

（三）單一制與聯邦制均不能夠完整表述現實中國國家結構

中國內地學者採用一種相當簡單的標準來區分單一制與聯邦制，筆者也贊同這種方法。即兩者的分界線在於界定和釐清州／地方權力的來源，授權說者認為州／地方權力來源於中央授權（authorization / grant / delegation），分權說者認為州／地方權力來源於中央和地方就權力共用或劃分所達成的共同一致（mutual agreement）。蕭蔚雲進一步提出一種理論，認為應從如下五個方面來區分單一制與聯邦制：（1）無論地方政府的名稱如何，它「是否具有固有權」（original or intrinsic power）；（2）地方政府「是否具有自主組織權」；（3）地方政府「是否參政權」；（4）「地方政府的職權是否由中央授予」；（5）「中央與地方政府的職權劃分是否有憲法保障」。【41】

這些標準顯然至為重要，通常能夠表現一個政體屬於單一制還是聯邦制。蕭蔚雲教授曾說過，香港特別行政區是「我國單一制國家結構形式下的一個地方行政區域」。【42】本章傾向於認為，蕭的結論過於簡單化，他並未認真考慮以香港特別行政區為代表的新型自治體制的顯著特徵，其學說及其他許多學者的學說不足以說服「一國兩制」下正享有

40. Tahirih V. Lee. "The Future of Federalism in China," in *The Limits of the Rule of Law in China*, Karen G. Turner, James V. Feinerman and R. Kent Guy, eds. Washington: University of Washington Press, p. 272.

41. 蕭蔚雲（1990）。《一國兩制與香港特別行政區基本法》。香港：香港文化教育出版社有限公司。90頁。

42. 同上註。

「高度自治」的港澳居民。作為結論，作者認為單一制和聯邦制的二分法不能也不應簡單適用於港澳，因其既無法完整解釋北京與港澳間的關係，也不能論證特別行政區在憲法上的存在。

四、新型自治體制及對《基本法》下權力分配的重新審視

為更好地證明上述結論，我們須檢視京港（京澳）間的權力關係及運作中的自治體制。在討論該問題時，幾乎所有內地學者均強調特別行政區依《基本法》三原則之一的「高度自治」所享有的自治權的「派生性」[43]，以及特別行政區對中央政府的「直接從屬性」[44]。其中一位學者認為，中央政府與特別行政區之間是一種「授權」關係而非「分權」關係[45]，其他學者則認為《基本法》是一部「特別授權法」。[46]

（一）中央與香港特別行政區間的縱向分權

《基本法》列明中央政府的權力範圍，包括以下六個方面：

（1）中央政府負責外交事務與防務；[47]

43. 蕭蔚雲（1990）。《一國兩制與香港特別行政區基本法》。香港：香港文化教育出版社有限公司。91 頁；許崇德（1994）。《港澳基本法教程》。北京：中國人民大學出版社。48 頁；王叔文（2006）。《香港特別行政區基本法導論》。北京：中國民主法制出版社與中共中央黨校出版社。109 頁。

44. 蕭蔚雲（1990）。《一國兩制與香港特別行政區基本法》。香港：香港文化教育出版社有限公司。91 頁；許崇德（1994）。《港澳基本法教程》。北京：中國人民大學出版社。53 頁。

45. 蕭蔚雲（1990）。《一國兩制與香港特別行政區基本法》。香港：香港文化教育出版社有限公司。71 頁；王叔文（2006）。《香港特別行政區基本法導論》。北京：中國民主法制出版社與中共中央黨校出版社。105 頁。

46. 蕭蔚雲（1990）。《一國兩制與香港特別行政區基本法》。香港：香港文化教育出版社有限公司。91 頁。

47. 《基本法》第 13、14 條。

（2）中央政府有任命特別行政區主要官員，包括行政長官和主要行政官員的權力。[48]但是《基本法》並沒有特別規定中央政府有罷免這些官員的權力。[49]

（3）通過全國人大常委會修改《基本法》附件三的形式在香港特別行政區實施全國性法律。[50]值得注意的是，《基本法》對全國人大常委會的權力行使做出了限制，要求其在增減附件三所列法律時應同時符合實質性與程序性要件。[51]

（4）全國人大常委會對特區立法的合憲性享有立法審查權，即其有權發回那些特區立法機關已通過的但不符合《基本法》的法律。[52]這設置了一個由中央立法機關對地方法律實質內容的合憲性審查的程序。

---

48. 《基本法》第 15 條。

49. 對中央政府任命行政長官的性質有不同理解，這表明了北京和香港的立場差異。包括許崇德在內的學者堅持認為該任命權不只是程序性權力，也是實質性權力，這意味着中央政府有權拒絕任命經過挑選或選舉產生的行政長官候選人。作者認為，依據《基本法》之立法目的，該觀點有待商榷。

50. 《基本法》第 18 條。

51. 全國人大常委會在徵詢其所屬的香港特別行政區基本法委員會和香港特別行政區政府的意見後，可對列於本法附件三的法律作出增減，任何列入附件三的法律，限於有關國防、外交和其他按《基本法》規定不屬於香港特別行政區自治範圍的法律。
從程序上來看，全國人大常委會在做出修訂前應徵求其所屬的香港特別行政區基本法委員會和香港特區政府的意見。列入《基本法》附件三的全國性法律應只限於與國防、外交和其他按《基本法》規定不屬於香港特別行政區自治範圍的法律。參見《基本法》第 18 條。

52. 《基本法》第 17 條。該條款規定了如下條件：香港特別行政區立法機關制定的所有法律須報全國人大常委會備案，但備案不影響該法律的生效。全國人大常委會在徵詢其所屬的香港特別行政區《基本法》委員會後，如認為香港特別行政區立法機關制定的任何法律不符合《基本法》關於中央管理的事務及中央和香港特別行政區的關係的條款，可將有關法律發回，但不作修改。任何經全國人大常委會發回的法律將立即失效。該法律的失效，除香港特別行政區的法律另有規定外，無溯及力。

（5）全國人大常委會有權解釋《基本法》。【53】該項安排頗有爭議，因為它不符合普通法傳統。【54】但行使釋法權須受到《基本法》規定的實體性及程序性限制。與此同時，全國人大也授權香港特別行政區法院在審理案件時有權解釋《基本法》的所有條款。

（6）全國人大有權修改《基本法》。【55】修改《基本法》依然須符合特定的實體性與程序性條件，【56】換言之，該權力是受制約的。

上述制度設計體現了《基本法》對「一國」原則的堅持和維護。的確，這構成了中央—香港特區關係之基礎。

同時，受「兩制」下「高度自治」原則的指引，《基本法》規定香港特區政府享有範圍廣泛的權力，即「自治權」。該權力範圍涵蓋四項主要內容：行政權、立法權、獨立的司法權及對外事務權。具體表現為：

（1）行政權。《基本法》使用了一個概括性的表述，即：「香港特別行政區享有行政管理權，依照本法的有關規定自行處理香港特別行政區的行政事務」；【57】

---

53. 《基本法》第 158 條。至今，全國人大常委會分別在 1999 年、2004 年、2005 年和 2011 年對《基本法》作出四次解釋。

54. 終審法院於 1999 年 1 月宣佈了一個極具爭議的里程碑式判決，即「吳嘉玲案」[1999] HKC 291–346。應香港特區政府之請求，人大常委會隨後於同年 6 月就「吳嘉玲案」對《基本法》相關條款做出了解釋。一前一後揭示了中國內地和香港在法律體系和司法制度方面存在的深刻的體制性差異。

55. 《基本法》第 159 條。《基本法》第四章至第六章進一步規定了特區政府「自行」行使的權力範圍。該範圍涵蓋選舉和地方政治事務、經濟事務（包括財政、金融、貿易和工商業、土地契約、航運、民用航空）、教育、科學、文化、體育、宗教、勞工和社會服務。

56. 例如「本法的修改提案權屬於全國人民代表大會常務委員會、國務院和香港特別行政區。香港特別行政區的修改議案，須經香港特別行政區的全國人民代表大會代表三分之二多數、香港特別行政區立法會全體議員三分之二多數和香港特別行政區行政長官同意後，交由香港特別行政區出席全國人民代表大會的代表團向全國人民代表大會提出。」且「本法的任何修改，均不得同中華人民共和國對香港既定的基本方針政策相抵觸。」參見《基本法》第 159 條。而「中華人民共和國對香港既定的基本方針政策」載錄在中英聯合聲明中，該聲明對中國具有條約約束效力。

57. 《基本法》第 16 條。

（2）對外事務權。[58]有趣的是,《基本法》區分了「對外事務」與「外交事務」,並授權香港特區政府處理與其自身相關的「對外事務」。[59]鑑於特區政府實際享有的範圍相當廣泛的對外事務權,有學者表示香港特別行政區具有國際法人地位,[60]也有論者認為香港正在扮演「一個活躍的、非主權性的國際角色」。[61]

（3）立法權。《基本法》規定香港特別行政區享有立法權。[62]

（4）包括終審權在內的獨立司法權。《基本法》的條款是相當完備的,且具備防禦性。[63]香港據此得以在回歸後繼續保持原有的普通法原則與司法獨立。[64]相較於港英政府時代的司法制度,香港特別行政區

---

58. 以下兩篇關於香港處理對外事務能力的文章評估了回歸後香港在中國國際戰略中的角色。Wai Ting (2007). "Hong Kong in between China and the Great Powers: The External Relations and International Status of Hong Kong after the Chinese Resumption of Sovereignty";Ren Yue (2007). "Hong Kong in the Eyes of the International Community," in *The Hong Kong Special Administrative Region in its First Decade*, Joseph Y. S. Cheng, eds. Hong Kong: City University of Hong Kong Press, pp. 261–304, 305–32.

59. 開展「對外事務」主要有兩種方式:（1）由香港特別行政區政府作為中國政府代表團的成員,參加由中央人民政府進行的同香港特別行政區直接有關的外交談判,參見《基本法》第 150 條;（2）香港特別行政區可在經濟、貿易、金融、航運、通訊、旅遊、文化、體育等領域以「中國香港」的名義,單獨地同世界各國、各地區及有關國際組織保持和發展關係,簽訂和履行有關協議,參見第 151 條。此外,香港特別行政區可以「中國香港」的名義參加不以國家為單位參加的國際組織和國際會議,參見第 152 條第 2 款。中國尚未參加但已適用於香港的國際協議仍可在香港繼續適用。中央人民政府根據需要授權或協助香港特別行政區政府作出適當安排,使其他有關國際協議適用於香港特別行政區,參見第 153 條。此外,香港特別行政區政府有權自行決定簽發特別行政區護照、出入境管制（參見第 154 條）、免簽證（參見第 155 條）和在外國設立經濟和貿易機構（參見第 156 條）等事宜。

60. Roda Mushkat (1997). *One Country, Two International Legal Personalities: The Case of Hong Kong*. Hong Kong: Hong Kong University Press.

61. Yue Ren (2007). "Hong Kong in the Eyes of the International Community," in *The Hong Kong Special Administrative Region in its First Decade*, Joseph Y. S. Cheng, eds. Hong Kong: City University of Hong Kong Press, pp. 261–304, 305–32.

62. 《基本法》第 17 條第 1 款。

63. 《基本法》第 18 條。

64. 《基本法》保證普通法制度和原則繼續適用於香港特別行政區。特別參見《基本法》第 8 條、第 19 條、第 82 條和第 84 條。這一立場在上文述及的重要判例「馬維昆案」（1997）和「吳嘉玲案」（1999）中得以確認。

的司法權得到了加強和擴張，這最主要體現在特區設立了自己的終審法院。

在這些自治權中，某些權力是不可讓與的，如獨立的司法權和終審權（除涉及國家行為的憲法性案件如 2011 年的「剛果案」外）、貨幣發行權、獨立的財政和稅收制度。對於通常來講屬於主權範疇內的其他權力，除非修改憲法與基本法，否則不得收回。這是因為「本法的任何修改，均不得同中華人民共和國對香港既定的基本方針政策相抵觸」。【65】可以確定地說，香港特別行政區的高度自治與未來是受憲法保障的。

總而言之，中央與特區關係的核心在於其權力關係，從此意義上講，基本法確切地說是一部「分權法」（a law of separation of power）和一部「調整權力運作規範與行為的法」（a law regulating the norms and conduct of power）。以下三方面闡明該等權力關係：

（1）歸屬於中央的權力不得轉讓與分享。特別行政區應當接受中央政府的領導與決定；

（2）特別行政區有權自行處理對外事務等事宜，而中央政府（主要指國務院）可以依照《基本法》第七章「對外事務」所建立的機制對特別行政區處理對外事務的行為實施監督。在此，可能存在某些「灰色地帶」，導致出現中央政府干涉特區事務的可能性。還有可能對該等權力的行使產生爭議，但迄今尚無該類事件發生並公之於眾。

（3）特別行政區全權自行處理其他事務，中央政府不得干涉。理論上，特區政府甚至不必就該等事務的處理向中央政府作任何報告。

---

65. 《基本法》第 159 條第 4 款。

（二）香港特別行政區與其他國家次國家單位（subnational units）的比較

就自治權的內容與範圍而言，香港特別行政區很難與中國或其他單一制國家內的次國家單位所享有的權力進行橫向比較，甚至也難與任何聯邦制國家的組成單位所享有的權力進行比較。

如上文主張，單一制和聯邦制這種二元論不適用於中國「一國兩制」下的特別行政區自治體制。王叔文曾對特別行政區政府享有的高度自治權與西方資本主義單一制國家的地方政府自治權力作了全面的比較：（1）「香港特別行政區享有的立法權，比單一制資本主義國家地方政權享有的立法權，不僅範圍廣，而且程度高」[66]；（2）「香港特別行政區法院享有司法權範圍之廣，特別是終審權，這在單一制的資本主義國家是沒有的」[67]；（3）「香港特別行政區在行政管理方面享有的許多自治權，包括：保持財政獨立，實行獨立的稅收制度，自行制定貨幣金融政策，有港幣發行權，實行自由貿易政策，自行規定在航運方面的具體職能和責任，保持香港的國際和區域航空中心的地位，自行制定教育、教學、文化等方面的政策，所有這些，單一制國家的地方行政機關是不可能享有的」。[68] 這個總結或許不夠深入和準確，但依然具有啟發性。

第二步，王叔文比較了特別行政區政府的高度自治權與聯邦制國家組成單位的權力：（1）「香港特別行政區在立法方面享有自治權的範圍，比聯邦制國家州享有的權力的範圍，還要廣泛」，[69]（2）「十分明顯，香港特別行政區在司法方面的自治權，無論在範圍上和自治的程

---

66. 王叔文（2006）。《香港特別行政區基本法導論》。北京：中國民主法制出版社與中共中央黨校出版社。47頁。

67. 同上註，47頁。

68. 同上註，48頁。

69. 同上註，49頁。

度上，都比聯邦制的州法院的職權更為廣泛和更高」【70】；（3）「香港特別行政區享有的行政管理的自治權，有許多方面聯邦制國家州政府是不能享有的」【71】；（4）在對外事務方面，「香港特別行政區在對外事務方面享有的自治權，不僅單一制的資本主義國家的地方政權不能享有，即與聯邦制的資本主義國家的州享有的權力比較起來，也更為廣泛。」【72】

　　因此，王叔文的結論是：「從以上的比較和分析可以看出，香港特別行政區享有的行政管理權、立法權、獨立的司法權和終審權，無論與我國的一般地方政權的權力，民族自治地方自治機關的自治權比較；與單一制的資本主義國家的地方自治比較，都更為廣泛。即與聯邦制的資本主義國家州的權力比較，除個別方面，如制定憲法外，在其他方面香港特別行政區也享有更為廣泛、更為高度的自治權。這一點是十分清楚的。」【73】王叔文是在《中國憲法》和《基本法》領域獲官方認可的權威學者之一，他還是兩個基本法起草委員會的成員，其觀點和立場應該是建立在其對立法原則和對《基本法》條文的完整理解之上的。毋庸置疑，他的觀點即便與官方立場不完全一致，卻是極為接近的。

　　於是，我們就面臨一種理論上的悖論：一方面，以王叔文、蕭蔚雲以及許崇德為代表的權威學者堅持認為，由於《基本法》只是授權法，故中國是並且應當被視作是單一制國家，國家結構形式並不因為特區的設立而有所改變。另一方面，同樣是基於上述學者的研究，特別行政區所享有的權力不僅與民族自治地方政府之自治權不可同日而語，也比單一制國家的地方政府和 / 或聯邦制國家的地方組成單位的權力範圍更廣泛。從理論上講，《憲法》和《基本法》一旦將自治權力

---

70. 王叔文（2006）。《香港特別行政區基本法導論》。北京：中國民主法制出版社與中共中央黨校出版社。49–50頁。

71. 同上註，50頁。

72. 同上註。

73. 同上註，51–52頁。

授予給特別行政區之後，中央政府就不能干涉該等自治權的行使。或者，至少在這種干涉變得必要時，也要遵守《基本法》的實體性和程序性規定。回顧香港回歸 15 年以來的跌宕起伏，儘管有不同意見和批評之聲，我們看到中央政府在處理涉港關係問題時基本上恪守着《憲法》和《基本法》的規定。這在很大程度上歸功於《基本法》清晰地界定了中央和特別行政區的關係，並同樣清晰地劃分了中央和特別行政區的權力範圍。同時，香港的成功回歸與過渡也證明《基本法》事實上是一部有效率的「分權法」，並很好地扮演了其作為香港特別行政區憲法的角色。

五、複合制國家：在多元中尋求統一

（一）「複合制國家」的定義

　　《基本法》是一部組織法。它首先在政治上和國家制度層面組建了特別行政區，保障轄區／法域（territory／jurisdiction）內人民的權利和自由，在不同的利益主體間分配權力，並規制它們之間的關係。《基本法》也對特區運作的全部規範和制度進行憲法化。從上文的分析可知，這一權力關係和自治運作模式不能被劃入單一制或是聯邦制的範疇，而應被理解為一種新型的模式，作者稱之為「複合制國家制度」並特別提出來。就特別行政區而言，複合制銜接了「兩種制度」，並且融合了單一制和聯邦制在原則和實踐上的特點。複合制是單一主義和聯邦主義的融合體。從政治和社會的角度觀之，複合制切合當下的「一個國家，兩種制度」和形成中的「一個國家，多種制度」。

　　根據《線上牛津英語詞典》的界定，「複合制」是一個在科學和工程學領域內廣泛使用的術語，用作形容詞時是指：一種由「多個部分或元素構成的」物質或材料。複合制也可作名詞使用，意指「一種由兩種或多種物理性質不同的成分組成的材料，每一成分很大程度上仍保有其原有的結構和特徵」。本章採用「複合制」作為名詞使用時的定義來

界定「複合制國家」（composite state）的概念，並將之用於描述今日中國的狀態。

就定義而言，「複合制國家」是由一個群（aggregate）或一組構成單位所組成的國家，其中每一構成單位根據不同的憲法性安排設立。和其他國家形式一樣，複合制國家是「一種由政治上被組織起來的人群所構成的政治制度」，同時也是「對該等人群行使統治和權威要採用的一套規則體系」。【74】複合制國家也是「一種建制（institution）」，「換言之，它是一種人們共同建立起來的用以確保實現某些目標的關係系統（system of relations），在這些關係系統中最為基礎的就是確保活動得以執行的秩序系統（system of order）」。【75】

基於這種理解，「一個國家，兩種／多種制度」下的複合制已經成為現實，或至少應被視作具有中國特色的政治制度。

（二）中國複合制國家的顯著特徵

具體來說，在複合制國家結構下，「一國」作為指導性原則不會改變，因其目的在於維護主權不可分割的原則，該原則仍然為中國官方所堅持。變化可以或應當發生，以應對構成單位的多樣性（diversity），該等變化關涉各構成單位如何保持其初始架構和地位、與中央的關係、可以享有的自治權的不同程度、行使自治權的各種方式、根據各自特點構建的法律規範和憲法框架，以及如何保持其原有的生活方式，等等。制度安排上的這種彈性程度取決於中央和相關地方之間所進行的議價和協商，特別是中央對相關構成單位的實際影響力和管治能力，以及各構成單位的歷史傳統和議價能力。

在主權至上這一至高原則之下，總體上不對稱的複合制國家的內部結構是寬鬆和可以調整的，以期能夠適應各構成單位不同的地理、文化、法律、社會和經濟狀況、制度的差異，以及組織形式的差異。

---

74. Bryan A. Garner (2004). *Black's Law Dictionary*. Eagan, Minnesota: Thomson West. p. 1443.

75. 同上註。

考慮到各構成單位加入國家的不同時間順序、意識形態和文化的差異，對權力和權利的不同主張，對民族、文化和宗教身份的訴求，相關歷史背景乃至國際政治等情況，突出這一特徵顯得尤其重要。

各構成單位在一個龐大社會中表現出來的多樣性促成在國家內部形成一種不對稱的結構。從理論上解讀，在一個不對稱的結構下，每一個構成單位或每一類構成單位都具有某項獨特的特徵或一組特徵，這使得各構成單位在很多重要方面得以區分開來。各個構成單位都認同的唯一一點是，中央政府就是主權者；據此身份，中央政府將對各構成單位行使憲法性權威（constitutional authority）。

以中國為例適用上述定義：在所有的次國家單位（指省、自治區、直轄市和特別行政區）中，依據現行憲法和相關國家法律，不同類別的構成單位享有不同程度的自治權，其同中央的關係也表現各異。這一狀況可以簡要總結如下：

（1）中央和 26 個省、直轄市之間的關係體現了單一制國家結構的傳統模式，是一種命令──執行關係（但據研究，自 1990 年代稅制改革後，中國出現了財政和金融領域的聯邦主義現象）；[76]

（2）中央和 5 個民族自治區之間的關係除受憲法條文規範外，進一步由另外一部憲法性法律《民族區域自治法》（該法於 1984 年通過，2001 年修訂）予以規範。[77]在這一類別的構成單位中，自治權的範圍有進一步調整的可能性，可以根據每一地區的實際需要靈活地適用國家政策；[78]

---

76. 例如鄭永年關於「事實聯邦主義」的討論。鄭永年（2006）.〈轉型中國事實聯邦主義源泉的解讀──政府間權力下放、全球化和中央地方關係〉,《日本政治科學評論》. 7 卷，101–126 頁。吳稼祥:〈用聯邦制治療國家內傷〉，原文連結：www.tecn.cn/data/detail.php?id=3163。吳稼祥:〈通過聯邦主義走出「聯邦財政制」困境〉，原文連結：www.tecn.cn/data/detail.php?id=10544

77. 特別參照《中國憲法》第 4 條第 3 款：各少數民族聚居的地方實行區域自治，設立自治機關，行使自治權。
另參照《憲法》第三章第六節。

78. 特別參照《中國憲法》第 116 條。

（3）中央和兩個特別行政區間的關係與上述兩類關係不具備直接可比性。如上文所述，特別行政區享有「高度自治」，這尤其被《憲法》第31條及作為憲法性法律的兩個《基本法》確定下來了；

（4）如果認真探究台灣與中國內地未來的統一，可能會有第四類中央地方關係模式。可以預見的是，未來的台灣政府將會享有比特別行政區程度更高的自治權，中央政府對此已作出明確表態。

（三）複合制國家下的台灣

今日中國的涉台政策是逐漸形成的。在1981年9月30日時任全國人大常委會委員長的葉劍英代表中央政府提出「九條方針」（「葉九條」）之後[79]，前中共中央總書記江澤民和胡錦濤分別於1995年和2008年提出了「江八點」[80]和「胡六條」[81]。若將對台政策的內容和《基本法》的條文進行比較，我們可以觀察到：（1）授予台灣的基本權力將與《基本法》中授予特別行政區的權力類似；（2）令人矚目的是，未來台灣政府將被允許保持武裝力量，並且將享有比特別行政區更大的國際空間。

中國政府和中國共產黨一向致力於推動和平統一及指「一國兩制」適用於台灣。[82]對台政策的核心體現四個關鍵元素：（1）一個中國；（2）兩制共存；（3）高度自治；以及（4）和平磋商。這一政策，雖然

---

79. 中共中央台灣工作辦公室、國務院台灣事務辦公室（1998）。《中國台灣問題》。北京：九州圖書出版社。229–230頁。

80. 同上註，231–235頁。

81. 這份檔案在網路上被廣泛刊載，原文連結：http://news.xinhuanet.com/newscenter/2008-12/21/content_10586495.html

82. 參見中國政府的兩份白皮書：國務院新聞辦公室（1993）《台灣問題與中國的統一》；國務院新聞辦公室（2000）《一個中國的原則與台灣問題》。原文連結：www.china.com.cn/ch-book/index.html

被台灣當局和一些學者認為不適用於台灣[83]，卻被鄧小平、江澤民和胡錦濤分別代表的「三代中國領導核心」反覆向台灣民眾和台灣當局宣揚。從歷史的視角審視這一政策，可發現其中包含很大彈性。內地大多數法學和政治學學者都贊同「一國兩制」直接適用於台灣。[84]但台灣政府和台灣大多數主流學者都反對這觀點。[85]現任台灣政府在國民黨的領導之下堅持在「一國」框架下展開「兩個政權」之間的協商談判，並且宣佈大陸所主張的「一國兩制」不適用於台灣。前任台灣政府在民進黨的領導下，甚至反對前述國民黨提出的相當務實的主張，主張「一中一台」和憲法台獨。[86]現在看來，多數台灣民眾的主流觀念是主張維持現狀。[87]由於兩岸目前並未就未來統一展開真正認真磋商，除經濟和貿易領域的交流得以增強外，政治領域的交流實際上停滯不前。

從務實和現實主義的視角觀之，台灣獨立（the independence of Taiwan and by Taiwan）都不是一個選項。依據全國人民代表大會為防止台灣的事實獨立行為而特別通過的旨在遏制台獨的《反分裂國家法》，中國當局仍將武力（「非和平手段」）作為解決台灣問題的途徑之

---

83. Sean Cooney (1997). "Why Taiwan is not Hong Kong: A Review of the PRC's 'Once Country Two Systems' Model for Reunification with Taiwan," *Pacific Rim Law & Policy*. Association PAC. RIM L. & POL' Y 497.

84. 張千帆（2007）.〈論國家統一與地方自治——從港澳《基本法》看兩岸和平統一的憲法機制〉,《華東政法大學學報》. 4 期。

85. 在〈一國兩制對台灣管用嗎？〉一文中，Shee Poon Kim 認為「一國兩制」作為解決兩岸關係問題的模式將導致出現僵局，因為台灣無論如何不會接受。他因此建議「或許一國、三制度、四政府的模式比鄧小平提出的『一國兩制』方案更適合台灣，『一國兩制』僅適用於香港和澳門」。參見朱浤源（1999）.《一國良制論文集》. 台北：一國良制研討會籌備委員會。232，241 頁。

86. 吳新興（1995）.《整合理論與兩岸關係之研究》. 台北：五南圖書出版公司。

87. 但是，學者和政治家們已依據基本的國家結構模式，如聯邦制、邦聯制和單一制，提出過一些國家統一方案。在適用聯邦模式時，也可能有不同的選擇。參見邵宗海.〈中國統一模式與統一過程的互動評估〉. 參見朱浤源（1999）.《一國良制論文集》. 台北：一國良制研討會籌備委員會。367–370 頁。

一。[88] 有鑑於此，以及考慮到台海兩岸人民的共同利益和福祉，本章建議採用複合制國家的概念作為解決台灣問題的嶄新憲法框架。

只有接受複合制國家概念，台灣將保留目前的政府制度和現行的社會、政治和民主制度，以及生活方式。就此而言，兩岸首先應該尋求並達成共識；如需要，兩岸還應就此作出相應的憲法安排。在廣泛探討、參與和雙方協商的基礎上起草一部新的台灣基本法。在這一重大立法過程中，應以公投方式尋求人民的意願，並以立法貫徹此等意願。

（四）適用複合制國家的指導性憲法原則

中國的情況相當複雜。如果考慮到複雜的國際政治、跨境宗教原教旨主義運動和世界範圍內的恐怖主義，這複雜性更甚。在 5 個少數民族聚居的自治區中，尤其是新疆維吾爾自治區（新疆）和西藏自治區（西藏），中央稱之為「分裂主義」或「分離主義」的活動存在由來已久。這類活動必然會受到當局壓制，有關分裂組織也會被當局瓦解。從現實政治的角度和力量對比來看，分裂主義顯然不是可行的選擇，也不符合有關地區大多數民眾的利益。

但問題依然存在，主要發生在新疆和西藏，且問題的表現形式因文化特性、宗教實踐和經濟落後程度而不同。衝突由此產生。在少數民族提出的諸多訴求中，民族、文化和宗教身份認同（identity）是核心。

顯然，中國正面臨各族人民團結的嚴肅問題。本章提出的複合制國家概念可以為將來適當的制度調整安排提供一種根本性及具有適應力的理念基礎。這一概念深深植根於中國憲法和中國現狀，不是憑空捏造的產物或空中樓閣。要使其切實可行，在制憲、立法和談判過程中，尤其在涉及台灣的問題上，必須強調並恪守下列相關原則。

---

88. 2005 年 3 月 14 日，全國人大通過了《反分裂國家法》。

1. 統一主權（United or sole sovereignty）

透過維護主權，由全體人民、黨派和有關次國家單位的代表組成的中央政府（the central authorities）應當毫不遲疑地授予每一類別的組成單位不同程度的自治權，各組成單位也不應為分享或擁有主權而同中央政府發生爭議。中國的主權理論來源於法國政治哲學家博丹（Jean Bodin）和盧梭（Jean-Jacques Rousseau），且未見發生實質性演進。對於中國的政治和學術精英而言，主權是「統一的」、「不可分割的」、「不可轉讓的」和「不可剝奪的」（imprescriptible）【89】。現行中國憲法仍將主權統一原則視為最高憲法原則。但《基本法》透過授予特別行政區處理「對外事務」的自治權，在主權的實際行使方面展現出了一定程度的彈性。從這個意義上講，憲法對主權的歸屬和主權的行使是區別對待的。

2. 自治（Self-government, self-rule or autonomy）

無論採用現有文獻中的哪一詞語，各組成單位均應當享有不同程度和不同形式的、符合其實際需要和原有地位的自治權，並應當能夠自行（on their own）管理內部事務。如哈佛大學國際法學權威 Louis B. Sohn 所言：「自治（self-government）是指，出於重要的政治或經濟原因，一特定地區保留在另一政治實體的管轄區域內，但該特定地區仍然擁有管理其特定事務的政治自由，而不受該政治實體的任何干涉。」【90】

複合制的本質在於推進自我管理和自治，以及推進民眾參與管理地方事務（類似於「港人治港」和「澳人治澳」的原則）。但在推進這一主張時，應當摒棄那種「暗含脫離另一政治實體權利」【91】的獨立觀念或徹底的自決論（self-determination）。可以肯定地說，前述任何旨在獨

---

89. 該四項標準最初被法國第一部憲法（1791 年 9 月 3 日）所採納。參見第三編第一章。

90. Louis B. Sohn (1981). "Models of Autonomy within the United National Framework," in *Models of Autonomy*, Yoram Dinstein, eds. New Jersey: Transaction Books. p. 5.

91. 同上註。

立和自決的目標都會遭到中央政府毫不遲疑的反擊，中央政府在這點上毫不妥協的立場體現在前文所引述的《反分裂國家法》中。[92]

3. 世俗主義

在世俗主義、政教分離或世俗政權（*laïcité*）[93]的理念下，政治機構應當脫離宗教和／或宗教信仰而存在。世俗主義通常是指國家世俗主義，世俗社會及世俗道德。簡言之，世俗主義要求設立一套既保護宗教自由、也保證政教分離的行為規範。

就此而言，現行《中國憲法》通過第 36 條「宗教自由條款」[94]為世俗主義提供了堅實的基礎。鑑於中國宗教和宗教活動的多樣性，宗教自由條款確保全體公民擁有宗教信仰自由的權利，這當然包括新疆和西藏的居民。毫無疑問，高程度的信仰自由將有利於確立「民族」，具體包括民族、文化和宗教認同。宗教原教旨主義或極端主義活動儘管在中國仍然存在，卻不是憲法所述的「正常的宗教活動」，並且違背了中國法律與秩序的現狀（在其他地方亦然）。在這一語境下，即便是最大程度的自治權都必須遵守統一主權的最高原則。

中國沒有國教，中國憲法也沒有此類條文。這一不成文的、不創立國教原則可以明確指明世俗主義或政教分離適用於中國。中共中央《關於我國社會主義時期宗教問題的基本觀點和基本政策》是一份黨的基本政策文件，稱「社會主義的國家政權當然絕不能被用來推行某種宗

---

92. 2005 年 3 月 14 日，全國人大通過了《反分裂國家法》。

93. 有時，法文 *laïcité* 在英文中被翻譯為 laicity 或 laicism。它指的是世俗社會，意指宗教不涉入政府事務，政府也不涉入宗教事務。*Laïcité* 是法國憲法的核心概念和基本原則，憲法原文是：法國是一個不可分割的、世俗的、民主的和社會的共和國（*La France est une République indivisible, laïque, démocratique et sociale*）。其他國家，如比利時、美國、加拿大、印度和土耳其在其憲法中也規定了類似的、甚至完全相同的條款或概念。但上述國家的實踐可能各自不同。

94. 《中國憲法》第 36 條：「中華人民共和國公民有宗教信仰自由。任何國家機關、社會團體和個人不得強制公民信仰宗教或者不信仰宗教，不得歧視信仰宗教的公民和不信仰宗教的公民。國家保護正常的宗教活動。任何人不得利用宗教進行破壞社會秩序、損害公民身體健康、妨礙國家教育制度的活動。」

教，也絕不能被用來禁止某種宗教，只要它是正常的宗教信仰和宗教活動。同時，絕不允許宗教干預國家行政、干預司法、干預學校教育和社會公共教育⋯⋯」【95】宗教和國家間的關係一向是一個現實和敏感的問題。推動複合制國家理論需要借助於世俗主義原則，這一原則在大多數成熟民主國家被證明是有效的、切實可行的解決方案。

與複合制國家有關的表述和制度設計要求我們進一步探究其深層的哲學基礎。為該目的，如下若干對關係值得進一步研究和闡釋：（1）統一與多樣性；（2）國家利益與特定少數人群、民族或種族的利益；（3）國家主義與自我認同；（4）國家法律與地方習俗、習慣等。事實上，這是一項需要跨學科專家合作完成的宏大工程。

六、結語：建構複合制國家

複合制國家概念是基於作者長期的、持續的觀察和思考而成的。現時中國的行政區劃和不同自治體制的實踐經驗，尤其是特別行政區代表的經驗，促使作者思考、尋求、界定一種恰當的範式或理論架構來描述當今中國的國家結構。複合制國家的概念化和理論化旨在服務兩個迫切的（immediate）目的：一是澄清對當今國家結構的認識，更重要的是設計、提出一項用以鞏固國家、團結各族人民和解決台灣問題的理論。複合制中國正在形成之中，與之有關的理論有待建立並且必要。因此，本章仍然是初步的理論探索，確切地說，是作者對現有理論不具備可適用性的一個自然回應。

複合制國家概念本質上是建立在實用主義哲學之上，旨在解決具有中國特徵的困局。如同所見，內地主流學者所持的傳統立場和觀點已經過時，且無法準確解釋中國轄下的特別行政區的真實狀態。

---

95. 1982 年 3 月 31 日中共中央印發的《關於我國社會主義時期宗教問題的基本觀點和基本政策》，通常被稱為「16 號文件」，被認為是中共關於宗教問題的基本文件。全文參見中共中央文獻研究室綜合研究組（1995）。《新時期宗教工作文獻選編》。北京：宗教文化出版社。54–73 頁。

　　比較憲法學展示了多種自治模式和自治政體，比如格陵蘭（Greenland）模式、波多黎各—美國（Puerto Rico–U.S.）模式、西班牙模式，以及法屬新赫里多尼亞（French Nouvelle-Caledonia）或法屬波利尼西亞（French Polynesia）模式，這些模式對複合制國家概念的形成均有幫助，這一概念本來就是新的。與此相關，新出版的《當代世界自治制度》檢視了各種模式，值得關注和研究。[96]

　　基於上述對香港特別行政區所代表的自治體制的研究，以及對單一制國家和聯邦制國家（君主立憲制除外）現有模式的比較與參照，本章的結論是：中國（中華人民共和國）既不是單一制國家，也不是聯邦制國家，而是兩種制度的混合體。在這語境下，複合制國家的概念是一個以事實為基礎、理論上可行的提法；它不僅能夠恰當而且準確地界定實際的國家結構，而且有助於鞏固國家基礎，並且有利於實現國家的終極目標，即在保持多樣性的同時實現國家統一。

---

96. Thomas Benedikter (2009). "The World's Modern Autonomy Systems: Concepts and Experiences of Regional Territorial Autonomy," *EURAC Research*, pp. 212–222. 這書描述了逾 20種以區域自治為名的模式和制度安排，其中有一章討論作為特殊自治形式的「中國自治」。

第三章

香港新憲制秩序的法理基礎
分權還是授權[*]

程潔

清華大學法學院副教授

一、導言：為什麼需要研究香港的新憲制基礎

　　《香港基本法》是「一國兩制」方針政策的體現，是香港回歸與社會經濟持續發展的制度保障。《香港基本法》的實施對香港回歸後的社會經濟發展及政治秩序起到了積極作用。20 年來，《基本法》的權威性得以確立。在特別行政區制度和體制下，中央政府依法負責管理與香港特別行政區有關的外交事務和國防事務，組建特別行政區政權機關，任命特區行政長官和主要官員，根據《基本法》對有關條文進行解釋或做出決定，依法決定特別行政區的政治發展。特別行政區依據《基本法》的規定組織特區的立法、行政、司法的機構，特區機構依法有效運作。法治觀念深入人心。中央政府有關特別行政區制度的理論與實踐也不斷發展。特別是 2014 年白皮書發佈和 2016 全國人大常委會解釋《基本法》之後，「一國兩制，港人治港」方針政策進一步受到肯定，同時強調了維護國家統一和中央管治權的重要性。上述發展和成就有目共睹，是《香港基本法》成功實施的重要表現。

---

*　本章是在作者提交全國人大常委會「紀念香港《基本法》實施二十年周年座談會」（2017 年 5 月 27 日）的文稿基礎上完成的。相關內容曾經在中央港澳工作協調小組專家學者座談會上報告，感謝參會領導和專家對報告提出的建議。文章屬於理論探討，如有不妥之處，一切文責自負。

　　與此同時，香港回歸 20 年來，在中央和特區關係層面和特區政府機構內部層面也出現了一些政治和法律問題。例如，《基本法》實施以來，香港區域內許多重大事項都引發了涉及《基本法》的司法覆核或曰《基本法》訴訟，[1] 有的還導致全國人大常委會解釋《基本法》或作出相關決定。這些爭議和相關討論包括但不限於：《憲法》是否在香港適用？特別行政區高度自治權是否具有排他性？國際法規範是否構成香港的基本規範基礎？[2] 這些問題的出現有其必然性，因為新憲制秩序的確立是一個循序漸進的過程，需要與既有的制度和安排進行磨合。另一方面，許多問題歸根究底都屬於憲法性爭議，對新憲制的基本理論的不同認識是產生問題的主要原因。相應地，要回應這些問題和挑戰，需要我們從香港新憲制秩序的理論出發，探尋其基礎規範來源和運行邏輯。

　　《香港基本法》頒佈及實施以來，有關《基本法》的研究日益豐富。其中，涉及到香港新憲制秩序的理論則逐漸形成兩種代表性的觀點：分權論和授權論。分權論的代表人物是前香港大學法學院的佳日思（Yash Ghai）教授。他最早提出香港新憲制秩序概念並進行了系統研究。其所著《香港的新憲制秩序》一書認為，香港回歸後的新憲制秩序服務於維護香港高度自治權與區隔兩制目標，在制度上主要表現為中央和特別行政區之間的分權安排。[3] 授權論的代表人物是原北京大學法學院蕭蔚雲教授。其主要觀點是認為香港的新憲制秩序服務於國家

---

1. 相關案例的匯總參考李浩然、尹國華（2013）。《香港基本法案例匯 1997–2010》。香港：三聯書店。該書收錄了香港《基本法》第 1–42 條所涉及的部分案件。陳弘毅、羅沛然（2015）。〈香港終審法院關於《基本法》的司法判例評析〉，《中國法律評論》。3 期，75–98 頁。筆者也曾專就香港律政司《基本法》訊中刊登的案例進行過系統量化分析。程潔（2016）。〈香港《基本法》訴訟的系統案例分析〉，《港澳研究》。2 期，12–21 頁。

2. 佳日思（2000）。《居港權引發的憲法爭論》。香港：香港大學出版社；強世功（2007）。〈文本、結構與立法原意 ——「人大釋法」的法律技藝〉，《中國社會科學》。5 期，143–159 頁；郭天武、莫景清（2009）。〈香港《基本法》解釋制度的分析〉，《當代港澳研究》。1 期，163–182 頁。

3. Yash Ghai (1997). *Hong Kong's New Constitutional Order—The Resumption of Chinese Sovereignty and The Basic Law*, 2nd ed. Hong Kong: Hong Kong University Press. pp. 137–142.

統一大業和香港的繁榮穩定，特別行政區的高度自治權源於中央政府對特區的授權，特區不存在可以對抗中央政府的制度安排。授權論在2007年後獲得官方確認。2007年6月6日，全國人大常委委員長吳邦國在紀念《香港基本法》實施十周年座談會上，強調了特別行政區的高度自治權來源於中央授權的屬性。【4】

　　特區新憲制的權力來源問題雖然是理論問題，但對《基本法》的實踐和貫徹落實有舉足輕重的影響。從香港回歸以來的實踐看，對同一事物採取分權論或授權論視角，會得出不同的結論。在重大的政治和法律問題上，則有可能引發中央和特區的矛盾和衝突。值得注意的是，到目前為止，有關香港新憲制基礎的研究仍然比較有限，這種情況與香港憲制問題本身的重要性相比是不相稱的。有鑑於此，本章希望對現有研究進行總結和梳理，並在此基礎上對這一根本性問題進行論證和說明，為未來進一步反思做拋磚引玉式的探討。

　　本章分為以下四部分，對香港的新憲制基礎進行分析：第一部分總結有關香港新憲制秩序的兩種主要理論。第二部分從規範基礎及範式表達方面分析兩種理論，並說明其法律意義和政策導向。第三部分論證授權論作為新憲制基礎的正當性及分權論主張存在的主要問題。第四部分對既有授權理論的局限性、特別是《基本法》中的不對稱授權進行說明。最後是總結和前瞻。

二、香港新憲制秩序的法理基礎：分權論或授權論

　　香港回歸中國之後，開始形成新的憲制體系，這一點在研究《基本法》的學者之中是普遍的共識。然而，對於香港新憲制的規範基礎是什麼，卻存在不同的理解，進而表現為不同的思維範式，並且發展出不

---

4. 吳邦國（2007）。〈深入實施香港特別行政區《基本法》把「一國兩制」偉大實踐推向前進〉；全國人大常委會香港基本法委員會辦公室。《紀念香港《基本法》實施十周年文集》。北京：中國民主法制出版社。6頁。

同的解釋體系和權利（權力）主張。理解香港新憲制秩序的基礎十分重要，有助於我們理解《基本法》實施以來的一系列爭議，也有助於我們在此基礎上為《基本法》的實施和完善進行相應的反思和制度改進。

在各種有關香港新憲制基礎的認識中，分權論和授權論最具有代表性。分權論者主張，《基本法》為中央和特區各自的權力範圍提供了依據，特別是為特區的高度自治權提供了保障。在這一分權格局之下，中央不得干預特區的自治權。授權論者則認為，《基本法》確認特區的高度自治權來自中央的授權，特區只能在授權範圍內行使立法權、行政權和司法權，不能逾越授權範圍。分權論和授權論提出之後，都各有發展。

分權論的早期代表作為佳日思教授《香港的新憲制秩序》一書。[5]他認為，香港回歸中國之後，政府權力運行的憲法基礎有所改變，在中國的主權下，形成了新的憲制秩序。他雖然承認這一新憲制秩序衍生於《中國憲法》，但認為《香港基本法》具有「小憲法」的屬性，其存在目的就是為了維護香港的自治權，區隔兩制，實現社會主義制度和資本主義制度的隔離，因此需要確立中央和特區的分權範圍。[6]同樣受制於這目的，他認為《中國憲法》在香港的適用範圍受制於《香港基本法》，[7]並進而主張香港具有某種「準國家」（quasi-state）的屬性，表現為中央授權特區某些處理對外事務的自主權。[8]

循這進路，會傾向於認為特區與中央應當在「劃清界限」的基礎上，各行其政，各得其所，甚至對中央政府的權力採取排斥和防禦的姿態。這一認識頗有影響力。以分權為基礎的「香港新憲制秩序」理論

5. Yash Ghai (1997). *Hong Kong's New Constitutional Order—The Resumption of Chinese Sovereignty and The Basic Law*, 2nd ed. Hong Kong: University of Hong Kong Press. pp. 137–187.

6. Ibid, p. 138.

7. Ibid, p. 361.

8. Ibid, p. 458.

在後來的香港基本法第一案──馬維騉案[9]和引發《香港基本法》解釋爭議的吳嘉玲案[10]中都有引用，其影響力可見一斑。雖然也有較為折衷的觀點認為，應當避免將「一國」與「兩制」對立起來，但論者對於中央政府的權力，尤其是全國人大常委會在特區的權力行使，仍然抱有極大戒備心。[11]更多以分權論為進路的研究則傾向於區隔中央權力與特區權力。例如，在頗受歡迎的香港大學憲法教材類專門用書中，仍然沿用了這一分權體系來解釋中央與特區關係。[12]

分權論思維不限於香港區域內。即使在內地，直到今天，有關香港憲制秩序的規範基礎和法律淵源究竟包括哪些內容，研究中仍然存在灰色地帶。例如，有關《中國憲法》是否在香港適用的問題，學者和官方普遍採取「憲法整體適用於特別行政區」這有待進一步解釋的表述。[13]研究者對憲法的適用範圍和《基本法》的屬性存在不同看法，並且更傾向於將「整體適用」理解為憲法部分條款適用於特別行政區。

受分權論影響最大的當屬香港司法機構。在 1999 年吳嘉玲案中，終審法院對《基本法》第 158 條的理解就建立分權論的基礎上，認為全

---

9. 香港特別行政區訴馬維騉，[1997] HKLRD 761 及 [1997] 2 HKC 315. 該案最直接的問題是需要回答回歸後「普通法」是否當然存續的問題。但要回答該問題，就涉及到香港司法機構是否有權查全國人大及其設立的相關機構決定的合法性問題。香港高等法院上訴庭在案件判決中表示，香港法院無權審查全國人大立法的合法性，但是有權就全國性立法是否存在進行審查。該案判決書援引了佳日思《香港的新憲制秩序》一書。

10. *Ng Kaling and Others v. Director of Immigration*, [1999] 1 HKLRD 577. 該案涉及到港人在內地所生子女是否當然擁有香港永久居留權並得以自由入境香港的問題。爭議一方認為，《基本法》第 22 條對內地人士進入香港境內有所限制，只有持有單程證 (類似於移民許可）方可合法入境香港。但另一方認為，根據香港《基本法》第 24 條，這些人士擁有居港權，無需另外獲取許可即可合法入境香港。

11. Danis Chang (2007). "The Imperatives of One Country, Two Systems: One Country before Two Systems?" *Hong Kong Law Journal*, 37(2): 351–362.

12. Johannes Chan and C. L. Lim(2011). *Law of Hong Kong's Constitution*. Hong Kong: Sweet and Maxwell. pp. 44–46.

13. 蕭蔚雲（1990）。〈論中華人民共和國憲法與香港特別行政區基本法的關係〉,《北京大學學報 (哲學社會科學版)》。3 期，7–15 頁；張榮順（1990）。〈略論我國憲法與香港特別行政區基本法的關係〉,《中外法學》。6 期，1–2 頁；陳克（1989）。〈論憲法與香港《基本法》的關係〉,《法律學習與研究》。4 期，35–37 頁。

國人大常委會和特區法院對《基本法》的解釋權分別適用於《基本法》的不同領域，試圖將《基本法》的條款區分為「自治範圍內條款」和「自治範圍外條款」，進而對法院認可的「自治範圍內條款」作出解釋。[14] 1999 年 6 月 26 日，全國人大常委會的解釋推翻了終審法院在吳嘉玲案關於《基本法》第 22 條第 4 款和第 24 條第 2 款第 3 項的解釋，但吳嘉玲案所確立的解釋規則卻仍然保留下來。[15] 特別是在劉港榕案[16]之後，雖然特區法院承認全國人大常委會解釋權的全面性，但法院並未完全否定吳嘉玲案，而是繼承了吳嘉玲案所確立的判斷香港法院是否有權解釋相關《基本法》條款的標準，即所謂建立在中央和特區分權基礎上的「條款範圍檢驗」和「必要性檢驗」。[17] 總之，雖然分權論者對於中央和特區的權力分配事項和程度有不同的認識，但都認為特區擁有、或者應當擁有某種程度上對抗中央政府越權的權力。

授權論主張最早可見於蕭蔚雲教授對中央和特別行政區關係的闡釋。他在 1991 年的一篇文章中指出，由於中國是單一制的國家，各組成部分不具有像聯邦制的成員國那樣固有的權力，因為聯邦制的形成一般都是由成員國轉讓一部分權力而組成，而單一制國家的各組成部分權力則是中央授予的 …… 香港特別行政區雖然享有高度自治權，其權力也是中央授予，不是它本身具有的。[18] 以特區不具有的自治權來說

---

14. *Ng Ka-ling and Others v. Director of Immigration* [1999] 1 HKLRD 577, FACV16/1998.

15. 例如從「劉港榕案」到「剛果金案件」都援引了「吳嘉玲案」所確立的「兩步法」。*Lau Kong-yung and others v. Director of Immigration*, FACV 10/11 of 1999. *FG Hemisphere Associates LLC v. Congo Republic* [2011] 14 HKCFAR 395.

16. *Lau Kong-yung and others v. Director of Immigration*, FACV 10/11 of 1999, 一般稱之為「劉港榕案」。該案是「吳嘉玲案」的後續，基本事實和法律問題與「吳嘉玲案」一致，終審法院要回答的問題是，在全國人大常委會 1999 年 6 月 26 日對《基本法》第 22 條和第 24 條做出解釋之後，香港法院應當遵從全國人大常委會的解釋，還是終審法院在「吳嘉玲案」中所確立的準則處理類似案件。終審法院在「劉港榕案」中確認，如果存在全國人大常委會的解釋，香港法院應當遵從全國人大常委會對《基本法》的解釋。

17. *Ng Ka-ling and Others v. Director of Immigration*, FACV No. 14 of 1998, pp. 46–47.

18. 蕭蔚雲（1991）。〈論一國兩制下中央與特別行政區的法律關係〉，《北京大學學報（哲學社會科學版）》。4 期，18–26 頁。

明特區的高度自治權源於中央政府授權在以後的研究中得到進一步説明。特別是在授權內容、形式和限制條件方面，出現了一些值得關注的研究。

　　後續研究分別對剩餘權論、分權論、自決權論等主張做出了回應，也對授權的內涵與外延，以及授權對中央政府權力的影響進行了分析。王振民認為，鑑於中國的單一制國家屬性，應當推定人民先把權力全盤授予了中央（全國）政府，然後再由中央（全國）政府根據情況把權力「轉授予」地方政府行使一部分。他也因此認為在中央和特別行政區之間不存在「剩餘權」或權力的「灰色地帶」，因為未能界定的權力都應當推定屬於中央。[19]這一觀點延續了蕭蔚雲提出的授權論主張，並主要是針對所謂的「剩餘權問題」進行了回應。筆者在論述中央管治權和香港高度自治區的關係時，在肯定特別行政區高度自治權的授權屬性基礎時，批評了當時流行的分權論（包括剩餘權論）和自決權論，並對基本法對特區授權進行了類型化研究，並對其約束條件進行了分析。[20]駱偉建在研究中着重回答了「中央能不能授權」和「中央如何授權」兩個基本問題，對中央授權的正當性進行論證。[21]其研究也強調，中央在授權之後，對特別行政區保留了主權性的權力。這種權力可以限制、監督特別行政區的治權。特別行政區自行管理、制定政策的事務，雖然中央不干預，但要接受中央的監督。[22]王禹則對授權的概念進行了語義學研究，並區分了《基本法》中的兩種授權，認為一種授權是憲法性授權，另一種授權則屬於有權機構的二次授權。不過，對於這兩種授權究竟對香港憲制秩序的建構有什麼不同影響，作者沒有

19. 王振民（2002）。《中央與特別行政區關係 —— 一種法治結構的解釋》。北京：清華大學出版社。136–142 頁。

20. 程潔（2007）。〈中央管治權與高度自治 —— 以《基本法》規定的授權關係為框架〉，《法學》。8 期。61–68 頁。

21. 駱偉建（2009）。〈論「一國兩制」下的授權〉，載楊允中。《「一國兩制」與憲政發展 —— 慶祝澳門特別行政區成立十周年研討會論文集》。澳門：澳門理工學院一國兩制研究中心。50–60 頁。

22. 駱偉建（2012）。《澳門特別行政區《基本法》新論》。北京：社會科學文獻出版社。123 頁。

進一步闡釋，而是強調兩者都是主權的表現。[23] 換言之，以授權論為進路的研究對授權的含義和類別雖然有不同的認識，但是都強調特區的高度自治權來自於中央政府授權，並且不能挑戰中央政府。

相較於分權論者，授權論者對香港新憲制秩序的系統分析仍然較為缺乏。《香港基本法》實施 10 年後，香港內部的權力分配和中央與特區關係的一些問題逐漸顯現。對香港憲制基礎的討論日益受到重視。特別是有關特別行政區的高度自治權源於中央授權一說逐漸成為解釋特別行政區基本法的理論基礎。其中，王振民在 2013 年的一篇文章中也採用了「新憲法秩序」這一概念，該文引入凱爾森的規範等級體系框架，認為香港回歸後，香港新憲制秩序的基本規範已經由原來的《英皇制誥》和《皇室訓令》轉變為《中國憲法》，「其法律表現形式就是……《香港特別行政區基本法》」。[24] 可見，該文對憲法是否適用於特別行政區，依然採取了較為模糊的態度。更多的研究則沒有探究香港新憲制秩序的基礎，但是都認識到特別行政區高度自治權的授權屬性。

分權論和授權論都致力於對特別行政區的高度自治進行解讀，甚至都承認基本法在特區的憲制地位。但為什麼會出現兩種截然不同的思路？接下來將嘗試從規範基礎、理論原型和參照系等方面對兩者進行比較和分析。特別是希望通過研究，為授權論提供進一步的憲法理論上的支援。

三、分權論與授權論的規範基礎與範式表達

為了更為客觀地分析和呈現有關香港新憲制秩序的兩種代表性理論，本章引入了新的研究方法和分析框架。這種研究方法區別於存在價值預設的研究和純粹的法規範分析。由於《香港基本法》研究涉及

23. 王禹（2012）。〈港澳基本法中有關授權的概念辨析〉，《政治與法律》。9 期，77–89 頁。特別是第 86 頁有關兩種授權的關係及其與均作為主權表現的觀點。

24. 王振民（2013）。〈論港澳回歸後新憲法秩序的確立〉，《港澳研究》。1 期，30 頁。

兩種不同的政治制度和法律體系，一些研究容易陷入簡單的價值判斷（value-dependent）或意識形態預設（ideological presumption）。例如，以自由主義、資本主義、社會主義為標準進行判斷和比較。這種研究容易滑入政治討論和「選邊站」式的爭吵。還有一種研究方法可以稱之為教義學的（doctrinal approach）。這種方法強調規範體系自身的建構與相互作用（例如凱爾森的規範等級體系），或者試圖從不同法系，尤其是普通法、大陸法之間的差異去理解香港的新憲制秩序。這種方法雖然常為一般部門法所用，但就憲法研究而言，卻有可能導致法規範與社會實踐的脫節。

　　本章對分權論和授權論的分析希望能夠跳脫價值預設和意識形態批評，同時也避免脫離社會實踐談論法規範。本章的分析方法是結合法社會學和功能主義比較法進路對兩種理論進行的探究。這種分析方法強調在價值無涉（value-free）的基礎上，對法規範存在的社會基礎和政策效果（法規範的功能）之間的關係進行分析。[25] 具體來説，以下從兩種代表性理論對香港社會的屬性的認識、實定法基礎、對基本法屬性的認定、對高度自治權的屬性、制度的可持續性（穩定性）、糾紛解決機制以及利益訴求主體等方面的認識展現兩種理論在內涵與外延上的差別，並在此基礎上做進一步分析和比較。

　　表 3.1 就是對以上列舉的專案進行研究後發現的基本情況。

　　從表 3.1 可見，就規範基礎而言，分權論的規範基礎不但包括《香港基本法》，還包括《中英聯合聲明》及其他國際法規則甚至外國法。分權論認為，《香港基本法》創制的基礎是《中英聯合聲明》，而《中英聯合聲明》規定「除國防和外交外」，特別行政區行使高度自治權。這一規定被理解為保障特區自治權的排他性條款。[26]《基本法》雖然有

25. Ralf Micheals (2006). "The Functional Method of Comprative Law," *The Oxford Handbook of Comparative Law*. Oxford: Oxford University Press. pp. 340–384.

26. Yash Ghai (1997). *Hong Kong's New Constitutional Order—The Resumption of Chinese Sovereignty and The Basic Law*, 2nd ed. Hong Kong: Hong Kong University Press. pp. 137–188.

表3.1　分權論與授權論比較

	分權論	授權論
香港社會的屬性	特殊社會	特殊情況
實定法依據	聯合聲明	憲法
基本法的屬性	分權法	授權法
聯合聲明的作用	較高的法	政府政策聲明
憲法的適用	第 31 條適用於香港	整體適用
高度自治權的特點	排他性的	派生於中央
制度穩定性	強	一般
糾紛解決機制	對抗式	協調或壓制
偏好主體	本土派	愛國愛港、本地化
外部性	缺乏溝通機制	溝通過程不透明

授權條款，但是這些授權條款或者被視為執行中央與特區分權原則的一種表述，或者乾脆被批評為未完全信守《中英聯合聲明》的承諾。[27]授權論則以《憲法》和《基本法》為特別行政區制度的規範基礎。雖然不同的論者對於《憲法》是否全盤適用於特別行政區有不同的認識，但是授權論者通常承認《憲法》第 31 條是是特別行政區制度的基礎規範，而《基本法》則是落實「一國兩制」與特別行政區制度的具體法律表達。授權論雖然也承認國際條約在香港的適用，包括國際人權法在香港的適用，但前提是「不抵觸《基本法》」。可見，《憲法》和《基本法》共同構成了香港的憲制基礎。

從理論預設來看，雖然分權論和授權論都要回答特區高度自治權從哪裏來，以及特區權力與中央權力的包括那些事項的問題。但上述

---

27. Xing zhong Yu (2007). "Formalism and Commitment in Hong Kong's Constitutional Development," *Constitutional Interpretation in Hong Kong: The Struggle for Coherence*, Hualing Fu, Simon Young, eds. New York: Palgrave Macmillan. pp. 179–187.

兩種流行的理論反映出對特別行政區制度存在的目的和意義的不同看法。分權論的出發點是將香港視為一個特殊社會（distinct society），[28] 創設特別行政區制度的目的是為了對兩種不同的制度進行隔離（separation of systems）。因此，排他性的地方自治權成為維護甚至鞏固這一特殊社會的制度安排。而授權論雖然也承認香港的特殊情況，但是認為特別行政區制度是為了解決特殊歷史遺留問題所做的安排，其最終目的並非維護這種特殊性，而是為了能夠將這種特殊性包容於一國的框架之下。

最後，從制度的理想模型來看，分權論者雖然承認特別行政區制度是根據「一國兩制」原則在一個單一制國家創設的，但是傾向於以準主權單位作為特別行政區制度的參照系或理想型，認為特區應當享有具有準主權特徵的高度自治權，包括立法權、行政權、獨立的司法權、徵稅權、獨立的貨幣金融體制和不同的政治經濟社會制度等。延續這一思路的結果，一方面是期待特別行政區能夠排除中央政府的「干擾」，因為特區的高度自治權被視為是排他性的；另一方面則是認為《基本法》的一個不足之處就是缺乏解決中央和特區權力衝突的獨立機制。[29] 而授權論對特別行政區制度的參照系和理想型則是單一制國家的權力下放或地方自治。其參照系雖然從古代的羈縻州府到當代西方國家的權力下放，例如英國對蘇格蘭、西班牙對加泰羅尼亞等地區的權力下放，但是都是在單一制國家的框架下做出的權力下放。[30] 換言之，認為特別行政區所享有的高度自治權無論範圍多寬、程度多深，都不是特區固有的權力，都源於中央的授權。

---

28. Yash Ghai (1997). *Hong Kong's New Constitutional Order—The Resumption of Chinese Sovereignty and The Basic Law*, 2nd ed. Hong Kong: University of Hong Kong Press. pp. 137–139. 作者認為《基本法》的立法目的就是為了確保香港的特殊社會得以延續，其制度安排則通過將香港與內地的制度相分離體現（separation of systems）。

29. 同上註。

30. 程潔（2007）。〈中央管治權與高度自治 —— 以《基本法》規定的授權關係為框架〉，《法學》。8期。61–68頁；屠凱（2014）〈單一制國家特別行政區研究：以蘇格蘭、加泰羅尼亞和香港為例〉，《環球法律評論》。5期。

綜上，分權論或授權論都是認識和解釋《基本法》、解釋中央和特區關係的重要理論。分權論以地方自治理論和《聯合聲明》為基礎，將中央和特區關係解釋為對抗性地、彼此制約的關係。在分權論的邏輯下，特區的高度自治權是固有的地方自治權，從而有助於強化特區高度自治主張。當然，在這種思路下，也容易將中央政府對特區的管治理解為干預並持批評態度。

授權論以「一國兩制」原則和《基本法》為基礎，將中央和特區關係理解為授權關係、委託—代理關係。在授權論的邏輯下，特區的高度自治權不是固有的，而是中央政府照顧到特區的具體情況而做出的特惠性安排。相應地，授權論有助於強化中央對特區的管治權，並傾向於對對抗式的高度自治權主張保持警惕。雖然兩種主張各有其理論和實踐參照系，但是不同理論的主張者則有可能出於政治利益的考量而選擇不同的理論解釋。

四、分權論之非與授權論規範基礎的進一步説明

本章認為，雖然分權論有關保障特區高度自治權的主張有其重要的理論意義和現實意義。但是，分權論所依據的基礎規範和理想模型具有誤導性，有可能影響基本法的理解和實施，有必要專門就此作出回應並進一步説明授權論主張的依據。

首先，分權論對《中英聯合聲明》的認識不足。《中英聯合聲明》第 1 至 3 條分別為中國或英國的單方聲明，第 4 至 7 條是中英中英雙方共同聲明。其中涉及香港回歸後制度的部分，恰恰是中國的單方面聲明。第 8 條則為批准和生效條件。雙方共同聲明的內容當然由雙方共同協商執行，雙方各自聲明的部分只能由各自分別執行。否則，《聯合聲明》根本無法執行。例如，《聯合聲明》的第 1 條和第 2 條就分別是中國政府和英國政府對香港回歸的不同表述，分別表達了中國和英國對香港回歸前後地位變化的不同看法。實際上，即使在雙方都共同同意

的文字表述中，中國政府的理解和英國政府的理解也是存在差異的。[31]這些不同表述或對同一表述的理解並不妨礙《聯合聲明》的效力，也不妨礙《聯合聲明》作為國際條約的事實。而是恰恰說明，各國均有權按照自己的法律體系理解國際條約的相關內容，除非另外存在共同約定的理解和解釋。

有觀點認為，《中英聯合聲明》不屬於國際條約，因而不能作為《基本法》的規範基礎。[32]作者並不認同這種觀點。《中英聯合聲明》是在聯合國登記的雙邊條約，這一點沒有爭議。[33]但是《聯合聲明》的國際條約屬性並不能使其成為《基本法》的規範基礎。即使從時間上看，《憲法》第 31 條有關國家在必要時得設立特別行政區的規定，也早於《中英聯合聲明》。當然，更重要的是，《基本法》的存在不以《聯合聲明》為前提。《基本法》不是為了實施《聯合聲明》，也不是《聯合聲明》在香港的轉化或本地化。[34]

其次，對《基本法》條款的文本分析表明，《基本法》中為數眾多的條款與中央政府有關，整部法律就是作為中央政府對特區的授權法而制定的。《基本法》的創制過程及其內容表明，《基本法》完全屬於國家立法行為，不是對《中英聯合聲明》的當地語系化或轉化。從具體內容來看，除了《基本法》第 2 條的總括性的授權條款表述之外，《基本法》中存在大量涉及國家、中央政府或中央政府相關部門的條款。

---

31. 張春生、許煜（2013）《周南解密港澳回歸 —— 中英及中葡談判台前幕後》。北京：新華出版社。113, 122–131 頁。周南是當時外交部部長助理，參與了中英談判的整個過程，並擔任了第八論之後的談判團團長。書中專門提到中英雙方就香港回歸所做的不同表述，以及為了在雙方不同理解的基礎上形成共同的文字版本而斟酌字句的一些具體事例。

32. 張定準、底高揚（2017）。〈論一國兩制下中央對香港特區的性質〉，《政治與法律》。5 期，2 頁。

33. 也有觀點認為，《聯合聲明》在 1997 年 7 月 1 日修改回歸之後就已經完成了歷史使命並失效了。

34. 實際上，將《中英聯合聲明》視為《基本法》的基礎是沒有意義的，因為在中國的規範體系中，國際條約的法律地位並不具有超越於法律的效力，更不會超越憲法。因此，強調《中英聯合聲明》是《基本法》的規範基礎顯然不具有法律上的意義，更多是論者希望引入國際評判標準的一種政治主張。

　　表 3.2 顯示了《基本法》條款中與中央政府相關的條款的情況。統計的依據主要是查找《香港基本法》160 條中，哪些條款包含「中央」、「中華人民共和國」、「中央人民政府」、「全國人民代表大會」等關鍵字。統計的結果如下：在 160 個條款中，共有 56 個條款均明確出現了上述關鍵字，也即與中央人民政府或中央特區關係相關的條款，其中尤其集中在第二章（中央特區關係）和第七章（解釋與修改），第四章（政府組織）和第五章也有超過三分之一條款涉及中央人民政府。

　　可能會有人認為，160 條中有 56 條涉及中央人民政府，那麼其餘部分就都屬於特區自治條款了。這種理解過於寬泛。實際上，《基本法》中除了對特區高度自治權的概括性規定之外，明確特區可以「自行」處理的事項只有 20 處。這些「自行」條款中，11 項屬於教、科、文、宗教、社會福利政策等事項（其中包括勞工方面的法律及政策），4 類屬於經濟事項（財政金融航運行業規制）、4 處為自行立法事項（23 條、立法會議事規則、稅種、土地批租）、1 處規定屬於司法事項（自行解釋條款）。

　　概而言之，《基本法》的主要內容是中央授權特區處理授權範圍內的事項。其中，《基本法》規定「自行」處理的事項特區享有最大的自主管理權，沒有列明「自行」處理的事項，一般在《基本法》中列明授權的具體要求（例如政府組織權力關係）。還有一些事項則不在授權範圍之列，例如國防事宜或外交事宜。

　　第三，分權論理解香港基本法的主要參照系為美、加等聯邦制國家，這些聯邦與各組成單位之間關係的起點與規範基礎與中國存在極大的差異性。由於參照系不當，使得其對中國的國家和特區關係的批評在很大程度上偏離了客觀與公正。事實上，中國對香港特別行政區的授權更接近於英國對北愛爾蘭、蘇格蘭和威爾士的權力下放（devolution）而非美、加或印度聯邦與各州或省之間的分權。由此，以聯邦制為參照系，當然會導致批評現行立法分權不明確及缺乏糾紛解決機制。

表3.2　《香港基本法》中涉及中央政府的條款

字眼 ＼ 章	序言	第一章	第二章	第三章	第四章	第五章	第六章	第七章	第八章	第九章	合計次
中華人民共和國	4	4	3	0	8	5	0	11	1	0	36
中國	3	0	3	4	8	4	1	4	0	0	27
中央人民政府	0	0	15	0	9	12	0	10	1	0	47
中央（單獨）	0	0	5	0	1	0	0	0	1	0	7
憲法	2	1	0	0	0	0	0	0	0	0	3
全國人民代表大會	1	1	9	0	1	0	0	0	12	1	25
國家	5	1	7	1	0	3	0	5	0	0	22
合計次	15	7	42	5	27	24	1	30	15	1	167
合計條	3/3 段	5[35]/11	11[36]/12	1/19	12/62	14/45	1[37]/14	8/8	3/3	1/1	3 段 56 條

　　從「一國兩制」原則的提出和特別行政區制度形成的歷史來看，中央對特區的特別授權是「一國兩制」的基礎和特別行政區制度形成的出發點。從 1979 到 1984 年間，中英政府間有關香港回歸的討論不是基於香港作為自治單位與中國大陸作為自治單位之間關係的問題，而是有關香港回歸中國之後如何管理的問題。管治香港的制度選項有三種：主權回歸中國、英國保留治權；主權回歸中國、中央直接管理；主權回歸中國、中央政府授權港人治港高度自治。雖然英國在理論上主張

---

35. 第 9 條語言權未計入。

36. 第 16 條作為自治條款。

37. 採用了「中國香港」這一表述。這一表述同時強調了香港的自主性和香港的主權歸屬。

英國保留港島主權而歸還新界主權與治權的選項，但是這一提議從一開始就遭到中國方面的否定。[38]可見，從制度史的角度來看，並不存在分權論者所想像的地方自治單位如何組織的問題，也不存在地方自治或聯邦制的制度選項。當然，《基本法》的具體規定為授權論提供了進一步的實定法依據。

綜上所述，分權論以《中英聯合聲明》作為中央與特區關係的基礎，將《聯合聲明》這一解決國際間領土主張的雙邊文件解釋為致力於解決中國國內區際關係的憲法性文件。分權論進一步以聯邦制為參照系，將《聯合聲明》中方有關未來香港管治政策解讀為中央和特區的分權安排，從而導致對後來《基本法》屬性的誤讀：《中英聯合聲明》雖然是中英兩國就香港回歸所達成的共識，但是這並不足以使其具有超越《基本法》的效力，當然更不可能成為授權英國監督和約束中國政府對香港政策的基礎。《中英聯合聲明》是中英雙方就中國收回香港進行談判的產物，因此《聯合聲明》的主要目的是解決政權交接中可能出現的問題，其主要照顧的利益是中英雙方的利益，並不存在香港作為獨立的實體以排他性的地方自治權作為加入中國的約束條件，從而也就使得分權論不足以成為認識中央與特區關係的客觀依據。

與此相對，授權論以《憲法》和《基本法》為依據，將《基本法》視為落實《憲法》第 31 條和國家對香港政策的法律化。這一認識是符合創制《基本法》和特別行政區制度的現實的。中央政府授權特別行政區行使高度自治權，是為了更好地管理香港，而不是單方面授予香港管理權；更不是為了承認香港既有的獨立地位或地方自主權。實際上，後者原本就不存在。

---

38. 張春生、許煜（2013）。《周南解密港澳回歸 —— 中英及中葡談判台前幕後》。北京：新華出版社。122–131 頁。

五、授權論的局限性與基本法中的不對稱授權

以上對香港新憲制秩序的兩種主要理論及其賴以存在的規範基礎、理想模型和政策意義進行了分析，並在此基礎上說明，授權論較之分權論更符合「一國兩制」和《基本法》的初衷。值得注意的是，授權論作為一種理解和解釋特別行政區制度的基本理論，也存在局限性，無法回應當前《基本法》實施中的一些困境和挑戰。主要原因存在於兩方面：一方面，目前有關中央對特區授權的研究普遍強調授權作為國家主權意志的表現。這一認識的優點是突顯了中央對特區的最終管治權，對分裂勢力有威懾作用，但缺點是對於涉及中央特區關係的具體權力劃分以及未來香港政治權力分配的解釋力不足，並且有可能陷入政治陰謀論思維定式。另一方面，目前有關中央對特區授權的研究普遍強調中央對特區授權的專屬性或排他性。這種理解固然有助於為中央在特區確立某些不同於其他地方行政單位的制度提供解釋，但是也導致香港特殊論這樣的思維定式，直接影響香港的自我定位和國家認同。

要回應《基本法》實施中的挑戰，有必要直面當前授權論的局限性，特別是要對《基本法》中不對稱授權的存在及其正當性給予理論回應。不對稱授權的基本屬性是授權。授權相對於直接管理而言，指權利主體委託被授權人代替權利人處理相關事務，尤其是與管理相關的事項。委託授權和權力下放意義上的授權是通過國家結構形式影響國家治理的主要表現表現形式。【39】當存在多個被授權主體時，就會出現授權的對稱性問題。

對稱性授權（symmetric delegation or devolution）是指權利人對所有被授權人委託的事項是對等的。例如，在智慧財產權法中，連鎖店冠名就是商標持有人對加盟店的授權委託。通常來說，這種委託是對稱性

---

39. Niamh Hardiman (2012). "Governance and State Structures," *The Oxford Handbook of Governance.* Oxford: Oxford University Press. pp. 228–241. 這裏的授權包括委託授權（delegation）和中央對地方的權力下放意義上的授權（devolution）。

的，各加盟店獲得同等的商標使用權和管理權。不對稱授權（asymmetric delegation or devolution）則意味着，在存在多個被授權主體時，權利人授權的範圍和內容是不對等的。在國家結構形式的意義上，即中央和地方關係層面上，中央政府對地方的授權意味着中央政府委託地方政府管理相應事項，通常為地方性事務。由於一個國家總是存在多個地方單位（不同於民事或商事關係中一對一的授權），中央對地方的授權也會出現對稱性授權和不對稱授權的區別。無論形式如何，授權的結果是產生了授權者之外的新的管理者，並在授權方和被授權方之間形成了委託—代理（principal-agent）關係。[40]

中央對地方的授權可以是對稱的，也可能是不對稱的。中央對地方的不對稱授權表現在兩方面：一是在央地關係層面不能形成治理機構的對應關係；二是在區際關係層面，特區和其他地區之間形成不對等關係。從央地關係層面來看，不對稱授權意味着中央對某一地區的授權與中央權力之間缺乏對應關係。在這個意義上的不對稱意味着中央與地方之間不但存在管轄範圍和管轄事項（基於時空）的差異，而且存在體制或治理模式上的差異。

從區際關係來看，中央對地方的授權如果具有專屬性和排他性，強調該種授權僅適用於特定地區而不能適用於其他地區，甚至導致被授權地區與未能獲得授權的地區之間產生一定程度的區隔，這就產生了中央對地區授權的不對稱。這類不對稱授權有很多不同的存在形式。在這個意義上的不對稱意味着中央對不同區域的授權「不對等」、「有差異」。例如，中國自唐代以來，對邊疆地區、特別是少數民族聚居的邊境地區實行羈縻州府制度，通過「依俗而治」來懷柔邊疆少數民

---

40. Douglas North (1991). "Institutions," *Journal of Economic Perspectives*, 5(1): 97–112. 諾貝爾經濟學得主科斯認為，正是由於遠程交易的不斷拓展，產生了代理、信託、律師等一系列制度，以便降低交易成本。對國家治理而言，空間和時間的區隔與遠程管理的困難，也是中央對地方下放權力的主要原因。

族的邊境治理策略。西班牙對加泰羅尼亞地區的授權，英國對蘇格蘭的權力下放、意大利對科西嘉的授權都具有這種不對稱屬性。[41]

　　理解特區高度自治的授權屬性有助於回應所謂中央干預特區高度自治的批評，但是簡單的的授權理論並不足以解釋圍繞特區高度自治範圍產生的爭議。例如，回歸初期的居港權案[42]其實涉及到香港移民政策的屬性及特區法院解釋《基本法》是否屬於自治性權力的爭議。[43]剛果金案涉及司法豁免原則是否屬於特區高度自治範圍的問題[44]。「二十三條立法」、「佔中運動」，以及香港政治發展之爭，[45]則分別涉及到國家安全在特區的實現、特區政治發展中中央政府和特區民眾的角色等根本性問題。上述問題的產生存在各種複雜因素，以簡單的授權論無法解釋和說明這些問題的產生，但認識到不對稱授權的存在，則有助於理解這些矛盾的激發或激化。

　　《基本法》中最值得關注的不對稱授權當屬中央對特區司法權的下放。如果不算《香港基本法》第158條對全國人大常委會解釋權的保留，國家對特區司法權的下放幾乎是徹底的：包括法院的組織、法官的遴選、適用的實體法與程序法，以及終審權。不但如此，除了終審

---

41. Susan J. Henders (2010). *Territoriality, Asymmetry and Autonomy*. New York: Palgrave Macmillan.

42. 吳嘉玲訴入境事務處處長（[1999] 1 HKLRD 577）為代表的一系列案件。這些案件均涉及到港人在內地所生子女是否當然擁有香港永久居留權並得以自由入境香港的問題。爭議一方認為，《基本法》第 22 條對內地人士入境香港進行了限制，只有持有單程證 (類似於移民許可) 方可合法入境香港。但另一方認為，根據《香港基本法》第 24 條，這些人士擁有居港權，無需另外獲取許可即可合法入境香港。

43. Johannes Chan, H. L. Fu and Yash Ghai (2000). *Hong Kong's Constitutional Debate, Conflict over Interpretation*. Hong Kong: Hong Kong University Press.

44. *FG Hemisphere Associates LLC v. Congo Republic* [2011] 14 HKCFAR 395. 該案通常被簡稱為「剛果金案」。該案爭議的焦點是，香港法院是否有權無視中國政府絕對豁免原則，承認及執行一方當事人為主權國家 (剛果共和國) 的仲裁裁決。爭議一方認為，香港可以根據國際慣例法，遵循有限豁免原則，無需遵從中國的絕對豁免原則。另一方則認為，此類案件屬涉及國防與外交事務的案件，香港法院沒有管轄權。

45. 2015 年 6 月 18 日，香港立法會對 2017 年政改方案進行投票，出席議員中 28 票反對，8 票贊成，方案最終未能通過。香港立法會否決的政改方案雖然由香港政府提出，但是其基礎卻是全國人大常委會 2014 年 8 月 31 日有關香港政改的決定。

法院首席法官和高等法院院長外，香港司法機構的法官無需具有中國籍，並且法院的工作語言可以採用中文或英文。[46] 基本法對特區司法權的下放具有明顯的不對稱屬性：從央地關係層面來看，特區司法程序與中央司法程序不對接；從區域關係層面來看，特區司法權的獨立性也遠遠高於其他地方單位。

不可否認，《基本法》作為憲制性法律，相關條款具有原則性，可能存在不同的理解，所以法院試圖廓清《基本法》條款無可非議。但即使對類似《基本法》第 158 條這樣字面上沒有爭議的條款，法院仍然有可能通過廣義解釋或某些一般性原則為司法權爭取更大的空間。對於特區司法機構和全國人大常委會之間權力行使的爭議，僅從政治陰謀論角度批評司法機構是有失公允的。謀求更多的司法權力不但符合司法機構的利益，也符合特區自身的利益。但司法權的擴張是否符合國家法治統一目標及基本法最初設定的其他目標，則具有可爭議性。綜上所述，對特區司法權的深度下放雖然在短期內有助於增強市場信心並促進國家統一，但同樣也為回歸後香港司法能動主義和司法擴權提供了基礎。

《基本法》對特區沒有徹底下放立法權和行政權，中央政府保留了相應的控制和監督權。相對於司法權而言，立法權和行政權的不對稱的屬性也得以弱化。例如，雖然中央政府對特區下放了立法權，但是特區「自行立法」的範圍既受到《基本法》附件三全國性立法的限制，也受到《基本法》第 17 條所規定的全國人大常委會發回特區立法的約束。行政權方面，中央政府保留了對行政長官和主要官員的任命權。相應地，中央和特區之間沒有就特區立法或特區政府決定發生憲法性爭議。

---

46. 法院的工作語言問題是回歸後通過判例法確定的。具體參見 Re Cheng Kai Nam [2002] 1 HKC 41. 該案當事人認為，其有權獲得能夠以中文（粵語）交流的法官的審理。但法院認為，《基本法》第 9 條規定英文和中文均為官方語言，因此，法官以英文審理案件並不構成對當事人權利的侵害。

　　究其根本，不對稱授權仍然建立在承認地方特殊地位甚至承認地方作為一個「特殊社會」的基礎上，[47]如果沒有事先的制度自覺，特殊授權和特殊制度將會固化這種特殊性，鼓勵地方民眾對特殊社會的身份認同，進而帶來特殊制度的各種外部性：包括因固化地區差異而產生的地方保護主義或地區分離主義風險、因不斷要求特殊待遇而弱化制度剛性的治理風險、[48]擁有決策權的中央部門尋租的風險，以及其他地區與特區之間互相攀比和嫉恨而產生的道德風險[49]等。因此，僅僅從特別行政區制度建立在中央對特區授權的基礎上無法解釋特區新憲制秩序的形成與發展變化，也無法解釋特區出現的認同危機和分離主義傾向。認識到中央對特區的授權具有不對稱性，不但有助於說明特區憲法性危機和治理風險的來源，也為進一步回應這些危機和風險提供了方向。例如，當《基本法》實施一定時間之後，有必要重新審視某些不對稱安排是否仍然具有現實合理性。特別是對於那些可能影響市場統一和國家主權利益的不對稱安排，尤其需要進行這種反思和審視。

六、總結與前瞻

　　本章總結了理解《基本法》和特別行政區制度的兩種主要理論，並對其形成的規範基礎和範式表達進行了分析。在此基礎上，文章認為，分權論存在對《基本法》和特別行政區制度的誤讀。因為分權論將香港假定為特殊社會，將特別行政區制度的目標預設為「制度隔離」，將聯邦制國家的組成單位視為特別行政區的理想型和參照系，從而得出中央和特區之間的關係是對抗性的和排他性的。實際上，無論是《中

---

47. 如 Yash Ghai 就認為特別行政區的目的是為了實現「制度的區隔」（separation of systems）。Yash Ghai (1999). *Hong Kong's New Constitutional Order: The Resumption of Chinese Sovereignty and the Basic Law,* 2nd ed. Hong Kong: Hong Kong University Press. p. 138.

48. Douglas North (1991). "Institutions," *Journal of Economic Perspectives*, 5(1): 97–112.

49. 漢密爾頓、傑伊、麥迪遜，程逢如等譯。（1995）。《聯邦黨人文集》。香港：商務印書館。29–38 頁。

英聯合聲明》還是《基本法》，都不存在上述預設，甚至明確否定上述理想型或參照系。「一國兩制」方針政策的提出，前提是不認同香港的殖民地地位，既反對英國「主權換治權」的主張，也不認為香港具有一般殖民地去殖民化後的民族自決權。中國對香港問題的立場是香港主權和治權回歸，治理的具體方式可以商談。同時，在治理方式方面，也不存在聯邦制選項。因此，以自決權、聯邦制國家組成單位為原型理解特別行政區制度，是不符合現實的。以加拿大的魁北克這樣一個聯邦制國家的特殊組成單位為原型理解香港特區的屬性當然更不具有合理性。

理解特別行政區制度的授權屬性，有助於我們將中央和特區關係納入國家治理的一般理論範疇進行研究和思考，而非將之視為特殊社會排除在正常國家建設秩序之外。換言之，香港作為中國的一級地方行政單位，其憲制秩序是中國憲制秩序的有機組成部分。香港回歸之後，新憲制秩序的基礎只能是中國憲法和法律。無論是國際法規範還是香港的本地規範，都只能在符合《中國憲法》和《基本法》的框架下適用，而不具有超越於《憲法》和《基本法》的地位。當然，中國和香港的憲制發展與國際法規範和香港的本地法規範並非互斥的。《憲法》和《基本法》吸納了國際人權公約的重要內容（特別是通過《基本法》第 39 條將兩個國際人權公約納入到香港的法律秩序中），後者又反映了自然法和人類一般理性。無論香港的政制發展還是司法裁判，基於普遍理性和一般價值規範解釋和適用《基本法》都是對這一憲制秩序的維護。[50]

有必要說明的是，雖然分權論對特別行政權制度的規範基礎、理想模型和理論預設存在誤讀，但是分權論提出的一些具體問題值得給予充分關注。因為這些問題即使在授權框架下也仍然存在。例如，在

---

50. 在這個意義上，作者反對將香港沒有加入的國際公約作為法院判決的基礎。因為這樣會造成「法官締約」、「法官造國際法」的後果。事實上，筆者認為，如果法官需要《基本法》之外的法律推理資源，直接根據普通法上的基本原則進行論證較之援引香港未加入的國際條約更具有正當性。

承認特區高度自治權源於中央政府授權的前提下，如何認識中央政府權力的約束機制及特區高度自治權的邊界問題。再如，在「一國兩制」前提下，特別行政區和中國其他地區之間的關係問題，特別是涉及到區際貿易和區際法律衝突、承認和執行問題。歸根到底，憲法的核心就是要廓清權力的邊界。雖然特區的高度自治權來自於中央政府的授權，但是這一授權由於《香港基本法》的存在而具有憲法性保障，對中央政府構成了約束。即使在法律上中央政府仍然可以撤銷或變更這一授權，但是仍然必須遵循法定的程序並承擔道義上的或政治上的責任。

此外，在《基本法》的授權框架下，香港的中國籍人士作為中國公民，如何實現其憲法上的一般社會權利、經濟權利和民主參與權？尤其是，我們可以否認香港作為一個地方行政單位擁有固有的地方自治權和民族自決權（self-determination），但是我們不能否認香港永久居民中的中國公民擁有固有的政治參與權。後者是特區在授權範圍內自主管理權的真正來源。當特區的社會經濟條件已經發生變化，香港社會希望通過普選改變既有利益格局時，如何根據「一國兩制」和《基本法》回應這種政治訴求，同時避免重大的社會震盪，將是未來《基本法》實施不可迴避的問題。

當然，香港居民的政治參與權問題也同時提出了香港政制發展的本地化問題。1990 年《香港基本法》不但賦予特區內永久居民政治參與權，也賦予香港境內的非中國籍永久居民選舉權、被選舉權和擔任其他公職的權利，僅在人數上受到限制。值得一提的是，外籍人士在立法機構、行政機關和司法機構的法定人數限制與其人口在香港的數量相比，是不成比例的。香港未來如果實行普選制度，不能迴避選民的國際化問題所帶來的治理風險，特別是由於政治組織國際化和選舉獻金國際化給國家安全利益帶來的風險。

最後，授權論的提出不是為了壓制特區高度自治，而是為了說明特別行政區制度的來源和特別行政區的基本屬性。當然，理解到特別行政區制度的根本屬性是被授權地方單位，也蘊含了特區的效忠和盡職義務，以及不得危害授權者利益的根本要求。不過，強調特別行政

區制度的授權屬性本身並不能當然地促進國家認同和民心回歸。如何在堅持「一國兩制」方針政策的前提下，促進兩地法治統一和市場統一，減少《基本法》中不對稱授權可能帶來的治理風險，同時鼓勵地區制度創新與區域公平競爭，是未來特區治理與實施《基本法》的重大課題。

第四章

中央與香港特別行政區的權力關係[*]

朱世海

澳門科技大學法學院副教授

《香港基本法》單設一章（即第二章）來規定中央與特別行政區的權力關係，當然涉及中央與特別行政區權力關係的條文不限於《香港基本法》第二章。雖然《香港基本法》對中央與特別行政區權力關係做出較明確的規定，但現實中關於兩者之間在權力劃分、權力行使和權力監督等方面仍然存在一些紛爭。故此，有必要對這些問題進行深入探討。

一、權力劃分

《香港基本法》雖然並非是聯邦制國家憲法那樣的分權法，但還是對中央與特別行政區之間權力劃分做出比較明確的規定，即中央擁有本源性權力[1]，而特別行政區擁有包括外事、發行貨幣、終審、解釋《基本法》（以下簡稱「釋法」）等權力在內的授權性權力[2]。「縱觀基本法的規定，這種制度設計不僅已經完全突破了傳統上單一制國家在中央和地方權力劃分上的定說，甚至也突破了聯邦制國家中聯邦政府與

---

[*] 原文載《浙江社會科學》2016 年第 6 期，收入本書時稍有修改。

1. 本源性權力，意指基於國家主權及國家的憲政體制而產生的應由中央行使的權力。

2. 香港特別行政區行使的所有權力都是來自中央的授予，故稱其為授權性權力。

州政府權力劃分的界限。」[3] 有人認為中國是單一制國家,中央與特別行政區之間是授權關係,不是分權關係。其實,對特別行政區管治權的分配就是中央與特別行政區之間的分權。即使在單一制國家,主權已不再是不可以分割或不可讓渡的,主權已不構成分權的理論障礙。[4] 環顧世界,隨着民主思想的演變和世界環境的遞嬗,愈來愈多的民主先進國家發現,如果要進一步深化民主就有必要落實地方自治,如果要進一步落實地方自治就得推動地方分權改革。[5] 日本自「二戰」結束以來已進行數次地方分權改革,頒佈《地方分權推進法》,並依法成立地方分權推進委員會。「《歐洲地方自治憲政》公佈後,諸多單一制民主國家開始逐步推動地方分權改革,傳統的觀點已無法應付地方複權時代的潮流」。[6] 就是中國中央政府與地方政府之間也存在分權,鄧小平曾就明確提出過「過去在中央和地方之間,分過幾次權」[7]。改革開放以來,中央與地方的分權在立法、人事、財稅等多方面展開。1982 年《憲法》規定,省、自治區、直轄市的人民代表大會及其常務委員會可以制訂和頒佈地方性法規,1999 年制定的《立法法》規定了必須由中央立法規定的事項和可以由地方制定地方性法規的事項。1984 年中共中央下發了《關於修訂中共中央管理的幹部職務名稱表的通知》,將中央所直接控制的官員限制為省級,從「下管兩級」變為「下管一級」,這是中央與地方之間就人事權分配的重大調整。1993 年 12 月 15 日國務院下發《國務院關於實行分稅制財政管理體制的決定》,決定從 1994 年 1 月 1 日起改革原有的財政包乾體制,對各省、自治區、直轄市,以及

---

3. 高漢成(2015)。《要特別小心地呵護特別行政區制度》。原文連結:www.cssn.cn/fx/fx_fjgg/201409/t20140919_1334018.shtml

4. 張千帆(2012)。《國家主權與地方自治 —— 中央與地方關係的法治化》。北京:中國民主法制出版社。

5. 陳建仁(2011)。《從中央支配到地方自主 —— 日本地方分權改革的軌跡與省思》。台北:華藝數位。2 頁。

6. 同上註。9 頁。

7. 鄧小平(1993)。《鄧小平文選》(第二卷)。北京:人民出版社。329 頁。

圖4.1　《香港基本法》中的權力劃分（縱向）示意圖

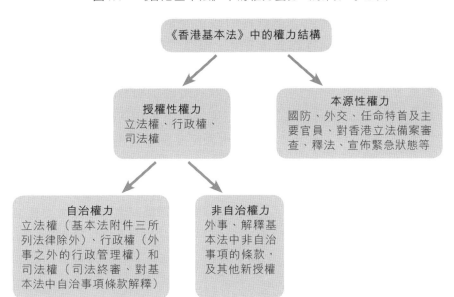

計劃單列市實行分稅制財政管理體制，由此開始中央與地方之間的財稅分權。

　　主權問題是解決香港問題的核心，香港回歸後，中國中央政府恢復行使對香港特別行政區的主權。1984 年 12 月 29 日中英兩國政府簽署的《關於香港問題的聯合聲明》確認中國於 1997 年 7 月 1 日「恢復對香港行使主權」。1982 年 9 月 24 日，鄧小平在北京會見英國首相撒切爾夫人時明確指出：「我們對香港問題的基本立場是明確的，這裏主要有三個問題。一個是主權問題……關於主權問題，中國在這個問題上沒有回旋餘地。坦率地講，主權問題不是一個可以討論的問題。」[8] 依據國家主權原則及單一制的國家結構形式，中國中央政府擁有對香港的本源性權力，如圖 4.1「《香港基本法》中的權力劃分（縱向）示意圖」所示，中央政府擁有的對香港的本源性權力是比較多的。在外交方面，《香港基本法》第 13 條規定，中央人民政府負責管理與香港特別行

---

8. 鄧小平（1993）。《鄧小平文選》（第三卷）。北京：人民出版社年版。12 頁。

政區有關的外交事務。在國防方面，《香港基本法》第 14 條規定，中央人民政府負責管理香港特別行政區的防務。當然，中央政府的本源性權力不限於外交、國防。在立法方面，根據《香港基本法》第 17 條，全國人大常委會對香港特別行政區立法機關制定的法律予以備案審查。截至 2013 年底，全國人大常委會收到香港特別行政區報請備案的法律共 570 件。《香港基本法》附件三還規定了在特別行政區實施的全國性法律。在行政（人事）方面，中央人民政府擁有任命行政長官和主要官員的權力。在司法方面，雖然《香港基本法》規定特別行政區司法獨立，但司法獨立並非意味着特別行政區就享有完整的司法權。根據《香港基本法》第 158 條[9]，《香港基本法》的解釋權歸全國人大常委會，全國人大常委會授權香港法院在審理案件時可以對《香港基本法》進行解釋[10]。「基本法同時肯定了中央的司法主權以及經過授權而使香港法院擁有了相當程度的、但不是完整的司法主權。」[11]「基本法的解釋是關係到基本法實施後中央政府主權能否得以保障的關鍵問題」[12]，故全國人大常委會對釋法非常重視，先後於 1999 年、2004 年、2005 年、2011 年和 2016 年分別就香港永久性居民在香港以外所生中國籍子女的

---

9. 《香港基本法》第 158 條內容：「本法的解釋權屬全國人民代表大會常務委員會。全國人民代表大會常務委員會授權香港特別行政區法院在審理案件時對本法關於香港特別行政區自治範圍內的條款自行解釋。香港特別行政區法院在審理案件時對本法的其他條款也可解釋。但如香港特別行政區法院在審理案件時需要對本法關於中央人民政府管理的事務或中央和香港特別行政區關係的條款進行解釋，而該條款的解釋又影響到案件的判決，在對該案件作出不可上訴的終局判決前，應由香港特別行政區終審法院請全國人民代表大會常務委員會對有關條款作出解釋。如全國人民代表大會常務委員會作出解釋，香港特別行政區法院在引用該條款時，應以全國人民代表大會常務委員會的解釋為準。」（節錄）

10. 根據香港《基本法》第 158 條的內容，香港《基本法》的立法原意是把《基本法》解釋權歸屬全國人大常委，全國人大常委會再授權香港法院在審理案件時解釋《基本法》。但因全國人大常委會從未作出此授權決定，香港法院對《基本法》的解釋權實際上不是來自全國人大常委會的授予，而是直接依據香港《基本法》第 158 條的規定而獲得。因授權程序缺乏，全國人大常委會授權香港法院在審理案件時解釋《基本法》的立法原意沒有得到體現。

11. 強世功（2009）。〈司法主權之爭 —— 從吳嘉玲案看「人大釋法」的憲政意涵〉，《清華法學》。5 期。16 頁。

12. 陳端洪（2007）。《憲治與主權》。北京：法律出版社。177 頁。

居留權問題、行政長官產生辦法和立法會產生辦法修改的法律程序問題、補選產生的行政長官的任期問題、國家豁免原則和議員依法宣誓等問題，對《香港基本法》及其附件的有關條款作出解釋。當然也有學者認為全國人大常委會是國家立法機關，其釋法是在行使立法權。[13]我們不否認全國人大常委會解釋《香港基本法》的行為包含立法的元素，如 2004 年對《香港基本法》附件一的解釋就確立了香港政改的新規則，但我們對全國人大常委會對《香港基本法》的解釋應盡量理解為司法行為，特別是涉訴解釋，理由將在下文闡述。也有人可能會提出把全國人大常委會解釋基本法視為司法行為與香港特別行政區享有獨立司法權相違背。其實，「全國人大常委會對《香港基本法》的解釋屬憲法解釋。雖然《基本法》不是憲法，但它規範特別行政區的制度，涉及中央人民政府與特別行政區之間的憲制關係，在香港法律體系中居於最高法律地位」[14]。全國人大常委會作為護憲機關，解釋憲法文件是其天然的權力，即使在實行司法獨立的西方國家，其憲法法院也擁有這樣的權力，不能因此說這違背司法獨立。

　　《香港基本法》第 2 條規定，全國人民代表大會授權香港特別行政區依照本法的規定實行高度自治，享有行政管理權、立法權、獨立的司法權[15]和終審權。在行政管理方面，根據《香港基本法》第 60 條，香港特別行政區政府的首長是香港特別行政區行政長官。特別行政區政府設政務司、財政司、律政司和各局、處、署，行使基本法規定的制定和執行政策、管理各項行政事務等職權。特別行政區享有的行政管理權極為廣泛，涵蓋經濟、教育、科學、文化、體育、宗教、社會

13.　王磊（2007）。〈論人大釋法與香港司法釋法的關係 —— 紀念香港《基本法》實施十周年〉，《法學家》。3 期。

14.　鄭賢君（2000）。〈我國憲法解釋技術的發展 —— 評全國人大常委會 '99〈香港特別行政區基本法〉釋法例〉，《中國法學》。4 期。133 頁。

15.　在單一制國家，司法權通常是中央的權力，即本源性權力，不歸屬地方。在我國民族自治地方，自治機關只有本地人民代表大會及人民政府，法院和檢察院作為司法機關並不是自治機關。在地方自治非常發達的日本，司法權也沒有地方化，仍為國家所有。葡萄牙的亞速爾群島和馬德拉群島兩個海外自治區享有高度自治權，但也僅限於立法和行政。

服務、社會治安、出入境管理等領域。此外，根據中央的授權，特別
行政區還享有一定的外事權。如根據《香港基本法》第 151 條，香港特
別行政區可在經濟、貿易、金融、航運、通訊、旅遊、文化、體育等
領域以「中國香港」的名義，單獨地同世界各國、各地區及有關國際
組織保持和發展關係，簽訂和履行有關協議。在立法方面，立法會是
香港特別行政區的立法機關，經選舉產生並根據基本法行使職權，包
括根據《香港基本法》規定並依照法定程序制定、修改和廢除民事、
刑事、商事和訴訟程序等各方面適用於特別行政區的法律。收稅、刑
罰分別涉及對公民財產權、人身權的限制，在單一制國家，根據法律
保留原則，通常只有中央立法機關才有權制定限制公民基本權利的法
律，而地方自治立法受法律保留原則拘束不得就此立法。香港立法機
關雖然在行使本應由中央立法機關行使的制定涉及稅收、刑罰等事項
的立法權，但不得制定關於國防、外交等只能由中央立法機關制定的
法律，這表明香港立法會的立法權並非完全不受法律保留原則的限
制。可見，香港立法會的立法權只是超越了一般自治地方的權力，還
沒有達到「遠高於聯邦制下的地方政府」[16] 的程度，是介於一般自治地
方立法權和聯邦制國家的邦（州或共和國）立法權之間的狀態[17]。在司
法方面，特別行政區成立後，設立終審法院行使在回歸前由英國上議
院行使的終審權。中央之所以賦予特別行政區終審權，是考慮到「香港
的現有法律制度與內地的法律制度根本不同，香港實行以判例法為主
的普通法，內地實行社會主義的制定法，而不實行判例法，在訴訟程

16. 張千帆（2007）。〈論國家統一與地方自治 —— 從港澳《基本法》看兩岸統一的憲法機制〉，《華
　　東政法大學學報》。4 期。4 頁。

17. 張千帆教授在〈論國家統一與地方自治 —— 從港澳《基本法》看兩岸統一的憲法機制〉一文中
　　指出，「在通常情況下，特別行政區僅限於實施自己的法律」，而在美國等聯邦制國家，某些聯
　　邦法律也在州實施，由此得出「特別行政區的立法自治程度比美國等聯邦制國家更高」的結論。
　　判斷兩者立法自治程度高低，除了依據張千帆教授所說的「量」的標準外，還應有「質」的標
　　準，即根據本地立法機關是否有權制定在本地域具有最高法律效力的憲制性法律。港澳《基本
　　法》都是由全國人大制定的，而美國等聯邦制國家的州都有權制定自己的憲法。這決定了就
　　「質」的標準而言，港澳特別行政區的立法自治程度低於美國等聯邦制國家的州等聯邦主體。

序上內地與香港的情況也不相同，在司法體制上有很大差別。因此，將上訴案件的最終審判權交給香港特別行政區終審法院行使，對保障特別行政區的高度自治是有利的」[18]。特別行政區法院對國防、外交等國家行為無管轄權[19]，除繼續保持香港原有法律制度和原則對法院審判權所作的限制外，對特別行政區所有的案件均有審判權。此外，根據《香港基本法》第 158 條的規定，香港法院還可以解釋《基本法》。

　　中央的本源性權力與特別行政區的授權性權力存在密切的聯繫和明顯的區別：第一，本源性權力是人民作為立憲者通過憲法賦予全國人大、全國人大常委會、國務院等中央機關的權力，《香港基本法》只是對這些中央機關依據憲法享有的某些權力加以確認[20]。全國人大常委會等中央機關行使對香港的管治權是依據《憲法》和《香港基本法》，但鑑於《香港基本法》的有些內容與《憲法》不一致，當兩者適用發生衝突時，則選擇適用《香港基本法》的規範。授權性權力主要是中央通過《香港基本法》授予特別行政區的權力，特別行政區從中央獲得的權力基本是通過這種方式。當然來自中央的授權性權力在量上不是固定的，因為中央可以向香港特別行政區作出補充授權，如全國人大常委會在 2006 年授權香港特別行政區政府依香港法律對深圳灣口岸港方口岸區實施管轄。當然這種授權也是有法律上的依據，即《香港基

---

18. 蕭蔚雲（1993）。《香港《基本法》與一國兩制的偉大實踐》。深圳：海天出版社。116 頁。

19. 根據《香港基本法》第 19 條，香港特別行政區享有獨立的司法權和終審權。香港特別行政區法院除繼續保持香港原有法律制度和原則對法院審判權所作的限制外，對香港特別行政區所有的案件均有審判權。香港特別行政區法院對國防、外交等國家行為無管轄權。香港特別行政區法院在審理案件中遇有涉及國防、外交等國家行為的事實問題，應取得行政長官就該等問題發出的證明文件，上述文件對法院有約束力。行政長官在發出證明文件前，須取得中央人民政府的證明書。

20. 通常認為《香港基本法》是全國人大制定的法律，根據《憲法》第 73 條第 3 項，在全國人大閉會期間，全國人大常委會可以在不同香港《基本法》的基本原則相抵觸的前提下對其進行修改。但根據《香港基本法》第 159 條第 1 款規定，只有全國人大才可以修改《基本法》，《香港基本法》排除了全國人大常委會依據《憲法》修改《基本法》的權力。因此，筆者認為《香港基本法》只是對《憲法》賦予全國人大常委會等中央國家機關的某些權力加以確認。

本法》第 20 條【21】。第二，來自中央的授權性權力構成比較複雜，既包括立法、行政和司法等方面的自治權力，也包括外事、釋法等已被《香港基本法》確認由中央行使、只是為了便於特別行政區管轄（管理）某些事務才授予其也行使的本源性權力，還包括回歸後中央依《香港基本法》第 20 條作出的新授權。一般説來，自治權就是對自治事項管理的權力。根據中國的憲政體制，終審、發行貨幣等都不屬一般地方的自治事項，管理這些事務的權力本應由中央行使。《香港基本法》把這些權力授予特別行政區行使，超越一般自治地方的自治權，某些方面甚至超過聯邦制國家的州、共和國等聯邦成員享有的權力，從而體現了香港的自治權確實是「高度」的。故筆者在此所説的自治權力就不是指一般意義上的自治權力，而是指那些經《香港基本法》授給特別行政區、中央不再行使或僅在特殊情況下才行使的權力。即使按這種最寬泛意義上的自治權力標準，香港所享有的來自中央的授權性權力也不完全是自治權力，因為其中有些屬於中央也在行使的本源性權力。此外，根據《香港基本法》第 20 條獲得的新授權，也不是自治權力。就授權香港管轄深圳灣口岸港方口岸區而言，對口岸所在行政區域實施管轄本應是深圳市的權力，香港特別行政區的自治應是在本土的管治，而不能到別的行政區域實行管治。總之，來自中央的授權並非都是自治權力，其中存在由中央也行使的本源性權力，還有本應由內地行政區域行使的權力，以上兩者構成了香港的非自治權力。第三，香港特別行政區行使的立法、行政和司法等授權性權力都不是完整的，必須與中央行使的本源性權力相結合，才構成某種完整的權力。就立法權而言，特別行政區立法會享有廣泛的立法權。如前所述，這種立法權因極少受法律保留原則的限制而超越一般自治地方的立法權——通常在自治地方「法律保留事項必須保留給國家法律及國會作決定，故不屬國家立法之地方自治立法與不屬形式意義法律之自治條例，自

---

21. 《香港基本法》第 20 條規定，香港特別行政區可享有全國人民代表大會和全國人民代表大會常務委員會及中央人民政府授予的其他權力。

不能規範法律保留事項」[22]。香港特別行政區的立法雖然具有廣泛的立法權，但不能制定有關國防、外交和其他按基本法規定不屬香港特別行政區自治範圍的法律，這些法律由中央制定，《香港基本法》附件三列舉的就屬此種法律，香港特別行政區據此在當地公佈或立法實施即可。香港特別行政區所擁有的授權性權力都不是完整的，再次說明「高度自治」不是「完全自治」——特別行政區是中國主權國管轄下的地方行政區域，其享有的授權性權力必定是有限度的。鄧小平就台灣和平統一問題曾指出：「我們不贊成『完全自治』的提法，自治不能沒有限度，既有限度就不能是『完全』。『完全自治』就是兩個中國，而不是一個中國」[23]。鄧小平關於「高度自治」不是「完全自治」的觀點，無疑同樣適合於香港。

二、權力行使

如前文所述，在《香港基本法》架構內存在本源性權力和授權性權力兩種有聯繫又有區別的權力，前者主要由中央行使，後者通常由香港特別行政區行使。兩者本應是「井水不犯河水，河水不犯井水」[24]，但實踐中還是出現了爭議，即中央能否再行使已授出的權力。筆者認為，對此問題需要一分為二地去面對。鑑於特別行政區享有的授權性權力包括自治權力和非自治權力，在中央政府是否再行使已經授給特別行政區的權力問題上，《香港基本法》對自治權力和非自治權力也作了明顯不同的規定。

香港特別行政區在行政、立法方面享有很多自治權力，中央對於這些權力一般不再行使，除非遇到特殊情況。在行政方面，香港特別行政區就經濟、教育、科學、文化、體育、宗教、社會服務、社會治

---

22. 陳淑芳（2011）。《權力劃分與權限歸屬》。台北：元照出版公司。376頁。

23. 鄧小平（1993）。《鄧小平文選》（第三卷）。北京：人民出版社。30頁。

24. 錢其琛（1997）。〈堅持「一國兩制」方針長期不變〉，《人民日報》（海外版）。

安、出入境管理等領域實行自我管理。雖然中央政府在香港有駐軍，但根據《香港基本法》第 14 條的要求，駐軍不干預香港特別行政區的地方事務。只有在香港特別行政區政府認為有必要時，並由其向中央人民政府請求，駐軍才協助其維持社會治安和救助災害。在立法方面，特別行政區的立法權，與聯邦制國家州或共和國的立法權有相同之處，即其「所制定之法律皆屬形式意義之法律，從而可以規範法律保留事項」[25]。本地立法會的就民事、刑事、商事和訴訟等事務進行立法。除了列入《香港基本法》附件三的關係國防、外交等事項的法律，內地的刑事、民事、商事和訴訟程序等法律均不在香港實施。這表明中央政府不就香港特別行政區自治事項制定法律，是「一國兩制」的原則性要求。除非出現了《香港基本法》第 18 條規定的情況，即全國人民代表大會常務委員會決定宣佈戰爭狀態或因香港境內發生特別行政區政府不能控制的危及國家統一或安全的動亂而決定香港進入緊急狀態，中央人民政府可發佈命令將有關全國性法律在香港實施。與行政、立法相比，香港特別行政區在司法方面的自治程度是最高的，中央只保留釋法權，對包括終審權在內的審判權都不再行使。總之，中央對在行政、立法等方面授給特別行政區的自治權通常不再行使，對司法方面的自治權完全不再行使。

中央授予特別行政區的非自治權力集中在行政和司法方面，如外事、釋法等。對於這些權力，中央是否可以再行使呢？在行政方面，中央在香港設立外交部駐港特派員公署處理外交事務，但也授權特別行政區依法自行處理有關的對外事務。《香港基本法》第 151 條規定，香港特別行政區可在經濟、貿易、金融、航運、通訊、旅遊、文化、體育等領域以「中國香港」的名義，單獨地同世界各國、各地區及有關國際組織保持和發展關係，簽訂和履行有關協議；第 152 條規定，香港特別行政區可以「中國香港」的名義參加不以國家為單位參加的國際組織和國際會議。此外，第 154 條規定，香港特別行政區政府依照法律

---

25. 陳淑芳（2011）。《權力劃分與權限歸屬》。台北：元照出版公司。374 頁。

給持有香港特別行政區永久性居民身份證的中國公民簽發中華人民共和國香港特別行政區護照，給在香港的其他合法居留者簽發中華人民共和國香港特別行政區的其他旅行證件。對世界各國或各地區的人入境、逗留和離境，香港特別行政區政府可實行出入境管制。對於這些由特別行政區自行管理的對外事務，中央不再行使管轄權。

　　在司法方面，香港享有最高程度的自治權，但中央還是有所保留。根據《香港基本法》第158條，全國人大常委會還在行使釋法權。對於香港法院就香港自治範圍內條款進行的解釋，如果行政長官或中央不滿意，能否再由全國人大常委會進行解釋？現實中對此出現了爭議。王磊教授認為，「授權主體一旦作出授權，授權事項應當屬被授權主體，也即對授權主體產生限制作用，除非全國人大修改基本法以收回授權事項歸全國人大常委會」。[26] 強世功教授認為，「既然人大常委會將其對特區自治範圍內條款的解釋權授予了特區法院，那麼只要沒有修改基本法，這種權力就不應當收回，人大常委會自然要尊重特區法院的權力，而不應當解釋『自治範圍內條款』，否則授權就喪失了應有的意義」。[27] 但也有學者持不同看法，主張「授權不是分權，全國人大常委會不因授權而喪失其依法獲得的權力」[28]，言外之意是全國人大常委會仍然可以行使對自治範圍內條款的解釋權。但從《香港基本法》文本中找不出全國人大常委會就自治範圍內條款進行解釋的法律依據。有人可能會說國務院新聞辦在2014年6月發佈的《「一國兩制」在香港特別行政區的實踐》白皮書（以下簡稱《白皮書》）提出全國人大常

---

26. 王磊（2007）。〈論人大釋法與香港司法釋法的關係 —— 紀念香港基本法實施十周年〉。《法學家》。3期，19頁。

27. 強世功（2009）。〈司法主權之爭 —— 從吳嘉玲案看「人大釋法」的憲政意涵〉，《清華法學》。5期，24頁。

28. 李昌道（2008）。〈香港《基本法》解釋機制探析〉，《復旦學報》（社會科學版）。3期，65頁。

委會行使對香港的管治權除了依據《香港基本法》，還依據《憲法》[29]，故其可依據《憲法》第 67 條第 4 項賦予全國人大常委會解釋法律的權力來解釋包括自治範圍內條款在內的《香港基本法》的所有條款。這種觀點似乎有道理。但如果按這種邏輯，就會得出全國人大常委會也可以依照《憲法》第 67 條第 3 項修改《香港基本法》的結論，而根據《香港基本法》第 159 條，只有全國人大才有權修改《香港基本法》。總之，《香港基本法》作為《憲法》的附屬法限制了全國人大常委會依據《憲法》擁有的權力，全國人大常委會對香港行使權力應依據《香港基本法》。全國人大常委會不對自治範圍內條款進行解釋符合立法原意。在起草基本法時，就曾討論過此問題。有建議認為，全國人大常委會應自我約束，盡量不去解釋基本法內與特別行政區內部事務有關的條款。有意見主張把這種「自律」的指導原則在基本法裏予以明文規定。[30] 在基本法起草委員會第八次全體會議上，中央與香港特別行政區的關係專題小組在彙報中指出：「由於此項授權，全國人大常委會對香港特別行政區法院在審理案件時涉及的基本法關於香港特別行政區自治範圍內的條款不作解釋」[31]。

《香港基本法》對中央國家機關行使權力設定了條件，但這種憲制性限制靠中央國家機關自律。[32] 為了保證香港依法享有的高度自治權，

---

29. 雖然《白皮書》提出全國人大常委會行使對香港的管治權除了依據《香港基本法》還依據《憲法》，但其所列舉的中央的權力，如對香港立法機關制定的法律予以備案、增減在港實施的全國性法律、對香港作出新的授權、對《香港基本法》作出解釋、批准和備案香港特別行政區行政長官和立法會產生辦法修正案、對香港特別行政區終審法院法官和高等法院首席法官的任命或免職進行備案，都是依據《香港基本法》行使的。只有對香港特別行政區政制發展問題作出決定不是依據《香港基本法》，也不是依據《憲法》，而是依據《全國人大常委會關於中華人民共和國香港特別行政區基本法》附件一第 7 條和附件二第 3 條的解釋。

30. 《基本法（草案）徵求意見稿諮詢報告》第 2 冊，42 頁。

31. 中華人民共和國香港特別行政區基本法起草委員會（1989）。〈中央與香港特別行政區的關係專題小組對條文修改情況的報告〉，《中華人民共和國香港特別行政區基本法起草委員會第八次全體會議文件彙編》。9 頁。

32. Benny Y. T. Tai. (2007). "Basic Law, Basic Polics: The Constitutional Game of Hong Kong," *Hong Kong Law Journal*, 37. Part 2.

全國人大及其常委會必須自我克制。[33]為什麼這麼說？有人認為是因為中央擁有釋法權——這可能是最重要最方便的權力，通過對那些為中央行使權力設定條件的法律文本的解釋，中央幾乎可做任何事情。[34]戴耀廷教授的觀點有些誇張，但也有一定道理。在實踐中全國人大常委會確實通過釋法獲得更多的權力，如全國人大常委會在 2004 年通過對《香港基本法》附件一「香港特別行政區行政長官的產生辦法」和附件二「香港特別行政區立法會的產生辦法和表決程序」的解釋，把香港政制發展的程序由原來的「三部曲」改為「五部曲」[35]，從而獲得決定香港是否進行政改的權力。全國人大常委會為何要通過釋法獲得更多權力？若從權力都有擴張本性去解釋是遠遠不夠的，主要是為了應對香港司法機關及立法會過度制約政府、某些泛民人士挑戰中央機關權威[36]的行為。為什麼保證香港依法享有的高度自治權得依靠全國人大常委會等中央機關自我克制？原因就在於中央與香港在權力關係上體現為單向控制模式——「政府間關係的調節主動權完全在中央政府一邊」[37]。雖然香港作為地方行政區域總體來說享有比美國的州更多的權力，但中央與香港之間並沒有建立起類如美國聯邦與州之間良性的「雙向控制模式」。雙向控制模式，或相互依賴模式，即在政府組成和行動的過程中，設置一些協調機制或體制保障因素來，使得兩個層級的政

---

33. Ge Yong ping (2011). "On the Constitutional Foundations of Hong Kong," *Front Law China,* 6.

34. Benny Y. T. Tai. (2007) "Basic Law, Basic Polics: The Constitutional Game of Hong Kong," *Hong Kong Law Journal*, 37. Part 2.

35. 《香港基本法》附件一規定，2007 年以後各任行政長官的產生辦法如需修改，須經立法會全體議員三分之二多數通過，行政長官同意，並報全國人民代表大會常務委員會批准。全國人大常委會在 2004 年釋法，把以上的「三部曲」的前面增加了「兩部」，即第一部，由香港特別行政區行政長官向全國人大常委會提出報告，提請全國人大常委會決定產生辦法是否需要進行修改。第二部，是全國人大常委會決定，是否可就產生辦法進行修改。

36. 香港立法會泛民主派議員多次越權對政府主要官員提不信任案、曾辦「五區公投」，還有議員公開宣稱其對手不是香港特別行政區政府而是中國的執政黨。在這種情況下，全國人大常委會等中央機關客觀上需要通過釋法以增強管控能力，並為行政長官依法施政提供支持。

37. 劉海波（2004）。〈中央與地方政府間關係的司法調節〉。《法學研究》。5 期，38 頁。

府相互協商保證它們不相互侵擾。【38】當然單一制國家，尤其是強調中央集權的單一制國家，極難建立雙向控制模式。目前我國還沒有建立處理中央與地方爭議的法治化機制，現行憲制框架內也無法建構以司法（特別是憲法訴訟）方式來調節中央與地方關係的理想模式。中央機關既是爭議的當事方，也是爭議的裁決者。這些決定了要保證香港依法享有的高度自治權，得依靠全國人大常委會等中央機關自我克制。

三、權力監督

《白皮書》指出：「中央擁有對香港特別行政區的全面管治權，既包括中央直接行使的權力，也包括授權香港特別行政區依法實行高度自治。對於香港特別行政區的高度自治權，中央具有監督權力。」這是官方文件第一次提出中央對特別行政區自治權具有監督權，但內容比較籠統。故此，有必要結合《香港基本法》文本，對中央監督權所涉及的監督內容、監督效力、監督方式等問題進行探討。

《白皮書》所說的「香港特別行政區的高度自治權」，就是本章中所說的授權性權力，其包括特別行政區自治權力和非自治權兩部分內容。《白皮書》提出，對於香港特別行政區的高度自治權，中央具有監督權力。是不是中央對於授權性權力實行全面監督？董立坤教授等學者認為「中央對香港的高度自治權享有監督權，包括對授予香港行使的原屬中央管理事務的治權進行監督，也包括對香港特區高度自治權的行使進行監督」。【39】

筆者對此有不同看法。首先，就立法權而言，《香港基本法》第 17 條規定，香港特別行政區的立法機關制定的法律須報全國人民代表大會常務委員會備案。備案不影響該法律的生效。全國人民代表大會常務委員會在徵詢其所屬的香港特別行政區基本法委員會後，如認為香

---

38. 同上註。

39. 董立坤（2014）。《中央管理權與香港特區自治權的關係》。北京：法律出版社。36 頁。

港特別行政區立法機關制定的任何法律不符合《基本法》關於中央管理的事務及中央和香港特別行政區的關係的條款，可將有關法律發回，但不作修改。經全國人民代表大會常務委員會發回的法律立即失效。這說明，中央對特別行政區立法權確有監督的權力，但這種監督是受限的，僅限於關涉「中央管理的事務及中央和香港特別行政區的關係」的內容。其次，就行政權而言，《香港基本法》關於中央的監督權規定得不是很明確，但有些條文可作為中央監督特首及行政機關的依據。例如，《香港基本法》第 43 條第 2 款規定，行政長官向中央政府負責；第 48 條第 9 款規定，行政長官執行中央人民政府就本法規定的有關事務發出的指令。這些條文內涵很豐富，為中央監督特別行政區提供了充足的法律依據。再次，就司法權而言，如前文所述，香港特別行政區在司法方面享有的自治水平最高，受到中央監督也最少。《香港基本法》賦予香港司法機構幾乎全部的司法權，唯一的限制是香港法院不獨享有憲制性管轄權（constitutional jurisdiction），即全國人大常委會和香港法院都有權解釋《基本法》，但香港法院在對涉及非自治事項的案件作出不可上訴的終局判決前，應請全國人民代表大會常務委員會對有關條款作出解釋。[40] 根據《香港基本法》第 158 條，全國人大常委會對特別行政區法院的釋法監督權限於涉及「中央人民政府管理的事務或中央和香港特別行政區關係的條款」，同時這種監督權香港法院已經做出的判決不具有追溯力。可見，雖然中央可以對香港法院的釋法進行監督，但《香港基本法》對監督權的範圍、效力等作了嚴格限制。綜合以上，就立法、行政和司法等各種授權的名目而言，中央有權對它們進行監督。但就以上權力所涉及的事項而言，不能概括地說中央都有監督權。如果以上權力所涉及到非自治事項，中央就監督；否則，中央不監督。關於此問題，吳建璠教授在起草基本時就有闡述，他認為香港自我管理內部事務，一部分事務的管理受中央監督，其他內部事務

---

40. Anton Cooray (2014). "Book Review," *Asia Pacific Law Review*, 22(1).

中央不再干預。[41] 王叔文教授也曾就此撰文指出，特別行政區的地方性事務由其自己管理，但有些事務要接受中央監督。其他地方性事務由特別行政區自己管理，中央不再干預。[42]

以上探討了中央監督權的範圍、效力，下面接着探討中央監督權的方式，即中央如何進行監督。《香港基本法》對中央如何在立法、司法方面事務進行監督已有明確的規定，但在行政方面因有關條款內涵不明確，還難以確定監督方式。在行政方面，如果中央政府對特別行政區政府的施政行為不滿，可否依據基本法第 43 條第 2 款、第 48 條第 9 款責令特別行政區政府加以改正？對此問題，從吳建璠教授的有關論述可以找到答案。他曾指出，中央的監督主要是監督特別行政區是否依照《香港基本法》行使自治權，而且監督必須按照《香港基本法》的規定進行，中央不會干預香港內部特定的事務。[43] 由此可見，中央對香港特別行政區的監督僅是適法性監督，即只關注被監督者的行為是否合乎法律，與日本的中央與地方的權力關係不同。日本中央機關對自治地方的自治事項具有適法性監督權，而對委託給自治地方的事項不僅具有適法性監督權，還有適當性監督權。[44] 通過以上比較可知，雖然香港作為中國的特別行政區享有的中央授權大大多於一般的自治地方，但是這種授權所受到的監督卻遠遠小於一般的自治地方。吳建璠教授對於中央不干預香港內部特定事務的觀點絕不是他個人的臆測，而是有依據的。鄧小平曾指出：「中央確實是不干預特別行政區的具體事務的，也不需要干預」。[45] 但中央不干預香港的具體事務，並不是意

---

41. Jian Fan Wu (1988). "Several Issues Concerning the Relationship between the Central Government of the People's Republic of China and the Hong Kong Special Administrative Region," *Journal Of Chinese Law.* p. 2.

42. 王叔文（1990）。《香港特別行政區基本法導論》。北京：中共中央黨校出版社。81 頁。

43. 同註 41。

44. 陳建仁（2011）。《從中央支配到地方自主 —— 日本地方分權改革的軌跡與省思》。台北：華藝數位。186 頁。

45. 鄧小平（1993）。《鄧小平文選》（第三卷）。北京：人民出版社年版。221 頁。

味着什麼都不管。鄧小平還説：「香港有時候會不會出現非北京出頭就不能解決的問題呢？過去香港遇到問題總還有個英國出頭嘛！總有一些事情沒有中央出頭你們是難以解決的。」【46】鄧小平主張的中央只管香港管不了的事情的思想在《香港基本法》得到落實。從中央與香港特別行政區的權力監督關係也可看出，《香港基本法》在此問題上很大程度上體現了歐盟法中的「輔助性原則」（subsidiarity principle）【47】，順應了地方自治的時代潮流。

關於權力監督還有個疑問，即如果特別行政區被認為未按照《香港基本法》行使權力，中央政府能否收回授給特別行政區的權力？對此問題學界有不同的認識，有人認為授權者可以依法收回授權，【48】也有學者認為香港特別行政區的高度自治權是不可剝奪的【49】。這個問題在起草《基本法》時就有爭論，當時起草組有意見認為，全國人大常委會應正式下放權力，全國人大常委會一旦授出權力，便不能再收回。但亦有基於主權考慮而提出的意見，認為下放的權力應該可以隨時被主權者收回。【50】筆者認為，一般説來授權者可以收回授出的權力，但具體結合香港的實際來分析此問題時會發現中央收回授權會受到很多限制。首先，中央收回授權受到《中英聯合聲明》的限制。中國政府在《中英聯

---

46. 同註 8，221 頁。

47. 輔助性原則，是人類歷史上最早的保障地方自治的國際協議《歐盟地方自治憲章》揭櫫的最重要精神，強調地方應在不受外力的干預下自行處理地方的事務以維護地方自主性和自律性。中央政府只有在地方自治團體無法處理時才接手處理其公共事務，當地方能夠自行處理時，中央則不介入。由此觀之，輔助性的涵義主要是中央的角色應該是「輔佐與扶助」而非「主導與指揮」。該原則已經成為歐盟各國在推動地方自治政策所遵循的準則。以上內容參見陳建仁（2011）。《從中央支配到地方自主──日本地方分權改革的軌跡與省思》。台北：華藝數位。17–18 頁。

48. 〈法學專家：香港不存在所謂「剩餘權力」〉。原文連結：www.chinanews.com/ga/2014/06-23/6311621.shtml

49. 高漢成（2015）。〈要特別小心地呵護特別行政區制度〉。原文連結：www.cssn.cn/fx/fx_fjgg/201409/t20140919_1334018.shtml

50. 參見香港特別行政區基本法起草委員會秘書處。《基本法（草案）徵求意見稿諮詢報告》（未公開出版）。42 頁。

合聲明》中明確承諾「除外交和國防事務屬中央人民政府管理外，香港特別行政區享有高度的自治權」、「香港特別行政區享有行政管理權、立法權、獨立的司法權和終審權」。由此可見，中國中央政府是通過國際條約的形式確認了當時香港已有的權力，將這些權力延伸到回歸以後，並在此基礎上給予更多的權力，如終審權。中國政府還承諾，關於對香港的基本方針政策和基本方針政策的具體説明，將以《基本法》規定之，並在五十年內不變。如果現在收回對香港的授權，就違背了《中英聯合聲明》的承諾。當然也有人認為《中英聯合聲明》在香港回歸後就成為歷史文件了，不能再拘束中國政府的行為。有學者指出，《中英聯合聲明》的效力超越 1997 年 7 月 1 日。中國政府在第 3 條宣佈十二條基本方針政策，其第十二條就規定上述方針政策以及附件一的「具體説明」將制定為《基本法》，並在五十年內不變。如果回歸後《聯合聲明》就無法律效，「五十年不變」這句承諾就必定落空。[51] 其實鄧小平曾就明確指出，「我們在協議中説五十年不變，就是五十年不變。我們這一代不會變，下一代也不會變。」[52] 在他看來，《中英聯合聲明》在五十年內是有效力，必須遵守。其次，中央收回授出的權力受到《香港基本法》的限制。《香港基本法》第 159 條第 1 款規定全國人大可以修改《基本法》，但第 4 款又規定，「本法的任何修改，均不得同中華人民共和國對香港既定的基本方針政策相抵觸」。也就是説全國人大修改《香港基本法》的行為受到《香港基本法》本身的限制，不得違反高度自治等原則，而特別行政區享有中央授予的權力就是高度自治原則的內容。再次，香港回歸後享有高度自治權不是香港固有的，而是因憲法賦予其特殊地位而獲得的。[53] 中國是單一制國家，香港特別行政

---

51. 王禹（2019）。《「一國兩制」的實踐正在向縱深方向發展》。原文連結：http://hk.zijing.org/2017/0607/736015.shtml

52. 鄧小平（1993）。《鄧小平文選》（第三卷）。北京：人民出版社。73 頁。

53. You Yu Zhang (1988). "The Reasons for and Basic Principles in Formulating the Hong Kong Special Administrative Region Basic Law and Its Essential Contents and Mode of Expression," *Journal of Chinese Law.* p. 2.

區作為地方行政區域，其行政權、立法權和司法權都是來自中央的授予，[54]但這些權力大多是香港在港英時期就擁有的，當然外事權、終審權等除外。在英國殖民管治時期，英國君主極少干預香港政府依據《英皇制誥》等憲制性法律施政的活動。[55]關於香港內部事務，英國政府給予香港高度的自治權。[56]當然，我們可以認為港英政府擁有的權力在1997年6月30日24時全部歸零；從1997年7月1日0時起，香港特別行政區政府開始享有中央政府授予的權力。[57]中國政府堅持以和平的方式處理歷史遺留問題，以維持香港現狀為作為國家統一的條件。《中英聯合聲明》規定香港回歸後享有行政管理權、立法權、獨立的司法權和終審權等廣泛權力。《香港基本法》在1990年頒佈，正式將香港擁有的以上權力法律化。中央如果要收回這些權力，特別是收回自治權力，就得考慮香港社會的承受能力。

雖然中央收回授權受到較多限制，但中央並非無可作為，有的權力是可以收回的，甚至是有必要收回的。例如，《香港基本法》第158條授權法院在審理案件時可以對基本法中涉及非自治事項的條款進行解釋，這項權力就是可以收回，也有必要收回的權力。在起草基本法時蕭蔚雲教授就曾提醒，「在1997年後香港特別行政區終審法院有終審權，它的判決即最終判決，不能再上訴到北京，如果涉及國防外交及中央直接管轄的事務的案件，香港特別行政區法院又審判得不正確，這種錯判的案件將無法得到糾正」[58]。收回特別行政區法院對涉及非自治事項的條款解釋權，能有效避免香港特別行政區法院出現對中央利

---

54. 在單一制國家，地方政府的權力通常是由中央授予，這是一般原則，但也有例外。英國的蘇格蘭就有自己的立法體系和司法體系，其權力就不是基於中央的授予，而是基於傳統。參見胡錦光（2006）。《憲法學原理與案例教程》。北京：中國人民大學出版社。161頁。

55. Norman Miners (1987). *Hong Kong under Imperial Rule.* London: Oxford University Press. pp. 70–78.

56. 劉海波（2004）。〈中央與地方政府間關係的司法調節〉，《法學研究》。5期。

57. 朱世海（2014）。〈香港行政長官人選與中央政府意志〉。國務院發展研究中心港澳研究所。《港澳研究》。冬季號。

58. 朱國斌（2008）。〈香港基本法第158條與立法解釋〉，《法學研究》。2期。9頁。

益不利但事後無法糾正的有效判決。這項權力本來就是只應由全國人大常委會行使的本源性權力，全國人大通過修改《基本法》收回此權力不違背既定的對港方針。

四、結語

《香港基本法》不僅是一部授權法，也是一部分權法，還是一部限權法。中央對香港管治權一部分由中央直接行使，而大部分由中央通過基本法授予特別行政區行使。《香港基本法》對中央和特別行政區兩大主體的權力分配作了比較明確的規定，中央一般不再行使已經授給特別行政區政府在行政、立法和司法方面的自治權力。《香港基本法》對中央行使監督權有比較嚴格的規制，監督對象主要是授權性權力中的本源性權力，甚至對不涉及中央管理事項或中央與地方關係事項的基本法解釋也未加以監督，這些都充分體現了中央盡量保持特別行政區自治的立法精神。事實表明，作為一部限權法，《香港基本法》不僅限制香港特別行政區的權力，還限制全國人大常委會等中央機關的權力。法治國家的基本標誌就是國家機關權力的行使應當受到法律的規制，中央機關行使權力也不例外。《香港基本法》對中央機關行使權力設定了條件，但這種憲制性限制目前還是依靠全國人大常委會等中央機關的自律。即使中央有時可能會對特別行政區權力的行使不夠滿意，我們也不宜因此就妄談收回授權。無論是《中英聯合聲明》，還是《香港基本法》都明確規定中國對香港的基本方針政策五十年不變，即使收回授權也得至少在 2047 年以後。其實，50 年以後，很可能也不會收回授權。因為鄧小平曾說過，「五十年不變只是一個形象說法，五十年後也不會變」。【59】

---

59. 鄧小平（1993）。《鄧小平文選》（第三卷）。北京：人民出版社。267 頁。

第五章

論多元一體的中央與地方權力關係
兼論中央與特別行政區的權力關係

∞≈∞≈∞≈∞≈∞≈∞≈∞≈∞≈∞

熊文釗

中央民族大學法學院教授

法治政府與地方制度研究中心主任

一、導言

中央與地方關係問題源遠流長。從國家制度史的角度來看，中央與地方關係其實是國家結構形態和格局發展多樣化、複雜化的歷史演進過程。在國家發展史上，國家產生於氏族組織，受經濟發展水準和行政管理水準的制約，早期國家的領土範圍狹小，管理人口稀少，行政事務單一，一級中央政權就可以完全滿足統治和管理的需要，沒有必要增加行政管理層級，設置地方一級政權，因而，最初的國家結構形式極其簡單，不存在國家權力縱向配置意義上的整體與局部、中央與地方的關係。

隨着國家形態由簡單變為複雜，特別是屬地化分級管理方式和行政管理層級的構建，以中央政府為代表的國家整體利益和以地方政府為代表的地方局部利益的開始分野，國家政權結構在縱向之間的分佈與聯繫就產生了，進而出現了國家權力縱向配置意義上的中央與地方關係問題。一方面，中央政府憑藉其對最高權力和核心資源的掌握，利用其組織機構在全國範圍的隸屬性和傳遞性，實現其對全國性事務的全權管理，產生廣泛的影響力和號召力；另一方面，相對於中央政府，地方政府的權力內容和權力範圍雖然有限，但其仍擁有地方社會

性的一般權力，這種權力在塑造地方政府和中央政府各自社會職能分工的同時，也為地方政府確立起區域性的影響力。

　　因此，國家形態和格局的多樣化、複雜化，必然會帶來國家內部權力劃分中的集權和分權問題，在這一點上，各種政治形態的國家也都概莫能外。

二、多元一體的新型國家治理結構

　　中央與地方關係問題雖然產生於國家結構形態和格局的發展變化，但是特定國家的中央與地方之間究竟呈現出何種格局形態卻取決於該國特定的社會政治環境。「我們可以把政治生活看作一個行為系統，它處於一個環境之中，本身受到這種環境的影響，又對這種環境產生反作用。」[1] 中國的中央與地方關係格局無疑深受中國自然環境和社會環境的影響。[2] 中國自然社會環境的複雜性、多樣性和變化性，決定了中國中央與地方關係的複雜性。「國家和下級行政單位之間的關係是中國制度中最複雜的一個問題。」[3] 中國改革開放三十多年來，在既定的政治結構不變的條件下，實現了經濟關係的革命性變化，這對中國傳統的國家結構形式產生了深遠的影響。轉型時期中國制度變遷所體現的政治──經濟關係形態的複雜性，已讓我們認識到中國傳統的中央與地方關係格局已悄然發生了深刻變化。如果進行政治和經濟的二元化分析，我們很容易發現，中國的中央與地方已經呈現出多元一體的關係格局。

---

1. 大衛・伊斯頓（1999）。《政治生活的系統分析》。北京：華夏出版社。19 頁。

2. 自然環境包括自然地理結構和經濟地理結構，社會環境包括政治、經濟、文化、軍事、宗教、民族、人口，其中最為重要的是政治環境、經濟環境和文化環境。參見林尚立（1998）。《國內政府間關係》。浙江：浙江人民出版社。102–103 頁。

3. 詹姆斯・R・湯森、布蘭特利・沃馬克（2003）。《中國政治》。江蘇：江蘇人民出版社。230 頁。

（一）國家治理結構的多元一體性

改革開放三十多年來，隨着國家統一事業的推動和體制改革中權力下放兩大政治實踐的發展，中國國家權力的縱向配置格局發生了深刻變化。這種變化的主要標誌就是中國的國家結構形式實現了由封閉、單一向開放、多元方面的轉變。對於如何解讀這種新的國家結構形式，學者們提出了不同的評價和看法。有的學者認為中國仍屬傳統的單一制國家；有的學者則認為「既不是聯邦制，也不太像傳統意義上的單一制」；[4] 有的學者認為中國已經具有聯邦制的特徵或者將來必將採用聯邦制。而且「實踐中，這些區分則沒有明確的界限，實踐中的聯邦制與單一制的對立存在是一個假命題。」[5]

學者們的上述認識從傳統的國家結構理論的角度對現階段中國國家結構形式發生的巨大變化進行了描述，然而學者們所持的傳統的單一制和聯邦制理論仍不足以解析當前中國現階段的中央與地方關係格局。[6] 因為傳統的單一制和聯邦制理論都是以對一個國家中地方政府擁有權力的大小作為界定國家權力縱向配置格局的依據。而在中國不斷變化的權力縱向配置格局之下，地方政府擁有的權力種類始終存在差異，即使是同樣的權力，其在具體行使時所受的約束也不一樣，這就使我們很難對不同地方政府權力的內涵與總量進行對比，進而對地方政府擁有權力的大小做出量的判定。所以，傳統的單一制和聯邦制理論不可能對現階段的中央與地方關係格局做出準確的描述，而必須從歷史和現實的角度出發，在基於憲法和法律規定的中央與地方關係的基礎上更多地進行動態的政治——經濟過程研究，以便我們釐清理論層面和事實層面的中央與地方關係。

---

4. 上官丕亮（2007）。〈關於國家結構形式的幾個理論誤區〉。江蘇：《江蘇行政學院學報》。5 期。

5. 張海廷（2002）。〈聯邦制與單一制「對立」還是「統一」〉。河北：《河北法學》。3 期。

6. 楊光斌（2007）。〈國家結構理論的解釋力與適應性問題〉。北京：《教學與研究》。7 期

通過研究轉型時期中國制度變遷所體現的政治——經濟關係形態，重新審視中國現階段的中央與地方關係模式，我們看到，現階段的中央與地方關係事實上已呈現出一種「多元一體化」的特徵。

所謂「一體」，指的是這種模式具有的中央集權制特徵，即中央與地方政府間政治關係的「一元化」方面。具體說來，首先，中國各行政區作為國家構成部分的「地方」，在地域屬性方面並不是一個獨立的政治地域單元，沒有任何一部分是作為一個政治實體加入國家的，僅僅是作為國家整體的一部分存在的。其次，中國憲法關於屬地化分級管理方式和行政管理層級的規定表明，「民主集中制」是中國政府間政治關係的基本組織原則。例如《憲法》第 30 條規定：「（一）全國分為省、自治區、直轄市；（二）省、自治區分為自治州、縣、自治縣、市；（三）縣、自治縣分為鄉、民族鄉、鎮。直轄市和較大的市分為區、縣。自治州分為縣、自治縣、市。自治區、自治州、自治縣都是民族自治地方。」第 62 條規定：全國人民代表大會「（十二）批准省、自治區和直轄市的建置；（十三）決定特別行政區的設立及其制度；」第 89 條規定：國務院「（十五）批准省、自治區、直轄市的區域劃分，批准自治州、縣、自治縣、市的建置和區域劃分。」憲法的上述規定表明，中國的行政區是中央政府基於特定意圖向地方政府授權的基礎上劃分出來的，這恰恰是中央集權制的顯著標誌。再者，中國的根本政治制度是人民代表大會制度。人民代表大會制度構建的是領導與被領導的中央與地方關係模式。《憲法》第 2 條規定：「人民行使國家權力的機關是全國人民代表大會和地方各級人民代表大會。」作為國家權力機關，地方各級人民代表大會選舉和組織同級的國家行政和司法機關，並對其進行監督，而行政與司法機關必須對同級人大負責。但是這種橫向的地方權力關係安排並不意味着地方國家機關在縱向上可以脫離中央政府的領導。《憲法》第 3 條規定：「中央和地方的國家機構職權的劃分，遵循在中央的統一領導下，充分發揮地方的主動性、積

極性的原則。」這一規定中的「中央統一領導」的國家權力架構原則，彰顯了中國中央集權制的政府間政治關係的本質屬性。【7】

所謂「多元」，指的是這種模式體現出的中央與地方之間的分權色彩，即中央與地方政府間的政治 —— 經濟關係的「多元化」方面。這種格局，主要表現為六種類型的中央與地方權力關係調整：一是中央向各級地方行政區下放立法、行政和司法權力；二是中央授予民族自治地方政治 —— 經濟方面的自治權；三是中央向向經濟特區下放經濟管理權；四是中央授予特別行政區政治 —— 經濟方面的高度自治權；五是中央向實行村民自治和城市社區居民自治的基礎群眾組織授予民主管理權；六是中央賦予企業、農民以經營自主權。雖然最後兩種類型的權力調整實質是國家向社會的放權，但是這種放權事實上也對中央與地方之間縱向權力關係的變化起到了推動作用。中央與地方政府間的政治 —— 經濟關係的「多元化」方面反映出現階段的中央與地方政府間關係已經不單純地呈現為法律規定上的政治關係，也體現為社會事實中的政治關係，同時還體現為經濟生活中的經濟關係。

（二）中央與地方權力關係一體性格局的規範性解讀

中央與地方政府間政治關係涉及中央與地方政府間政治權力的組織和安排。從憲法和各類憲法性法律關於中央與地方政府間政治關係的描述來判斷，中央與地方政府間政治關係體現的是一種一元化格局。這種格局具體表現在行政權、立法權和司法權等三大國家權力的配置方面。

在行政權力配置方面，《憲法》、《國務院組織法》、《地方組織法》關於中央政府和地方政府的行政權力的分配呈現等級差別，即行政主

---

7. 王俊拴（2009）。〈當代中國的國家結構形式及其未來走向〉。北京：《政治學研究》。3 期。

體層次越高，權力越大。中央人民政府即國務院，是最高國家行政機關，享有 18 項六大類行政職權：（1）制定行政法規和發佈行政命令權；（2）提出議案權；（3）編制計劃權；（4）行政工作領導和管理權；（5）監督權；（6）全國人民代表大會和全國人民代表大會常務委員會授予的其他職權。地方政府則只享有 7 項職權：（1）執行同級國家權力機關的決議和上級行政機關的決定和命令；（2）有權制定行政措施，發佈決議和命令；（3）有權管理本行政區域內經濟、教育、科學、文化、民族等事務；（4）依法任免、培訓、考核和獎懲國家行政機關工作人員；（5）縣以上各級人民政府領導所屬的各個工作部門和下級人民政府的工作；（6）依法保護和保障公民各方面的權利；（7）辦理上級國家行政機關交辦的其他事項。民族自治地方在中國政府體制中佔有十分重要的地位。根據《憲法》和《民族區域自治法》規定，民族自治地方機關除了享有一般地方國家機關所擁有的職權外，還擁有幾項特殊的行政管理自治權。然而，民族自治機關在體制上均為中央人民政府統一領導下的一級地方政權，自治機關實際自治權的大小，最終取決於中央政府的集權與放權。[8] 根據《憲法》第 31 條確立的原則，港澳特別行政區政府按照《香港基本法》和《澳門基本法》的規定享有高度的自治權。然而這些自治權是由中央政府賦予的而並不是它自身所固有的。特別行政區的行政權在其行使的過程中，必須嚴格遵循《基本法》的規定，不得超越《基本法》所規定的中央政府與特別自治區政府許可權劃分的自治許可權範圍。

在立法權力配置方面，現行憲法規定，全國人大及其常委會行使國家立法權。全國人大修改憲法，制定和修改刑事、民事、國家機構的和其他的基本法律。全國人大常委會解釋憲法，制定和修改除應當由全國人大制定的法律以外的其他法律；在全國人大閉會期間，對全國人大制定的法律進行部分補充和修改，但不得同該法律的基本原則相抵觸。國務院根據憲法和法律，制定行政法規。省、自治區、直轄

---

8. 林尚立（1998）。《國內政府間關係》。浙江：浙江人民出版社。287 頁。

市人大及其常委會，根據本行政區域的具體情況和實際需要，在不同憲法、法律、行政法規相抵觸的前提下，可以制定地方性法規，報全國人大常委會和國務院備案。根據《地方組織法》的規定，省、自治區人民政府所在地的市和經國務院批准的較大的市的人大及其常委會根據本市的具體情況和實際需要，在不同憲法、法律和行政法規相抵觸的前提下，可以制定地方性法規，報省、自治區的人大常委會批准後施行，並由省、自治區人大常委會報全國人大常委會和國務院備案。根據《憲法》和《民族區域自治法》、《香港基本法》、《澳門基本法》的規定，民族自治地方有權制定自治條例和單行條例，特別行政區有權在不違反《基本法》的前提下，就特別行政區自治範圍內的一切地方事務，自行制定、修改、廢除法律。根據《立法法》第 9 條和第 65 條的規定，全國人大及其常委會可以授權國務院制定行政法規，授權經濟特區所在地的省、市的人大及其常委會制定法規。上述憲法和有關法律的規定確立起由國家立法權、行政法規制定權、地方性法規制定權、自治條例和單行條例制定權以及授權立法權所構成的中國立法體制的基本框架。該框架全面堅持並捍衛了《憲法》第 5 條第 1 款關於「社會主義法制的統一和尊嚴」和《憲法》第 3 條第 4 款「在中央的統一領導下，充分發揮地方的主動性、積極性」的兩項基本原則。

在司法權配置方面，中央司法權蘊涵着全域約束力，即不允許出現地方權力的越位。一方面，中國依據《憲法》、《人民法院組織法》和《人民檢察院組織法》的規定，構建起一個統一的國家司法系統（而地方不存在獨立的司法系統）。從中國現行司法機構的設置、隸屬關係及司法人員的任免上看，現行的地方各級司法機關不能被界定為「國家的」司法機關。另一方面，依據《憲法》、《人民法院組織法》和《人民檢察院組織法》的有關規定，人民法院上下級之間的關係是一種指導和監督關係，即最高法院指導和監督地方各級法院的審判工作，上級法院指導和監督下級法院的審判工作。人民檢察院上下級之間的關係是行政隸屬關係，即最高人民檢察院領導地方各級人民檢察院和專門人民檢察院的工作，上級人民檢察院領導下級人民檢察院的工作。

（三）中央與地方政府間政治 —— 經濟關係的多元化格局分析

改革開放三十多年來，隨着一系列涉及政治—經濟關係調整的重大改革措施的出台，傳統中央與地方關係中的中央集中過多，管得過死的狀況得到了根本改變，使得中央和地方間的政治—經濟關係呈現出某種多元化的形態。

表現一：國家立法體制的多級化

改革開放 30 年來，在立法權橫向分配和縱向劃分相結合的立法體制改革的推動下，我國的立法體制已經呈現出多元化和多級化的特徵。1979 年 7 月，五屆全國人大二次會議修訂通過了《地方組織法》，賦予了省、自治區、直轄市的人大及其常委會制訂地方性法規的權力，地方立法權從此獲得了法律上的認可。1981 年 11 月，全國人大常委會做出決議，授予廣東省福建省人大及其常委會制定所屬經濟特區的各項單行經濟法規的權力，進一步擴大了地方立法權限。1982 年 12 月，五屆全國人大五次會議通過了新憲法，並修改了《地方組織法》。新憲法賦予了全國人大常委會解釋憲法、監督憲法實施的權力，國務院制定行政法規的權力，特別是賦予了全國人大常委會制定和修改除應當由全國人大制定的法律以外的其他法律的權力。而修訂後的《地方組織法》規定，省、自治區的人民政府所在地的市和經國務院批准的較大的市的人大常委會，可以擬訂本市需要的地方性法規草案，提請省、自治區人大常委會審議制定，並報全國人大常委會和國務院備案；同時規定省、自治區、直轄市以及省、自治區的人民政府所在地的市和經國務院批准的較大的市的人民政府，可以制定規章。自此開始，中國形成了兩級多層次的立法體制。1992 至 1996 年，全國人大常委會又先後授予深圳、廈門、汕頭和珠海等四個城市的人大及其常委會和人民政府可制定法規和規章的權力，經濟特區由此均獲得了立法權。1997 年和 1999 年，《香港基本法》和《澳門基本法》分別生效，特別行政區享有高度的行政管理權、立法權、獨立的司法權和終審權，這使中國的立法體制和中央與地方關係更加豐富。2000 年 3 月，九屆

全國人大三次會議通過了《立法法》，從維護社會主義法制統一的角度，對全國人大及其常委會與國務院之間、中央與地方之間的立法權限劃分做出規定，標誌着我國多元立法體制的基本建立。

表現二：中央與地方政府間財政分配關係的多元化

1978 年中國進行經濟體制改革以來，中央和地方政府的財政分配關係經歷了 1980 年、1985 年、1988 年和 1994 年四次重大改革。1980 年的財政體制改革通過實行「劃分收支，分級包乾」的預算管理體制來調整中央和各省之間的財政分配關係。從 1982 年開始逐步改為「總額分成，比例包乾」的包乾辦法。1985 年的財政體制改革實行「劃分稅種，核定收支，分級包乾」的預算管理體制，以適應 1984 年兩步利稅改革的需要。1988 年為配合國有企業普遍推行的承包經營責任制。80 年代的三次體制改革具有一定的共性，就是實行對地方政府放權讓利的財政包乾體制。財政包乾體制改變了計劃經濟體制下財政統收統支的過度集中管理模式，中央各職能部門不再下達指標，地方政府由原來被動安排財政收支轉變為主動參與經濟管理，體現了「統一領導、分級管理」的原則。1994 年的分稅體制改革，一方面調整中央與地方的收入劃分，另一方面建立了稅收返還制度；在此之後，稅收返還在 1993 年的基數上逐年遞增。1994 年的財政分稅體制改革，是建國以來調整利益格局最為明顯、影響最為深遠的一次。分稅體制改革使政府間財政分配關係相對規範化，促進了全國財政收入特別是中央收入比重的較快增長，初步建立了過渡期轉移支付辦法，為建立較為規範的橫向財力均衡制度打下了基礎。[9]

---

9. 楊之剛（2012）。《中國財政體制改革：回顧和展望》。

表現三：民族區域自治制度成為中國特色的解決國內民族問題的新模式，中央與民族自治地方政府關係成為一種特殊的中央與地方政府關係模式

　　民族區域自治制度是中國共產黨為解決國內民族問題而做出的一種制度安排。作為一種重要的政治制度和一項基本的政策，民族區域自治制度早在 1949 年新中國成立之就被規定在《共同綱領》第 51 條中。1952 年中央人民政府又頒佈了《民族區域自治實施綱要》，並由 1954 年憲法進一步加以肯定；1984 年制定的《民族區域自治法》以基本法的形式將民族區域自治制度確立下來。民族區域自治制度在發揮其解決我國民族問題功效的同時，也建構起一種新型的中央與地方關係模式，即中央與民族自治地方政府關係。作為一種特殊的中央與地方政府關係模式，它有三個特點：一是民族自治機關享有廣泛而全面的自治權。根據《憲法》和《民族區域自治法》規定，民族自治地方機關除了享有一般地方國家機關所擁有的職權外，還擁有特殊的自治權。二是民族自治機關自治權保障的法制化。經過 30 年的努力，中國已構建了一個以憲法為基礎，以《民族區域自治法》為主幹，以自治條例、單行條例和實施規定為補充，包括一系列相關法律法規的民族區域自治法制體系。三是國家通過制定實施特殊規定及照顧政策為民族自治地方自治權的實現提供政治保障和經濟保障。

表現四：特別行政區制度成為解決國家統一問題的新模式，中央與特別行政區政府關係成為一種特殊的中央與地方政府關係模式

　　隨着 1997 年 7 月 1 日和 1999 年 12 月 20 日香港特別行政區和澳門特別行政區的成立，及《香港基本法》和《澳門基本法》的實施，我國以「一國兩制」為核心的特別行政區特殊政治體制正式建立。特別行政區的建立，為中國的中央與地方關係增添了新的內容和形式。按照《香港基本法》和《澳門基本法》的規定，中央與特別行政區之間許可權劃分的原則為：屬於國家主權範圍的事務，由中央管理，特別行政區必

須服從中央的領導；屬於特別行政區的地方事務，而又涉及國家整體權益範圍的事務，由特別行政區自己管理，但要受中央的監督；屬於特別行政區自治權範圍內的地方事務，由特別行政區自行管理，中央不作干預。在中央與特別行政區各自許可權的具體配置方面，基本法規定屬於中央最高國家機關的職權主要包括：（1）管理與特別行政區有關的外交事務；（2）管理特別行政區的防務；（3）任命特別行政區的行政長官和主要官員；（4）決定特別行政區進入緊急狀態；（5）解釋和修改《基本法》；（6）決定在特別行政區實施的全國性其他法律，等等。屬於特別行政區的職權主要包括：（1）廣泛的行政管理權。（2）獨立的立法權。（3）獨立的司法權和終審權。從《基本法》對特別行政區高度自治權的制度安排可以看到，特別行政區的高度自治權，不僅高於內地省、自治區、直轄市，甚至高於聯邦制國家聯邦成員的權力，明顯突破了單一制下地方行政區域傳統權力的範圍，標誌着我國單一制國家結構形式的新發展。

表現五：改革開放以來中國推行的計劃、財政、稅收、投資、外貿、價格、人事等方面的改革措施，進一步擴大了各級地方政府的經濟管理許可權，促進了中央與地方政府間經濟關係的進一步多元化

改革開放以前，中國的中央與地方關係圍繞分權與集權經歷了多次反覆，經驗與教訓深刻。1978 年改革開放後，經過計劃、財政、稅收、投資、外貿、價格、人事等方面的體制改革，各級地方政府普遍擴大了各自的經濟管理許可權，開闢了中央與地方制度化分權的趨勢。具體説來：（1）下放中央政府的部分財權，擴大地方政府的財政管理和支配許可權。（2）下放中央政府的部分事權，在擴大地方利益的同時，加重其管理地方事務的職責。（3）對某些地區切塊下放中央經濟特許權力。（4）下放政府某些人事管理權。（5）下放一大批大中型國有企業。

表現六：經濟特區、沿海開放城市和開放地區的設立，為中國一體化行政管理結構下的不同行政層級的地方設立了新的政治經濟單元，這些主體獲得的廣泛經濟管理自主權，以及它們出台的各種優惠政策，促進了中國區域政治的發展，為中央與地方關係增添了新內容

三十多年來，經過由南到北、由東到西的層層推進，中國的對外開放已經形成了一個寬領域、多層次、有重點、點線面結合的全方位對外開放新格局。這一新格局經歷了四個步驟的發展：一是創辦經濟特區。二是開放沿海港口城市。三是建立沿海經濟開放區。四是開放沿江及內陸和沿邊城市。從中央與地方政府間關係的角度來看，經濟特區、沿海開放城市、沿海開放地區、內陸特區是在行政區劃系統之外，因特殊地域條件、區域發展需要、發展目標和實施特殊政策劃分出來的特殊類型區域，屬於中國地方行政層級中新的政治經濟單元，肩負着區域政治管理和經濟發展的責任，它們的存在無疑為傳統意義上的中央與地方關係增添了新內容。

表現七：區域經濟的發展，打破了傳統的行政區域界限，由此引發的區域行政實踐，對中國的中央與地方關係產生了深刻影響

新中國成立以來，黨和政府一直高度重視區域經濟發展。上世紀 50 年代初學習蘇聯高度集中的計劃經濟模式，採取行政區取代經濟區的做法，在省級政區上還設置了東北、華北、華東、中南、西南、西北六大行政區，成為生產佈局的重要依據。然而，由於計劃經濟條件下沒有建立起全國統一開放的大市場，區域經濟運行缺乏獨立的主體，微觀市場基礎即獨立的自負盈虧的企業基礎薄弱，區域經濟合作發展非常緩慢。改革開放後，特別是 20 世紀 90 年代以來，中國陸續制定出台了西部大開發、促進中部崛起和東北等老工業基地振興等區域發展戰略，使中國區域經濟發展呈現出分工協作、互動發展的總體趨勢。這些經濟帶（區）的出現，一方面界定和保護了區域內各主體的產權，規範維護了經濟市場秩序和公平市場競爭，引導了生產要素跨區域合理流動，保護了環境；另一方面打破了行政區劃界線，協調了政

府之間關係，創新了行政區劃體制，整合了區域資源，處理了區域政府管理行為與區域經濟發展之間的關係，促進了經濟的自然聯繫和地區間的平衡發展，使地方政府更有效地為地方社會公共事務服務，進而對中央與地方間的經濟關係產生了深刻影響。

三、中央與一般地方事權關係

在《立法法》中已經對中央與地方立法權力做了相應的劃分，區分了中央專屬立法權、對地方自主立法權、地方執行性立法等。《立法法》第 8 條規定了法律保留事項，即只能通過全國人大及其常委會通過制定法律的行使加以規定。從這些法律保留事項來看，專屬於中央立法事項的權力基本上是極為重要的權力。但這種以重要性作為劃分中央與地方權力的標準是否恰當、合理已經遭到學者們的質疑。「將重要事項的立法劃歸為專屬全國人大及其常委會的權力，固然有其合理的一面。⋯⋯ 然而，如果按照重要程度而不是影響範圍來劃分職權，那麼就必然會在某些情況下導致不便。一個突出的例子就是『限制人身自由的強制措施和處罰』條款。由於它所針對的是地方性法規或規章為了實現某個目的而採取的處罰方式，這項條款並不涉及事項本身的性質，因而和事項的影響範圍無關。」[10]

本章放棄《立法法》以事務的重要性來作為劃分中央與地方權力的標準。根據中央與地方權力劃分的一般標準，我們可以簡略的勾勒出中央與地方權力劃分的基本輪廓。

（一）中央專屬權力

根據中國現實的具體情況，目前可以考慮把下列事項列為中央專屬權力：（1）修改和解釋憲法；（2）外交、國防與軍事；（3）統一度

---

10. 張千帆（2004）。〈流浪乞討與管制 —— 從貧困救助看中央與地方許可權的界定〉。北京：《法學研究》。3 期。

量衡；（4）制定、修改、解釋有關國籍、刑事、民事、商事及訴訟程序方面的基本法律制度；（5）國家貨幣與國家銀行；（6）中央財政與稅收政策的制定；（7）司法制度；（8）航空、國道、國有鐵路、國家郵電通訊的管理；（9）國家稅收與地方稅收的劃分；（10）行政區劃（11）國有財產、國債；（12）高等教育制度；（13）人事制度。

筆者認為，根據上文分析的中央與地方權力劃分標準來界定，以上這些內容應該屬於中央專屬權力。

第（1）至（7）項是性質上屬於中央專屬的權力，即這些事項類似於主權性質的權力，是任何一個國家都由中央專屬行使的權力，任何高度自治的地方都不能逾越。但有一點必須要說明，在未來的中國，中國統一之後，祖國給予台灣超自治地位，以上所列中央專屬權力可能會有所例外，比如軍事方面。第（7）項，司法制度，在現行特別行政區制度下，已經有所例外，即香港、澳門特別行政區有終審權。

第（8）至（13）這些事項主要是根據其影響範圍來專屬中央權力的。由於這些事項在地方也應該有相應的自主權，因此，地方也應該有相應的權力，而地方的權力只能屬於地方範圍之內，中央的這些權力則是超越地方範圍，屬於全國範圍或者跨地方的範圍。比如教育制度，教育制度必須要分為高等教育和中等教育、初等教育及幼稚教育等，而對於幼稚教育、初等教育和中等教育應該由地方根據本地方的特殊性來自主管理，中央只管理高等教育，這樣更有利於發揮地方的積極性。

（二）地方專屬權力

由於我們國家是單一制國家，從法律上來說，地方權力來自中央的授予，因此，地方的專屬權力主要是一些影響範圍限於本地方之內的權力：（1）制定執行性法律；（2）落實執行中央法律、政策而在本地方實行管理的權力；（3）根據本地方情況制定地方性法規；（4）本地方的財政、稅收以及工商管理；（5）地方交通、郵電事務；（6）地方財政事務；（7）地方教育；（8）地方人事制度。

　　地方權力主要是根據事務的影響範圍來界定的，儘管某些事務的重要性程度可能比較高，但如果在地方影響範圍之內，地方也可以自行管理的，那麼就應該由地方行使，中央可以在地方行使權力過程中起到一個指引的作用，作一些原則性的規定，只要地方權力的行使不違背憲法、法律的原則和目的，不侵害憲法、法律規定的權利，符合憲法、法律規定的手段，則由地方自主行使權力，以保障地方的積極性和主動性。如張千帆教授所言，「只要不違反公民的憲法權利和中央在其立法範圍內的有關規定，地方可以為了保護當地居民的健康、安全和生活環境而規定必要的措施。」[11]

（三）中央與地方共有權力

　　原則上可以對中央與地方權力進行以上的劃分，但是，有些事務同時既屬於中央又可以納入地方的，則由中央與地方二者共有權力：（1）落實和保護公民人權；（2）維護社會穩定；（3）提供社會福利和社會保障；（4）保護自然生態環境和自然資源。

　　由於這些事務在範圍內既屬於中央，也屬於地方，二者同時可以發揮作用，因此在法律上納入共有權力，二者可以同時行使。但是，如果中央已經對某一事項已經作了明確規定，鑑於中央最高原則，地方權力的行使不能違背中央的目的和精神，但可以制定相應的實施細則。在美國的「聯邦優佔」原則及後來最高聯邦法院在 1991 年的「法官退休年齡案」發展的「清楚說明規則」就是解決聯邦與各州之間共有權力衝突問題的原則。[12]

---

11. 張千帆（2004）。〈流浪乞討與管制 —— 從貧困救助看中央與地方許可權的界定〉。北京：《法學研究》。3 期。

12. 張千帆（2004）。《西方憲政體系》（上冊：美國憲法）。北京：中國政法大學出版社。213–216 頁。

（四）剩餘權力的歸屬

儘管法律上對中央與地方專屬權力可以做一些比較清晰的劃分，但法律不可能事無巨細地做出規定，同時也不能預測將來社會發展狀況，因此，必然有所「遺漏」，這些「遺漏」的權力就是剩餘權力。在美國，憲法第 10 修正案規定剩餘權力保留給各州和各州人民，而我們國家是單一制國家，在理論上說，地方權力是由中央授予的，因此，筆者認為，這些剩餘權力理所當然的屬於中央。但中央可以授予地方現行行使該權力，作為一個「試驗基地」，待時機成熟後由中央統一行使。

四、中央與民族自治地方的事權關係

中央與民族自治地方的權力關係是通過《中華人民共和國民族區域自治法》所確定的民族區域自治機關的自治權和中央國家機關的職責的方式予以確定的。

（一）民族區域自治機關的自治權

1. 政治方面的自治權

（1）制定自治條例和單行條例

《民族區域自治法》第 19 條規定，民族自治地方的人民代表大會有權依照當地民族的政治、經濟和文化的特點，制定自治條例和單行條例。自治區的自治條例和單行條例，報全國人民代表大會常務委員會批准後生效。自治州、自治縣的自治條例和單行條例報省、自治區、直轄市的人民代表大會常務委員會批准後生效，並報全國人民代表大會常務委員會和國務院備案。《立法法》第 66 條中也有相同的規定。

（2）變通執行或者停止執行權

《民族區域自治法》第 20 條規定，上級國家機關的決議、決定、命令和指示，如有不適合民族自治地方實際情況的，自治機關可以報

經該上級國家機關批准，變通執行或者停止執行；該上級國家機關應當在收到報告之日起 60 日內給予答覆。上級國家機關的決議、決定、命令和指示，是指上級國家機關非法律、法規性質的文件和通知。不具有立法權的國家機關的規範性文件均屬此類，具有立法權的國家機關，未履行立法程序而產生的規範性文件也屬此類，我們可以簡稱其為「紅頭文件」。

（3）人事管理自治權

人事管理自治權主要體現在《民族區域自治法》第 22 條和第 23 條的相關規定中。第 22 條規定，民族自治地方的自治機關根據社會主義建設的需要，採取各種措施從當地民族中大量培養各級幹部、各種科學技術、經營管理等專業人才和技術工人，充分發揮他們的作用，並且注意在少數民族婦女中培養各級幹部和各種專業技術人才。民族自治地方的自治機關錄用工作人員的時候，對實行區域自治的民族和其他少數民族的人員應當給予適當的照顧。民族自治地方的自治機關可以採取特殊措施，優待、鼓勵各種專業人員參加自治地方各項建設工作。

《民族區域自治法》第 23 條規定，民族自治地方的企業、事業單位依照國家規定招收人員時，優先招收少數民族人員，並且可以從農村和牧區少數民族人口中招收。

（4）維護本地方社會治安自治權

民族自治地方維護本地方自治權是指自治機關依照國家的軍事制度和當地的實際需要，組織本地方維持社會治安的公安部隊的自治權。中國現行《憲法》第 120 條規定：「民族自治地方的自治機關依照國家的軍事制度和當地的實際需要，經國務院批准，可以組織本地方維持社會治安的公安部隊。」《民族區域自治法》第 24 條規定，民族自治地方的自治機關依照國家的軍事制度和當地的實際需要，經國務院批准，可以組織本地方維護社會治安的公安部隊。該項權力是民族自治地方自治機關的一項重要的也是專有的權力。

（5）語言文字方面的自治權

《憲法》第 121 條：「民族自治地方的自治機關在執行職務的時候，依照本民族自治地方自治條例的規定，使用當地通用的一種或者幾種語言文字。」《民族區域自治法》第 21 條除了規定前述內容外，還規定，同時使用幾種通用的語言文字執行職務的，可以以實行區域自治的民族的語言文字為主。

2. 經濟方面的自治權

（1）經濟建設管理自治權

《民族區域自治法》第 25 條規定，民族自治地方的自治機關在國家計劃的指導下，根據本地方的特點和需要，制定經濟建設的方針、政策和計劃，自主地安排和管理地方性的經濟建設事業。

（2）市場經濟發展自治權

《民族區域自治法》第 26 條規定，民族自治地方的自治機關在堅持社會主義原則的前提下，根據法律規定和本地方經濟發展的特點，合理調整生產關係和經濟結構，努力發展社會主義市場經濟。民族自治地方的自治機關堅持公有制為主體、多種所有制經濟共同發展的基本經濟制度，鼓勵發展非公有制經濟。

（3）草場森林管理自治權

《民族區域自治法》第 27 條規定，民族自治地方的自治機關根據法律規定，確定本地方內草場和森林的所有權和使用權。民族自治地方的自治機關保護、建設草原和森林，組織和鼓勵植樹種草。禁止任何組織或者個人利用任何手段破壞草原和森林。嚴禁在草原和森林毀草毀林開墾耕地。

（4）自然資源管理自治權

自然資源管理自治權在《民族區域自治法》中有明確的規定。第 28 條規定，民族自治地方的自治機關依照法律規定，管理和保護本地

方的自然資源。民族自治地方的自治機關根據法律規定和國家的統一規劃，對可以由本地方開發的自然資源，優先合理開發利用。《民族區域自治法》第 65 條規定，國家採取措施，對輸出自然資源的民族自治地方給予一定的利益補償。

（5）基本建設專案管理自治權

基本建設專案管理自治權是指自治機關自主安排本地方基本建設項目的權力。《民族區域自治法》第 29 條規定，民族自治地方的自治機關在國家計劃的指導下，根據本地方的財力、物力和其他具體條件，自主地安排地方基本建設項目。當然，民族地區的基本建設必須與國家的宏觀調控相協調。

（6）企業、事業管理自治權

《民族區域自治法》第 30 條規定，民族自治地方的自治機關自主地管理隸屬於本地方的企業、事業。該法第 68 條中再次強調，上級國家機關非經民族自治地方自治機關同意，不得改變民族自治地方所屬企業的隸屬關係。

（7）對外經濟貿易管理自治權

《民族區域自治法》第 31 條規定，民族自治地方依照國家規定，可以開展對外經濟貿易活動，經國務院批准，可以開闢對外貿易口岸。與外國接壤的民族自治地方經國務院批准，開展邊境貿易。民族自治地方在對外經濟貿易活動中，享受國家的優惠政策。

（8）地方財政管理自治權

地方財政管理自治權是指在現行的國家財政體制下，民族自治地方依法享有國家財政優待，並由自治機關依法自主管理本自治地方財政事務的權力。《民族區域自治法》第 32 條規定，民族自治地方的財政是一級財政，是國家財政的組成部分。民族自治地方的自治機關有管理地方財政的自治權。凡是依照國家財政體制屬於民族自治地方的財

政收入，都應當由民族自治地方的自治機關自主地安排使用。民族自治地方在全國統一的財政體制下，通過國家實行的規範的財政轉移支付制度，享受上級財政的照顧。民族自治地方的財政預算支出，按照國家規定，設機動資金，預備費在預算中所佔比例高於一般地區。民族自治地方的自治機關在執行財政預算過程中，自行安排使用收入的超收和支出的節餘資金。

《民族區域自治法》第 33 條規定，民族自治地方的自治機關對本地方的各項開支標準、定員、定額，根據國家規定的原則，結合本地方的實際情況，可以制定補充規定和具體辦法。自治區制定的補充規定和具體辦法，報國務院備案；自治州、自治縣制定的補充規定和具體辦法，須報省、自治區、直轄市人民政府批准。

（9）稅收項目減免自治權

《民族區域自治法》第 34 條規定，民族自治地方的自治機關在執行國家稅法的時候，除應由國家統一審批的減免稅收項目以外，對屬於地方財政收入的某些需要從稅收上加以照顧和鼓勵的，可以實行減稅或者免稅。自治州、自治縣決定減稅或者免稅，須報省、自治區、直轄市人民政府批准。

（10）金融建設管理自治權

金融建設管理自治權是指自治地方依法設立管理地方金融機構的權力。《民族區域自治法》第 35 條規定，民族自治地方根據本地方經濟和社會發展的需要，可以依照法律規定設立地方商業銀行和城鄉信用合作組織。為保障金融管理自治權的行使，《民族區域自治法》第 57 條還規定：「國家根據民族自治地方的經濟發展特點和需要，綜合運用貨幣市場和資本市場，加大對民族自治地方的金融扶持力度。金融機構對民族自治地方的固定資產投資項目和符合國家產業政策的企業，在開發資源、發展多種經濟方面的合理資金需求，應當給予重點扶持。國家鼓勵商業銀行加大對民族自治地方的信貸投入，積極支持當地企業的合理資金需求。」

3. 文化方面的自治權

（1）民族教育管理自治權

所謂民族教育管理自治權，是指民族自治地方的自治機關依照法律的規定，遵循國家的教育方針，結合本地方的實際，在國家大力支持下，自主管理和發展民族教育的權力。《民族區域自治法》第 36 條規定，民族自治地方的自治機關根據國家的教育方針，依照法律規定，決定本地方的教育規劃，各級各類學校的設置、學制、辦學形式、教學內容、教學用語和招生辦法。第 37 條規定，民族自治地方的自治機關自主地發展民族教育，掃除文盲，舉辦各類學校，普及九年義務教育，採取多種形式發展普通高級中等教育和中等職業技術教育，根據條件和需要發展高等教育，培養各少數民族專業人才。

（2）民族文化管理自治權

所謂民族文化管理自治權，是指民族自治地方的自治機關依照法律的規定，結合本地方的實際，在國家大力支持下，自主管理和發展具有民族特點的少數民族文化事業的權力。《民族區域自治法》第 38 條規定，民族自治地方的自治機關自主地發展具有民族形式和民族特點的文學、藝術、新聞、出版、廣播、電影、電視等民族文化事業，加大對文化事業的投入，加強文化設施建設，加快各項文化事業的發展。

（3）民族科技管理自治權

所謂民族科技管理自治權，是指民族自治地方的自治機關依照法律的規定，結合本地方的實際，在國家大力支持下，自主管理和發展民族自治地方的科學技術的權力。《民族區域自治法》第 39 條規定，民族自治地方的自治機關自主地決定本地方的科學技術發展規劃，普及科學技術知識。

（4）民族醫藥衛生管理自治權

民族醫藥衛生管理自治權是指自治機關自主管理本地方醫藥衛生事務尤其是發展民族傳統醫藥的權力。《民族區域自治法》第 40 條規

定，民族自治地方的自治機關，自主地決定本地方的醫療衛生事業的發展規劃，發展現代醫藥和民族傳統醫藥。民族自治地方的自治機關加強對傳染病、地方病的預防控制工作和婦幼衛生保健，改善醫療衛生條件。

（5）民族體育管理自治權

民族體育管理自治權是指自治機關自主管理本地方體育事業有權是發展民族傳統體育的權力。《民族區域自治法》第 41 條規定，民族自治地方的自治機關自主地發展體育事業，開展民族傳統體育活動，增強各族人民的體質。

（6）對外文化交流自治權

對外文化交流自治權是指自治機關在教育、科學、文化、衛生等方面和其他地方或外國開展交流協作的權力。《民族區域自治法》第 42 條規定，民族自治地方的自治機關積極開展和其他地方的教育、科學技術、文化藝術、衛生、體育等方面的交流和協作。自治區、自治州的自治機關依照國家規定，可以和國外進行教育、科學技術、文化藝術、衛生、體育等方面的交流。

4. 社會管理自治權

（1）流動人口管理自治權

所謂流動人口管理自治權，是指自治機關依照法律的規定並結合本地方的實際，制定管理流動人口辦法並管理流動人口的權力。《民族區域自治法》第 43 條規定，民族自治地方的自治機關根據法律規定，制定管理流動人口的辦法。

（2）計劃生育管理自治權

所謂計劃生育管理自治權，是指自治機關依照法律的規定並結合本地方的實際，制定實行計劃生育辦法的權力。《民族區域自治法》第

44 條規定，民族自治地方實行計劃生育和優生優育，提高各民族人口
素質。民族自治地方的自治機關根據法律規定，結合本地方的實際情
況，制定實行計劃生育的辦法。

（3）環境管理自治權

環境管理自治權是指自治機關管理和保護民族自治地方生活環境
和生態環境的權力。《民族區域自治法》第 45 條規定，民族自治地方的
自治機關保護和改善生活環境和生態環境，防治污染和其他公害，實
現人口、資源和環境的協調發展。第 66 條規定，民族自治地方為國家
的生態平衡、環境保護做出貢獻的，國家給予一定的利益補償。

（二）上級國家機關職責

1.　政策優惠

《憲法》第 4 條明確規定：「國家根據各少數民族的特點和需要，
說明各少數民族地區加速經濟文化的發展。」《民族區域自治法》首先
在第 8 條中就上級國家機關對民族自治地方的幫助作了原則性規定，隨
後又對此問題作了專章規定，其內容涉及人才培養，財政、金融、稅
收上的照顧和優惠，經濟建設事業方面的扶持，科技、文化、教育、
衛生、體育領域的幫助，具體的表現形式主要是賦予各級自治機關各
種優惠政策。第 54 條還規定，上級國家機關有關民族自治地方的決
議、決定、命令和指示，應當適合民族自治地方的實際情況。第 61 條
規定，國家制定優惠政策，扶持民族自治地方發展對外經濟貿易，擴
大民族自治地方生產企業對外貿易經營自主權，鼓勵發展地方優勢產
品出口，實行優惠的邊境貿易政策。

《民族區域自治法》第 32 條第 3 款規定：「民族自治地方在全國統
一的財政體制下，通過國家實行的規範的財政的轉移支付制度，享受
上級財政的照顧。」

2. 經濟扶持

上級國家機關對民族自治地方的經濟扶持在相關法律中的規定比較多。例如，《憲法》第 118 條第 2 款規定：「國家在民族自治地方開發資源、建設企業的時候，應當照顧民族自治地方的利益」。《民族區域自治法》第 56 條規定：「國家根據統一規劃和市場需求，優先在民族自治地方合理安排資源開發專案和基礎設施建設專案。」這表明，國家把資源開發和基礎設施建設，作為振興民族地方經濟的優勢和關鍵所在，優先予以安排，確保民族自治地方又好又快地發展。「國家在重大基礎設施投資項目中適當增加投資比重和政策性銀行貸款比重。」這表明，國家對民族自治地方重點專案加大資金扶持力度，予以重點傾斜政策。「國家在民族自治地方安排基礎設施建設，需要民族自治地方配套資金的，根據不同情況給予減少或者免除配套資金的照顧。」這一規定充分考慮到了民族自治地方的財政困難，扭轉了以往民族自治地方由於拿不出足夠的配套資金，爭取不到國家的基礎設施項目，或者為了籌集項目配套資金而擠佔挪用其他資金的局面，深受民族自治地方的擁護和歡迎。

3. 技術支援

《民族區域自治法》第 64 條規定：「國家向民族自治地方提供轉移建設專案的時候，要根據當地的條件，提供先進、適當的設備和工藝。」這一規定為民族自治地方的項目建設，提供了有力的技術保障。《民族區域自治法》第 64 條還規定，上級國家機關應當組織、支援和鼓勵經濟發達地區與民族自治地方開展經濟、技術協作和多層次、多方面的對口支援，幫助和促進民族自治地方經濟、教育、科學技術、文化、衛生、體育事業的發展。

4. 就業和人才培養

《民族區域自治法》第 67 條規定：「上級國家機關隸屬的在民族自治地方的企業、事業單位依照國家規定招收人員時，優先招收當地少

數民族人員。」該條規定了少數民族在民族自治地方企業中的優先就業權，也是中國政府促進少數民族就業的重要舉措。選派少數民族幹部到中央、國家機關和經濟相對發達地區掛職鍛煉，是中央組織部、中央統戰部和國家民委貫徹中央的指示，為民族地區和少數民族培養領導骨幹所作的一項重要工作。通過學習鍛煉，絕大多數掛職幹部思想政治素質進一步提高，工作思路進一步拓展，發展民族地區各項事業的緊迫感進一步增強，民族地區與中央和經濟相對發達地區的聯繫進一步緊密。實踐證明，組織少數民族幹部到中央國家機關和經濟相對發達地區掛職鍛煉，是培養少數民族年輕幹部的一項重要措施。推動民族自治地方各項事業的快速發展，僅僅靠民族自治地方的少數民族幹部和少數民族專業人才還不夠，還需要從其他地方派遣各類人才支援民族自治地方的建設。

五、中央與特別行政區的權力關係

中央與特別行政區關係按照高度自治、一國兩制的原則通過特別行政區《基本法》做出特別安排，體現了國家治理模式的多元一體性特徵，「一國」體現了國家治理模式的一體性，「兩制」則體現了國家治理模式的多元性。

（一）中央為體現「一國」原則享有的權力

有學者認為，中央與特別行政區的職權劃分，遵循了兩個原則，一是根據事項的性質劃分，即根據事項本身的性質特點和「一國兩制」的精神，應該由中央行使的職權，就由中央行使，例如防務；應該由特別行政區行使的權力，就由特別行政區自己立法行使，如經濟、文化事務。第二個原則是根據一國全國政府（即中央政府）和地方政府本身的職能來劃分職權，屬於全國政府職能範圍內的事項，例如維護國家主權、捍衛國家領土完整，這主要是中央政府的職能，因而這些事項當然就由中央政府負責；屬於地方政府職能範圍內的事項，例如

社會治安的維持等就歸特別行政區政府管轄。【13】這種分法有一定的道理，但是也存在一定的問題，因為事項的性質與政府的職能有時很難分開。換言之，職能本來就是按照事項的性質來劃分的。比如防務問題，從事項的性質來說，就屬於中央政府的職能，理應由中央政府管轄和負責。所以，用以上兩條標準進行區分，往往比較模糊。

具體說來，為體現「一國」原則或者主權原則，中央政府享有以下權力。

1. 特別行政區的創制權

創制權是一項原生性而非派生性的權力。單一制國家與聯邦制國家最為根本的不同，其實就表現在地方的創制權問題上。在單一制國家，先有國家和中央政府，後有地方政府，地方的創制權在中央而不是地方本身。而聯邦制國家，先有各州，後有聯邦，各州的創制權在自身，甚至可以說，聯邦政府的創制權也在各州，各州通過權力讓與的形式，將一部分權力讓渡給中央政府行使，沒有讓與的權力，由各州保留行使。

在中國，所有地方的創制權都在中央，特別行政區也不例外。中央政府決定組織成立特別行政區，而不是特別行政區自己一廂情願成立的。特別行政區成立的合法性基礎來自中央而不是特別行政區本身。

2. 外交權

外交活動是指一個國家以主權國家的身份和其他國家、其他地區或者國際組織開展正式的、官方的政治、經濟、文化等方面的聯絡、交往活動。正式的外交權只有主權國家才能享有，由中央政府行使。特別行政區是一個省級地方行政區域，不是一個主權單位，因此不能享有和行使外交權力，此權力只能由代表國家主權的中央政府行使。港（澳）基本法第 13 條規定「中央人民政府負責管理與香港（澳門）

---

13. 王振民（2002）。《中央與特別行政區關係——一種法治結構的解析》。北京：清華大學出版社。178 頁。

特別行政區有關的外交事務。」為了行使外交權的便利，中華人民共和國外交部在香港（澳門）設立機構處理外交事務。當然，由中央行使外交權力並不等於說特別行政區的所有對外事務均由中央政府處理，有些事務，只要不涉及到主權性質的，均可以由特別行政區在中央的授權下自行處理。

3.　防務權

防務，其針對的主要對象是入侵的外敵，防務之弦雖要時時繃緊，以防萬一，但在和平與發展已然成為當今世界兩大主題的國際大氣候下，以及近些年中國經濟高速發展、軍事實力大為增強、綜合國力迅速壯大、國際地位顯著提升的情況下，特別行政區遭受外敵入侵的可能性非常之小。外部的和平並不代表內部的穩定，在特別行政區內部，由於社會發展不平衡、貧富差距懸殊、社會思潮複雜等因素，維護社會治安的壓力非常大。

《香港基本法》規定：駐軍不干預香港特別行政區的地方事務；駐軍人員除須遵守全國性法律外，還須遵守香港特別行政區的法律；駐軍費用由中央人民政府負擔；香港特別行政區政府在必要時可向中央人民政府請求駐軍協助維持社會治安和救助災害。而《澳門基本法》中沒有這方面的規定，只是在《澳門特別行政區駐軍法》中得到了補充。以上規定中，[14]「駐軍費用由中央人民政府負擔」鮮明地體現了中央政府對特別行政區的關懷。

4.　特別行政區主要官員的任命權

對地方官員的任命權也是體現中央政府主權的重要方面。根據《基本法》的規定，特別行政區的行政長官和主要官員須報請中央政府任命。如《香港基本法》第 15 條規定：「中央人民政府依照本法第四章的規定任命香港特別行政區行政長官和行政機關的主要官員。」第 45

14.《澳門特別行政區駐軍法》第 3、4、5 條。

條規定：「香港特別行政區行政長官在當地通過選舉或協商產生，由中央人民政府任命。」第 48 條規定：「香港特別行政區行政長官行使下列職權：⋯⋯（五）提名並報請中央人民政府任命下列主要官員：各司司長、副司長，各局局長，廉政專員，審計署署長，警務處處長，入境事務處處長，海關關長；建議中央人民政府免除上述官員職務。」

《澳門基本法》關於中央政府任命官員的規定與《香港基本法》有一些區別。比如《澳門基本法》第 15 條規定：「中央人民政府依照本法有關規定任免澳門特別行政區行政長官、政府主要官員和檢察長。」此處，用的是「任免」而非「任命」，也就是說，從字面上理解，對於澳門特別行政區的主要官員，中央政府不僅可以任命，而且可以免職，而對香港特別行政區的主要官員，中央政府只能任命，不能免職。事實並非如此。《香港基本法》第 52 條規定：「香港特別行政區行政長官如有下列情況之一者必須辭職：（一）因嚴重疾病或其他原因無力履行職務；（二）因兩次拒絕簽署立法會通過的法案而解散立法會，重選的立法會仍以全體議員三分之二多數通過所爭議的原案，而行政長官仍拒絕簽署；（三）因立法會拒絕通過財政預算案或其他重要法案而解散立法會，重選的立法會繼續拒絕通過所爭議的原案。」在上述三種情況下，若行政長官拒絕辭職，則中央政府只能將其免職。

另外，《香港基本法》第 73 條第 9 項規定，如立法會全體議員的四分之一聯合動議，指控行政長官有嚴重違法或瀆職行為而不辭職，經立法會通過進行調查，立法會可委託終審法院首席法官負責組成獨立的調查委員會，並擔任主席。調查委員會負責進行調查，並向立法會提出報告。如該調查委員會認為有足夠證據構成上述指控，立法會以全體議員三分之二多數通過，可提出彈劾案，報請中央人民政府決定。

《澳門基本法》關於中央政府任命官員的規定與《香港基本法》還有一點區別，那就是，關於檢察長的任命問題。《香港基本法》規定的關於中央政府對特別行政區公職人員任命的範圍僅限於行政機關公職人員，包括行政長官和大概相當於司局級的一些主要官員，不包括對立法和司法機關公職人員的任命。但《澳門基本法》關於中央政府的職

權中卻包含了對檢察長的任免。《澳門基本法》第 15 條規定：「中央人民政府依照本法有關規定任免澳門特別行政區行政長官、政府主要官員和檢察長。」

5.　對《基本法》本身所擁有的權力

（1）對《基本法》的制定權

《基本法》是特別行政區法制的基礎，但《基本法》的制定主體不是特別行政區，而是中央政府。中央政府不僅是特別行政區的締造者，也是《基本法》的制定者。這實際上也是中國單一制國家機構形式所決定的。特別行政區的所有權力來自於中央的授予，《基本法》就是將中央的授權以法律文件的形式固定下來，是一部授權法。因為，特別行政區不能自己授權給自己，這不符合法理，也不具有權力來源的正當性。

從兩部《基本法》的實際起草過程，也可以看出中央政府對《基本法》的制定權。實際上，兩部《基本法》都是在中央政府的絕對主導下起草完成的。1985 年 4 月 10 日第六屆全國人大三次會議通過了關於成立「香港特別行政區基本法起草委員會」的決定，6 月 18 日六屆全國人大常委會任命了起草委員，起草委員會於同年 7 月 1 日正式成立，經過 5 年努力工作，《香港基本法》終於在 1990 年 4 月 4 日經第七屆全國人大三次會議審議通過。《澳門基本法》的起草過程也是一樣。1988 年 4 月 13 日，第七屆全國人大一次會議決定成立「澳門特別行政區基本法起草委員會」，開始起草工作，及至 1993 年 3 月 31 日，第八屆全國人大一次會議審議通過了《澳門基本法》。

（2）對《基本法》的解釋權

全國人大常委會擁有對《基本法》的解釋權。這項原則已經被清楚地列於港（澳）基本法第 158 條（第 143 條）第一項：「本法的解釋權屬於全國人民代表大會常務委員會。」但是，全國人大常委會對《基本法》的解釋並不是排他性的，《基本法》充分考慮到港澳地區的特殊

情況授權特別行政區法院也可以對《基本法》進行解釋。但這種解釋又區分了是否屬於自治範圍內的條款。若屬於特別行政區自治範圍內的條款，全國人大常委會授權香港（澳門）特別行政區法院在審理案件時自行解釋。若有關條款不屬於特別行政區自治範圍內的條款，則特別行政區法院在行使該項權力時受到了很多制約。港（澳）基本法規定，香港（澳門）特別行政區法院在審理案件時對《基本法》的其他條款也可解釋。但如香港（澳門）特別行政區法院在審理案件時需要對《基本法》關於中央人民政府管理的事務或中央和香港（澳門）特別行政區關係的條款進行解釋，而該條款的解釋又影響到案件的判決，在對該案件作出不可上訴的終局判決前，應由香港（澳門）特別行政區終審法院請全國人民代表大會常務委員會對有關條款作出解釋。如全國人民代表大會常務委員會作出解釋，香港（澳門）特別行政區法院在引用該條款時，應以全國人民代表大會常務委員會的解釋為準。但在此以前作出的判決不受影響。

（3）對《基本法》的修改權

法律的制定主體當然有修改法律的權力。法律的制定從廣義上來講，是包含對法律的修改的。港（澳）基本法的制定權在全國人大，其修改權也在全國人大。《香港基本法》第 159 條和《澳門基本法》第 144 條清楚地表明這點：「本法的修改權屬於全國人民代表大會。本法的修改提案權屬於全國人民代表大會常務委員會、國務院和香港（澳門）特別行政區。香港（澳門）特別行政區的修改議案，須經香港（澳門）特別行政區的全國人民代表大會代表三分之二多數、香港（澳門）特別行政區立法會全體議員三分之二多數和香港（澳門）特別行政區行政長官同意後，交由香港（澳門）特別行政區出席全國人民代表大會的代表團向全國人民代表大會提出。本法的修改議案在列入全國人民代表大會的議程前，先由香港（澳門）特別行政區基本法委員會研究並提出意見。本法的任何修改，均不得同中華人民共和國對香港（澳門）既定的基本方針政策相抵觸。」

　　此外，還要注意的一點是，根據《憲法》第 67 條第 3 項的規定，全國人大常委會有權在全國人大閉會期間，對全國人大制定的法律進行部分補充和修改，但是不得同該法律的基本原則相抵觸。根據這個條款的規定，全國人大常委會本來是有權對全國人大制定的基本法律進行部分補充和修改的，但考慮到維護港（澳）基本法的權威和穩定，兩部《基本法》都確定《基本法》的修改權在全國人大，而沒有授予全國人大常委會。

（4）對《基本法》的附件修改所擁有的權力

　　其一，對附件一和附件二的修改進行批准和備案的權力。港（澳）基本法的附件部分都清晰地表明，行政長官的產生辦法如需修改，須經立法會全體議員三分之二多數通過，行政長官同意，並報全國人民代表大會常務委員會批准；立法會的產生辦法如需修改，須經立法會全體議員三分之二多數通過，行政長官同意，並報全國人民代表大會常務委員會備案。另，根據《香港基本法》的規定，2007 年以後香港特別行政區立法會法案、議案的表決程序，如需修改，須經立法會全體議員三分之二多數通過，行政長官同意，並報全國人民代表大會常務委員會備案。

　　其二，對《基本法》附件三所擁有的權力。港（澳）基本法附件三規定的都是在特別行政區實施的全國性法律。根據「一國兩制」的原則，一般情況下，內地實施的法律不在特別行政區實施。港（澳）基本法第 18 條規定，在香港（澳門）特別行政區實行的法律為本法以及本法第 8 條規定的香港（澳門）原有法律和香港（澳門）特別行政區立法機關制定的法律。全國性法律除列於本法附件三者外，不在香港（澳門）特別行政區實施。凡列於本法附件三之法律，由香港（澳門）特別行政區在當地公佈或立法實施。全國人民代表大會常務委員會在徵詢其所屬的香港（澳門）特別行政區基本法委員會和香港（澳門）特別行政區政府的意見後，可對列於本法附件三的法律作出增減，任何列入附件三的法律，限於有關國防、外交和其他按本法規定不屬於香港（澳

門）特別行政區自治範圍的法律。全國人民代表大會常務委員會決定宣佈戰爭狀態或因香港（澳門）特別行政區內發生香港（澳門）特別行政區政府不能控制的危及國家統一或安全的動亂而決定香港（澳門）特別行政區進入緊急狀態，中央人民政府可發佈命令將有關全國性法律在香港（澳門）特別行政區實施。

6. 對特別行政區法律的備案發回權

根據港（澳）基本法第 17 條的規定，香港（澳門）特別行政區享有立法權。香港（澳門）特別行政區的立法機關制定的法律須報全國人民代表大會常務委員會備案。備案不影響該法律的生效。全國人民代表大會常務委員會在徵詢其所屬的香港（澳門）特別行政區基本法委員會後，如認為香港（澳門）特別行政區立法機關制定的任何法律不符合本法關於中央管理的事務及中央和香港（澳門）特別行政區的關係的條款，可將有關法律發回，但不作修改。經全國人民代表大會常務委員會發回的法律立即失效。該法律的失效，除香港特別行政區的法律另有規定外，無溯及力。

而根據中國《憲法》第 67 條第 8 項的規定，全國人大常委會有權撤銷省、自治區、直轄市國家權力機關制定的同憲法、法律和行政法規相抵觸的地方性法規和決議。全國人大常委會對內地省級地方權力機關制定的地方性法規和決議有權行使撤銷權，而對香港（澳門）特別行政區立法機關制定的法律只能行使發回權，且不作任何修改。「發回」與「撤銷」，一詞之差，體現的卻是中央政府對特別行政區自治地位與獨立立法權的尊重。

（二）特別行政區為體現「兩制」原則享有的權力

「一國兩制」方針之所以具有特色，重要的不在於「一國」（世界上所有的國家皆是「一國」）；而在於「兩制」，即在一國範圍記憶體在

有兩種不同的社會制度。這在國家結構史上無疑具有創新的意義。在「兩制」下，是「港人治港」、「澳人治澳」和「高度自治」。具體說來，為體現「兩制」原則，特別行政區享有以下權力。

1.　實行不同於內地的社會制度和生活方式

港（澳）基本法的總則部分總括性地介紹了在特別行政區實行的不同於內地的社會制度和生活方式。具體包括如下方面：全國人民代表大會授權香港（澳門）特別行政區依照《基本法》的規定實行高度自治，享有行政管理權、立法權、獨立的司法權和終審權；香港（澳門）特別行政區的行政機關和立法機關由香港永久性居民依照本法有關規定組成；香港（澳門）特別行政區不實行社會主義制度和政策，保持原有的資本主義制度和生活方式，五十年不變；香港特別行政區境內的土地和自然資源屬於國家所有（澳門特別行政區境內的土地和自然資源，除在澳門特別行政區成立前已依法確認的私有土地外，屬於國家所有），由香港（澳門）特別行政區政府負責管理、使用、開發、出租或批給個人、法人或團體使用或開發，其收入全歸香港特別行政區政府支配；香港（澳門）原有法律，除同基本法相抵觸或經有關機關作出修改者外，予以保留；香港（澳門）特別行政區的行政機關、立法機關和司法機關，除使用中文外，還可使用英文（葡文），英文（葡文）也是正式語文；香港（澳門）特別行政區除懸掛中華人民共和國國旗和國徽外，還可使用香港（澳門）特別行政區區旗和區徽；根據中華人民共和國《憲法》第 31 條，香港（澳門）特別行政區的制度和政策，包括社會、經濟制度，有關保障居民的基本權利和自由的制度，行政管理、立法和司法方面的制度，以及有關政策，均以《基本法》的規定為依據。

2. 行政管理權

行政管理泛指政府對經濟、文化、市政、治安、社會福利等社會事務以及對其自身進行日常管理的行為。[15]港（澳）基本法第16條規定，香港（澳門）特別行政區享有行政管理權，依照本法的有關規定自行處理香港（澳門）特別行政區的行政事務。這裏沒有具體列明行政管理權包括哪些，這是為了防止掛一漏萬。但這些具體的行政管理許可權在《基本法》第五章和第六章中得到了具體體現。行政管理許可權包括經濟、教育、科學、文化、體育、宗教、勞工和社會服務等方面的權力，經濟方面又包括財政、金融、貿易和工商業、土地、航運、民用航空管理等方面的權力。

3. 立法權

根據港（澳）基本法第17條的規定，香港（澳門）特別行政區享有立法權，香港（澳門）特別行政區的立法機關制定的法律須報全國人民代表大會常務委員會備案，備案不影響該法律的生效。在中國，立法分為中央立法和地方立法兩個層級。其中，地方性立法的主要內容包括三種：一是執行性立法，即為了執行高位階的法律性文件而制定的實施細則或辦法；二是職權性立法，即為了履行自身職責而在職權範圍內進行的立法；三是先行性立法，即在高位階法律性文件缺位元的情況下，地方先行制定管理辦法的活動。後兩者又被統稱為創新性立法。

由於內地法律除列於《基本法》附件三的以外，都不必在特別行政區實施，故特別行政區立法機關制定的法律多為創新性法律。

特別行政區立法與內地地方立法的不同還表現在立法依據的差異上。特別行政區立法依據是《基本法》，港（澳）基本法第11條規定：「根據中華人民共和國《憲法》第31條，香港（澳門）特別行政區的制

---

15. 王振民（2002）。《中央與特別行政區關係》。北京：清華大學出版社。181頁。

度和政策，包括社會、經濟制度，有關保障居民的基本權利和自由的制度，行政管理、立法和司法方面的制度，以及有關政策，均以本法的規定為依據。香港特別行政區立法機關制定的任何法律（澳門特別行政區的任何法律、法令、行政法規和其他規範性文件），均不得同本法相抵觸。」而內地地方立法的依據則是憲法、法律和行政法規，較大的市進行立法同時以該地所屬的省級人大及其常委會制定的地方性法規為依據，不能與高位階法律法規相抵觸。

特別行政區立法權比內地地方立法權限要廣，除了有關國防、外交及其他按《基本法》規定不屬於特別行政區制定範圍的極少數法律以外，特別行政區可制定民事的、刑事的、經濟的和訴訟程序方面的適用於本行政區域內的法律，內地地方立法則沒有這樣廣的許可權，不能制定刑事和訴訟程序方面的地方性法規。

當然，中央政府對於特別行政區立法也有進行監督的權力。監督的形式是備案，備案不影響該法律的生效，也就是說，只要其完成了在特別行政區內部的立法程序，該法律即已發生效力。監督審查的主要內容是特別行政區立法機關制定的法律是否符合《基本法》關於中央管理的事務及中央和特別行政區關係的條款，如是，則照單收下，登記在冊；如不是，可將有關法律發回，但不作修改。可見，中央政府對特別行政區立法的監督是一種事後的監督。

4. 獨立的司法權和終審權

港（澳）基本法第 19 條規定：「香港（澳門）特別行政區享有獨立的司法權和終審權。香港（澳門）特別行政區法院除繼續保持香港（澳門）原有法律制度和原則對法院審判權所作的限制外，對香港（澳門）特別行政區所有的案件均有審判權。香港（澳門）特別行政區法院對國防、外交等國家行為無管轄權。香港（澳門）特別行政區法院在審理案件中遇有涉及國防、外交等國家行為的事實問題，應取得行政長官就該等問題發出的證明文件，上述文件對法院有約束力。行政長官在發出證明文件前，須取得中央人民政府的證明書。」

特別行政區各級法院獨立行使審判權，不受任何機關、組織和個人干涉。原在特別行政區實行的司法體制，除因設立特別行政區終審法院而產生變化外，予以保留。回歸之前，對香港最高法院的民事和刑事案件的判決，當事人如果不服，可按照一定程序向倫敦的英國樞密院司法委員會提出上訴。回歸之後，香港特別行政區設立了終審法院，享有了終審權力。

5. 自行處理有關對外事務的權力

　　外交權是一個獨立國家主權的體現。外交，即對外交往的意思，但縮寫之後卻有了特定含義，即只有代表一個國家的中央政府才有行使外交的權力。港（澳）基本法第 13 條清楚地表明了外交權行使的主體：「中央人民政府負責管理與香港（澳門）特別行政區有關的外交事務。」為了方便行使此職權，中華人民共和國外交部在香港（澳門）設立機構處理外交事務。但是，由於實行「一國兩制」，香港實行與內地不同的社會制度與法律制度，且回歸之前香港已經作為一個非主權實體以自己的名義獨立參加了一些國際組織，簽訂了一些國際協定，回歸之後為了保持特別行政區的繁榮穩定，保證「高度自治」原則的實現，有必要繼續維護特別行政區在國際社會中既有的法律地位。所以，中央政府在做出自己「負責與特別行政區有關的外交事務」宣示的同時，授權特別行政區依照《基本法》自行處理有關的對外事務。

第六章

中央與特別行政區關係中的授權[*]

焦洪昌

中國政法大學法學院院長、教授

楊敬之

中國政法大學法學院憲法學與行政法學專業博士研究生

一、授權是建構中央與特別行政區關係的理論基石

大約在 20 年前，王叔文等在《香港特別行政區基本法導論》中，將中央與特別行政區關係定義為「中央對香港特別行政區實行管轄和香港特別行政區在中央監督下實行高度自治而產生的相互關係」。[1] 今天我們認為，將授權表述為中央與特別行政區關係的核心，將中央與特別行政區關係理解為以授權為基礎架構的主權與地方自治權之間的關係，具有更重要的現實意義。

（一）授權與分權的區別

已經有學者言及，中央與特別行政區之間是授權關係，不是分權關係，特別行政區的一切權力都是中央授予的。[2] 區分授權與分權的主要原因在於：授權與分權是兩個不同的概念，表徵的權力關係也不同，這是理論上建構中央與特別行政區關係的着力點。授權作為一種

* 原載於《國家行政學院學報》2017 年第 3 期，收入本書時有個別修改。

1. 王叔文（1997）。《香港特別行政區基本法導論》。北京：中共中央黨校出版社。102 頁。

2. 董立坤（2014）。《中央管治權與香港特區高度自治權的關係》。北京：法律出版社。100 頁。

法律理念主要體現在公法中，用來表述權力的來源與轉移。[3]而分權則是孕育於西方的歷史和思想之中。據英國憲法學家維爾考證，權力分立學說源於古代世界，從那裏演化出政府職能的思想，衍生出混合均衡政體的理論。在 17 世紀英國資產階級革命的過程中，它才第一次被表述出來，作為自由和優良政體的重大秘密。然而接下來在 19 世紀，這種理想型的純粹分權學說很快受到了兩個方面的挑戰：第一，資產階級作為掌權者對於向更廣泛的無產者分權的熱情銳減；第二，以盧梭為代表的主權學說構成了對分權的限制。[4]此後，分權學說在一段時間的沉寂之後，經過洛克到孟德斯鳩的推動，變成了狹義分權學說，即在政府層面將權力橫向劃分為立法權、行政權和司法權；到 18 世紀末，隨着美國獨立戰爭的勝利，1787 年制定的美國憲法建構了聯邦制國家，進而催生了中央與地方的縱向分權。進入 20 世紀，國家與社會之間的互動又擴展了分權空間，從而使分權理論朝着廣義分權的方向上發展。[5]

從分權理論的簡史可知，其表明了西方社會對國家的不信任心態，而在一個主權國家內，分權理論將遭遇不小的挑戰。即便是在英國，雖然權力下放運動讓地方享有較高的自主權，但是這更多的是受迫於現實壓力，如克服中央政府的權力合法性不足，解決民族聯合問題等等，[6]並且它仍然是在中央政府的主導下完成的。離開國家的具體語境，而隨意使用分權概念，容易掩蓋事實真相。

中國作為單一制國家，分權在中國的歷史長河中不僅沒有穩固的歷史基礎，而且也不符合中國的現實。自秦漢以來，中國就一直是實行中央集權制的統一的國家。正因如此，單一制繼續成為新中國成立後的國家結構形式。雖然在單一制下可以存在地方自治，但這也是中

---

3. 鄒平學（2014）。《香港基本法實踐問題研究》。北京：社會科學文獻出版社。123 頁。

4. 維爾（M. J. C.），蘇力譯（1997）。《憲政與分權》。北京：三聯書店。4–6 頁。

5. 施向峰、王岩（2009）。〈西方分權學說的發展脈絡考辨〉，《國外理論動態》。10 期。

6. 李冠傑（2012）。〈英國工黨權力下放順利實施之緣由〉，《國際安全研究》。1 期。

央授權的結果。《憲法》第 3 條第 4 款規定：中央和地方的國家機構職權的劃分，遵循在中央的統一領導下，[7] 充分發揮地方的主動性、積極性的原則。此處「地方的國家機構」理應包括特別行政區的國家機構。在這種「民主集中單一制」的模式下，中央與地方的關係不是主權與分權的關係，而是授權關係。

授權通常是以法律的形式表現出來的。目前，不論是港澳的《基本法》，還是《民族區域自治法》，可以說都是授權法，是授權法律體系中的特別法。頗為重要的是，由全國人大制定授權法，實則是中央與地方關係法制化的核心任務。其作為授權領域的基本法律，不僅可以將橫向和縱向的權力關係加以規範化，還可以統領諸如香港基本法在內的其他法律。也許，還可以構造出憲法 — 授權法 ——《香港基本法》這樣的新格局。

正是由於中央的授權，才產生了特別行政區的高度自治權。高度自治權雖然「高度」，但不是完全自治權。對此，鄧小平在 1983 年 6 月 26 日會見美國新澤西州西東大學教授楊力宇時談到：我們不贊成台灣「完全自治」的提法。自治不能沒有限度，即有限度就不能「完全」。「完全自治」就是「兩個中國」，而不是一個中國，[8] 所以高度自治權依然處在中央的授權之下。

（二）中央所具有的統一的權力來自於人民主權

《憲法》第 2 條第 1 款規定，中華人民共和國的一切權力屬人民。這裏的「人民」自然也包括特別行政區的居民。在現代社會，政黨、選舉和代議制是民主政治的基本要素。不論是內地的民眾還是特別行政區的居民，皆可以國家主人的身份參與國家政治事務，而作為人民表達政治意願的組織形式 —— 人民代表大會也為特別行政區的居民參政議政創造條件。例如在每屆全國人大代表選舉之前，全國人大及其常

---

7. 童之偉（1997）。〈論有中國特色的民主集中單一制〉，《江蘇社會科學》。5 期。

8. 本書編寫組（2011）。《鄧小平與外國首腦及記者會談錄》。北京：台海出版社。392 頁。

委會通常都會制定特別行政區選舉全國人大代表的辦法。2017 年 3 月
15 日，第十二屆全國人民代表大會第五次會議表決通過《中華人民共
和國香港特別行政區選舉第十三屆全國人民代表大會代表的辦法（草
案）》，為香港特區下一屆人大代表的選舉確立了依據。這就表明，通
過人民代表大會制度，中央的權力與人民主權是高度統一的。

在根源上，中央之所以具有授權的權力和資格，是人民主權理論
實踐的結果。如果不承認這一點，也即是在否定人民的主人身份，也
是有意將特別行政區的居民割裂在祖國的大家庭之外。特別行政區能
夠依據授權享有高度自治權，也是因為特別行政區的居民是國家的主
人的緣故。[9]

（三）授權表明中央擁有對特別行政區的全面管治權

1984 年 12 月 9 日，中英兩國政府在簽署《中英聯合聲明》時，中
國政府的聲明被表述為：收回香港地區（包括香港島、九龍和「新界」）
是全中國人民的共同願望，中華人民共和國政府決定於 1997 年 7 月 1
日對香港恢復行使主權。「恢復行使主權」不是指「主權」本身的恢復，
而是指恢復「行使」主權。其是指中國政府恢復行使作為主權國家所
行使的權力，就是指恢復行使管治香港的權力。[10]至於中國在對香港恢
復行使主權之前，之所以沒有行使主權，是因為行使主權的條件不具
備，被迫放棄了。

在主權的問題上，代表國家主權的主體可以是國家元首、政府首
腦、議會主席或者其他全權代表，但是地方政府通常無權代表國家主
權。《香港基本法》第 150 條規定：香港特別行政區政府的代表，可作
為中華人民共和國政府代表團的成員，參加由中央人民政府進行的同

---

9. 喬曉陽（2016）。〈談國家憲法和香港基本法〉，《紫荊》。3 期。

10. 王禹。〈論我國在香港特別行政區「恢復行使主權」的內涵（上）〉。《文匯報》。2014 年 7 月
   8 日。

香港特別行政區直接有關的外交談判，即表明了特別行政區無權代表國家主權的這一立場。

在人民代表大會制度之下，國家主權的歸屬者在於全國人大，即其享有主權者的身份。《憲法》第 57 條第 1 句規定：中華人民共和國全國人民代表大會是最高國家權力機關。在理論上，全國人大作為最高國家權力機關，應該是一個全權機關。[11] 全權機關意味着一切國家權力都來自於全國人大。全國人大集體行使國家權力，集體決定問題，嚴格按照民主集中制的原則辦事，然後再將國家權力授予其他國家機關或者地方政府。《香港基本法》第 12 條也規定，香港特別行政區是中華人民共和國的一個享有高度自治權的地方行政區域，直轄於中央人民政府。這說明了香港特區即便享有高度自治權，仍然要受制於人民代表大會制度的約束，仍然要尊重全國人大及其常委會的權力，並接受其監督。

二、授權是涵攝中央與特別行政區關係的規範內核

（一）《基本法》是依據《憲法》的授權產生的

《憲法》是制定《香港特別行政區基本法》的依據。在文本上，《憲法》第 31 條和第 62 條第 13 款直接規定了全國人大有權制定《基本法》。這在性質上類似於學理上的憲法委託，其意指立法機關依據憲法條款履行立法義務來達到實施憲法的效果，否則構成立法不作為。[12]

《憲法》將設立特別行政區與確定特別行政區制度這兩項權力授予全國人大，然後全國人大再依據《憲法》，將中央的權力授予特別行政區，使特別行政區享有高度自治權。這實際上經歷了憲法授權和法律授權兩個過程，其中《基本法》的誕生是憲法授權的結果，而特別行政

---

11. 許崇德（2006）。《中國憲法》。北京：中國人民大學出版社。147 頁。

12. 陳新民（2001）。《德國公法學基礎理論（上冊）》。濟南：山東人民出版社。139 頁。

區享有的高度自治權則是法律授權，即基本法授權的結果。據此，全國人大獲得憲法授權，享有制定基本法的權力，但這項權力並不是來自於中英兩國政府簽署的《中英聯合聲明》。關於《中英聯合聲明》的性質，最近有學者認為它不是國際條約，只是記錄歷史事實的政策宣示性文件。[13] 即便承認其是國際條約，它也不能在中國直接適用。中國的憲法文本並沒有明確規定國際條約在國內法的效力和適用問題，但是依據中國政府歷來的主張和實踐，《中英聯合聲明》必須通過國內立法轉化適用。

在國際上，條約在國內法適用，通常有兩種方式：轉化適用或者直接適用。《美國憲法》第 6 條第 2 款第 1 句規定得比較模糊，但依據實踐，美國堅持二元論立場，並將條約分為自動執行的條約和非自動執行的條約而分別加以適用。[14] 在德國，《基本法》第 25 條第 1 句規定：國際法的一般規則構成聯邦法律的一部分，即在效力上將國際條約置於基本法之下；在適用上，依據德國通常的實踐，國際條約也需要由聯邦議院轉化適用。回到中國，1985 年 4 月 10 日，第六屆全國人大第八次會議批准了《中英聯合聲明》。這一批准行為只是意味着中國政府會信守國際條約的約定，會通過制定《基本法》兌現中國政府的承諾，並不意味着《中英聯合聲明》可以成為直接在中國適用的法律。

（二）《憲法》和《香港基本法》共同構成特別行政區的憲制基礎

由於《基本法》是依據《憲法》制定的，那麼特別行政區制度的建立則是以整部憲法為基礎的。《香港基本法》序言第 3 段規定：根據《中華人民共和國憲法》，全國人民代表大會特制定《中華人民共和國香港特別行政區基本法》，規定香港特別行政區實行的制度，以保障國家對

---

13. 張定淮、底高揚（2017）。〈論一國兩制下中央對香港特別行政區授權的性質〉，《政治與法律》。5 期。

14. 王鐵崖（1995）。《國際法》。北京：法律出版社。31 頁。

香港的基本方針政策的實施。這一段表明指出了特別行政區制度與中國憲法之間的關係。

《香港基本法》第 1 條規定：香港特別行政區是中華人民共和國不可分離的部分。第 12 條規定：香港特別行政區是中華人民共和國的一個享有高度自治權的地方行政區域，直轄於中央人民政府。這具體體現了「一國兩制」中「一國」的內容。在理解「一國兩制」時，「一國」是前提，這是首先應該明確的；離開了「一國」就談不上「兩制」，「兩制」就沒有保證。【15】關於「一國」的內容，如果脫離整部憲法，就不能正確地理解。例如《憲法》序言第 11 段規定：中華人民共和國是全國各族人民共同締造的統一的多民族國家。第 28 條規定：國家維護社會秩序，鎮壓叛國和其他危害國家安全的犯罪活動，制裁危害社會治安、破壞社會主義經濟和其他犯罪的活動，懲辦和改造犯罪分子。據此，維護祖國統一，是包括特別行政區的居民在內的全國各族人民的共同任務。《香港基本法》第 23 條授權香港特別行政區應自行立法禁止任何叛國、分裂國家等行為，充分尊重了特別行政區的高度自治權，然而在第 23 條立法過程中，由於反對派的阻撓而使立法被迫擱置。這提出了一個更深層次的問題，即在推廣《基本法》的過程中，應該將其與《憲法》推廣緊密結合起來，通過憲法教育，達到國家認同的效果。

（三）《基本法》的法律地位是由《憲法》的授權賦予的

在理解《基本法》和《憲法》的關係時，有兩點應該澄清：第一，《基本法》不僅僅只是適用於特別行政區的法律，它是由全國人大制定的基本法律，在全部領土範圍內對所有的公民和居民都適用；第二，《憲法》不是只在內地適用，它同樣也適用於特別行政區。

港澳的《基本法》和《民族區域自治法》、《地方各級人民代表大會和地方各級人民政府組織法》的性質相同，皆屬全國人大制定的基本

---

15. 蕭蔚雲（1991）。〈論一國兩制下中央與香港特別行政區的法律關係〉，《北京大學學報（哲學社會科學版）》。4 期。

法律。基本法律和普通法律的區別主要在於，它是調整國家和社會生活中帶有普遍性的社會關係的規範性法律文件的統稱。在理解《基本法》和《憲法》的關係時，不能將其理解為《憲法》的特別法。因為一般法和特別法的關係應該從同一位階的不同法律或者同一法律的不同條款來看待。由於《基本法》的位階低於《憲法》，故《基本法》不是《憲法》的特別法。《憲法》序言最後一段規定：本憲法以法律的形式確認了中國各族人民奮鬥的成果，規定了國家的根本制度和根本任務，是國家的根本法，具有最高的法律效力。這就指出了《憲法》的效力是最高的，自然也高於《基本法》。

既然《憲法》的效力高於《基本法》，那麼《憲法》的全部條款就都應該在特別行政區發生效力。因為下位階的法律規範一旦在效力上阻隔上位階的法律規範，依據依法治國原理，這是明顯的違法。同理，倘若因為《基本法》的存在，《憲法》的部分條文在特別行政區不發生效力，也是明顯的違憲。1990 年 4 月 4 日，第七屆全國人民代表大會第三次會議在通過《香港基本法》的同時，還專門做出了《全國人民代表大會關於〈香港特別行政區基本法〉的決定》，宣佈「香港基本法是根據憲法並按照香港的具體情況制定的，是符合憲法的」，這就表明《憲法》在香港特別行政區具有效力，是毫無疑義的。

學理上的爭執在於：如果承認《憲法》在特別行政區發生效力，那又如何解釋《憲法》的大多數條款在特別行政區不適用？從已有的研究成果來看，此一問題的解決方案眾多，思路也已日益清晰。[16]這裏提供一種新的解決方案。在前提上，我們認為憲法效力與憲法規範的效力不同。依據規範和條款之間的關係，憲法是由憲法規範組成的，而憲法規範則是由不同的憲法條款組成的。憲法規範在效力上可能出現相互限制的情形，但是這種相互限制不是說憲法內部不和諧，而是說憲法規範的適用是有條件的。按照德國學者阿列克西（Robert Alexy）的

---

16. 鄒平學（2013）。〈憲法在香港特別行政區的效力和適用研究述評〉，《深圳大學學報（人文社會科學版）》。5 期。

理論，憲法規定的基本權利可以認為是一項原則。在法律適用上，原則的適用和規則的適用不同。規則是要麼全有要麼全無的適用，而原則是最佳化適用。[17]

由於憲法條款的抽象性，我們可以將憲法規範類比為法律原則，其中《憲法》第 1 條第 2 款規定的社會主義制度可以認為是社會主義原則，《憲法》第 31 條第 2 句規定的特別行政區制度可以認為是資本主義原則。在適用社會主義原則還是資本主義原則的問題上，當滿足社會主義原則的條件具備時，如在內地則適用《憲法》第 1 條第 2 款；在滿足資本主義原則的條件具備時，如在特別行政區，則適用《憲法》第 31 條第 2 句。由此可見，針對不同的條件就適用不同的憲法規範，但憲法自身卻一直在發生效力。

三、授權是創設中央與特別行政區關係的制度底色

（一）特別行政區制度已成為中國的基本政治制度

特別行政區制度是人民代表大會制度充分運行的結果。人民代表大會制度作為中國的根本政治制度，其又可以創設其他基本政治制度。在新中國成立之後，中國共產黨領導的多黨合作和政治協商制度、民族區域自治制度，以及基層群眾自治制度逐漸成為中國的基本政治制度，[18]其中中國共產黨領導的多黨合作和政治協商制度，是在革命戰爭時期結合馬克思主義的基本原理發展起來的一種新型民主制度和政黨制度，而民族區域自治制度及基層群眾自治制度則是由全國人大及其常委會通過制定法律得以成型的。

全國人大依據《憲法》，創設特別行政區及制定基本法，建立了特別行政區制度的雛形。隨着特別行政區的建立，以及基本法的實施，

---

17. 張嘉尹（2002）。〈法律原則、法律體系與法概念論 —— Robert Alexy 法律原則理論初探〉，《輔仁法學》。12 期。

18. 胡錦濤。〈在慶祝中國共產黨成立 90 周年大會上的講話〉。《人民日報》。2011 年 7 月 1 日。

它已經具備了基本政治制度的重要特徵，即長期性、穩定性和創造性，而這一切都是在人民代表大會制度的框架下進行的。

（二）授權構成了特別行政區制度的權力結構

特別行政區制度是國家對某些區域採取的特殊管理制度。在這一制度下，它包括中央的全面管治權，也包括特別行政區的高度自治權，還包括中央的監督權。

在法律關係上，授權人與被授權人之間的地位不盡相同。被授權人理應盡職盡責，按照授權人的要求行事。通常授權人不可能將自己的全部事務完全授權給被授權人。不然，授權人將處於人格剪滅的境地。為了督促被授權人履行義務，授權人自然享有監督權。當然二者也可以通過合約將雙方的權利義務關係確定下來，一旦發生糾紛，可以通過適當機制加以解決。《基本法》就是這樣的合約，它將中央與特別行政區的關係法律化。

以中央對特別行政區的監督權為例，《香港基本法》第 43 條第 2 款規定：香港特別行政區行政長官依照基本法的規定對中央人民政府和香港特別行政區負責。這就體現了中央對特別行政區行政長官的監督。依據慣例，行政長官每年年末進京述職。然而「述職」應該是怎樣一個過程，其具體形式與內容又應該是什麼，不論是《基本法》，還是其他法律，一直未有明確的規定，[19] 這就提出了述職規範化的要求。

《香港基本法》第 158 條第 1 款規定：本法的解釋權屬於全國人民代表大會常務委員會，這就確立了中央對特別行政區立法權和司法權的監督。

（三）授權是推動特別行政區制度發展的一個持續過程

《香港基本法》第 20 條規定：香港特別行政區可享有全國人民代表大會和全國人民代表大會常務委員會及中央人民政府授予的其他權

---

19. 楊偉民。〈香港議論特首述職規範化〉。《環球時報》。2013 年 12 月 19 日。

力。授權何時啟動、依據什麼條件啟動、授權內容又是什麼，決定權在中央。這就意味着依據香港特區的實際情況，特別行政區制度可以有進一步提升和發展的空間，然而香港特區是否能獲得授權，則至少應該符合兩個條件：第一，香港特區有意願加入中國的社會主義建設事業中。例如在經濟社會發展領域，近年來中央政府出台了一系列支持香港經濟社會發展的有關政策措施，並且在制定「十三五」規劃綱要和設計「一帶一路」願景與行動時，均把支持香港參與和助力「一帶一路」建設作為重要的政策取向。[20]第二，香港特區要贏得中央的信任。例如在行政長官選舉的問題上，中央提出了四項標準，即愛國愛港、中央信任、有管治能力及港人擁護。[21]只有在中央信任的基礎上，特別行政區制度的發展才能朝着《基本法》規定的方向前進。

四、授權是檢驗中央與特別行政區關係的實踐標準

（一）經濟管理授權

2006 年 10 月 31 日，全國人大常委會通過了《關於授權香港特別行政區對深圳灣口岸港方口岸區實施管轄的決定》，授權香港特別行政區自深圳灣口岸啟用之日起，對該口岸所設港方口岸區依照香港特別行政區法律實施管轄。2007 年 4 月 25 日，香港特區立法會通過《深圳灣口岸港方口岸區條例》，為香港特別行政區在深圳灣口岸內設立港方口岸區提供法律依據，意味着「一地兩檢」正式在中國落地。

據深圳海關統計，10 年來，經深圳灣口岸驗放的出入境旅客、出入境車輛不斷上升，「一地兩檢」的優點益發突顯。旅檢方面，日均旅客流量從開通初期的 3 萬人次增長到現在的 12 萬人次，高峰期甚至達

---

20. 張德江。〈發揮香港獨特優勢 共創「一帶一路」美好未來 ── 在香港「一帶一路」高峰論壇上的講話〉。《人民日報》。2016 年 5 月 18 日。

21. 柳蘇。〈四大標準引導特首選舉〉。《香港鏡報》。2017 年 1 月 10 日。

到 16.5 萬人次；日均客運車流量從開通初期的約 4,000 輛次增長到現在的逾 9,000 輛次。【22】

由於這項制度的示範效應，在廣深港高速鐵路香港段通車時間臨近之際，特區政府官員也專門去北京與內地部委商討「一地兩檢」安排。在 2015 年 3 月 14 日總結行程時，時任香港律政司司長的袁國強先生表示已與中央政府達成共識，就是「一地兩檢」必須符合《基本法》和「一國兩制」，不會增加旅客的法律責任，亦不會減少旅客的法律權利。

不單是在香港特區，在澳門特區，通過全國人大常委會的授權，將經濟管理擴大到了土地管理。2009 年 6 月 27 日，全國人大常委會通過了《關於授權澳門特別行政區對設在橫琴島的澳門大學新校區實施管轄的決定》，授權澳門特別行政區自橫琴島澳門大學新校區啟用之日起，在本決定第 3 條規定的期限內對該校區依照澳門特別行政區法律實施管轄。這就解決了澳門大學因為空間不足而發展受到限制的問題。

（二）政治發展授權

《香港基本法》第 45 條第 2 款規定：行政長官的產生辦法根據香港特別行政區的實際情況和循序漸進的原則而規定，最終達至由一個有廣泛代表性的提名委員會按民主程序提名後普選產生的目標。第 68 條第 2 款規定：立法會的產生辦法根據香港特別行政區的實際情況和循序漸進的原則而規定，最終達至全部議員由普選產生的目標。為此，中央為特別行政區的普選設定了時間表。

從 2007 年開始，全國人大常委會陸續通過決定，明確了從 2017 年開始，香港特別行政區行政長官選舉可以實行由普選產生的辦法。然而事與願違，2015 年 6 月 18 日，香港立法會以 8 票贊成、28 票反對否決了香港特區政府提出的政改方案。香港反對派議員之所以否決 2017

---

22. 石華 、何花。〈深圳灣口岸「一地兩檢」效率增〉。《大公報》。2017 年 3 月 22 日。

年政改方案，原因在於他們意圖捆綁政改方案，從而對中央施加更大壓力。

　　通過與經濟管理授權加以比較，可以發現政治發展授權容易受到掣肘，這就給人有益的啟示：可以加大與特別行政區的經貿合作，通過經濟管理授權來獲得特區居民的政治認同，進而輔助政治授權的發展。

五、結語

　　可以說授權是貫穿中央與特別行政區關係發展的主線，也是理解中央與特別行政區關係的關鍵。雖然《香港基本法》實施 20 年來，並未一帆風順，但是《基本法》的發展前景依然可期。凝聚共識，不僅應該在《香港基本法》的框架下進行，更應該在《憲法》的框架下進行。加強憲法權威，推動憲法在特別行政區的傳播和教育，可能是改善特區居民的祖國認同，增加內地和特區政治凝聚力的因變之道。

第七章

從選舉政治的統一戰線視角看京港關係

盧兆興

香港大學專業進修學院文理學院副院長、教授

洪松勳

香港教育大學社會學系助理教授

盧海馳

香港城市大學中國研究文學碩士

一、引言

　　香港現時是中華人民共和國的一個特別行政區，由英國人管治下到 1997 年主權移交到中國手上，歷史發展上制度有所不同，所成立的特別行政區奉行「一國兩制」的方針來管治香港，北京與香港的關係成為問題的核心。香港普及的民主選舉只是近期的事，為按照《基本法》的施政經常都要涉及有關問題而不應掉以輕心，尤以近年的「本土主義」思潮涉及的對實施一國兩制的本質和香港在刺激中央神經的「自主自決」倡議的問題，更有甚者是香港「獨立運動」。實際上民主派的民主運動推展至「佔領中環」所帶來的挑戰，這些問題每每在於思考香港有關當局如何對應，而統一戰線工作是如何實際回應有關問題。本章是考察香港選舉政治，透過京港關係問題思考，中央政府如何在香港執行統戰的工作，以對應香港社會的實際情況。

二、統一戰線與京港關係問題的提出

統一戰線為毛澤東說明中國立國的三大法寶之一，以團結一切可能的階層[1]，為中國共產黨所領導的革命事業，另一方面的統戰目標是分化和打敗政治上敵人。在改革開放以來統一戰線亦應跟隨轉移到發展社會生產力服務上[2]，而香港、澳門回歸後，還形成了不同社會制度、不同意識形態和不同生活方式共同存在的局面[3]。馬克思主義政黨理論同中國實際相結合的產物下能夠實現人民根本的利益[4]，而習近平在 2017 年 7 月 1 日到港時清楚指出香港不得危害國家安全、挑戰中央權力和《香港特區基本法》權威，與及利用香港對內地進行滲透破壞的活動，提出有效維護法治，發展經濟、改善民生、推進民主、促進和諧[5]的重要意義。

而研究有關北京與香港關係的相關文獻上對京港關係有不同的闡析，當中如關信基提出的權力依賴理論（Power Dependence）指出香港的民主化程度往往由中央政府決定和影響，而香港的民主運動往往會造成中央與地方關係的緊張[6]。盧兆興提出的恩庇侍從理論（Patron-Client Theory），觀點是親北京的（親政府或親建制）政治機關是以北京

1. 中國共產黨新聞（2018）。〈毛澤東統一戰線思想的主要內容〉。原文連結：http://cpc.people. com.cn/BIG5/64162/64171/65717/65718/4456287.html（瀏覽日期：2018 年 5 月 14 日）。

2. 新時期統一戰線文獻選編（2018）。〈中共中央批轉全國統戰工作會議文件的通知〉。原文連結：http://cpc.people.com.cn/GB/64184/64186/66702/4495510.html（瀏覽日期：2018 年 5 月 14 日）。

3. 中華人民共和國中央人民政府（2018）。〈江澤民論統一戰線〉。原文連結：www.gov.cn/ test/2005-05/27/content_1626.html（瀏覽日期：2018 年 5 月 14 日）。

4. 呂忠梅（2008）。〈在習近平新時代中國特色社會主義思想引領下堅持和發展新型政黨制度〉。《中國共產黨新聞網》。原文連結：http://theory.people.com.cn/BIG5/n1/2018/0401/c40531-29900882.html（瀏覽日期：2018 年 5 月 14 日）。

5. 文匯報社評（2017）。〈習主席視察意義重大深遠 正本清源指明方向增信心〉。《文匯報》。2017 年 7 月 2 日。

6. Hsin-chi Kuan (1991). "Power Dependence and Democratic Transition: The Case of Hong Kong," *The China Quarterly*. 128: 774–793.

中央具有能力的保庇下才能享有政治上的認受性和權力[7]。蘇耀昌提出佔領中環運動後北京強硬政策（hardline policy）導致顯生出更多的京港矛盾、就如反大陸運動（Anti-mainland Movement）和本土思潮（localist thoughts）興起[8]。卜約瀚（John P. Burns）指出在實踐中香港愈來愈多的政治精英受併入於中共黨管組織機制（nomenklatura）以支持中央在香港實施的政策[9]。盧海馳提到京港關係的動態取決於不同派別精英關係的鬥爭（elite conflicts）[10]。孔誥烽和葉蔭聰認為北京意慾對香港的公民社會操控而引發香港更加強烈的公民社會民主意識和運動[11]。梁繼平在《香港民族論》一書序言指出的香港的政治經濟體獨有獨特的社會文化發展脈絡可使香港為一個「民族」而能予北京政權「區隔」不同[12]。毫無疑問，不同視角提供了不可或缺的視域予有關問題的了解和爭論。

　　然而，這些視角未有從中國共產黨統一戰線的角度去閱讀、理解和探索香港的政治問題，尤其是有關京港關係中的動態，如果我們將有關情況去疏理香港的選舉政治，意圖大膽假設北京在透過統一戰線策略來贏取民心，並以打擊香港的反對勢力，以求能夠牢牢地掌握香港的全面管治權，已能夠清楚認知和理解京港關係中別有精義的分析。本章會透過近期的議會競選分析而對有關問題有所理解。如果統一戰線的工作是得心應手的成功的話，可期望的選舉結果應該是親北

7. Sonny Shiu-hing Lo (2008). *The Dynamics of Beijing-Hong Kong Relations: A Model for Taiwan?* Hong Kong: University of Hong Kong Press. p. 30.

8. Alvin Y. So (2017). "A New Wave of Anti-mainland Protests since 2012: Characteristics, Socio-Political Origins, and Political Implications," *Asian Education and Development Studies*, 6(4): 333–342.

9. John P. Burns (1994). "The Role of the New China News Agency and China's Policy toward Hong Kong," in *Hong Kong and China Transition,* John P. Burns, Victor C. Falkenheim and David M. Lampton, eds. Toronto: Canada and Hong Kong Research Project, University of York.

10. Jeff Hai-chi Loo (2017). Beijing Relations with Hong Kong: Elite Conflict Approach (Unpublished MA Thesis). Hong Kong: City University of Hong Kong.

11. Ho-fung Hung and Iam-chong Ip (2012). "Hong Kong Democratic Movement and the Making of China's Offshore Civil Society," *Asian Survey,* 52(3): 504–527.

12. 梁繼平（2014）。〈序一〉，《香港民族論》。香港：香港大學學生會學苑編委。8–12 頁。

京力量能夠獲得完全的優勢，而本章會認為有關形勢還未能確立；相反，這情況還須要一段頗長的時間來完成統一戰線的工作才可能政治上才算是成功的。

議會議席的競逐，可以是政治動員和施政政策的反映。但是，香港的議會競選的選舉的制度性安排從來都不會因選舉產生執政黨；選舉產生的區議會只會是一個地區性的諮詢機構，對地方上的設施和政府施政的安排提出意見，全港的 18 個區議會中每個區議會的資金十分有限，僅能舉辦一些規模不大的活動，和一些小規模的工程，作為康樂設施或改善環境之用【13】。而立法會的權力是通過法例而不是草擬，這些工作一般都是由政府行政部門處理，立法會能夠對政府草擬的法例作出修訂的權力亦十分有限，而對政府提出的財政預算或撥款，立法會亦只有選擇是否通過的責任，議會議員亦只有選擇支持政府，或者選擇加強監督的功能；而這個監督的角色，各議員都可以有所作為，但是就會變成支持政府和親北京的建制派，和反對政府的民主派別，而民主派別中對與北京的關係有不同的表述。從統一戰線的視角來說，區議會層面的競選是非常重要的，因其能夠在草根階層奪取得更多的席位，在地區上提供更多政治上的椿腳，以支持在更高層次的立法會的參選人，從北京的角度來說，以其區議會地區的和立法會層面都是選舉統戰中重要的部分。

支持民主改革的成為反對派特有的政治動員，是因為香港的政治制度中的不民主情況，而香港的《基本法》訂明香港可有民主改革的空間，在香港特別行政區成立後的 10 年為起始，可以實行全面普選，即產生行政長官的辦法和立法會所有議員都行一人一票的基礎下選舉產生，但是 20 年以來有關的改革仍然十分有限，政治領袖產生的民主成份不足。而對應有關問題的政制改革中，公民運動要以佔領中環為首

---

13. 有關區議會選舉的討論，可參考：Shiu-hing Lo, Wing-yat Yu and Kwok-fai Wan (2002). "The 1999 District Councils Elections," in *Crisis and Transformation in China's Hong Kong,* Ming Chan and Alvin So, eds. Armonk: M. E. Sharpe.

要，其意圖是採取佔領運動的形式，作為社會運動，以要求落實一人一票的真正普選，但其社會運動的後果並沒有達到預期的效果，使中央政府落實在各層面的全面民主改革中，而要對行政長官提名的問題上加以限制和操控，民主派亦沒有接受。

但是，2014 年底的「佔領中環運動」作為重要的分水嶺，香港的政治生態因而有所改變。其中號稱本土主義的運動興起，在政治上的本土派獲得一定程度的支持，尤以年輕派別的新選民，使到社會上選民人數頗大幅度的增加，對當時即將來臨的 2015 年的區議會和 2016 年的立法會換屆選舉，產生重要的而不一定決定性的影響。其爭取「香港獨立」的運動，或以「自決」為名的本土運動，激起了北京中央政府的關注，更多番以不同的渠道和形式強調以說明中央政府在香港具有全面的管治權，進一步影響京港關係動態【14】。「佔領中環運動」挑戰了北京的統一戰線工作，這近乎政治上的恐嚇，使北京花了可觀的時間與努力，透過 2015 年區議會和 2016 年的立法會選舉，去奪回香港的信任和人心。

三、香港區議會選舉與統一戰線動員

香港主要的選舉歷史是自 1982 年香港前途談判而開始的，而在 1997 年中央政府的香港特別行政區成立以來已經歷多次選舉。以下表列出歷史中各階段的區議會選舉的簡單分類分析。自 1982 年引入區議會，具有部分民選的議席，但是選舉競選中民主派從未佔有優勢，只是有個別區份民主派能佔多數議席而能夠控制個別區議會而已，如葵青和深水埗區民主派能夠長期佔主導地位，多數時期的區議會主席由民主派去擔當，但由於區議會只是諮詢的角色從來都沒有發揮太大的影響。

---

14. Sonny Shiu-hing Lo (2015). *Hong Kong's Indigenous Democracy: Origins, Evolution and Contentions*. London: Palgrave Macmillan.

表7.1　香港1999–2015年區議會選舉得票比例分析

年份	1999	2003	2007	2011	2015
參選人數	798	837	907	915	935
席位數目	390	400	405	412	431
自動當選	76	76	74	76	66
總投票數	810,863	1,051,424	1,138,358	1,202,544	1,467,229
親北京獲得議席	232	201	273	301	298
親北京自動當選	61	70	71	74	65
親北京得票數	443,441	489,889	614,621	654,368	788,389
親北京得票比例	54.7%	46.5%	54.0%	55.4%	54.6%
民主派獲得議席	157	198	127	103	126
民主派自動當選	15	6	3	2	1
民主派獲得票數	325,829	477,596	445,781	464,512	581,058
民主派得票比例	40.20%	45.50%	39.20%	39.30%	40.20%

註：這個分類當然是可爭議的，因為各個參政者的真實屬性可能難以分辨，表格是根據
　　作者長期跟進區議會選舉和地方人士的網絡了解而作出的結論。
資料來源：香港選舉資料匯編和選舉管理委員會 2015 年區議會選舉網站 [15]

　　區議會的選舉隨着香港人的政治參與意慾而不斷的提高，表 7.1 中
能夠顯示出自香港特別行政區成立以來，參與投票的人數愈來愈多；
實際上應計算的數字因為有一個不少的比例的議席是在提名參選後沒

---

15. 雷競璿、沈國祥（1995）。《香港選舉資料匯編 1982–1994 年》。香港：香港中文大學亞太研
　　究所；雷競璿、沈國祥（1996）《香港選舉資料匯編 1995 年》。香港：香港中文大學亞太研
　　究所；葉天生（2001）。《香港選舉資料匯編 1996–2000 年》。香港：香港中文大學亞太研究
　　所；葉天生（2005）。《香港選舉資料匯編 2001–2004 年》。香港：香港中文大學亞太研究
　　所；葉天生（2015）。《香港選舉資料匯編 2005–2012 年》。香港：香港中文大學亞太研究
　　所；2015 年區議會選舉結果，原文連結：https://www.elections.gov.hk/dc2015/chi/results_
　　hk.html?1525858595928（瀏覽日期：2018 年 5 月 14 日）。

有對手競逐而自動當選的，這會減少了可投票的人數而不能完全反映實際政治參與投票的情況，而這個比例常維持在 15.3% 至 19.5% 之間。而能夠自動當選的絕大多數都是親北京的地區人士，他們具有極雄厚的地區組織和網絡，票源十足而使其他人難以挑戰其在地區上輕易當選的地位。

即是說明，親北京派別長期在區議會選舉中都佔有優勢，整體的得票長期維持高位，能夠在歷屆選舉持續的增長中。一般來說得票率在眾多議席自動當選的情況下維持住約五成半，只是 2003 年的區議會選舉是例外，只有 46.5% 選票，這是因為當時的社會氣紛普遍對政府施政失誤而不滿的，可能包括經濟不景氣、反對為國家安全立法和處理非型肺炎不當而引起；實際上親北京的票源並沒有因此而減少，只是在 2003 年支持民主派的票源大幅度的增加而已（見表 7.1）。2003 年的群眾抗議反對董建華施政顯示了普羅市民不滿的存在，所以親北京力量在 2003 年區議會選舉的不濟意義上是他們要以更大的努力用以贏回香港人心，這在隨後的 2007、2011 和 2015 年的選舉中可顯現出來。

這個時候，由北京推動的統一戰線工作更為重要。在地區工作上加強了各階層的網絡建構和推動地區工作的宣傳教育，成為各個親北京群體的重要工作，隨後的成果顯然易見。如民主建港協進聯盟（The Democratic Alliance for the Betterment and Progress of Hong Kong, DAB，簡稱民建聯）和香港工會聯合會（The Hong Kong Federation of Trade Unions, FTU，簡稱工聯會）的會員人數上升[16]和組織網絡不斷的壯大，社會各階層不斷被吸納入去支持北京的組織內。基本上可以理解的是統一戰線中的政治動員能力，在各處發揮作用，尤以地方競選的成果充分的體現出來。

---

16. 有關數據可以參考民建聯和工聯會的網站。原文連結：www.dab.org.hk/AboutUs.php?nid=234，www.ftu.org.hk/zh-hant/about?id=12（瀏覽日期：2018 年 5 月 14 日）。

圖7.1　中央駐港聯絡辦公室與親北京組織的政治動員關係

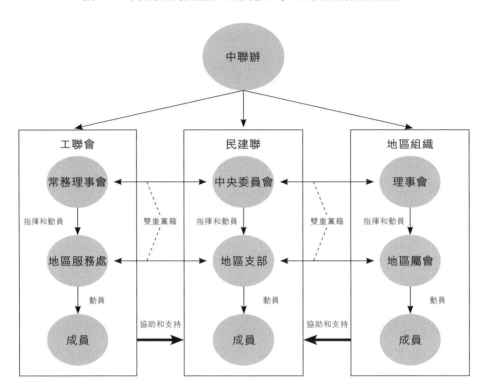

　　圖 7.1 指出了由中央人民政府駐香港特別行政區聯絡辦公室（The Liaison Office of the Central People's Government in the Hong Kong Special Administrative Region，簡稱中聯辦）在香港統一戰線的作用。從最初的地區組織網絡發動，到支持政府的工作為起始的動員，在香港特別行政區成立以後的政治動員能力，發揮了積極的作用。如民建聯初時成立時的政治能量不足，得以借助工聯會龐大的工人網絡支持，協助成立和發揮了人力的動員，使其政治參與者能得到充分的人力和網絡支持。2002 年特區政府要為《基本法》所訂下的第 23 條國家安全立法，民建聯和工聯會亦成為社會的動員能力，推動支持立法的工作，惟事件未能成功而已。

　　中聯辦作為北京駐港機構，前身是新華通訊社香港分社，於 1947 年 5 月成立，比中華人民共和國成立得還要早，作為中央人民政府授權工作機構覆行其授予的職責[17]。香港的親北京陣形亦早已能夠組織成立在香港的各個階層中活動，隨了為人知曉的工聯會和民建聯外，各處的地區組織網絡亦早已完備，包括地方上的居民團體和社區組織，還包括眾多的省籍宗族群體、教育文化組織和婦女與青年團體，在統一戰線內成為了支持中央政府和香港特區施政的力量。而在特區施政上，這種北京與香港關係的建立尤為重要，問題在近期社會運動顯其功能是明顯不過的事。

　　現時，中聯辦設置各個組織加強香港的地區工作，與香港各個機構緊密聯繫，尤其是在 2003 年因為國家安全立法問題不成功，因為危機感加重而大力加強有關組織的工作，中聯辦在拓展香港的工作，增加組織使其在香港各個層面能更加深入的推動聯繫和統戰的工作（見圖 7.2），及後的政治成果豐碩，在隨後的競選中可以察看得到親北京的派別支持度能夠持續增加（見表 7.1 和表 7.4）。如果以 2007 年和 2011 年的區議會選舉結果來比較，親北京陣形的政治策略非常的成功，總體的親北京民選的議席由 273 席增加到 301 席，得票比例亦進一步的增加，大大的壓縮了反對民主派別的政治能量，收復了 2003 年的失勢。而京港關係得以良好建立，在於香港統一戰線的工作成功，獲得社會上各個層面的支持，亦能夠成功壓制了香港的反對力量。這時期的統戰工作大概可以歸納為（1）地區不同力量的發展和統合，支持群眾大幅度的增加；（2）政府施政的正確性，社會爭議的問題減少；（3）社會運動引來社會的反響，尤是當 2010 年時的「反對高鐵」[18] 和「五區公

---

17. 可參看中聯辦的主要職能，原文連結：www.locpg.hk/zjzlb/2014-01/04/c_125957082.html（瀏覽日期：2018 年 5 月 14 日）。

18. 高鐵香港段被部分人批評指草率上馬沒有計劃，其中工程與鐵路及公路路線重複、破壞居民的生活狀態、空氣及噪音污染、高鐵造價全球最貴，為表達對政府高鐵方案的不滿，於 2010 年 1 月 8 日審議高鐵撥款當天包圍立法會，被市民認為行動激烈。

表7.2　中聯辦的內設部門

中聯辦的內設部門			
• 辦公廳	• 人事部	• 宣傳文體部	• 協調部
• 研究部	• 社團聯絡部	• 社會工作部	• 經濟部
• 教育科技部	• 台灣事務部	• 青年工作部	• 法律部
• 監察室	• 機關工作部	• 資訊諮詢室	• 保安部
• 警務聯絡部	• 行政財務部	• 港島工作部	• 九龍工作部
• 新界工作部	• 北京辦事處	• 廣東聯絡部	• 深圳培訓調研中心（深圳辦事處）

投運動」[19]，不但沒有成就社會大規模的動員，反而引發社會上對民主派行動的爭議；和（4）頗為重要的是民主派之間意見分歧，政治上互相責難，而選舉行動上更以「票債票償」行動自相攻擊，削弱民主派別自身的力量。

2013年年初由法律專家戴耀廷、社會學者陳健民和牧師朱耀明倡議的佔領中環運動挑戰了中央對香港的管治主權，至少使中央政府認為有關運動危害了京港關係，而這個觀點亦獲得了不少香港群眾的支持，引起了社會上極大的爭議和分化[20]。事件的發生成為香港的論述戰，不同層面都以不同的意見說明誰的觀點的合理性，毫無疑問事件的倡議和實行成為中央政府極其重要的對策，統一戰線的工作是否能以即時合理的對應成為香港統治主權問題關鍵。隨着議題的爭辯，香港的社會問題愈來愈嚴峻，經過一年多以來的不同問題的宣示社會上並沒有能夠對問題緩解的跡象。

---

19. 2010年初香港的公民黨和社民連共有5位立法會議員辭職，為了表達政府不願意推行2012年的長政長官和立法會的雙普選。由於辭職後空缺須要進行補選，因而引發一場公投運動及其爭議。北京政府認香港任何形的公投都是不合法，但香港政府卻要依法例進行補選工作，而公民黨和社民連稱為這是一場公投運動，市民大眾可以透過補選的投票表達對2012年「雙普選」的民意，結果5名辭職的議員都在補選中再次當選，但在全港約有51萬人投票，而投票率只得17.1%的情況之下，未能完全反映整體市民要求普選的意欲是足夠強烈的。

20. 可參考「保和平保普選大聯盟」網頁。原文連結：https://www.sign4peacedemocracy.hk/index.php?r=index/index（瀏覽日期：2018年5月14日）。

　　面對中央人民政府對香港政治制度上實施普選的承諾，香港人要求的是貨真價實的「真普選」，佔領中環運動得以成氣候完全因為這個指向，普選的形式要求不單是在於有一人一票的投票過程，而是要落實在競選行政長官的提名權上不應有不必要的限制。而這個成為社會上最重要的爭議焦點，亦促使中央提出重要的解釋，在 2014 年 6 月 10 日國務院罕有地發表了意見，以《一國兩制在香港特別行政區的實踐》白皮書【21】表述了香港施政的方針，其中要求各界了解貫切一國兩制方針政策和應有全面準確理解，包括了應該注意的：

(1)　全面準確把握「一國兩制」的含義

(2)　堅決維護憲法和香港基本法的權威

(3)　堅持以愛國者為主體的「港人治港」

(4)　堅定支持行政長官和特別行政區政府依法施政

(5)　繼續推動內地與香港交流合作

　　其實，「白皮書」所述早於 2008 年 1 月 29 日中聯辦研究部部長曹二寶所發表於《學習時報》文章表示要是中央、內地從事香港工作的幹部隊伍成為其中一支重要管治力量。所提出的是，依法行使中央管治香港特區的憲制權力但不干預特區自治範圍內事務的一項重要之舉【22】。

　　其中國家的主體必須實行社會主義制度不會改變的前提下，要從實際出發，充分照顧到香港等某些區域的歷史和現實情況，允許其保持資本主義制度長期不變。香港特別行政區行政、立法、司法行為都必須符合《香港基本法》；在香港特別行政區的個人以及一切組織和團體都必須以《香港基本法》為活動準則。而其中對於行政長官產生辦法中表示堅持以愛國者為主體的港人治港說明是利害相關的，因而，人大常委會於 2014 年 8 月 31 日作出了三項決定：

---

21. 可參考中華人民共和國國務院新聞辦公室。《「一國兩制」在香港特別行政區的實踐》白皮書（全文）。2014 年 6 月 10 日，原文連結：www.scio.gov.cn/zxbd/tt/document/1372801/1372801.html（瀏覽日期：2018 年 5 月 14 日）。

22. 引述曹二寶原文。可參閱〈「一國兩制」條件下香港的管治力量〉。2008 年 1 月 29 日。原文連結：www.china.com.cn/xxsb/txt/2008-01/29/content_9610867.html（瀏覽日期：2018 年 5 月 14 日）。

(1) 2017 年有權提名特首候選人的，只有提名委員會，而人數、組成和委員的產生辦法，依舊按照 1,200 人四大界別組成的選舉委員會產生辦法。

(2) 特首參選人須取得過半數提委會委員提名。

(3) 限制提名委員會只能選出 2 至 3 個候選人。[23]

而這個決定，支持的意見仍存在分歧而且十分不一致，整段時期的不同意見在發酵和社會運動仍然持續，包括 2014 年 6 月下旬的公投運動，7 月 1 日的要求「真普選」遊行變成了廣泛的群眾運動，特區政府難以對應；而人大決定最終沒有壓止「真普選」的訴求。2014 年 9 月 28 日，「佔領運動」真的發生了，及後一段時間香港市民佔據了金鐘、銅鑼灣和旺角交通要道。與此同時香港亦有相反的行動，包括「保普選反佔中」大聯盟發起「保和平，保普選，反暴力，反佔中」街頭簽名行動，在 2014 年 7 月中至 8 月中聲稱收集到 150 萬簽名，和 8 月 17 日「保普選、反佔中」大遊行亦聲稱共有 25 萬人參加，重要的是「反對佔領中環運動」。

2015 年上半年的政改討論並沒有停止。一整個爭論由 2014 到 2015 年的夏天，顯示北京在香港的統戰工作還有不少方面須要改善，還有很多的公眾意見表達出政府的政制改革方案未能夠贏得香港民心。1 月 7 日，政府就行政長官普選辦法作出第二輪諮詢，但反對以「人大框架」所推展政改的市民要求重啟政改，同時撤回人大的「831 決定」，但香港政府卻堅持反對。6 月 18 日的表決中卻戲劇性般發生了 28 票反對 8 票支持 33 人缺席的結果，政府提出的政改方案沒有獲得通過。但是，一連串的社會運動影響了香港的政治生態，2015 年的區議會選舉成為影響政府施政的挑戰，選前情況十分緊湊，而這屆區議會選舉是民主

---

23. 可參考全國人民代表大會網站。〈關於《全國人民代表大會常務委員會關於香港特別行政區行政長官普選問題和 2016 年立法會產生辦法的決定（草案）》的說明〉。2014 年 08 月 31 日。原文連結：www.npc.gov.cn/npc/cwhhy/12jcwh/2014-08/31/content_1876911.htm；和 BBC 中文網。〈背景資料：香港普選政改大事件〉。2015 年 4 月 15 日。原文連結：www.bbc.com/zhongwen/trad/china/2015/04/150415_hk_political_reform_background（瀏覽日期：2018 年 5 月 14 日）。

化進程的一個部分，區議會取消了委任議席而為一個全民選的議會制度（其中有 27 席是鄉議局的當然成員，但他們要從鄉議會中選舉產生）。能夠自動當選的人稍為減少了，而與佔領運動有同樣稱謂的「雨傘運動」觸發的新公民意識，共約有 60 名被稱為「傘兵」的參與了區議會選舉，為政治選舉加添了新元素[24]。

　　這個選舉可觀察到的統戰問題特別的強硬，為求達到獲取更多的區議會議席，北京加強其統戰工作，在未有選舉的時間時就強化宣傳和各選區的地區工作[25]，要阻止反對力量的壯大和盡量壓止有關成員能夠當選，其中重要的是選舉的協調工作。基本上民建聯與工聯會沒有增加到參選人數，而重要的新民黨在協調之下與新界東的公民力量合併參與選舉[26]。一般的地方組織仍以新界社團聯會、九龍社團聯會和香港島各界協會為主要協調機制，減少了親北京力量的相互競爭，加上有些細小的組織如鄉事委員會、自由黨、經民聯[27]和新論壇等都盡量做到減少對陣，以避免削弱了支持的票源。在組織上的動員能力因為反對佔領中環運動而得到加強，在以往工聯會的屬會會員的動員能力以外，各組織團體的義工團[28]，其中有動員能力強勁的宗族團體[29]能發動鄉親票源支持親北京的參選人，特別的得心應手。

　　而經過「佔中運動」後，香港政府的紀律部隊受到最大的影響，雖然公務員團體和工會一般都應該保持政治上的中立性，但是今後的

---

24. 可參考桑普（2015）。〈區議會選舉的重點與啟示〉。《立場新聞》。2015 年 11 月 30 日。原文連結：https://thestandnews.com/politics/ 區議會選舉的重點與啟示 /（瀏覽日期：2018 年 5 月 14 日）。

25. 可參考〈「反佔」圖片展警醒全城 籲市民毋忘 79 天禍害 用選票踢走反對派〉。《文匯報》。2015 年 11 月 1 日。

26. 可參考〈紮根新界東廿載與新民黨結盟首戰 公民力量 23 人全力爭勝〉。《大公報》。2015 年 11 月 9 日。

27. 可參考〈經民聯誓師 300 支持者打氣〉。《大公報》。2015 年 11 月 2 日。

28. 可參考〈工商總會 550 會員秋遊同樂〉。《大公報》。2015 年 11 月 3 日。

29. 可參考〈福建社團聯會 動員四千義工助選 先撐民建聯 然後工聯會〉。《星島日報》。2015 年 11 月 11 日。

政治選舉中紀律部隊的工會都發揮了政治作用，推動會員投票，而且是作出有傾向性的指示投票取向【30】，投票傾向不投民主派別。在分區策略上，重點應付對象是深水埗和葵青區，這為民主派向來佔主導地位的區議會，增加參選人的力度和加強勝算，以求奪得有關議會的主導權【31】。可以感覺到的是，北京的統戰使北京更容易贏得公務員體系的人心，因為他們更加渴望在佔中運動前後的情況社會、政治上更加的穩定。

如果「銬票」能夠看待成是北京統戰工作中的其中一種工具的話，某些民主派參選人會在自己派別競爭的情況之下互相爭奪選票，有兩個個案特別值得注意，這項統戰工作可能發揮的作用以何俊仁和馮檢基的個案【32】說明之（見表 7.3）。2011 年，他們二人作為民主派的代表參與區議會選舉，在擁有立法會議員身份和憑藉其知名度，在人民力量對其包括民主黨和香港民主民生協進主會（簡稱民協）通過 2010 年政改不滿，引發的所謂「票債票償」行動進行，據謠言是由北京策劃，目標是對於某些民主派別的參選人士，進行「銬票」工作。人民力量的陳偉業和趙植東，同是支持民主的團體，分別參與何浚仁和馮檢基選區的競選，競選中表示自己同是民主派團體，要求支持民主的選民支持，並對何俊仁和馮檢基支持不民主的政改方案，要求選民以「票債票償」行動作懲罰性投票的動員下，何俊仁和馮檢基仍能保住議席而當選，及後 2012 年立法會選舉他們更加能夠以區議員身份參加新增的區議會功能界別的全港性選舉而當選（見表 7.6）。由於在 2015 年的區議會選舉中再次進行，為了阻攔這兩具有全港知名度的立法會議員可循有關的競選途徑競選連任，再次投入懷疑「銬票」的計劃，何俊仁遇上熱血公民的鄭松泰，而馮檢基面對舊盟友黃仲琪，鄭松泰和黃仲琪他

---

30. 可參考〈督察協會：投無悔一票 選出實幹者 圖文顯同袍行使公民權利送獻力繁榮穩定人士入議會〉。《文匯報》。2015 年 11 月 22 日。

31. 可參考〈社團收指示 區選強攻葵青深水埗〉。《星島日報》。2015 年 11 月 6 日。

32. 可參考〈「師徒相煎」黃仲棋「數臭」馮檢基〉。《文匯報》。2015 年 10 月 30 日。

表7.3 何俊仁個案（屯門案樂翠選區）與馮檢基個案（深水埗麗閣選區）

2011 年			2015 年		
參選人	政治聯繫	得票	參選人	政治聯繫	得票
陳偉業 [S]	人民力量	303	何君堯 [E]	新界關注大聯盟	2,013
何俊仁 [E]	民主黨	1,876	阮偉忠	快信社會服務團	99
沈錦添	新界社團聯會	1,477	鄭松泰 [S]	熱血公民	391
			張永偉	獨立	25
			沈錦添	新界社團聯會	94
			何俊仁	民主黨	1,736
馮檢基 [E]	民協	2,528	陳穎欣 [E]	民建聯和工聯會	2,531
趙植東 [S]	人民力量	238	黃仲琪 [S]	獨立	215
鍾詠淵	獨立	75	馮檢基	民協	2,432
范國輝	民建聯和工聯會	2,015			

註：[E] 為當選者和 [S] 為被懷疑的鎅票者。

們的得票當然不會使到他們能夠獲勝，但其所得的票足以使何俊仁和馮檢基的對手能夠當選（見表 7.3）。而不論是何俊仁加上鄭松泰的得票計起來，或是馮檢基與黃仲琪加上的票數，都比分別當選的何君堯與陳穎欣多，就可看清這疑似「鎅票」的作用了。

這種「鎅票」的手法廣泛地出現於香港多區的地區議會選舉中，且被普遍地應用。這以西方國家民主選舉來說根本不是什麼新手法。應用在香港，我們無法得到任何證據以證明誰是幕後主腦，但是可疑的個案實在很多，北京的當權者被認為是啟動了有關的「鎅票」工作的幕後主使人。其中一個案例是鄭永健，手上的名單涉及十多個選區，資助費用介乎 15 萬至 20 萬港元不等，但因為利誘人士參選議會「鎅票」，被裁定 6 項選舉舞弊及 1 項串謀選舉舞弊罪成，在區域法院被判囚 4 年[33]。雖然後來上訴獲得以減刑[34]，但獲判囚後有關的個案幕後

---

33. 可參考〈網台主持「鎅票」判囚〉。《都市日報》。2016 年 10 月 27 日。原文連結：www.metrodaily.hk/metro_news/ 網台主持「票」判囚 /（瀏覽日期：2018 年 5 月 14 日）。

34. 可參考〈選舉舞弊上訴 網台主持改囚 39 月〉。《東方日報》。2018 年 3 月 9 日。原文連結：http://orientaldaily.on.cc/cnt/news/20180309/00176_027.html（瀏覽日期：2018 年 5 月 14 日）。

主腦是誰的問題仍然沒有答案，鄭永建自己承擔了牢獄，並沒有供出誰是主謀。當然答案呼之欲出，因從到底誰是最後的得益者便可想而知。如果這個問題涉及統一戰線的話，實情卻是可圈可點了，但事件上很難找得到證據證明是有什麼背景人士收買他人參與而影響選舉結果[35]。實際上查看競選的結果，可觀察到有部分的選區會是因為「鎅票」策略湊效而改變了選舉結果的，而有「鎅票」疑問的選區實在很多，而得益者往往是有穩定票源的親北京集團。無庸置疑，這難以找出實際證據的指控，但是在政治群體中對這問題的理解都是「心知肚明」，這些政治得益可能是很表面的，但引來道德上的批評，施行者實在要三思。

無論如何，以 2015 年的區議會整體的競選策略作為統一戰線可算是成功了，北京大概已經能夠收納主要的支持參與選舉而沒有流失票源。但統一戰線沒有達到可能的預期效果，能夠在 2015 年擴大支持層面，和要能將民主派別進一步的壓縮的計劃部處落空了，在民選議席由 2011 年的 405 席增加到 2015 年的 431 席的情況下，民主派選舉的結果是席位總數由 2011 年的 103 席增加到 2015 年的 126 席，沙田區的 40 席平分秋色各佔 20 席。但加上鄉議局的當然議席後，親北京的議員仍能將 18 個區議會的主導權完全壟斷。而事實上，不可不注意的是，民主派所佔議席還不到三成，但是在選票上票數是增加了，比例上親北京陣形都是得五成半而民主派別的總得票比長期仍能夠維持住四成。我們要知例外的情況就只有 2003 年，當社會上政治議題不同時則有機會改變這個比例，這是我們應注意香港地區選舉的情況，當香港市民對北京不滿意時，在選舉政治上仍有可能危害京港關係。

---

35. 可參考程翔（2017）。〈中聯辦為何全力催谷林鄭月娥？〉鄭永健案部分。《眾新聞》。2017 年 2 月 6 日。原文連結：https://www.hkcnews.com/article/1540/ 中聯辦為何全力催谷林鄭月娥？（瀏覽日期：2018 年 5 月 14 日）。

四、香港立法會選舉

　　正如所言，在香港立法會選舉的統戰策略仍是要獲得更多的選票和更加多的議席。但是，選舉去到立法會的層面時情況卻有所不同。民主派自始至今的選舉中的得票都有壓倒性的優勢，長期高據，情況只是由最初的 63% 的選票，經歷了 20 年才下降到 54%，近年的選票還是維持在 100 萬以上，在立法會的層面始終是民主派能夠獲得較多的支持。但是，在積極發展下親北京陣形在立法會的選舉支持度上已是漸漸得到改善，獲得的票源穩步上升，漸漸追貼民主派，差距愈來愈少（表 7.4）。無庸置疑，這都是整體統一戰線工作的成果，無論看到社會如何分化，社會各階層正向親北京政權靠攏已是香港社會的事實。

　　可以從獲得議席的比較差距的轉變，兩個陣營愈來愈接近。雖然得票比仍是民主派佔有優勢，情況是差距正在縮小，而獲得的議席亦發生微妙的變化。立法會地方選舉的制度是以比例代表制來進行的，而自 2012 年起，某些選區的結果可以是民主派總體得票多而獲得議席少的情況，如九龍東和新界西選區，親北京陣形可以分別得到 3 席和 5 席，民主派只有 2 席和 4 席，但親北京陣形分區的總得票都沒有超過四成半。2016 年亦重覆了這個結果。事緣民主派別的分裂情況和沒有處理好競選協調工作所引至，參與的名單太多而大家都不夠實力贏得議席，使到席位分配不到其名單下，結果只是增加了親北京派別的當選機會【36】。

36.　可參考香港 01（2016）。〈九東建制完美配票　非建制繼續票多議席少〉，《香港 01》，2016 年 9 月 5 日。原文連結：https://www.hk01.com/ 立法會選舉 /41361/ 拆局 - 九東建制完美配票 - 非建制繼續票多議席少；和 Lee Paul (2016)。〈集體配票有多困難？以統計學分析 2016 新界西選舉結果〉，《立場新聞》，2016 年 9 月 7 日。原文連結：https://www.thestandnews.com/ politics/ 集體配票有多困難 - 以統計學分析 2016 新界西選舉結果（瀏覽日期：2018 年 5 月 14 日）。

表7.4　1998–2016年各屆立法會選舉得票分析

親北京派別			親民主派別			其他
年份	獲得票數	百分比	獲得議席	獲得票數	百分比	獲得議席	獲得票數
1998	456,305	31.0%	5	928,831	63.2%	15	85,094
2000	449,738	34.1%	8	759,074	57.5%	16	110,885
2004	658,327	37.2%	12	1,071,177	60.5%	18	40,466
2008	650,874	38.0%	11	1,009,517	58.9%	19	52,828
2012	728,211	40.5%	17	1,015,061	56.4%	18	55,177
2016	887,691	41.1%	16	1,162,178	54.2%	19	95,617

註：香港立法會的地區直選議席由 1998 年的 20 席（佔 33%）逐漸增加，2000 年 24
席（佔 40%）和 2004 年 30 席（佔 50%），在 2012 年增加 5 席後成為 35 席，因
功能團體都增加 5 席仍佔總數的 50%。其他群體沒有獲得議席。整體上可觀察到親
北京陣營能夠在議席上技巧地獲得更多議席，但以選票來計算，民主派獲得的票源
仍是高據不下。（資料來源：由各年的選舉結果計算）[37]

　　香港的統戰工作對應立法會選舉就是協調好參選名單，動員有限
票源投票而要獲得最多的議席。所以，中聯辦的工作是理順有關選舉
的工作，避免不同的親北京群體競相出選而影響親北京力量的當選機
會。其中，應對選舉結果作出更為準確的估算極為重要，動員票源配
票的工作是可以使到當選的機會大幅增加和增加親北京群體的當選人
數[38]。從過往的選舉結果分析可以理解到各區大概得票的情況，在計算
可能增長的票源下作出最適當的部署。整體來說，對於選舉的協調，
這方面的工作明顯的是親北京陣營遠能夠比民主派計劃來得優勝[39]，眾

37. 立法會選舉網址。原文連結：https://www.eac.gov.hk/ch/legco/lce.html（瀏覽日期：2018 年 5
　　月 14 日）。

38. 可參考羅俊文（2016）。〈建制配票得宜 10 名建制候選人穩勝〉。《香港 01》，2016 年 9 月 5 日。
　　原文連結：https://www.hk01.com/ 立法會選舉 /41305/ 立會選戰 - 建制配票得宜 -10 名建制候
　　選人穩勝（瀏覽日期：2018 年 5 月 14 日）。

39. 可參考葉一知（2016）。〈建制機械配票 VS 泛民策略配票〉。《獨立媒體》。2016 年 9 月 8 日。原
　　文連結：www.inmediahk.net/node/1044495（瀏覽日期：2018 年 5 月 14 日）。

多的民主派別在選舉中得票多而票數不足以當選。而親北京派別能夠在 35 席地區選舉中獲得 16 席，絕大多數名單參選者都能當選，這是民主派不能比擬的。

其中，在協調選舉上，除了「嫡系」的民建聯和工聯會外，開始發展了新民黨和好些樁腳，如梁美芬、謝偉俊和何君堯，成為競選的統一戰線，巧妙安排選票而使親北京系統能夠獲得最多人當選的可能。其中能夠避免民建聯一黨獨大，要減少參選的隊伍。這種協調方式，有關工作的進行並不是無可非議的，其中周永勤案可以是議題爭論的另一焦點，在 2016 年同屬親北京集團的自由黨由於被估算沒有當選機會而其選舉活動只會影響了意屬的何君堯當選機會，從而被逼令「棄選」。事件當然涉及違反了香港法例所規定，但事件亦在缺乏真憑實據下不了了之【40】。不是無可厚非的事情可能更多，與區議會選舉上進行的「鎅票」計劃類似，一方面是更多民主派別出來參與【41】，好些可能是經過分化或是特別經某些人士資助出來參選的不得而知，民主派別互相指責的情況是使到市民認為民主派別本身並不團結，一方面會使溫和

---

40. 可參考梁佩珊（2016）。〈周永勤爆棄選黑幕中央駐港部門威逼「我哋想選嘅人唔係你」〉。《蘋果日報》。2016 年 9 月 8 日。原文連結：https://hk.news.appledaily.com/local/daily/article/20160908/19764275；立場報道（2016）。〈自由黨周永勤棄選新界西 稱為免身邊人惹麻煩 曾傳出中間人勸退讓路何君堯〉。《立場新聞》。2016 年 8 月 25 日。原文連結：https://thestandnews.com/politics/ 自由黨周永勤棄選新界西 - 稱 - 唔想家人惹上更大麻煩 - 曾傳出中間人勸退讓何君堯 /；明報專訊（2016）。〈周永勤：北京 3 來客逼棄選 逐一説出家人背景 指不聽話代價沉重〉。《明報》。2016 年 9 月 8 日。原文連結：https://news.mingpao.com/pns/dailynews/web_tc/article/20160908/s00001/1473270905731；和陳宇軒、王丹麟和周潔媚（2016）。〈曾鈺成：為何找一個支持度近乎零的人退選？〉。《香港 01》。2016 年 9 月 7 日。原文連結：https://www.hk01.com/ 社會新聞 /41805/ 周永勤棄選 - 曾鈺成 - 為何找一個支持度近乎零的人退選（瀏覽日期：2018 年 5 月 14 日）。

41. 可參考曾鈺成（2016）。〈同室操戈〉。《am730》，2016 年 8 月 22 日。原文連結：http://archive.am730.com.hk/column-326405；林兆彬 (2015)。〈捧紅港獨派、搞分化的陰謀？〉，《獨立媒體》，2015 年 1 月 15 日。於：www.inmediahk.net/node/1030578；和蔡子強 (2012)。〈港式比例代表制如何締造四分五裂政局〉。《致知》。2012 年 8 月 31 日。原文連結：https://sparkpost.wordpress.com/2012/08/31/ 蔡子強：港式比例代表制如何締造四分五裂政局 /（瀏覽日期：2018 年 5 月 14 日）。

的選民不再支持民主派,另一方面民主派別本身的群體亦因為互相競爭而減低當選的機會【42】。

而「佔領運動」和隨而引發的本土主義思潮發生了實際的作用,其建議危害了原有的京港關係,挑戰了北京對港政策的合法性,這使到中央政府不得不加以防避,其中表達自主自決和香港獨立成為參與政治上的禁忌,有關當局可以以此為由而限制參與者作有關的政治宣傳,更有甚者是取消其參與選舉資格;雖然有關情況仍具爭議,但實際上取消資格的行動至今仍為香港法院所確定【43】。

而選舉資源是另一項我們應注意的部分。表 7.5 收集了部分參選者的競選開支,明顯地親北京陣營的參選者所用的競選經費都比民主派都多出很多,就算計算所花款項對應所得的票數來說都比民主派別特別的高。在競選上民主派別在籌措競選經費都來得特別惆悵,要四出尋找資助【44】,但親北京派別通常都以一筆過的基金以支持其參選而無須四處張羅。所以,親北京派別在獲得提名參選後的選舉工作一般都較

---

42. 這個問題可以對 2016 年立法會選舉的分析來理解。由普羅政治學院、熱血公民和城邦論組合的「熱普城」聯盟以「五區公投全民制憲」口號來參選,其挑戰的對象主要是同樣走激進路線的社會民主連線和人民力量的聯盟,他們一共獲得 35 萬票而只有 3 人當選,但公民黨和民主黨各穩定自己的票源,各獲得 20 萬票的情況下,各區都能夠成功當選,各得 5 席。

43. 可參考〈立法會條例〉。原文連結:www.legco.gov.hk/yr97-98/chinese/bills/a134-c.htm;〈選舉活動指引〉。原文連結:www.eac.gov.hk/ch/legco/2016lc_guide.htm;〈曾有望成香港史上最年輕議員 香港眾志周庭因主張「民主自決」失參選資格〉。BBC 中文網。2018 年 1 月 27 日。原文連結:www.bbc.com/zhongwen/trad/chinese-news-42817043;〈張達明指立會條例訂明準則 質疑選舉主任隨意取消參選資格〉。《經濟日報》。2018 年 1 月 18 日。原文連結:https://topick.hket.com/article/2001705/ 張達明指立會條例訂明準則 質疑選舉主任隨意取消參選資格;〈陳浩天選舉呈請敗訴 批有權政治篩選 官:選舉主任可判斷是否擁護《基本法》〉。《明報》。2018 年 2 月 14 日;和〈大律師公會就陳浩天選舉呈請判詞之聲明全文〉《852 郵報》。2018 年 2 月 14 日。原文連結:www.post852.com/242548/ 大律師公會就陳浩天選舉呈請判詞之聲明全文 /(瀏覽日期:2018 年 5 月 14 日)。

44. 可參考睦憧(2016)。〈選舉是一場比錢多的戰爭嗎?〉。《端傳媒》。2016 年 8 月 24 日。原文連結:https://theinitium.com/article/20160824-hongkong-legco-money/(瀏覽日期:2018 年 5 月 14 日)。

表7.5　部分2016年立法會參選人的競選開支和得票開支計算[45]

參選名單	選區	政治背景	選舉開支（元）*	名單得票（票）	每票開支（元）**
朱凱迪 [E]	新界西	土地正義聯盟 ***	1,000,000	84,121	11.9
梁頌恆 [@]	新界東	青年新政 ***	547,000	37,997	14
游蕙禎 [@]	九龍西	青年新政 ***	333,000	20,643	16.1
黃國健 [E]	九龍東	工聯會	1,140,000	47,318	24.1
葉劉淑儀 [E]	香港島	新民黨	1,700,000	60,760	28
劉小麗 [@]	九龍西	小麗民主教室 ***	1,170,000	38,183	30.6
容海恩 [E]	新界東	新民黨	2,100,000	36,183	58
馮檢基	新界西	民協	1,400,000	17,282	81
梁耀忠 [E]	區議會（第二）	街工	2,000,000	303,457	6.6
鄺俊宇 [E]	區議會（第二）	民主黨	4,480,000	491,667	9.1
周浩鼎 [E]	區議會（第二）	民建聯	4,973,000	264,339	18.8
李慧琼 [E]	區議會（第二）	民建聯	5,280,000	304,222	17.4
王國興 [E]	區議會（第二）	工聯會	5,010,000	233,236	21.5

註：立法會普選產生的席位分為地區直選和功能組別全港性的選舉產生，分別為 35 席
和 5 席，採用比例代表制最大餘額法計算選舉結果。各名單之得票來自選舉事務處
所公佈之結果。
[E] 為當選者 [@] 為當選者，後因為宣誓問題，中國人民代表大會常委會透過解釋《基
本法》第 104 條，香港政府要求法院判決成功取消其議員資格。
* 選舉開支為千位約數，是基於各報紙提供資料。
** 每票開支為選舉開支除以名單得票所得之數值。
*** 土地正義聯盟：組織於 2011 年成立，由多個社運及環保團體組成，主張保護環
境及反對地產霸權，屬自決派別。青年新政（Youngspiration）：主張香港民族自決
的本土派組織，反對香港「大陸化」和要求「港中區隔」。小麗民主教室：一個自
決派組織，由劉小麗 2014 年 9 月期間為推動民間的民主教育而創立。

---

45. 資料來源：《星島日報》A14 版。2016–11–0；《星島日報》A16 版。2016–11–1；《星島日報》
A22 版。2016–11–17；《星島日報》A19 版。2016–11–24；《星島日報》A16 版。2016–11–
25；《蘋果日報》A10 版。2016–11–16；《東方日報》A12 版。2016–11–16；《東方日報》A12
版。2016–11–24。

輕鬆，而他們的參選經費一般都達到競選經費開支的上限。而且可能的情況下，親北京政團早在平日裏，花費大量的資源用於統戰上的收買人心工作，一般被稱為「蛇齋餅糉【46】」和派發禮品包等的居民福利工作，而這筆費用一般都沒有計算在競選開支上。民主派別的支持往往不能在於資源有所限制的情況下派發禮品予居民，而其推展的是香港的核心價值，正如民主、人權、自由和法治等作為道德的規條，以爭取支持。某些重意識形態的本土派花在競選經費上更加少，可見本土勢力更具反抗統一戰線工作的能力。花相對少的競選費用亦能贏取得議席。而朱凱迪的當選得票特別高，正可以反映正自決派別在傳統親北京陣形和民主派取得票源，更重要是選民以選票表達對北京干預香港事務的不滿。

有關的情況在比較區議會功能界別的數據更加明顯，有關競選並不是任何小型政黨可以參與的，選舉經費要以 500 萬來計算，競選工程和開支並不是小型政黨可以承擔。而選舉工程要全港性來動員投票並不是好些缺乏資源的政黨可以參與。所以，兩次的選舉中親北京的派別都是以民建聯的兩組名單和工聯會的一組名單來參與選舉。其他親北京的力量似乎還未能夠經得起這個全港性的選舉動員，或者在統一戰線的工作上還不是時候可以多一個群體參與。實際上，全港性的票源明顯上民主派別仍然佔優的情況下，親北京派別還未能在這個共有 5 席的選舉中能夠搶佔 3 席，成為動員計劃的主因。情況類似的是民主派別仍然是四分五裂，2016 年共有 6 個名單參選，如果他們票數分散，親北京力量才有機會 3 席全數當選。

在全港性選舉中民主派實際的統籌工作可能有點難度。各政團覬覦議席是不爭的事實，分散票源的後果只會將席位讓給親北京派別。另一方面，競選開支是一個驚人之數，一般民主派並不容易獲得有關

---

46. 「蛇齋餅糉」當中的「蛇」是指蛇宴；「齋」是指齋宴；「餅」是指中秋節的月餅及農曆新年的年糕；「糉」是指端午節的糉子。

表7.6　2012年和2016年全港性選舉中的區議會功能界別的選結果

2012 年				2016 年			
參選名單	政治聯繫	得票	百分比	參選名單	政治聯繫	得票	百分比
何俊仁 E	民主黨	228,840	14.38%	涂謹申 E	民主黨	243,930	12.77%
涂謹申 E	民主黨	316,468	19.88%	李慧琼 E	民建聯	304,222	15.93%
白韻琹	獨立	61,321	3.87%	鄺俊宇 E	民主黨	491,667	25.74%
劉江華	民建聯	199,732	12.55%	何啟明	民協	17,175	0.90%
馮檢基	民協	262,172	16.47%	陳琬琛	公民黨	28,311	1.48%
李慧琼 E	民建聯	277,143	17.41%	王國興	工聯會	233,236	12.21%
陳婉嫻 E	工聯會	246,196	15.47%	關永業	新同盟	23,631	1.24%
				梁耀忠 E	街工	303,457	15.89%
				周浩鼎 E	民建聯	264,339	13.84%

註：E 為當選者。

的捐款資助其參與競選[47]。2012 年民主黨協調民協參與的競選，在 2016 年難以協調，眼看的結果是民主派會分散票源使到親北京派別坐收漁人之利奪取 3 席。可能是周永勤「棄選」的後果突然觸發民主派亦採用「棄選」的手法，在投票前的兩天陸續有候選人宣佈「棄選」而使民主派能夠集中票源來獲得 3 席[48]，使到北京原先的如意算盤打不響了[49]。但是，親北京派別得票上比較平均分配，是基於他們拉票的動員會與各區協調，在一人兩票的制度下亦普遍能與參加分區選舉的各親北京陣形的參選人協調，同時動員各地區的支持者同時投下兩票，一票是

---

47. 例子可參考余若薇（2016）。〈琛哥的故事〉。《公民黨公民薇博》。2016 年 9 月 15 日。原文連結：https://www.civicparty.hk/?q=node/7183（瀏覽日期：2018 年 5 月 14 日）。

48. 可參考〈不同持份者對棄選的立場和看法〉。《通識網》。原文連結：http://liberalstudies.hk/pdf/20160909115522_suspension-of-campaign_table.pdf（瀏覽日期：2018 年 5 月 14 日）。

49. 可參考〈政情：超區棄選潮 漢奸黎疑黑手〉。《東方日報》。2016 年 9 月 4 日。原文連結：http://orientaldaily.on.cc/cnt/news/20160904/00176_067.html；龔學鳴 (2016)。〈王國興質疑棄選背後有更大政治陰謀〉。《大公報》。原文連結：www.takungpao.com.hk/hongkong/text/2016/0904/21716.html；〈周浩鼎批棄選「打茅波」不負責任〉。《文匯報》。2016 年 9 月 9 日。原文連結：http://paper.wenweipo.com/2016/09/09/HK1609090016.htm（瀏覽日期：2018 年 5 月 14 日）。

地區直選的,一票是區議會功能界別的。這統一動員的情況遠比民主派來得優勝。

2016 年的立法會選舉結束後,結果公佈青年新政有兩名當選人,包括梁頌恆和游蕙禎。而他們在宣誓時以英文作誓並將中國(China)説成支那(Cina),並展示 "Hong Kong is not China(香港不是中國)" 而引起風波【50】,被取消其當選議員資格。及後人大常委會對《基本法》第104 條進行進一步的解釋【51】,嚴格規限各議員的宣誓行為,香港政府據此而取消了劉小麗、羅冠聰、梁國雄和姚松炎四位議員的資格,因為他們在宣誓時加插了另外的內容。北京方面,認為這樣情況已經超越了其可容忍的京港關係,亦不希望這些挑戰的行為在香港立法會內持續,當然這種作法有違香港可預測的法治精神(the rule of law),但事件實行後,並沒有引來市民太大的反響【52】。而有關議席的其中 4 席在2018 年 3 月 11 日進行補選。

圖 7.2、7.3 和 7.4 因應補選列出各區以來立法會選舉中選票分配的情況。正如前述各區情況都跟全港總計票類似,民主派總得票向來都佔有優勢,得票都比親北京派別的選票要多。所以,親北京派別要在補選中能夠獲勝並不容易,這是一個大家認知的政治現實,統戰如何在這補選中發揮最好的效用是眾所關注的。在民主派還未能議決誰才會是參選代表時,親北京陣形早已擬定參選人,而且是統一戰線的最好效果,新民黨陳家佩出選香港島,民建聯鄭泳舜參與九龍西選區,

50. 可參考〈「辱國」議員已經惹怒全香港,市民後悔選錯人〉。《新浪網》。原文連結:https://k.sina.cn/article_1974576991_75b1a75f019001caw.html?http=fromhttp(瀏覽日期:2018 年 5月 14 日)。

51. 〈《基本法》104 條釋法説明全文〉。《明報》。2016 年 11 月 7 日;〈全國人大關於香港《基本法》第 104 條解釋的説明〉。《大公報》。2016 年 11 月 7 日;和葉國謙(2016)。〈評論《基本法》第 104 條的釋法〉。《明報》。2016 年 11 月 11 日。

52. 可參考〈香港人反 DQ 集會〉。《公民行動影音紀錄資料庫》。原文連結:https://www.civilmedia.tw/event/【活動】香港人反 -dq- 集會;和王永平(2016)。〈四議員 DQ 案預告泛民前路艱難〉。《信報財經新聞》。2017 年 7 月 9 日。原文連結:www.master-insight.com/ 四議員 dq 案預告泛民前路艱難 /(瀏覽日期:2018 年 5 月 14 日)。

圖7.2　新界東區各次立法會競選選票分配（包括換屆選舉和補選）

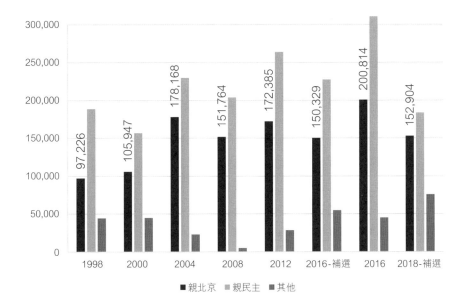

註：各次得票按各參選人的政治聯繫和競選結果得票計算（如下類同）。

圖7.3　九龍西區各次立法會競選選票分配（包括換屆選舉和補選）

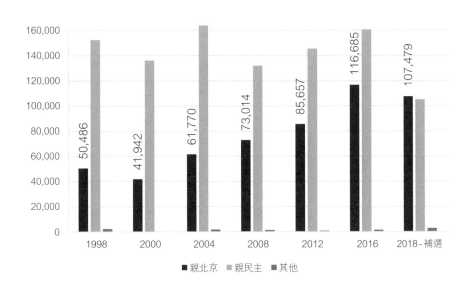

圖7.4　香港島區各次立法會競選選票分配（包括換屆選舉和補選）

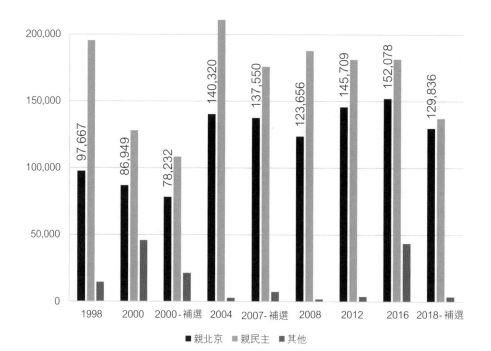

和工聯會派出鄧家彪在新界東參選，及早動員宣傳，使其在地區上有知名度，為市民所認識。宣傳上三黨合一，以民建聯、工聯會和新民黨的名義聯合宣傳，達到團結統一的效果。

　　而民主派受到打擊嚴重。首先是代表出選的問題，九龍西選區姚松炎跟馮檢基暴露出很大矛盾，而香港島的周庭因為眾志的政綱被取消資格而臨時由歐諾軒補上，而新界東雖然協調了新民主同盟范國威為代表，一方面因為方國珊多次參選而形象大增搶去不少選票，亦因為本土派對范國威的不滿引起危險，民主派各路不能集中票源是眾所周知的事實。親北京的派別表現出強大的動員網絡，不論是民建聯、工聯會和新民黨的各區區議員地區網絡，或是地區組織上的居民團體，還是省籍的宗族團體的力量十分驚人，每個競選投票站能夠派出

助選團的人數不菲，人力動員強勁。圖 7.2 以新界新區為例，歷來民主派的票源較多，差距最大是各區之冠。但是，今次補選，有關距離大大的拉近了，差距只維持在三萬票之間，已經沒有以往得票比較相差六至七萬之別，雖然有關差距是由於獨立參選人方國珊得票上升的原因。特別的是，九龍西是民主派向來得票亦是民主派具有優勢的選區，但結果是親北京的民建聯以 2,000 票的差距勝出（見圖 7.3），評論認為是一次意外，但經真實的探討，統一戰線的選舉工程確實是將得票拉近的主要原因，競選工作上民主派別往往都是因為人力和資源不足而有所差距。

民主派的優勢最不能維持的是香港島區，親北京派獲得票源愈來愈多，快要迎頭趕上（圖 7.4）。有趣的是香港島向來被認為是收入較高的區分，而投票傾向會對民主派更有利，但實際上是雙方實力最接近的選區。尤其是了解到地方上的統一戰線的工作和地區居民組織的能力滲透，香港島都比其他地區比較起來特別緊密。而選舉資源上，我們在補選裏同樣看到親北京派別的競選開支都是較高的（表 7.7）。圖 7.7 只是競選中一小部分的證據，足以說明親北京派別的競選聯合行動是如何發揮良好效果的。他們對民主派別的行動頗為一致，是由於中央一概統籌了他們所有的競選行動，一齊議決對當時競選的形勢來作出反應，成為全港性的議題，「反拉布、護法治、保民生、不要虛耗香港前行」，他們選擇集體回應而不似民主派們四分五裂，缺乏效益。

五、結語

選舉政治作為北京統一戰線工作的重要性在於維護京港關係，不能讓民主派別在政治上獲得大多數選民的支持。香港的民主發展是一種壓力，北京斷不能完全壓制香港的民主化要求，但全面的普選而沒有制度上的限制的話，民主派則有機會進佔議會的大多數，成為北京眼中實施民主化政治制度的憂慮。現在能夠在諮詢層面的區議會實行，而對立法會或是行政長官的問題上普選還是可以實行，但首要條

表7.7 2018年立法會補選主要參選人的競選開支和獲得選票比較

參選人	所屬派別	選舉開支上限（港元）	實際選舉開支（港元）	獲得選票
陳家佩	新民黨	2,428,000	1,872,650	127,634（47.2%）
區諾軒 [E]	獨立民主派	2,428,000	1,565,000	137,181（50.7%）
鄭泳舜 [E]	民建聯	1,821,000	1,429,661	107,479（49.9%）
姚松炎	土地正義聯盟	1,821,000	1,388,665	105,060（48.8%）
鄧家彪	工聯會	3,035,000	2,244,339	152,904（37.1%）
范國威 [E]	新同盟	3,035,000	1,539,811	183,762（44.6%）
方國珊	獨立	3,035,000	997,368	64,905（15.7%）

註：[E] 為當選者。

表7.8 親北京派別三人在2018年立法會補選的聯合開支

致：陳家佩、鄭泳舜、鄧家彪
發票日期：2016 年 2 月 27 日
發票號碼：TM2018022764

	內容	尺寸	數量	單價	運費	金額
2 月 27 日	「反拉布」旗布	75×170cm	1	53	—	53
	「護法治」旗布	75×170cm	1	53	—	53
	「保民生」旗布	75×170cm	1	53	—	53
	「不要虛耗」香港前行	3×12 尺	4	90	—	360
					總金額 $	519

註：本圖按照陳家佩呈交選舉事務處開支報告編製。

件是按照人大常委會的決定，確保提名程序中能夠挑選中央認為合適的參選人，而普選立法會亦最可能朝這個方向進行，而不是現時的分區直選。不過，有關方案在香港社會的引起了很大爭議，而在沒有被立法會通過的情況下只得依照原有的制度進行選舉，這對京港關係還有確實保障的。北京明顯不願意見到不受控制和規範的議會挑戰到中央對香港的政策施行，完全的民主化只會提高北京對香港的更不可預算性（unpredictability）。民主派可以對政府施政上提出不同的意見，形成社會的張力，這亦是不可避免的，而不同的派別亦要各自去爭取民心。

　　統一戰線所推展的實際工作的作用仍明顯有所限制。香港主權移交已經 20 年了，但在選舉政治中能夠爭取到的支持雖然有所進展，但進度緩慢，就如立法會選舉的選票上仍未取得過半數，亦不可能在不久的將來達到這個階段，明顯的是統戰工作仍有一段頗長的距離。就算有一天親北京陣形真的能夠在立法會選舉中獲得到過半選票的支持，民主派仍有空間在這種不利的情況下，因應當時的政治形勢而奪回應有的支持。區議會選舉的情況也有這個可能性，而在立法會選舉的層次上，這個可能性更大。因此，北京仍會擔心這個情況，尤以立法會可能全面直選的情況下，民主派隨時有機會獲得多於一半的選票，而能夠透過選舉獲得立法會的主導權，這個情況與北京的統戰相互矛盾。無論如何，親北京派別在立法會直接選舉的層面仍是弱勢的，將來如果更加強大的時候，北京才可以利用這政治選舉的可預計性（predictability）。然而，香港的民主直接選舉仍有不可預計的元素，使得統戰工作愈來愈重要。

　　而香港的民意上，中央要發揮影響力，政策要合理才能得到香港市民的支持。選舉政治就是一個支持政府與否的實際證據。我們可預見親北京的政治人物愈來愈得到香港人接受，選舉政治的支持度持續上升，有助政府施政，而政策方針的認受性（legitimacy）亦應加以肯定。統一戰線上是以政府實際政策工作、建制派組織力量的發展、加

強佔據意識文化的教育和宣傳，以及充分推動地區民心工作來得以實踐的。而這些政策必須步步為營，以免觸動香港人的強大反感而流失選票支持。

「自決運動」，甚至乎「香港獨立運動」是中央不能接受的。現時的形勢可能會沉寂一會，但在社會上中央政府會加以防範，會動用一切力量避免有關問題湧現，甚至惡化。選舉政治上正慢慢地朝向支持親北京力量的發展方向，亦證明能夠得到一部分香港市民對親北京政策的支持；無論如何，統一戰線未達到最終的效果，直接選舉的得票比率還在稍多於四成的比例上，而情況隨時會因為香港的政治發展不明朗而不可預期。中央對民主派所獲得支持的情況亦應加以認識，如維持那些重要的道德價值問題上，民主、自由、人權、法治等始終是香港重要的核心價值，中央與特區政府應盡力主動去維護，這樣統戰工作才會真正贏得民心，達到各方共贏的情況。

第八章

當代中國的中央與地方關係
發展路徑及對政策執行的影響[*]

❧ ❧ ❧ ❧ ❧ ❧ ❧ ❧ ❧ ❧ ❧ ❧ ❧

李芝蘭
香港城市大學公共政策學系教授

一、引言

　　中央與地方關係[1]是發展學文獻高度關注的一個話題。大國的公共行政存在着一種令人費解的難題，即高層決策者制定的政策如何才能被中基層主體執行。以中國為例，儘管它奉行的是威權主義體制（即具

　* 本章原文為英文書寫，載於《公共管理與發展》(2010)。30 卷。177–190 頁；中文翻譯版原載於《國外理論動態》(2013)。4 期。52–62 頁。本章在之前兩個版本的基礎上有所增補和完善，增加了對未來發展策略的討論，刊於《公共管理與政策評論》(2017)。2 期。33–45 頁，並於2017 年 10 月在香港城市大學法律學院中國法與比較法研究中心舉辦的「香港特別行政區憲制秩序的演進：理論與比較的視角」國際學術研討會中發表。感謝劉承禮（時任中央編譯局比較政治與經濟研究中心助理研究員）在 2013 年中文版的翻譯；感謝梁雨晴（深圳大學公共管理學院助理教授）在 2017 年版本修訂的協助。

1. 遵循中國研究和中央與地方關係研究方面的傳統，此處的中央與地方關係是指中央與省級政府之間的關係，儘管中央以下政府有多層政府，David S. G. Goodman (1999). "Continental China: The Social and Political Consequences of Reform and Openness," In *The Study of Modern China*, E. Sandschneider ed. London: Hurst & Co. pp. 52–78; David S. G. Goodman (2002). "Centre and Periphery after Twenty Years of Reform: Redefining the Chinese Polity," In *China's Communist Revolution: Fifty Years of the People's Republic of China*, Werner Draguhn and David S. G. Goodman eds. London: Routledge. pp. 250–276.

有高度的中央控制傾向），多個政策領域仍出現顯著的執行差距。[2] 政策屢次執行失敗使人們懷疑中國政府是否有能力回應國內治理挑戰、滿足日益增長的國際承諾。

長期以來，歷代當政者傾注大量的努力，[3] 力求在中央控制和地方自主權之間取得均衡，這被認為是當代中國最為緊迫要處理的事情之一。[4] 如何描述當代中國中央與地方關係的特徵呢？隨着時間的推移，中央與地方關係是否存在一種固定模式或者一些重要的轉捩點呢？是哪種因素導致中央與地方關係的變遷如此迂迴曲折，卻又保持着連貫性呢？在回顧制度主義文獻的基礎上，[5] 我將當代中國的中央與地方關係的發展看作四種因素相互作用的結果。本章將分析這些因素如何

2. 參見《公共管理與發展》雜誌第 29 卷，第 1 期特輯《中國國家能力構建》對執行缺陷和國家能力的討論：預算編制及其特殊政策、審計、績效測度、地方管理改革、土地、清潔空氣、企業改革。Jun Ma (2009). "If Uou Can t budget, How Can You Govern?—A Study of China's State Capacity," *Public Administration and Development*, 29(1): 1–8; Ting Gong (2009). "Institutional Learning and Adaptation: Developing State Audit Capacity in China," *Public Administration and Development*, 29(1): 33–41; Jie Gao (2009). "Governing by Goals and Numbers: A Case Study in the Use of Performance Measurement to Build State Capacity in China," *Public Administration and Development*, 29(1): 21–31; Linda Chelan Li (2009). "Decision-making in Chinese Local Administrative Reform: Path Dependence, Agency and Implementation," *Public Administration and Development*, 29(1): 79–87; Ray Yep and Carolin Fong (2009). "Land Conflicts, Rural Finance and Capacity of the Chinese State. *Public Administration and Development*, 29(1): 69–78; W. Li and Hon S. Chan (2009). "Clean Air in Urban China: The Case of Inter-Agency Coordination in Chongqing's Blue Sky Program," *Public Administration and Development*, 29(1): 55–67.

3. 辛向陽（1995）。《大國諸侯：中國中央與地方關係之結》。北京：中國社會出版社。20 頁。

4. David S. G. Goodman (1986) (2009 reprint). *Centre and Province in the People's Republic of China: Sichuan and Guizhou 1955–1965*. Cambridge: Cambridge University Press; Jae Ho Chung (1995). "Studies of Central-Provincial Relations in the People's Republic of China: A Mid-term Appraisal," *The China Quarterly*. 142: 487–508; Yasheng Huang (1996). *Inflation and Investment Controls in China: The Political Economy of Central–Local Relations during the Reform Era*. Cambridge: Cambridge University Press. pp. 1–4; Linda Chelan Li (1997). "Towards a Non-zero-sum Framework of Spatial Politics: The Case of Centre–province in Contemporary China," *Political Studies*. 45(1): 46–65; Linda Chelan Li (1998) (2002 reprint). *Centre and Provinces—China 1978–1993: Power as Non-zero-sum*. Oxford: Clarendon Press.

5. Royston Greenwood, Christine Oliver, Kerstin Sahlin-Andersson and Roy Suddaby (2008). *The Sage Handbook of Organizational Institutionalism*. London: Sage Publications.

相互影響中央與地方關係，從而對後者的未來發展和路徑作出一些推斷。這當中將涉及要弄清楚中央與地方這兩個行為主體之間的合作與制衡關係。

在接下來的內容裏，我先回顧一下 1949 年以來中國中央與地方關係的變化趨勢，將其劃分為三個發展階段，並描述每個階段的基本特徵。隨後，我會討論隱含在這些變化趨勢之中的四個因素：國家建設與民族融合、發展效率、職位晉升和外部影響。在這變遷過程中，內部行為主體是主導因素，而外部因素（包括前蘇聯和西方因素）的作用也不可忽視。本章的結論是，自 1950 年代以來，行政性分權一直佔據着主導地位。同時，1970 年代末啟動的經濟改革所形成的政府與市場新邊界，增加了不同層級政府之間許可權劃分和制度化權力分享的緊迫性，而改革之前強調的是中央與地方政府之間的資源配置。本章提出，從中央與地方作為聯合的行為主體的視角來理解中央與地方關係，尋求法制化的途徑解決中央與地方許可權劃分的問題，可以為緩解中央與地方之間的緊張關係（包括較大的執行差距）提出新的思路，從而有利於改善政策的實施效果。

二、中央與地方關係的變化趨勢

1949 年以來，中央與地方關係發展經歷了三個有所重疊的階段。第一階段是上世紀 50 至 80 年代。這一階段的特徵是，領導層對於究竟要集權抑或分權的取態經常搖擺，對應在政治實踐中，便不時出現劇烈的集權抑或分權的政策逆反。第二階段從上世紀 80 至 90 年代。這一階段突出表現為經濟朝着自由化的方向迅速發展，政府與市場的邊界也隨之變化，加速了分權的趨勢，並增加了中央與地方關係的複雜性，例如在一些特殊的政策領域，到底由哪一級政府負責重新劃分政府與市場的邊界很不明確。第三個階段始於 2000 年左右。當時逐漸出現了這樣的認識：不同層級政府間模糊的許可權劃分性阻礙了公共服務的有效供給，也不利提升政府績效，因而需要對不同層級政府的權

力和責任進行更清楚的劃分和釐定。因此，近年在財稅體制、財政支出和資金管理、公共服務提供和規管框架建構等方面不斷湧現改革。

（一）集權與分權（1950–1980 年代）

　　走向集權還是分權曾經被描述為影響中國政策和政治發展的主要悖論。[6]舒爾曼（Franz Schurmann）區分了新中國建立初期兩種類型的分權：類型一或經濟性分權是指權力在國家和生產單位之間的轉移；類型二或行政性分權是指權力在中央部委和地方政府之間的轉移。在建國之初，作為折衷的結果，分權類型一、分權類型二，以及集權均被考慮進來，被引入到 1956 至 1957 年間的分權化改革之中。[7] 行政性分權（分權類型二）乃當時的首選策略，開啟了 1957 至 1958 年間向省級政府中央政府大規模下放經濟管理和計劃許可權。從那時起至 1970 年代出現了行政性分權和集權的循環，同時中央部委和地方黨政部門之間也呈現出緊張關係。中央領導人常常通過再集權的方式來糾正先前的過度分權。然而一段時間後，他們又重新分權，以便提高地方政府推動地方發展的積極性，於是各種政府專案再度上馬。儘管存在斷斷續續的再集權，但持續數輪的行政性分權使得省級黨政部門的權力有了實質性的增長。隨着時間的推移，由於再集權的收益逐漸遞減，即每一輪再集權回收的只是上一輪分權的部分權力，省級政府通過累積的權力和資源，成為行政性分權的淨贏家。[8]

6. Franz Schurmann (1968). *Ideology and Organization in Communist China*, 2nd ed. Berkeley: University of California Press.

7. Franz Schurmann (1968). *Ideology and Organization in Communist China*, 2nd ed. Berkeley: University of California Press. p. 197.

8. Carl Riskin (1991). "Neither Plan nor Market: Mao's Political Economy," in *New Perspectives on the Cultural Revolution*. William A. Joseph, Christine P. Wong and David Zweig, eds. Cambridge, Mass: Harvard University Press. p. 143; Linda Chelan Li (1998) (2002 reprint). *Centre and Provinces—China 1978–1993: Power as Non-Zero-sum.* Oxford: Clarendon Press. p. 34; Kenneth Lieberthal and Michel Oksenberg (1988). *Policy-Making in China: Leaders, Structures and Processes.* New Jersey: Princeton University Press. p. 349.

　　有些學者大膽設想，假設 1957 至 1958 年間採取的是經濟性分權而非行政性分權，中央政府將其職能定位於宏觀管理和規制，以便經濟主體能夠自主地從事生產活動，這便與 1980 年代的經濟改革有些類似。如果這一假設能夠成立的話，是否 1960 至 1970 年代所出現的集權與分權的往復循環便可以避免？然而，考慮到經濟性分權戰略的市場傾向與 1950 年代後期主流意識形態之間的不相容，以及前蘇聯的去史達林化、1956 年波蘭—匈牙利的崛起和中國反右派鬥爭等諸多因素，上述假定是不合情理的。[9]

　　行政性分權作為一種戰略一直持續到 1980 年代。與之前相比，1980 年代的財政包乾制改革（分灶吃飯）使省級以下地方政府得以保留較大比例的財政收入，並可以自由使用這些收入，這被看作是增強省級以下地方政府推動地方經濟發展的一種有效手段。與其他的分權措施（例如物資管理、投資計劃、信貸供給、企業管理）相比，新一輪的行政性分權導致一種後來被稱為「中國式聯邦制」的政治現象。[10]在 1980 年代，早期關於行政性分權或經濟性分權的優缺點的討論再度掀起。而 1985 至 1986 年短暫的經濟性分權再次引起人們的關注，這次分權是想通過綜合性改革戰略解決日漸加大的通脹壓力。當 1987 年實施的行政性分權使得財政權和經濟計劃權從中央部門下放給地方政府時，經濟性分權再次失寵。[11]基於國內分權戰略的討論，財政聯邦制和分權方面的文獻與行政性分權對經濟增長、治理品質和民族融合的影

9. 吳敬璉（1991）。〈中國經濟改革戰略問題的分歧與選擇〉。見張卓元、黃范章。《中國十年經濟改革理論探索》。北京：中國計劃出版社。6 頁。

10. Gabriella Montinola, Yingyi Qian and Barry R. Weingast (1995). "Federalism, Chinese Style: The Political Basis for Economic Success in China," *World Politics*, 48: 50–81.

11. 吳敬璉（1991）。〈中國經濟改革戰略問題的分歧與選擇〉。見張卓元、黃范章。《中國十年經濟改革理論探索》。北京：中國計劃出版社。8–16 頁。施達、石喜生（1994）。〈關於中央與地方經濟管理權限關係的不同觀點綜述〉。見李金早、魏禮群。《市場經濟中的中央地方經濟關係》。北京：中國經濟出版社。146–163 頁。

響的討論分道揚鑣了。[12] 例如，一些學者將 1980 年代以來中國高速的經濟增長歸功於「財政聯邦制」條件下地區競爭的激勵效應；[13] 而有些學者則認為，雖然 1994 年的財政改革屬於再集權行為，但經濟增長仍在繼續，因而這些學者強調沒有確鑿的證據顯示財政聯邦制條件下存在財政約束或硬預算。[14] 由於注意到了地方權力日益增長的消極性，如腐敗和尋租行為，不少學者認為，其他一些因素似乎比行政分權能夠更好地解釋中國的奇蹟，這些因素包括：中央政府的派系競爭；促使中央與地方偏好同步的聯接機制（如人事任免體制）等。

（二）政府與市場角色的不斷調整（1980–1990 年代）

1978 年底，中國政府宣佈改革開放的國家發展戰略時，便開始了新的發展道路。政企分開是這次改革的核心。政府與市場邊界從此發生了重要的變化。然而，在 1980 年代的經濟活動中，市場的擴張並非得益於新的改革戰略。實際上，在 1980 年代，由於「市場」被視作資本主義的特徵，官方和公眾當時使用的概念是「商品經濟」而非「市場」。當「社會主義市場經濟」這一概念在 1993 年黨的全會上被正式採用後，「市場」的概念才合法地融入到社會主義體制之中。因而，1980 年代出現的市場的擴張的經濟現象並非官方新的經濟政策導致的結果，而是當時所採取的行政性分權使然。由於實行行政性分權，省級官員得到的授權愈來愈大，他們利用非國有和計劃外部門與中央尋

---

12. Maria H. Chang (1992). "China's Future: Regionalism, Federalism, or Disintegration," *Studies in Comparative Communism,* XXV: 3; Jean Oi (1992). "Fiscal Reform and the Economic Foundations of Local State Corporatism in China," *World Politics,* 45(1): 99–126; Linda Chelan Li (1998) (2002 reprint). *Centre and Provinces—China 1978–1993: Power as Non-zero-sum.* Oxford: Clarendon Press.

13. H. Jin , Y. Qian and B. R. Weingast (2005). "Regional Decentralization and Fiscal Incentives: Federalism, Chinese Style," *Journal of Public Economics,* 89: 1719–1742.

14. Aseema Sinha (2005). "Political Foundations of Market-enhancing Federalism: Theoretical Lessons from India and China," *Comparative Politics,* 37(3): 337–356; Hongbin Cai and Daniel Treisman (2006). "Did Government Decentralization Cause China's Economic Miracle?" *World Politics,* 58: 505–535.

求更多的自主空間。例如，廣東省和浙江省進行的創新性市場的培育
戰略，客觀的效果是避開了中央對他們不少的監管。[15]

　　市場擴張和行政性分權的互動使我們意識到，經濟性分權與行政
性分權並非相互排斥。的確，在 1980 年代中後期，主導中國政策選擇
的某一派觀點認為，考慮到中國的資源存在地區差異及市場力量尚微
弱，行政性分權實是市場化改革的根本途徑。[16]在改革開放之前的 30
年間，中央計劃和政治動員使企業實質進入了官僚體系之中，這些已
官僚化的企業缺乏獨立的經濟單位所應具有的經濟功能，因而當中央
部門進行經濟性分權，實際上導致「經濟活動陷入混亂之中」，尤其在
短期看來更是如此。[17]另一方面，省級政府作為黨和國家的各個層級中
的「中間人」及上一輪分權的受益者，實際具有更強的影響力。[18]省級
及以下地方政府而非企業獲得了經濟管理權（這些權力原本由中央部門
掌握），這在經濟改革的頭十年促進市場的漸進發展。

　　很明顯，中央與地方關係的關鍵不在於誰控制着資源，而是誰在
控制規制權。在 1988 至 1994 年間，國家計委的一項關於中央與地方
關係的研究明確地把經濟規制權的安排作為中央與地方經濟關係的核
心。[19]中央和省級以下地方政府不僅為直接控制稅收、投資、信貸、企
業和其他資源展開競爭，而且爭相控制新興市場活動的規制權。這表
明，中央與地方的政治關係從「控制資源的政治」轉向了「控制管轄權

15. Linda Chelan Li (1998) (2002 reprint). *Centre and Provinces—China 1978–1993: Power as Non-zero-sum.* Oxford: Clarendon Press; 何顯明（2008）。〈浙江地方政府創新實踐的生成機制與演進邏輯〉，《中共寧波市黨委學報》。浙江：中共寧波市委黨校。5期，15–22頁。

16. 施達、石喜生 (1994)。〈關於中央與地方經濟管理權限關係的不同觀點綜述〉。見李金早、魏禮群。《市場經濟中的中央地方經濟關係》。北京：中國經濟出版社。149頁。

17. 吳敬璉（1991）。〈中國經濟改革戰略問題的分歧與選擇〉。見張卓元、黃范章。《中國十年經濟改革理論探索》。北京：中國計劃出版社。15頁。

18. Linda Chelan Li (1998) (2002 reprint). *Centre and Provinces—China 1978–1993: Power as Non-zero-sum.* Oxford: Clarendon Press. pp. 34, 299.

19. 魏禮群、李金早（1994）。《市場經濟中的中央與地方經濟關係》。北京：中國經濟出版社。1頁。

的政治」。[20] 因此,當 1994 年分稅制被引入時,中央收入份額在短短一年間便從 33% 增加到 55%,這變化不僅僅是對 1980 年代財政包乾制時過度分權的再集權。資源的控制仍然很重要:中央領導人的確希望控制更多的資源以便「控制官員晉升」。[21] 這目的是通過將大的稅種劃歸中央預算而達到的。同時,1994 年的分稅制改革也明顯不同於此前的再集權措施,此次改革建立了以規則為基礎的分稅原則。與以往依賴於中央和各省雙邊談判(這種方法的缺點是交易缺乏一致性,具體細節不透明)不同,1994 年之後,根據明確的分配規則,稅收按不同比例分別進入中央或省級政府的國庫,省級以下政府也同樣如此。

(三)公共服務提供的責任劃分(2000 年以後)

世紀之交,「市場經濟」在中國已獲得合法性,政府將自己定位為市場的規制者和公共服務提供者。有關中央與地方關係的討論當時也轉為如何更清晰地劃分各級政府在公共服務提供的責任。以教育為例,哪一級政府負責村、鄉鎮、縣或市的學齡兒童的教育問題?縣級政府應該為本縣學校全數的教育成本、學校管理埋單嗎?是否應該由縣級政府來決定課程設置?市、省和中央政府應該在特殊教育中扮演怎樣的角色?它們各自應承擔多大份額的支出?

這一階段的特點是討論焦點放在支出,這與此前的討論往往集中在收入有很大的不同。在 1999 年發表的一份有關 1994 年財政改革的評估報告中,七分之六的篇幅與收入有關,僅僅七分之一的篇幅用在

20. Linda Chelan Li (1998). (2002 reprint). *Centre and Provinces—China 1978–1993: Power as Non-zero-sum.* Oxford: Clarendon Press. pp. 289–291.

21. 王紹光、胡鞍鋼(1993)。《中國國家能力報告》。瀋陽:遼寧人民出版社。

了對支出責任的評價上。[22] 而到了在 1990 年代末期，隨着公共財政問題日益引起人們的關注，大家轉而討論政府在社會中的角色定位，並重新關注政府的支出責任。[23] 在國務院發展研究基金會資助的一個項目中，安秀梅等從政治、經濟、社會三個方面詳細區分了 17 種公共支出。[24] 一些支出責任劃分模型被引入，用來研究不同種類的支出和公共服務。在另一份評估政府間支出責任的研究中，國家發展和改革委員會與中國社會科學院的研究者提出，中央和省級政府應該負責基本公共服務的資金支出和規制，而這些在以前基本都被認為是地方政府的責任。[25]

這些建議隨後被吸收到現行政策中。2006 年 3 月通過的「十一五」規劃提出了「基本公共服務均等化」的政策，該政策要求政府確保所有居民均能享受大致相等的基本公共服務。[26] 考慮到不同區域和層級的地方政府財力不同，在新一輪的政府職責劃分中，中央政府承擔了更多的公共服務融資和規制責任。與中央政府日益擴大的責任相關，2008 年國務院進行的行政改革旨在更清晰劃分部門間責任，加強對政

---

22. 張馨、郝聯峰（1999）。〈中國財政體制還和的理論探索與實踐創新〉。見劉溶滄、趙志耘。《中國財政理論前沿》。北京：社會科學文獻出版社。249–250 頁。與支出相關的問題可以表述為「支出責任的劃分不夠清晰」。與收入相關的六個問題分別是：（1）1994 年財政體制改革與早期的財政包乾制一道，對新的稅收劃分體制進行了折中，而沖淡了收入分配的原初效應；（2）（關於企業的）「隸屬原則」被保留在新的稅收分享體系之中；（3）如何劃分中央稅、地方稅、中央與地方共用稅需要得到進一步的合理化；（4）增量收入的共用形式挫傷了地方積極性，對不同的省份產生了不同的影響；（5）中央對地方的轉移支付機制仍然是不健全的，並且缺乏透明度和一貫性；（6）地方政府缺乏充足的財政自治權和獨立性，例如，地方政府沒有地方稅收的立法權，也不能發行地方債。

23. 「公共財政」概念的正式引入是在 1998 年，它表明了市場經濟條件下政府預算的本質（張馨、楊志勇，2001）。

24. 安秀梅（2007）。《中央與地方政府間的責任劃分與支出分配研究》。北京：中國財政經濟出版社。

25. 宏觀經濟研究院課題組 (2005)。〈公共服務供給中各級政府事權、財政劃分問題研究〉，《宏觀經濟研究》。北京：國家發改委宏觀經濟研究院，5 期。宋立 (2005)。〈公共服務供給中各級政府事權財權劃分問題研究上〉，《經濟研究參考》。北京：經濟科學出版社。1889 期。宋立（2005）。〈政府事權、財政劃分問題研究〉，《經濟要參》。北京：國務院發展研究中心。38 期。

26. 「均等化」改革在 2006 年 10 月召開的十六屆六中全會上得到了進一步的闡述（金人慶，2006）。

府部門的監督和制約、增強各級政府、分支機構和部門之間的協調能力。[27] 被確定為需要進一步改革的一個領域是各級政府的支出責任和財政收入不匹配，[28] 亦是財政分權文獻中提到的「按職能融資」。[29] 將資金從中央國庫轉移給負責實際支出的地方政府的轉移支付機制是改革的優先領域。[30] 與此同時，有跡象顯示改革將走向一種分權的財政體制，中央有可能將更多的自有資源收入轉移給地方政府。[31] 在 1979 年啟動行政性分權改革 30 年後，行政性分權再次成為進一步改革的焦點。

三、過程與行為主體

當代中國中央與地方關係的研究大都採用了「以行動者為中心」的分析框架，這一框架關注的是推動變革的行為主體的角色。[32] 在這些研究中，研究者的中心任務是釐清行為主體的變革目標及行動戰略。不同的行為主體在變遷的目標、戰略、資源管理和角色上有所不同。例如，一些主體被界定為變遷過程中的核心行動者，另外一些則被認為是非核心行動者。

27. 〈華建敏説明國務院機構改革方案〉(2008)。和訊新聞網。原文連結：http://news.hexun.com/2008-03-11/104371783.html（瀏覽日期：2018 年 9 月 27 日）。

28. 「不匹配原則」可以追溯到第十一個五年規劃（2006），在黨的十七大報告中（2007）得到了重述。在 2007 年 6 月召開的全國人民代表大會常務會議上，前財政部部長金人慶強調要推進改革，以便實現地方財力和支出責任的匹配（金人慶，2007：《劃分中央地方收入分配》）。

29. Matthew Andrews and Larry Schroeder (2003). "Sectoral Decentralization and Intergovernmental Arrangements in Africa," *Public Administration and Development*, 23(1): 29.

30. 關於規範財政轉移支付情況的報告，參見 2007 年 6 月 27 日在第十屆全國人民代表大會常務委員會第二十八次會議。原文連結：www.doc88.com/p-5999581937723.html（瀏覽日期：2018 年 9 月 27）。

31. 財政部長謝旭人在 2010 年 4 月的一份黨刊上提出要深化財政税收體制改革，包括賦予地方更多的財政管理許可權和擴大地方税基。

32. Cynthia Hardy and Steve Maguire (2008). "Institutional Entrepreneurship," in *The Sage Handbook of Organizational Institutionalism*, Royston Greenwood, Christine Oliver, Kerstin Sahlin-Andersson and Roy Suddaby, eds. London: Sage Publications. pp. 201–202.

　　這類分析的最大難點在於如何鑑別出主要的行為主體。然而，在經驗研究中，學者們往往會將研究範圍限定在那些在正式的組織結構中佔據着中心地位的行為主體，簡單地把他們視為當然的核心行動者，而忽略了在不同的情況下，哪些行為主體發揮着核心作用，其實需要具體分析和確定。研究者通常將在正規權力架構中佔據重要地位的一群行為主體看作主要的行為主體，即所謂的「中央偏好」，[33] 因為中央官員在權力架構中通常處於更強的位置。因此即使在研究中央與地方行為主體的相對重要性和影響時，如果採用「以行動者為中心」的分析框架，中央領導的重要性往往被先驗地視為比地方幹部更為突出。

　　如果採用「以過程為中心」的分析框架，則無需一定要具體辨識核心的行為主體，因為這種分析方法強調的是鬆散的社會建構主義者維度。[34] 這種研究方法是通過二選一的方案和其他行為主體的思想來考察行為主體的角色，有關「誰是主要的行為主體」則不是那麼重要了。這一分析方法關注偶然的、慣性的、意外的後果，變遷過程的共同演化和失靈，以及「以行動主體為中心」的目標、利益和戰略。[35] 為了鑑別出中央政府在某項政策制定過程中的角色，我們不但需要觀察中央政府的決策和活動，而且需要觀察中央政府之外的地方政府和社會行為主體的決策和活動。克里斯滕森（Christensen）在一項題為中國行政改革多大程度在「向西方學習」的研究中提出了這一分析方式。[36] 中國

33. Linda Chelan Li (1998) (2002 reprint). *Centre and Provinces, China 1978–1993. Power as Non-zero-sum.* Oxford: Clarendon Press. p. 30.

34. Cynthia Hardy and Steve Maguire (2008). "Institutional Entrepreneurship," in *The Sage Handbook of Organizational Institutionalism,* Royston Greenwood, Christine Oliver, Kerstin Sahlin-Andersson and Roy Suddaby, eds. London: Sage Publications. p. 213.

35. Hirschman對決策及其執行的低估的、高估的、不確定的和意外的結果進行了經典的闡述。Albert O Hirschman (1967) (1995 reprint). *Development Projects Observed.* Washington DC: Brooking Institution. pp. 8–31.

36. Tom Christensen, Lisheng Dong, Martin Painter (2008). "Administrative Reform in China's Central Government: How much 'Learning from the West'?" *International Review of Administrative Sciences,* 74(3): 351–371.

圖8.1　中央與地方關係變遷的趨勢與過程

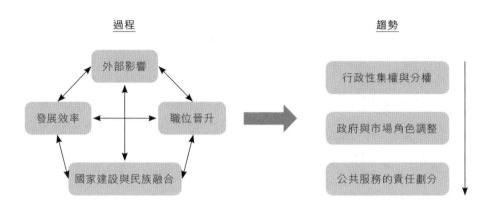

和西方國家的改革主題、措施和結果的比較研究存在爭議。雖然這些相似之處可能顯示出某種程度的學習，但還需要一個多因素模型來研究參與多方面學習過程的多元參與者，以便更好地解釋學習活動的意義和含義：學習是主動尋求的、選擇性的，還是消極的、泛泛的、普遍的；「學生」和「老師」之間的關係如何定位；哪種學習會影響到政策的制定過程，等等。

　　本節將採取「以過程為中心」的方法來解釋上節勾勒的中央與地方關係的發展過程。通過全面回顧相關文獻，我們認為，在建國以來中央與地方關係的變化中，國家建設與民族融合、發展效率、職位晉升、外部影響四個交互作用的過程扮演着重要的角色。

（一）國家建設與民族融合

　　自 1949 年以來，通過國家現代化來滿足新的需求並維持國家統一是政府改革的永恆主題。根據中央政府的政治統一方案，中國於 1949 年建立了六個大區（每個大區包括幾個省）。1953 至 1954 年國內形勢穩定後，大區被看作是新生的中央政權的潛在威脅，[37] 因而很快被廢

---

37. Dorothy J Solinger (1977). *Regional Government and Political Integration, 1949–1954: A Case Study.* Berkeley: University of California Press.

除。從 1950 年代末至 1970 年代中期，隨着中央領導層在地方分權和集權之間拿捏不定，地方幹部亦不時被指責建立地方諸侯，國家分裂的隱患始終存在。的確，如果使用一種政治色彩較少、技術色彩較濃的政治語言來形容的話，在 1980 年代，國家統一受到了經濟諸侯（省級政府日益擁有較大的經濟管理權）的影響，那時國內外關於「分裂的中國」的討論即為此意。[38]在 1990 年代初，蘇聯、南斯拉夫和東歐國家的分裂加深了中國對地方主義和離心主義的擔憂，這就導致了 1994 年及之後旨在加強中央政府能力的措施的出台。[39]近年來，種族情緒高漲，民族融合問題再次進入國家議程，[40]從而引起了政治社會學中有關「中心」和「邊陲」概念的討論。[41]

對於大多數的省而非民族衝突的邊陲地區而言，融合問題在 1990 年代中期以後漸漸減少。這在一些新趨勢中有所反映，例如有些研究強調中央與地方關係的「非零和博弈」。[42]儘管如此，中央政府愈來愈關心其管理國家經濟和矯正新生問題的能力的欠缺（例如地區差距擴

---

38. Cho-Ming Chao (1990). "Transition from Authoritarian Rule: Is Eastern Europe's Today Mainland China's Tomorrow? " *Issues and Studies,* 26: 11; Maria H. Chang (1992). "China's Future: Regionalism, Federalism, or Disintegration," *Studies in Comparative Communism,* XXV: 3. 葛劍雄(1994)。《統一與分裂：中國歷史的啟示》。北京：中華書局出版社。

39. 王紹光、胡鞍鋼（1993）。《中國國家能力報告》。瀋陽：遼寧人民出版社。

40. June Dreyer Dreyer (2005). "China's Vulnerability to Minority Separatism," *Asian Affairs,* 32(2): 69–85. Barry Sautman (2005). "China's Strategic Vulnerability to Minority Separatism in Tibet," *Asian Affairs,* 32(2): 87–118. Raphael Israeli (2010). "China's Uyghur Problem," *Israel Journal of Foreign Affairs,* IV(1): 89–101.

41. Goodman 認為，新疆和西藏在中國的政治地位很重要，它們總是重要的國家政治議題。在最近幾波民族衝突之後，為了平息這些騷亂，中央政府和19個省市準備在未來向新疆投資170億元人民幣。David S. G. Goodman (2002). Centre and Periphery after Twenty Years of Reform: Redefining the Chinese Polity. In *China's Communist Revolution: Fifty Years of the People's Republic of China,* Werner Draguhn and David S. G. Goodman, eds. London: Routledge. p. 263.

42. Yasheng Huang (1995). "Why China will not Collapse?" *Foreign Policy,* 99: 54–68. Yasheng Huang (1996). *Inflation and Investment Controls in China: The Political Economy of Central–Local Relations during the Reform Era.* Cambridge: Cambridge University Press. Linda Chelan Li (1998) (2002 reprint). *Centre and Provinces—China 1978–1993: Power as Non-zero-sum.* Oxford: Clarendon Press.

大、公共服務提供不足）。中央政府採取措施再次集中資源和權力，這被批評者稱為「倒退的十年」。[43]

　　1994 年的財政改革被認為是 1990 年代集權化的一個例子，因為中央財政收入佔國家財政收入的比重從 1993 年的 33% 迅速增長到 1994 年的 55%。然而，1990 年代的改革不在於資源的集中，因為被集中起來的大部分財政收入實際上以中央補貼地方支出的形式返還給了地方政府。[44] 1994 年之後，1980 年代的財政包乾制被以規則為基礎的分稅制所取代。正如赫斯曼在他有關世界銀行發展專案執行失靈的分析中指出的那樣，[45] 目前的問題在於能力建設滯後於解決問題的需要，這反過來證明了這一問題比此前設想的更為複雜。在 1994 年財政改革中，中國政府着力培養自己解決問題的能力。收入被集中起來，而支出責任則依然高度分散且變得更加地方化了。在 1992 年，地方支出佔總支出的 59%。2007 年，這一比例達到了 75%。自此收入再集中與支出分權的不匹配導致地方政府過度依賴管理機制尚未成熟的轉移支付，使地方政府產生了新的財政困難。地方政府必須等待上級政府的轉移支付資金來發放官員薪水和應付財政支出，而這些資金往往遲遲得不到撥付。[46]1994 年改革是建立在如下國家財政機制的基礎之上，即，中央政府成為大多數地方收支的交易平台。然而，當時並不存在支撐財政改革的制度基礎，因為直至 1998 年，預算制度才實現了合理化，中央國庫體系才開始建立起來，相關的制度建設近年還在繼續發展。

43. Yasheng Huang (2008). *Capitalism with Chinese Characteristics: Entrepreneurship and the State.* New York and Cambridge: Cambridge University Press.

44. Linda Chelan Li (2009). "Economic Reform since 1978: Fiscal Decentralization," in *Encyclopedia of Modern China.* vol. 4, David Pong, ed. Famington Hills MI: Charles Scribner's Sons. pp. 455–456.

45. Hirschman Albert O (1967) (1995 reprint). *Development Projects Observed.* Washington DC: Brooking Institution.

46. Linda Chelan Li (2005). "Understanding Institutional Change: Fiscal Management in Local China," *Journal of Contemporary Asia.* 35(1): 87–108.

(二) 發展效率

國家建設的過程與發展效率的探索緊密相連。哪種制度更有助於發展效率的提高呢？1949 年後，由於起點較低，爬坡的彎道較大，大多數人認為應該實行高度集權的戰略。首先是權力和資源的集中化，其次是非國有部門的國有化。在 1980 年推行經濟改革之前，社會資源都在國家的掌控之下，這一點被認為是共產主義國家的基本特徵。因此，即使經濟改革的號角早在 1979 年就已吹響，從 1980 年代初到 1990 年代，在市場概念於 1993 年被正式引入社會主義體制之中，並形成「社會主義市場經濟」概念之前，黨的中央高層在國家計劃和市場中一直佔據着重要的位置。[47]

在建國以後的大部分時間裏，國家主導着社會，而過度集權總被認為是發展的瓶頸，因此，儘管對地方主義的擔憂使得中央領導人對分權始終保持警惕，但除了向地方政府分權外，中央領導人在政治上似乎沒有其他可行的選擇。儘管 1954 年，[48] 以反地方主義為名，中央肅清了地方主義。到 1956 年，毛澤東則詳細地討論了地方積極性在推動地方發展的重要性，以期推動發展。[49] 隨後的 20 年間，中央向地方政府進行計劃和管理權的大批下放開啟了分權和再集權的新一輪循環，並在 1980 年代經濟改革之後掀起了政府與市場關係的討論。

47. 陳錦華 (2008)。〈市場經濟體制在爭論和反復中水到渠成〉，《傳承》。廣西：中共廣西區委黨史研究室。1 期，8-11 頁。劉國光（2008）。〈回顧改革開放 30 年：計劃與市場關係的變革〉，《財貿經濟》。北京：中國社會科學院財經戰略研究院。11 期。

48. 在 1949-1954 年，高崗任東北局及隨後的大區政府負責人時，他曾經是毛澤東的親密戰友，之後，他被控告在東北組建「反黨、反社會主義派系」。高崗在 1954 年被捕，1954 年 8 月自殺。

49. 1956 年 4 月，毛澤東在中共中央政治局擴大會議上發表了《論十大關係》。中央與地方關係是其中的第五大關係。其他的九大關係分別是：工業與農業的關係；重工業與輕工業的關係；沿海工業和內陸工業的關係；經濟建設和國防建設的關係；國家、生產單位和個人生產者的關係；漢族和少數民族的關係；黨和非黨的關係；革命和反革命的關係；對和錯的關係；中國和其他國家的關係。毛澤東 (1977)。《毛澤東選集》。北京：人民出版社。267-288 頁。

（三）控制、職務晉升或地方代理

到目前為止，有些討論認為，考慮到民族融合、國家建設和發展的需要，各級政府之間的權力分配必有所調整。但是，中央領導人如何確保地方官員能夠跟得上不斷變化的政策（有時選擇權力下放，有時選擇權力集中）呢？既有文獻一直認為，中央對地方官員進行職務調控的目的是為了確保地方官員對中央命令的遵從。蘭德里（Landry, 2008）認為，中央領導人成功地運用晉升機制來控制地方官員的忠誠度，從而取得了較快的經濟發展。[50] 周飛舟 [51] 發現，從 1950 年代大躍進到現在，中國的地方幹部一直遵循着一種共同的行動邏輯：地方幹部都為實現中央設定的目標而努力工作，因為他們清楚，中央對這些目標很重視。經濟改革，儘管實行了大規模的分權，社會主義階級鬥爭也被作為國家目標的市場經濟發展所取代，但中國依然是政治集權程度很高的威權體制。

然而，使地方幹部遵從中央意志（因為中央決定着他們的職位晉升）是一把雙刃劍。建國以來，從中央領導到基層官員，大家均同意中央擁有最大的權力。的確，兩個積極性（中央積極性和地方積極性）概念（當將更多的權力下放給地方時，官方講話和文件經常引用這個概念）表明，中央積極性是主要的，而地方積極性則是「在需要時」是前者的補充。但是，如果中央真正能夠有效控制地方官員，地方主義應不會具有任何威脅性。中央政府為何仍會經常抱怨地方官員不遵從中央的命令。為了弄清楚政治實踐中威權主義和分權共同存在的問題，僅僅考慮中央控制即威權主義是遠遠不夠的。

之所以很難理解「分散化的威權主義」的具體含義，原因在於許多有關中央與地方關係的研究過於強調遵從的作用，而沒有注意到中

---

50. Pierre F. Landry (2008). *Decentralized Authoritarianism in China: The Communist Party's Control of Local Elites in the Post-Mao Era.* Cambridge: Cambridge University Press.

51. 周飛舟（2009）。〈錦標賽體制〉，《社會學研究》。北京：中國社會科學院社會學研究所。3 期。

央與地方合作的可能性。[52]遵從的概念表達的是一種委託—代理關係，即，中央委託人對地方代理人實施控制。地方代理人被認為是一種負面的形象：違抗中央命令，從而導致了代理人控制和執行差距等問題。地方官員的行為如果與中央要求是一致的，便會被看成是地方遵從的表徵，是中央委託人對地方代理人實施控制的結果，而非出於地方代理人的本意。然而，我認為僅使用控制—遵從這一分析維度來解釋中央與地方官員之間的互動關係是有問題的。一方面，除了遵從之外，心理學家對某一組織中個體行為的研究至少提出了兩種傾向：認同和內部化；[53]另一方面，地方執行差距廣泛存在的現實表明，中央對地方政府行為的控制並不總是有效的。黃亞生提出，[54]雖然中國的政策執行差距很普遍，但與東歐和前蘇聯等轉型國家相比，中國的中央命令和地方執行之間的差距實際上小得多。換句話説，雖然許多地方官員沒有完全執行中央命令，但是這些偏差大多是細微的，地方官員所做的各種努力彌補了這些偏差。同時，文化和歷史研究表明，不同地區的人們的觀念和基本價值取向、政治意向和組織地位大體相同。[55]對地方改革項目的研究也充分表明，地方政府是中央政府的能動的代理

52. Linda Chelan Li (1997). "Towards a Non-zero-sum Framework of Spatial Politics: The Case of Centre–province in Contemporary China," *Political Studies,* 45(1): 46–65. Linda Chelan Li (1998). "Central-provincial Relations: Beyond Bompliance Analysis," in *The China Review 1998,* J. Cheng, eds. Hong Kong: Chinese University Press. pp. 158–185.

53. Herbert C. Kelman (1958). "Compliance, Identification and Internalization: Three Processes of Attitude Ahange," *Journal of Conflict Resolution,* 2: 51–60. C. III O'Reilly and J. Chatman (1986). "Organizational Commitment and Psychological Attachment: The Effects of Compliance, Identification and Internationalization on Orosocial Behavior," *Journal of Applied Psychology*, 71(3): 492–499.

54. Yasheng Huang (1996). *Inflation and Investment Controls in China: The Political Economy of Central–Local Relations During the Reform Era.* Cambridge: Cambridge University Press. p. 312.

55. Helen F. Siu (1994). "Cultural Identity and the Politics of Difference in South China," in *China in Transformation,* W. M. Tu, ed. Cambridge, Mass: Harvard University Press. pp. 19–44. Tao Tao Liu and David Faure (1996). *Unity and Diversity: Local Cultures and Identities in China.* Hong Kong: Hong Kong University Press.

者，他們通常會積極改革，並將改革措施上升為國家政策。【56】在這裏，心理學家的觀察可能為我們提供了一條從內部化機制的角度理解威權主義和分權共存的途徑。通過內部化，個人所持的態度改變了他們的行為，因為人們意識到了這些觀念和行為的潛在價值，而不僅是因為他們想從外部權力機構那裏獲取獎賞或避免懲罰。【57】地方幹部在這種邏輯下行事，並形成了他們各自的行為方式，地方幹部的選擇不同於中央領導人的，這一點很自然並不奇怪。儘管考慮到他們近似的文化背景，這些行為選擇的差異其實並不大。到最後，縮小各種執行差距關係到如何改善組織協調的問題，解決辦法需要有更好的制度安排和工作機制，這些將會是我們繼續國家制度建設努力的一部分了。【58】

56. Daniel R. Kelliher (1992). *Peasant Power in China: The Era of Rural Reform, 1979–1989.* New Haven and London: Yale University Press; Linda Chelan Li (2004). "The Prelude to Government Reform in China: The Big Sale in Shunde," *China Information,* 18(1): 29–65; Linda Chelan Li (2006). "Path Sreation? Processes and Networks: How the Chinese Rural Tax Reform got Rtarted," *Policy and Society,* 25(1): 61–84; W. Li and Hon S. Chan (2009). "Clean Air in Urban China: The Tase of Inter-agency Coordination in Chongqing's Blue Sky Program," *Public Administration and Development,* 29(1): 55–67.

57. Herbert C. Kelman (1958). "Compliance, Identification and Internalization: Three Processes of Attitude Change," *Journal of Conflict Resolution,* 2: 51–60.

58. 行政/法律結構、程序和機制的正確融合取代了政府間關係和政府績效的正確職能，這一點在分權、公共管理和政府間關係的文獻中有很好的體現。參見 Paul Smoke (2003). "Decentralization in Africa: Goals, Dimensions, Myths and Challenges," *Public Administration and Development.* 23(1): 7–16; Martin Painter (1998). *Collaborative Federalism: Economic Reform in Australia in the 1990s.* Cambridge :Cambridge University Press.

（四）外部影響和學習

正如許多發展中國家的分權經驗所表明的那樣，[59]內部選擇有時是外部資源所強加的或影響的。在 1950 年代，儘管中國的中央控制力度比蘇聯要小得多，[60]但是中國在處理國家與社會邊界（包括中央與地方許可權）時顯然參考了蘇聯模式。[61]在 1956 年 2 月蘇共中央二十大之後，中國摒棄蘇聯模式的步伐在逐步加快。毛澤東在一次會議上討論到蘇聯共產黨秘密反對史達林的報告：「赫魯雪夫所作的反對史達林的報告是一個好的發展苗頭：它向世人表明，史達林和蘇聯可能是錯誤的。其他國家的共產黨應該放棄對蘇聯共產黨的迷信，轉而根據自己的環境作出決策。」[62]

毛澤東在隨後的政治局會議上繼續區分學習的兩種方法：「我們應該繼續學習史達林著作嗎？史達林的這些書的確有些缺陷，但是我們還是應該學習它們。向蘇聯和其他國家學習有兩種方法。一種是正統的、書生氣的學習方法。這種學習是生搬硬套。很少有分析和回饋，沒有結合我們的實際需要和環境。這種學習方法是有問題的，不應該繼續採取這種學習方法。我們應該承認這種學習方法的錯誤。另一種方法是馬克思主義的學習方法。我們採取批判地分析的方法。我們將外部建議融匯到我們的實際之中。這是正確的學習方法。」[63]

---

59. 國際組織如世界銀行和聯合國積極通過扮演捐贈者和顧問來塑造發展中國家的分權和地方政府決策。參見Fritzen和Romeo有關外部援助在分權戰略和如何使援助有效等方面的討論。Scott A. Fritzen (2007). "Linking Context and Strategy in Donor Support for Decentralization: A Diagnostic Framework," *Public Administration and Development*, 27(1): 13–25; Leonardo G. Romeo (2003). "The Role of External Assistance in Supporting Decentralization Reform," *Public Administration and Development*, 23(1): 89–96.

60. Franz Schurmann (1968). *Ideology and Organization in Communist China*, 2nd ed. Berkeley: University of California Press. p. 177.

61. Odd Arne Westad (1998). *Brothers in Arms: The Rise and Fall of the Sino-Soviet Alliance 1945–1963*. Washington DC: Woodrow Wilson Center and Stanford University Press.

62. 1956 年 3 月 17 日中央書記處會議（相當於 1956 年 9 月之後的政治局常委會）。

63. 吳冷西（1999）。《十年論戰：1556–1966 中蘇關係回憶錄》。北京：中央文獻出版社。22–23 頁。

因此，中國領導人顯然在 1956 年明確地決定採用選擇性的學習方法。外部經驗在被研究之後，選擇性地應用到當地實踐之中。這種有意識地採取選擇性的學習方法結合了歷史經驗。這與之前的消極學習完全相反。當外部建議沒有產生好的結果時，效率上的差距會迫使行為主體作出改變，反思現行學習方式的效能，並認識到哪些應該或不應該學習。

毛澤東明確地提到了被動地向蘇聯學習為中國共產黨帶來的損失，以此來證明「主動學習」的必要性。[64] 問題是，哪種學習是積極的和有選擇性的，哪種學習是消極的，且會在不同時期擴散，中央與地方關係的發展在多大程度上受到這種學習的影響。在 1950 年代後期，對他人經驗的適用性的質疑促成了「自力更生」戰略，這種戰略一直延續到 1970 年代。在 1980 年代，由於中央試圖通過發動經濟改革的方式調動地方積極性，在處理中央與地方關係上的外部經驗再次受到重視，而這次的學習的對象變成了西方的市場經濟。[65]

學習也可能具有消極的一面，它不是為了仿效而是為了避免不合意的結果。1990 年代早期，前蘇聯和南斯拉夫的社會、經濟與政治巨變便是其中的一例。這些事例使得中國領導人意識到了現行社會主義體制的問題，並進一步增強了控制省級政府的願望。具有諷刺意味的是，儘管人們懷疑西方資本主義在前蘇聯國家崩潰中所扮演的角色，但是對西方體制和實踐的審慎性借鑑卻加強了中國政府維護社會穩定的能力。例如，王紹光和胡鞍鋼通過比較西方國家和發展中國家的財政汲取能力得出需要增強中央政府財政汲取能力的觀點。[66] 自 1980 年代末期，尤其是進入 1990 年代以來，國際機構通過扮演政府政策研究項

---

64. 同上註。12–13 頁。

65. 在 1980 年代，有關國家行政結構的典型教科書包含西方體制的章節。例如，在中央與地方關係上，可以參考薄貴利（1988）。《近現代地方政府的比較研究》。

66. 王紹光、胡鞍鋼（1993）。《中國國家能力報告》。瀋陽：遼寧人民出版社。

目的夥伴或資助者而向中國積極推介公共管理和治理的國際經驗。【67】
例如，1994 年，在湖南省召開了一次主題為中央與地方關係改革的國
際會議，參加者包括世界銀行、國際貨幣基金組織和聯合國、西方學
術機構、中國學術機構、政策研究者、中央和省級政府官員。【68】中國和
西方學術機構在合作進行政策研究和思想交流上扮演着媒介的角色。
在 2008 年大部制改革問題上，國家改革者和學者也參與到改革設計
中，他們將基於發達市場經濟體的實踐所形成的改革理念融入到改革
中。【69】由於中國領導人對政府許可權的明確劃分愈來愈被重視，他們再
次尋求國際經驗和實踐作為變革中央與地方關係的參考。【70】

四、未來發展策略

　　一般認為，公共行政（政府的各個部門如何協同運作）和政治問
責（政府如何回應社會和人們的需求，以及與後者合作）是構成政府
績效兩個不同的維度。本章的討論主要放在第一個維度的作用，因為
公共行政這一維度在中國政治環境中更為突出。1949 年之後，中國革
命的完成需要一個複雜的行政體系來支撐。由於繼任的中國領導人試

---

67. 1980年代末期，世界銀行是國家計委領導的中央政府多年研究項目的資助者，這一項目旨在劃分中央與地
方政府的經濟管理職責。自那以後，世界銀行有一個研究議程，在中國治理問題上出版了一系列著作，包
括中央與地方關係。參見 Ramgopal Agarwala (1992). *China: Reforming Intergovernmental Fiscal
Relations.* Washington, DC：World Bank Discussion Papers, no. 178; World Bank (2002). "China:
National Development and Subnational Finance, A Review of Provincial Expenditures, Report
no. 22951–CHA." Washington DC: World Bank publications; World Bank (2007). "China: Public
Services for Building the New Socialist Countryside, Report no. 40221-CN." Washington DC:
World Bank Publications.

68. 魏禮群、李金早（1994）。《市場經濟中的中央與地方經濟關係》。北京：中國經濟出版社。
434 頁。

69. 王世玲（2008）。〈大部制改革上路〉，《21 世紀經濟報導》。1 期。

70. 宋立 (2005)。《公共服務供給中各級政府事權財權劃分問題研究上》。北京：經濟研究參考。
1889 期。
安秀梅（2007）。《中央與地方政府間的責任劃分與支出分配研究》。北京：中國財政經濟出版社。

圖通過理想化的方式尋求國家的發展，結果在政治體制和社會問題上累積了不少問題。政治體制的威權性質是這些問題產生的主要原因。閉關自守的政策不可能緩解不同層級政府間關係的緊張。[71] 自 1950 年代開始，國家和地方利益的衝突、中央與地方官員的衝突便進入了中國官員和公眾的視野，這些衝突甚至延伸到黨或政府和社會各個部門之間。政策的設計、執行和成敗在中央和地方眼裏的看法各不相同。

儘管中央與地方關係在政治和政策上的分歧不斷受關注，二者的緊張關係依然未得到根本緩解，政策執行失靈現象也隨處可見。為此，本章對中央與地方關係的變化趨勢進行了回顧和分析。那麼今天，中國的中央和地方關係是否仍然如同上世紀 80 及 90 年代那樣呈現分權—再集權的循環狀態？現今中國總體體現分權的趨勢，一方面，深化市場經濟改革以及與之相應的政府改革均是試圖在經濟層面進一步調整政府與社會的關係；另一方面，行政性分權則體現為中央—地方關係的持續調整，在司法、教育，以及財政收入等多個領域目前均在進行重要的探索。從內部來看，關鍵在於如何動態的調整中央與地方的責任劃分從而能夠提供更好的公共產品，增加行政效率等，但是沿用傳統文獻或政策討論中對中央單方面權力的強調並不能很好的提供答案，需要我們跳出傳統的思維模式，具體可以考慮以下幾點：

第一，需要重新檢視中央與地方作為行為主體的角色。在許多研究中，中央與地方官員通常被看作是兩種相互對立的行為主體：委託人和代理人、改革者和被改革者、監督者和被監督者。經典的「遵從模式」被用來解釋中央與地方行為主體的行為，在這一模式中，中央與地方行為如果一致，則意味着地方在遵從中央政策，而二者的背離則被視為地方政府不遵從中央政策的表徵。然而，對遵從行為的關注不僅不能解釋許多地方創新者的創新動力，也不能解釋地方政府不遵從中央政策的行為，因為它誇大了地方政府不遵從中央政策的行為的範圍

---

71. Linda Chelan Li (1998) (2002 reprint). *Centre and Provinces—China 1978–1993: Power as Non-zero-sum.* Oxford: Clarendon Press. p. 299.

和中央與地方的緊張關係。的確，有研究表明，只要我們將地方政府自主的能力引向合作的方向，原來被視為反對改革的人其實可以成為改革的夥伴；看似破壞性的地方政府也可以是國家政策必不可少的聯盟軍[72]。40 年前，赫斯曼富有洞見地提出了「無形之手的原則」，[73] 即，通過低估專案的複雜性而增強專案的可行性，因為無論是誰也不可能在一開始時就認識到所有的困難。中央與地方關係變化的邏輯與此具有相比性。如果合作夥伴被錯誤地當作下屬，盟友被當作對手，政策執行的成本將會人為地增加，而預期收益將會減少，於是，政策變得不可行。如果換一種角度來看待中央與地方關係，即將中央與地方行為主體的協調問題看作一種合作關係中的問題，而非對抗不遵從的結果，將有助推動政策的出台及執行，而中央政府與地方政府從中均可實現共贏。

第二，界定事權劃分的範圍及如何進行界定是解決中央—地方關係的兩個要點。界定好中央與地方的事權範圍，理清各級政府應該承擔相應的責任內容是保證中央政府和地方政府能夠清晰履行各自責任的重要措施。與此同時，由於不同層級政府之間的責任界限有時並非十分清晰，並且隨着時間的推移，其責任界限也會發生相應變化，因而，如何通過有效的程序、方法進行中央和地方之間的事權劃分，以及在爭議存在時如何處理，對於更好的解決中央與地方事權劃分方面同樣重要。

第三，推進法制化和法治建設。法制向來是當代中國治理的軟肋。中央與地方關係的調整過去一直並未有法律框架予以規範和指導，如何下放權力或上收權力、什麼時候實施分權或集權、集權或分權的範圍是什麼，這些均是由中央政府根據當時的情形及地方政府與

---

72. 通過列舉地方行政改革的案例，李芝蘭（2009）討論了習慣性的高估和低估收益將會如何抑制中國國家政策的制定能力，以及決策如何通過一種新的概念而得到改善。

73. Albert O. Hirschman (1967) (1995 reprint). *Development Projects Observed.* Washington DC: Brooking Institution. pp. 8–31.

之討價還價確定的，故而導致中央與地方的權力範圍缺乏制度規範和保護。更好解決中央地方關係，尤其是回答前述提到的建立程序、方法來處理中央與地方事權關係的核心便是法治，即通過設立相應的程序性法律來動態調整中央與地方之間的關係。近期，地方改革與現行法律之間的矛盾更進一步說明我們需要用法制的方式解決好中央與地方權力關係，即通過設立有關改革的程序性法律賦予地方政府一定的改革自主權，否則，地方政府創新的積極性及實施的改革很可能因為與現行法律產生衝突而停滯。用法律的方式調整中央—地方關係能夠保證在一段較長時期內不斷推進中央與地方之間合理的許可權劃分。

第九章

對權力分立的一國兩態
國家級與次國家級對應闕如引致的張力

∞∞∞∞∞∞∞∞∞∞∞∞∞∞∞∞

賈廷思

香港大學專業進修學院人文及法律學院副教授

香港大學法律學院博士候選人

儘管國家級與次國家級政府的憲政可能在各方面南轅北轍，但經驗告訴我們，兩者在行政立法的關係上通常會一致。在憲制未有要求下，次國家級的權力分立模式往往也會與國家級的相對應，因為兩級架構不吻合會帶來張力，最終會導致其中一方轉變，令雙方架構趨同。

香港特別行政區在這一點上就顯得獨特。在「一國兩制」的原則下，《基本法》明確要求特區必須在若干重要制度上與國家其他地區有別。然而，中央近年着力鼓吹香港實施行政主導，似乎有意引入與國家級相應的制度。

鑑於兩級制度缺乏對應，香港法院確認《基本法》的權力分立原則，而中央不予認可，引起摩擦，就顯得毫不奇怪了。雖然張力或無可避免，但釐清《基本法》賦予的究竟是哪一種權力分立模式，有助緩和當前形勢。

一、對應是常見模式

（一）次國家級憲制

所謂「次國家級憲制」，乃指當國家憲法下存在着最少兩層憲政架構時，涉及國家級以下一層的獨立憲制文件，適用於國家部分地

區。[1] 次國家級憲制同時見於聯邦制及集權制國家。雖然對前者的研究相對較多，[2] 但同時考察兩類制度的研究都指出，「次國家級憲制」在兩種制度下都呈現相似的模式，[3] 因此研究結論似同樣適用於兩類國家。

　　一項明顯的差異是術語。相對於聯邦制國家，集權制國家似對確立次國家級憲制對國家主權的影響較為敏感。以香港為例，部分內地學者就一直不願意把《香港特別行政區基本法》描述為憲法或「小憲法」，[4] 儘管《基本法》的角色跟一般成文憲法無異，[5] 而香港法庭也多番認同這一觀點。[6]

　　但那純屬是術語問題而已。各國憲法常冠以《基本法》之名，包括國家級的。[7] 法律文件最重要的不是它的稱謂，而是它扮演的角色，因此這裏討論的次國家級憲法不單指正式確立的憲法，也包括「跟正式憲法有相似效用的次國家級法律文件」。[8]

1. Tom Ginsburg and Eric A. Posner (2010). "Subconstitutionalism," *Stanford Law Review,* 62: 1583–1584.

2. Maxwell A. Cameron and Tulia G. Falleti (2005). "Federalism and the Subnational Separation of Powers," *Publius,* 35: 245–271; John Dinan (2008). "Patterns of Subnational Constitutionalism in Federal Countries," *Rutgers Law Journal,* 39: 837–861。

3. See Ginsburg and Posner. "Subconstitutionalism," 62: 1583–1584; Ronald L. Watts (2000). "Foreword: States, Provinces, Länder, and Cantons: International Variety among Subnational Constitutions," *Rutgers Law* Journal, 31: 941–959.

4. 早期例子見 You-yu Zhang (1988). "The Reasons for and Basic Principles in Formulating the Hong Kong Special Administrative Region Basic Law, and its Essential Contents and Mode of Expression," *Journal of Chinese Law,* 2(5): 7–8. 較近期的有Jiaying Pang (2013). "On the Ultimate Authority of the Constitution of the People's Republic of China in the Special Administrative Regions," *Academic Journal of One Country, Two Systems,* 3: 111, 113.

5. See Danny Gittings (2016). *Introduction to the Hong Kong Basic Law,* 2nd ed. Hong Kong: Hong Kong University Press. pp. 46–50.

6. From *Ng Ka Ling v. Director of Immigration* (1999) 2 HKCFAR 4,26。

7. 例如以色列的《基本法》和德國的《基本法》，後者實際上就是德國的憲法。

8. Paul Blokker and Werner Reutter (2015). "Sub-national Constitutional Politics: Contesting or Complementing, Replicating or Innovating, Traditional Constitutionalism?" *Perspectives on Federalism,* 7(1): 3.

　　次國家級憲法的條款很少會跟國家級的完全一致。例如在香港，《基本法》最根本的目的就是要確立一個在多個重要範疇都跟國家其他地區迥然不同的制度。在其他並不如此極端的例子中，次國家層面的種種考慮，也往往會造成兩級憲法的重大差異，包括地區未必需要複製繁瑣的程序，也可以得到國家庇蔭。為了防止政府向特殊利益傾斜，國家級的憲法一般比較牢固，甚至不惜犧牲應變環境的靈活性，因此修訂次國家級憲法的程序要比國家級的靈活。Ginsburg and Posner 就提出，次國家級的憲法相對無須如此牢固，因為若地方政府圖藉修改憲法謀取私利，可能導致國家層面的干預，而該地方的公民也可能因而遷往國內其他地區。[9] 現有的資料都支持 Ginsburg and Posner 的理論。在他們研究過的司法管轄區當中，次國家級的憲法都比國家級的容易修改，[10] Dinan 的調查也發現在修改憲法上「次國家級的程序大都比國家級的更為靈活」。[11]

　　按照相似的道理，Ginsburg and Posner 推斷，在理論上次國家級憲制應該無須重複國家層面嚴謹的權力分立制度，[12] 理據就是地區可以享受國家級權力制衡帶來的好處，而無需負擔伴隨而來的弊端，因此「地區可以擺脫或削弱權力分立的束縛」。[13]

（二）分權的應用

　　權力分立是一條遭普遍誤解的原則，往往被視作等同總統制，[14] 但事實上它的含義寬闊得多，包括多種獨立的行政、立法及司法配置。

---

9. Tom Ginsburg and Eric A. Posner (2010). "Subconstitutionalism," *Stanford Law Review,* 62: 1600.

10. Ibid.

11. John Dinan (2008). "Patterns of Subnational Constitutionalism in Federal Countries," *Rutgers Law Journal,* 39: 842–843.

12. Tom Ginsburg and Eric A. Posner (2010). "Subconstitutionalism," *Stanford Law Review,* 62: 1597–1598.

13. Ibid, p. 1598.

14. See Maxwell A. Cameron and Tulia G. Falleti (2005). "Federalism and the Subnational Separation of Powers," *Publius,* 35: 245, 249, 254.

準確來說，它應該稱作「權力分立連續體」，[15] 不同變體之間最根本的分別，在於行政和立法分支離析的程度。總統制站在連續體的一隅，當中行政和立法機關幾乎沒有任何成員重疊，而兩者在拔擢以致求存上都無須倚靠對方。[16] 另一隅就是英式議會制，所有行政成員同時也是立法議員，而前者也倚賴後者的信任方能執政。儘管權力分立癖可能不以為然，[17] 但現時普遍認為行政立法成員重疊，並不足以妨礙英式議會制納入「權力分立連續體」中。[18]

雖然總統制、英式議會制，以至其他如半總統制等政府架構都屬於廣義的權力分立，但這些不同變體的顯著差異也帶來實質的影響。總統制往往被單純地詮釋為關注制衡多於效率，一如 Brandeis 法官在判詞中所指，它引起政府分支之間「無可避免的磨擦」。[19] 然而這只是基於對效率的一種狹窄的理解，也可能受到總統制下行政立法的嚴格分離而被強化了。[20] 這種理解也忽略了一項歷史事實，即美國開國元勳確立憲法之時，對效率和制衡的考慮同樣多。[21]

無論如何，透過狹窄的行政立法架構去看效率的話，實行行政立法絕對分離的總統制，確實可能在及時立法和其他需要行政立法緊密合作的問題上導致緊張。因此 Ginsburg and Posner 就推斷，既然地區較

---

15. Donald S. Lutz (2006). *Principles of Constitutional Design*. Cambridge: Cambridge University Press. p. 123.

16. Matthew S. Shugart and John Carey (1992). *Presidents and Assemblies: Constitutional Design and Electoral Dynamics*. Cambridge: Cambridge University Press. pp. 18–19.

17. 「純」權力分立，三個分支毫無重疊的經典例子可見諸 M. J. C. Vile (1998). *Constitutionalism and the Separation of Power*, 2nd ed. Indianapolis: Liberty Fund. pp. 14–19.

18. 例如英國政府就把權力分立描述為該國議會制的根本憲政原則，見 Ministry of Justice (2007). *The Governance of Britain*. London: Her Majesty's Stationery Office. p. 31.

19. *Myers v. United States* (1926) 272 U.S. 52, 293.

20. 關於這個背景下效率的不同意義，參見賈廷思：〈在香港的權力分立當中引入效率理念〉，見朱國斌編（2017），《香港特區政治體制研究》。香港：香港城市大學出版社。

21. Louis Fisher (1971). "The Efficiency Side of Separated Powers," *Journal of American Studies*, 5(2): 113–131; Malcolm P. Sharp (1935). "The Classical American Doctrine of The Separation of Powers," *The University of Chicago Law Review*, 2(3): 385–436.

少需要設立繁複的修憲程序，那麼理論上也不太需要實行絕對權力分立的總統制了。即使地區容許更大程度的行政立法重疊，從而導致兩者更緊密的合作關係，但地區仍然可以受到國家嚴格權力分立帶來的制衡所保護。

這裏的憲法理論卻有違事實。Ginsburg and Posner 也承認，與上述論證相反，「一般而言，實施總統制的國家裏沒有地區實行英式議會制，反之亦然。」[22] 他們的發現也受到其他研究支持。Dinan 的調查就指出五個在國家和次國家層面都實施總統制的國家，包括兩個算得上是「自願平行」的例子：[23] 美國和阿根廷的國家憲法都給予地方很大的自由去選擇一己的憲政架構，[24] 但涉及的州份省份都不約而同採用了跟國家層面相同的總統制，儘管地方憲法在其他方面跟國家憲法大相逕庭。[25]

我們或許可以因此推論，由於行政立法互相制衡對防範濫權太重要了，所以雖然這項機制在國家層面實施，早已減低了地區同樣實施的需要，但地區仍然不厭其煩地複製。然而這個推論在實施英式議會制的司法管轄區就站不住腳了，既然國家層面缺乏行政立法獨立，這只會令地區更需要引入該項保障。所有證據都支持行政立法架構在兩個層面的平行關係。Watts 就發現不單國家級的英式議會制會毫無例外被地區複製，連國家採取英式議會—總統混合制的司法管轄區，它的

---

22. Tom Ginsburg and Eric A. Posner (2010). "Subconstitutionalism," *Stanford Law Review,* 62: 1626.

23. John Dinan (2008). "Patterns of Subnational Constitutionalism in Federal Countries," *Rutgers Law Journal,* 39: 853–854.

24. 在美國，對州份憲法的唯一重要規限（見美國憲法第四章）就是州政府必須採取共和形式。

25. 除了更容易修改憲法，直接讓人民參與的法令在美國的州政府也更為常見，例如過半數州份容許公投或者其他公眾動議，這些在國家層面都是沒有的。John Dinan (2008). "Patterns of Subnational Constitutionalism in Federal Countries," *Rutgers Law Journal,* 39: 850.

地方政府也會傾向跟隨。[26] Dinan 因此總結「這個範疇比任何其他的都顯現更高的平行度。」[27]

（三）例外

這種模式的例外非常少。Dinan 對 12 個案例的研究當中，只有兩個（俄羅斯和瑞士）在國家和地區的行政立法架構上出現顯著的差異。[28] 在俄羅斯，兩級平行的制度一直佔優，直至 2004 年總統普京為了防止地方冒起競爭對手，推動立法阻止直接選舉地方領袖。瑞士中央採取英式議會—總統混合制，但個別州份的行政會議則沿用直選總統制。[29]

兩級行政立法架構相異，因而引發張力的經典例子，莫如 1923 至 1939 年間在立陶宛享有自治地位，主要公民為德裔的梅梅爾領地。當時梅梅爾採用英式議會模式，而立陶宛則為總統制。兩者的利益衝突愈演愈烈，官司最終鬧上常設國際法院。[30] Suksi 分析這次衝突的原因，斷定「由一人領導的中央政府，對由地方議會主導的集體領導制不理解，覺得它們難以控制和預估。」[31]

梅梅爾地方與中央的僵局最終由於希特拉吞拼而打破，該獨立政府也因而消失。但在其他例子裏，國家級和次國家級缺乏平行會形成「均質動力」，[32] 即引致的張力促成其中一級的政府架構改變，令兩級

---

26. Ronald L. Watts (2000). "Foreword: States, Province, Länder, and Cantons: International Variety among Subnational Constitutions," *Rutgers Law* Journal, 31: 953.

27. John Dinan (2008). "Patterns of Subnational Constitutionalism in Federal Countries," *Rutgers Law Journal*, 39: 853.

28. Ibid, p. 855.

29. Ibid, pp. 855–856.

30. *Interpretation of the Statute of the Memel Territory, United Kingdom and Others v. Lithuania* (1932) PCIJ Series A/B no. 49.

31. Markku Suksi (2011). *Sub-State Governance through Territorial Autonomy.* Heidelberg; Dordrecht; New York: Springep. p. 507.

32. om Ginsburg and Eric A. Posner (2010). "Subconstitutionalism," *Stanford Law Review*, 62: 1627.

架構最終邁向平行。Cameron and Faletti 就指出拉丁美洲四國（阿根廷、巴西、墨西哥、委內瑞拉）都循此解決兩級架構的分歧。[33]

這裏墨西哥的經驗特別有趣，因為一般都認為「次國家級特徵」[34]對於結束該國實際上奉行了超過 70 年的一黨專政發揮了舉足輕重的作用。當年執政的革命建制黨已經控制了國家級的所有政治機構數十年之久，但它未能阻止反專制的地方立法議會湧現，最終導致 2000 年反對派總統上台。另一方面，巴西的地區選舉在推翻國家的軍政府也擔當了關鍵的角色。Cameron and Faletti 就指出這兩個例子顯示「次國家級的權力分立有助達致國家級的權力分立」。[35]

既然一級政府的架構可能影響甚至改變另一級政府的架構，我們探討香港與國家在行政立法關係是否平行時，就需要考慮到兩級架構的互動。

二、香港在此模式下的位置

(一) 中國憲法結構

「一國兩制」一個根本原則，就是香港政府的架構絕對不能跟國家的完全一致，尤指作為國家「基本制度」[36]的社會主義不能在香港實施，[37]而中央奉行的列寧式民主專政在香港也無一席之地。[38]同時香港

---

33. Maxwell A. Cameron and Tulia G. Falleti (2005). "Federalism and the Subnational Separation of Powers," *Publius*, 35: 265–269.

34. Enrique Ochoa Reza (2004). "Multiple Arenas of Struggle: Federalism and Mexico's Transition to Democracy," in *Federalism and Democracy in Latin America,* Edward L. Gibson, ed. Baltimore: Johns Hopkins University Press, p. 256.

35. Maxwell A. Cameron and Tulia G. Falleti (2005). "Federalism and the Subnational Separation of Powers," *Publius*, 35: 267–269.

36. 《中華人民共和國憲法》（1982 年版）第 1 條。

37. 《香港基本法》序言及第 5 條。

38. 《中華人民共和國憲法》（1982 年版）第 3 條。

也沒有跟全國人民代表大會（簡稱全國人大）相似，理論上掌管國家最高權力的一類本地組織。[39]

但這並不代表兩者沒有共通之處。2015 年，當時北京在港的最高代表張曉明便在一次高調的演講中談到「香港特別行政區的政治體制與國家的政治體制存在密不可分的關係」。[40] 例如香港與全國人大制度並非毫無關係，《基本法》也有條文陳述如何從香港的中國公民當中選出全國人大代表。[41] 更重要的是，中央多次強調寄望在香港建立的某種政府架構，跟國家現行的制度十分相似。

而國家的政府架構也不是單憑一紙憲法便足以確認的，例如理論上全國人大被賦予最高的權力。雖然在非共產世界裏沒有完全跟人民代表大會相對的組織，但跟人大最接近的西方政治機構應該是立法機關。例如 Albert Chen 就以中國的「人大至上」對比英國的「國會至上」。[42] 但如同其他方面一樣，在中國，憲法條文跟現實總有差距。全國人大甚至在立法的必然角色上，也多次把廣泛的立法權授予國家的行政部門，以致 Chen Jianfu 提出，據報須向全國人大匯報的國務院，[43] 實質上享有比全國人大更大的立法權。[44] 而這個結論也不必局限於立法

---

39. 《中華人民共和國憲法》（1982 年版）第 2 及 3 條。

40. 張曉明：〈正確認識香港特別行政區政治體制的特點〉（2015 年 9 月 12 日「《基本法》頒佈二十五周年」研討會上的講話）。張曉明於 2012–2017 年任中央政府駐港聯絡辦主任。

41. 《香港基本法》第 21 條。

42. Albert H. Y. Chen (2000). "The Court of Final Appeal's Ruling in the 'Illegal Migrant' Children Case: Congressional Supremacy and Judicial Review," in *Hong Kong's Constitutional Debate: Conflict over Interpretation,* Johannes M. M. Chan, H. L. Fu, and Yash Ghai, eds. Hong Kong: Hong Kong University Press. p. 80.

43. 《中華人民共和國憲法》（1982 年版）第 92 條。

44. Jianfu Chen (2008). *Chinese Law: Context and Transformation.* Boston: Martinus Nijhoff Publishers. p. 183.

層面。以全國人大會期之疏[45]和成員人數之多，Chow 等學者指在中國的憲政下行政部門實際上主導立法部門的說法也不無道理。[46]

　　無論如何，我們不能夠單憑憲法去理解中國的真實管治模式。基於執政共產黨的領導地位，[47]研究中國憲法的中外學者的共識，是研究需要同時考慮黨內各單位的管治角色。[48]這種以共產黨黨章輔以國家憲法的手段往往被稱為「雙憲法」模式。[49]不過我們也要避免以字面解讀黨章，因為與國家憲法的情況相似，黨章條文跟現實的權力分配有異。理論上，黨章規定，黨的最高權力機關是中國共產黨全國代表大會，[50]跟國家體制下的全國人大相對應，但黨的日常運作卻掌握在小型的行政機關手上，[51]特別是中國共產黨中央政治局和它轄下（現為七人）的常務委員會。[52]而在中華人民共和國的歷史裏，最高權力大部分時間都集中在共產黨一位最高領導人身上，通常是黨主席，近年是黨總書記。[53]

---

45. 全國人大每年僅召開一次（《中華人民共和國憲法》（1982 年版）第 61 條），而轄下常務委員會則每兩月召開一次。

46. Chen Jianfu (2008). *Chinese Law: Context and Transformation*. p. 135; Daniel C. K. Chow (2015). *The Legal System of the People's Republic of China in a Nutshell*, 3rd ed. St. Paul: West Academic Publishing. p. 97。

47. 《中華人民共和國憲法》（1982 年版）序言。

48. Albert H. Y. Chen (2017). "Constitutions, Constitutionalism and the Case of Modern China," *University of Hong Kong Faculty of Law Research Paper,* No. 2017/023. p. 19.

49. Ibid, p. 20; Shucheng Wang (2015). "Emergence of a Dual Constitution in Transitional China," 45 *HKLJ,* 45(819): 825–827.

50. 《中國共產黨章程》第 10（3）條。

51. 《中國共產黨章程》第 22 條。

52. Christine Loh (2010). *Underground Front: The Chinese Communist Party in Hong Kong.* Hong Kong: Hong Kong University Press. p. 17.

53. 但事實上不一定要當上任何正式黨政職銜，也可以掌握至高權力的，鄧小平就是一個好例子。鄧在 1990 年已經交卸了所有黨務，僅保留中國橋牌協會榮譽主席一職，但往後數年他仍舊是中國實質上的領導人。

（二）「一國兩制」的影響

因此無論從國家或是從黨的架構來看，管治模式都是一樣的。國家事務實際上透過黨內少數行政委員會領導，而它們的權力遠高於理論上的最高權力議會。假如上述的兩級平行原則適用於中國的話，我們就應該期待全國地區都複製這種架構。

因為「一國兩制」介入，因此很難想像國家的制度可以全盤植入香港。也由於明文禁止在香港特別行政區施行社會主義，[54] 國家的共產黨領導形式自然不能在香港設立。但這並不意味着兩級架構之間全無平行元素。

正如 Suksi（2011）在 1930 年代自治的梅梅爾與立陶宛中央鬥爭的研究中指出，獨裁國對於同樣由一人專政的地方政府較為放心。把該分析移植到中國，我們就能明白為何一個強勢的國家領導人，例如現任黨總書記習近平，會對地方上同樣集大權於一身，而又能在不受地區政府其他分支干擾下，奉行中央政府政策的領袖更為放心了。除去共產黨領導的要求，這種與國家層面相似，由單一領袖行政主導的政府，似乎就是中央政府屬意在港推行的憲政了。

張曉明 2015 年的講話清楚表明這種意圖。這位中央在港最高級代表，以幾乎同樣適用於現任黨總書記習近平身上的字眼，把特區行政長官描述為「具有超然於行政、立法和司法三個機關之上的特殊法律地位」，又斷言在《香港基本法》下的政制是「以行政長官為核心的行政主導體制」。[55] 可是這種支持行政主導，同時反對把香港政制描述為權力分立的態度[56] 並不是新現象。下文將指出，這種論調在《香港基本法》起草完畢後才出現，針對當時出乎意料地強勢的立法局。

---

54. 《香港基本法》第 5 條。

55. 張曉明：〈正確認識香港特別行政區政治體制的特點〉。

56. 張曉明稱：「不搞『三權分立』是《基本法》起草有關規定時的一個重要指導思想。」

（三）行政主導

　　張曉明 2015 年講話的新意在於把行政管理權提升至位於立法、司法之上的「主導地位」，而行政長官也「超然於行政、立法和司法」之上，此提議當時引起不少爭議。[57] 誠然這兩種主張都從未以如此強硬的字眼出現在較早前國家發出關於香港政制的文件當中，尤其是近年對香港政策最具權威的國務院白皮書《「一國兩制」在香港特別行政區的實踐》。[58] 這份 2014 年的白皮書無疑在其他方面有缺失，[59] 但它對在《香港基本法》下行政、立法和司法機關各自的權力有更為持平的概要，包括立法會有重大權力審議並決定是否通過行政機關提出的預算案、稅收，以至公共開支提案。[60] 連習近平自己在 2008 訪港期間也沒有提過行政主導或者超然的行政長官一類的字眼。當時這位新任中共中央政治局常委提到的卻是行政、立法、司法三個機構要「互相理解，互相支持」。[61] 很難不因此推斷，從 2008 年強調互相理解，到 7 年後張曉明強調香港特首的超然地位，[62] 當中至少部分反映了習近平成功鞏固權力後，會希望把香港交給另一個有超然地位的人來管理。

　　要從《香港基本法》裏找到支持行政主導和特首超然這種主張的理據實在很難，所以張曉明也只能選擇性引用條款去支持自己的論調。比如，他在 2015 年的講話沒有直接提到《香港基本法》賦予立法機關

57. Rowan Callick (2015). "China's Man in Hong Kong, Zhang Xiaoming, Ignites Rule of Law Row," *The Australian*, 19 September 2015.

58. 國務院新聞辦公室，2014 年 6 月 10 日。

59. 文件指香港法官需要「愛國」、滿足「政治要求」，就受到多方批評，指威脅法官的獨立性。Danny Gittings (2016). *Introduction to the Hong Kong Basic Law*, 2nd ed. Hong Kong: Hong Kong University Press. pp. 163–164.

60. 白皮書二（二）部分，指出《香港基本法》第 72 條（2）、（3）賦予立法會的職權。

61. Benny Y. T. Tai (2012). "The Judiciary," in *Contemporary Hong Kong Government and Politics*, Wai-man Lam, Percy Luen-tim Lui and Wilson Wong, eds, 2nd ed. Hong Kong: Hong Kong University Press. p. 82.

62. 雖然張曉明提到立法能制約和監督行政，但強調行政機關享有「較大的決策制定權」。

一項重要的特權，[63] 即廣泛的財政審查權力，[64] 雖然一年前國務院的白皮書才提到過。另一個例子就是張曉明強調，當遇上行政立法長期對峙，在某些有限制的情況下，行政長官有權解散立法會，[65] 卻沒有提到往下的條款指重新選出的立法會有權免除該行政長官的職務。[66]——這樣的條款確實很難令人聯想到行政長官的超然形象。

張曉明的講話強調《基本法》下行政長官的「雙負責制」，即同時為政府行政機關的首長[67] 和香港特別行政區的首長，[68] 但這第二個身份實際上只是代表香港對外交往，包括與中央及外國的互動。[69] 這裏完全沒有證據顯示行政長官在處理香港內部事務時，享有主導其他政制分支的地位。這種憲法上的雙重身份也不獨見於香港的特首。例如印尼的亞齊自治省總督就有類似的雙重角色，他一方面經普選產生，代表亞齊人民，另一方面他也要向印尼國家政府問責。[70] 事實上，由於沒有跟國家政權同樣的全權代表資格，地區首長幾乎都無可避免要戴上兩頂帽子，特別是跟中央交往的時候。

與之相比，如削去行政主導或者超然的行政長官等具爭議的表述，其實從《基本法》文本中找到支持廣義的行政領導的條文是較為容

---

63. 特別是立法會這些權力，只是在表述行政長官面對立法會拒絕通過政府議案時，有權引用《基本法》第 50 條解散立法會的背景下間接提到的。

64. Ngok Ma (2007). *Political Development in Hong Kong: State, Political Society, and Civil Society.* Hong Kong: Hong Kong University Press. pp. 111–112。

65. 《香港基本法》第 50 條指出的情況，包括立法會「拒絕通過政府提出的財政預算案或其他重要法案」或行政長官拒絕簽署由不少於三分之二立法會多數議員再次通過的法案。

66. 《香港基本法》第 52 條（2）、(3) 指如重選的立法會繼續拒絕通過引致前立法會解散的原案，又或者重選的立法會仍以全體議員三分之二多數通過引致解散前立法會的原案，而行政長官仍拒絕簽署，則行政長官必須辭職。

67. 《香港基本法》第 60 條。

68. 《香港基本法》第 43 條（2）。

69. 《香港基本法》第 48 條（9），行政長官代表香港特別行政區政府處理中央授權的對外事務。

70. 印度尼西亞共和國法案 2006 年第 11 號第 40 條關於亞齊的管治。Markku Suksi (2011). *Sub-State Governance through Territorial Autonomy.* Heidelberg; Dordrecht; New York : Springer. p. 545.

易的，[71] 當中賦予行政長官的權力，就包括一些連國家總統也少有的，尤其是行政長官擁有廣泛的守門權，以致對於哪些議案能夠進入立法會，有着近乎絕對的控制權。[72]

（四）起草《香港基本法》

然而，《香港基本法》起草期間，從未有提出過行政領導的字眼，而《基本法》公佈後，一些具影響力的起草委員也否認這種講法，因此很難視之為對香港政府架構的正確描述。特別是內地學者、基本法起草委員會專題小組召集人王叔文主編的《香港基本法導論》的 1990 年初版，就明確指「把未來香港特別行政區的政治體制解釋為『行政主導』或『立法主導』都是不科學的。」[73] 而行政和立法「不是誰壓倒誰的問題，也不存在誰凌駕於誰之上的問題。」[74] 這跟張曉明 2015 年斷言行政主導的説法不一樣。

當同一本書在 1997 年出修訂版的時候，為了迎合北京立場轉變，文字就改為「香港特別行政區的政治體制，從《基本法》的有關規定來看，也是一種『行政主導』的體制」。[75] 這七年間改變的，就是自 1991 年首次直選以來，大批民主派晉身立法局，顯示立法會將成為立場鮮明的反對勢力，這是基本法起草委員始料不及的。[76] 雖然情況因為佔過半數的建制派興起而有所緩和，但正如 Chen 指出，建制派內部缺乏凝

---

71. Ngok Ma (2007). *Political Development in Hong Kong: State, Political Society, and Civil Society.* Hong Kong: Hong Kong University Press. pp. 58–59; Albert H. Y. Chen (2005). "Executive-led Government, Strong and Weak Governments and Consensus Democracy," in *Hong Kong's Constitutional Debates,* Johannes Chan and Lison Harris eds. Hong Kong: Hong Kong Law Journal Ltd. pp. 9–10.

72. 根據《香港基本法》第 74 條，只有不「涉及政府政策」的法案才可以在未得到行政長官書面同意前提交。

73. 王叔文（1990）。《香港特別行政區《基本法》導論》。北京：中共中央黨校出版社。177 頁。

74. 同上註。

75. 同上註，1997 年修訂版，207 頁。

76. Gittings. *Introduction to the Hong Kong Basic Law.* p. 142.

聚力和有效的組織等弱點，【77】作為北京的盟友遠不及特首可靠，因此催生了強調特首地位超然的政制詮釋。

香港經驗有趣的地方是，它顯示儘管次國家級憲法文件在草擬階段未有刻意追求與國家級平行，但平行現象仍然可以在實施階段成形。撰寫憲法時可能專注在自主、地區特色或其他問題上，而未及考慮可能需要與國家制度平行。在香港的情況而言，由於 1997 年前很多人懷疑都「一國兩制」是否可行，因此國家當初致力強調《基本法》下兩制之異就毫不奇怪了。只有當地區實施憲法時出現（至少在國家眼中）某種難以預見的問題，【78】才會令國家關注到可能需要引入一些平行元素。

三、對權力分立的兩種態度

（一）中央的強勢立場

上文已經指出，張曉明 2015 年斷言行政主導和特首超然，是與否定香港政制屬於權力分立相伴隨的。這位中國在港最高代表甚至指「不搞『三權分立』是基本法起草有關規定時的一個重要指導思想。」【79】

內地官員否認香港有權力分立的言論其實早已不絕於耳，特別是全國人大委員長吳邦國 8 年前就同一主題的高調講話。【80】幾乎每一次講話（包括張、吳兩位的）都會引用鄧小平在《基本法》起草之際對於權

---

77. Albert Chen (2014). "The Executive Authorities and the Legislature in the Political Structure of the Hong Kong SAR," *Academic Journal of "One Country, Two Systems"*. pp. 80, 85.

78. 見國務院新聞辦公室 2014 年 6 月 10 日《「一國兩制」在香港特別行政區的實踐》白皮書第五部分。關於國家承認基於香港出現難以預見的困難，因而改變對港政策，見 Jie Cheng (2009). "The Story of a New Policy," *Hong Kong Journal*, 15.

79. 張曉明：〈正確認識香港特別行政區政治體制的特點〉。

80. 吳邦國在 2007 年 6 月 6 日的「紀念中華人民共和國香港特別行政區《基本法》實施十周年座談會」上指「香港特別行政區政治體制的最大特點是行政主導」。

力分立的批評。【81】大家往往忘記了鄧小平只是在表明《基本法》不能完全照搬西方的一套，以舉例形式提到三權分立而已。但這並未能阻止北京官方把這位最高領導人隨口一句意見【82】當成了金科玉律，並以此否定《香港基本法》有權力分立這回事。

北京明顯希望在行政立法架構上，國家級和次國家級能達至某種程度的平行，而我們則需要從這個角度去理解他們為何否認《香港基本法》有權力分立。如此一來，他們對權力分立極度厭惡就不足為奇。説到底，雖然列寧式的民主集中制理論上把所有權力集中在人民代表大會，【83】但實際上權力都抓在共產黨領袖手上，因此對中國憲政來説，確實沒有比權力分立更大的詛咒了。

（二）香港法院的遺漏

由於國家與地區在行政立法架構缺乏平行引致某程度的張力，尤其當中涉及一種國家斷然否定 —— 甚至懼怕 —— 的制度，當香港法庭裁決《基本法》提供「憲法上的權力分立」，【84】加強普通法早已形成的原則，引致緊張就不足為奇了。

這裏並非要挑戰法庭對確認此一制度的裁決，正如終審法院在梁國雄訴立法會主席（No. 1）（2014）一案中指出，《香港基本法》第 2 條列明的行政、立法和獨立司法權，加上第 4 章以下各節，已經清楚證明此一制度。【85】

---

81. Deng Xiaoping (1993). "Speech at a Meeting with the Members of the Committee for Drafting the Basic Law of the Hong Kong Special Administrative Region," in *Deng Xiaoping on the Question of Hong Kong*. Beijing: Foreign Languages Press. p. 55.

82. 有強烈證據顯示鄧小平當時的講話未經即時筆錄，因為當中涉及一項錯誤陳述，提到「美式的國會制」，而且有關講話要在數天後才交由內地官方媒體全面報導。

83. 《中華人民共和國憲法》（1982 年版）第 2 及 3 條。

84. 梁國雄訴立法會主席 (No .1) (2014) 17 HKCFAR 689, 701.

85. 梁國雄訴立法會主席 (No .1) (2014) 17 HKCFAR 689, 701–702.

　　不過，若然以往涉及權力分立的案件，法庭也能夠同樣注重細節，那對事情就更有幫助了。然而，這些早期案件往往是抱着《基本法》下的權力分立屬不言而喻，無須引用當中任何具體條文去證實的假設下進行審訊的。[86] 例如劉國輝訴律政司司長（2003）一案，法庭就指權力分立已經「縫入基本法的布料之中」，卻未有嘗試解釋它究竟跟哪部分的布料交織。[87] 雖然梁國雄案（No. 1）（2014）終於修正了這些早期疏忽，但它們已經引起了教人遺憾的的副作用，讓批評者更容易堅決否定《基本法》有權力分立。畢竟若一方像法庭在早期案件所為，斷言存在權力分立，卻又沒有提供任何細節去證實這個結論，那麼另一方也更容易在沒有提供詳情下否認制度存在了。正如吳委員長 2007 年的講話，雖然極力否認香港有權力分立，卻沒有就此引用過基本法任何條文去證實這個說法。可是當張曉明在 2015 年重申這個論調的時候，終審法院已經在梁國雄案（No 1）（2014）中引用實質條文以證實權力分立的確存在，因此這位中國在港最高代表似乎感到有需要回應一下，於是高度選擇性地引用基本法條文來力證行政主導。[88]

　　但這裏仍然留有一片重要的空白。假如權力分立當真已經「縫入基本法的布料之中」，那麼我們應該嘗試準確辨別香港的政制處於「權力分立連續體」[89] 的哪一個位置。在這一點上，法庭的指引還不夠實在，甚至令人困惑。其中最教人摸不着頭腦的，是夏正民法官在早期案件中聲稱基本法是「基於俗稱的西敏寺模式」[90]——這只能詮釋為英式議

---

86. 例如終審法院在以下案件都提到權力分立：入境事務處處長訴莊豐源 (2001) 4 HKCFAR 211, 223、劉昌訴香港特別行政區 (2002) 5 HKCFAR 415, 447。

87. 劉國輝訴律政司司長 (unrep,, HCAL 177 and 180/2002, [2003] HKEC 711, para. 19.

88. 見註 63，及上述張曉明選擇性引用《基本法》條文以否定存在權力分立。

89. Donald S. Lutz (2006). *Principles of Constitutional Design.* Cambridge: Cambridge University Press. p. 123.

90. *Yau Kwong Man v. Secretary for Security* [2002] 3 HKC 457, 469 and *Lau Kwok Fai* (see note 87) at para. 17.

會制，而夏官此言也引來諸多批評。[91]這明顯與大部分本地學者認為香港基本法系統跟美式總統制較為接近，而跟英式議會制差別較大的共識相左，[92]尤其基本法條文對立法機關和作為行政機關之首的特首，兩者的產生和署任有截然不同的安排，[93]而行政立法分家正是總統制的經典標誌。[94]這種與主權國家議會制的比較，卻不幸引來中央加劇懷疑香港政制的副作用，因為北京對任何可能增強泛民陣營反對力量的措施都會抱有懷疑，包括提升有較多泛民參與的立法會的地位。

　　往後案件的判詞都稱許地徵引[95]（但未有闡述）梅師賢法官的著作。梅官不獨指出了西敏寺模式和總統制兩種權力分立變體之間的鴻溝，更說明了這個原則如何在不同司法管轄區之間轉變。[96]這位前澳洲首席大法官也特別提到，到現時為止法庭「還沒有機會考慮這原則會為

---

91. For criticism of Hartmann's citing of the Westminster model in this context, see Peter Wesley-Smith (2004). "Judges and Judicial Power under the Hong Kong Basic Law," *Hong Kong Law Journal,* 34: 83–84 and Lo Pui Yin (2014). *The Judicial Construction of Hong Kong's Basic Law.* Hong Kong: Hong Kong University Press. p. 36.

92. Yash Ghai (1999). *Hong Kong's New Constitutional Order: The Resumption of Chinese Sovereignty and the Basic Law,* 2nd ed. Hong Kong: Hong Kong University Press. p. 263; Peter Wesley-Smith (1990). "The Separation of Powers," in *Hong Kong's Basic Law: Problems and Prospects,* Wesley-Smith, ed. Hong Kong: Faculty of Law, University of Hong Kong. p. 72; Albert Chen (2014). "The Executive Authorities and the Legislature in the Political Structure of the Hong Kong SAR," *Academic Journal of "One Country, Two Systems,"* 80, 89. While Albert Chen agrees that Hong Kong's system is closer to a presidential than a parliamentary system, he notes that it also differs from a presidential system in several respects.

93. 行政長官任期五年（香港《基本法》第 46 條），由 1200 人的選舉委員會選出，當中少於 70 人是立法會議員〔附件一（2）〕，而立法會議員任期四年，獨立選出〔香港《基本法》第 69 條、附件二（1）〕。

94. Matthew S. Shugart and John Carey (1992). *Presidents and Assemblies: Constitutional Design and Electoral Dynamics.* Cambridge: Cambridge University Press. pp. 18–19.

95. Cheung J in *Luk Ka Cheung v. Market Misconduct Tribunal* [2009] 1 HKLRD 114, 130–131 and Fok JA in *Koon Wing Yee v. Financial Secretary* [2013] 1 HKLRD 76, 93.

96. Sir Anthony Mason (2007). "The Place of Comparative Law in the Developing Jurisprudence on the Rule of Law and Human Rights in Hong Kong," *Hong Kong Law Journal,* 37(299): 305.

香港帶來什麼」。[97] 最後這一句尤為可圈可點,因為法庭已經多番審理過涉及權力分立的案件,其中數宗梅法官也以終審法院非常任法官的身份參與,[98] 因此如果法官們願意的話,大可以藉此闡述在《香港基本法》下這項原則的性質。

四、結語

很難理解為何香港法庭在早已堅決斷言《基本法》存在權力分立制度以後,卻似乎對評析該制度的涵義保持緘默。一個可能是認為沒有這種需要,因為很多案件都只是略略提到權力分立制度。但這個解釋不足以令人完全信服,特別是過去終審法院都願意就其他關乎《基本法》而具有爭議的事項提出附帶意見。這也難以解釋為什麼在吳嘉玲對入境事務處處長案(1999)中,[99] 法庭膽敢以近乎附帶意見的形式[100]作出具爭議的裁決,廢止全國人大及其常委會的指示,以至引起與北京之間的憲法風波,[101] 但如今卻迴避在香港的權力分立上作出闡述。

另一個可能是法庭原本認為不方便詳細探究一個以往在香港法律體系闕如的權力分立問題,畢竟在 1997 年 7 月 1 日以前,香港從未擁有憲法推動的權力分立,連在普通法下這個原則也從未在法庭上提

---

97. Ibid. Sir Anthony Mason (2006). "The Role of the Common Law in Hong Kong," in *The Common Law Lecture Series 2005,* Jessica Young and Rebecca Lee, eds. Hong Kong: Faculty of Law, University of Hong Kong. p. 21.

98. Simon N. M. Young (2011). "Constitutional Rights in Hong Kong's Court of Final Appeal," *Chinese (Taiwan) Yearbook of International Law and Affairs,* 27(67): 79–80. Young 稱梅師賢對法律體系的發展有重大的影響。

99. 吳嘉玲訴入境處處長案 (1999) 2 HKCFAR 4. pp. 26–28.

100. 對於這一段判詞可以應視作附帶意見,見 Albert H. Y. Chen. "The Court of Final Appeal Ruling in the 'Illegal Migrant' Children Case," pp. 81–83.

101. 此風波最後以法庭發出一份候補及和解性的判決作結,見吳嘉玲對入境事務處處長 (No 2) (1999) 2 HKCFAR 141。見 Danny Gittings (2016). *Introduction to the Hong Kong Basic Law*, 2nd ed. Hong Kong: Hong Kong University Press. pp. 181–182。

出過，[102] 以至大部分香港法官對此毫無經驗。梅師賢屬少數對權力分立有較多經驗的香港法官。他擔任澳洲首席大法官的時候就已經對評釋當地的權力分立原則作出過重要的貢獻。[103] 因此梅官研究這個原則在香港適用情況的著作最多，[104] 實非巧合，雖然這些並不屬法律上的意見。

　　無論法庭緘默的原因為何，香港權力分立的性質缺乏清晰界定，在一些問題上法庭進一步的指引將會極有幫助。舉最後一例：行政領導的政府和權力分立之間的關係還有待探索。儘管內地官員往往視兩者為非此即彼的二元選擇，並引《基本法》下的行政領導作為駁斥權力分立的首要理由，但事實上並無理由相信必然如此。權力分立從來沒有要求行政、立法、司法三支要完全平等，也無需排除其中一支飾演主角，只要其餘兩支都保留獨立的權力和功能就可以了。在梁國雄訴立法會主席（2007）一案中，夏正民法官便在連續幾段判詞，把行政領導政府與他所稱「基本法訂明的權力分立」相提並論，[105] 暗示兩種概念可以並存。但這種可能性並未在往後的審訊中予以闡述或進一步考慮，使它成為另一個仍舊有欠缺清晰的範疇。假若澄清概念能實質解釋一個行政領導的政府如何與權力分立並存，這或能化解北京其中一個否定《基本法》有權力分立的理由。

---

102. 一個例外是 *R v. Ng Tung Fong* [1992] 1 HKCLR 114, 118.

103. Sir Anthony Mason (1996). "A New Perspective on Separation of Powers," *Canberra Bulletin of Public Administration,* 82:1–9.

104. Mason "The Place of Comparative Law" 與 Mason "The Role of the Common Law in Hong Kong".

105. 梁國雄訴立法會主席 [2007] 1 HKLRD 387, 401.

第二部分

中央與特別行政區司法權關係

第十章

大陸法國家中的普通法法院
「一國兩制」與普通法[*]

❧❧❧❧❧❧❧❧❧❧❧❧❧❧❧❧❧❧❧

楊曉楠

大連海事大學法學院副教授

楊振

大連海事大學法學院碩士研究生

一、引言

　　香港回歸的 20 年來，「一國兩制」已經在香港和澳門特別行政區從一個理論構想順利地變為現實。這一構想最初由鄧小平提出用以解決台灣問題，因此，在中英兩國政府就香港回歸進行談判時，對香港政治制度的具體安排依然面臨着一些爭議和困難，其中，香港本地司法機構的組建和制度架構就是最難解決的問題之一。[1] 最終，根據《中英聯合聲明》的承諾，《香港基本法》第 2 條規定香港特區享有獨立的司法權和終審權。此外，《香港基本法》第 4 章對司法機構的構建做出了具體規定，第 158 條還就香港法院與全國人大常委會共同享有《基本法》解釋權作了特別的授權規定。可以說，自 1997 年 7 月 1 日起，香

---

[*] 本章在楊曉楠於 2017 年 10 月 26 日至 27 日香港城市大學舉辦的「香港特別行政區憲制秩序的演進：理論與比較的視角」國際學術研討會的發言論文基礎上整理而成，文稿原文是英文，楊振主要負責文稿翻譯及後期修改工作。

1. Danny Gittings (2016). *Introduction to the Hong Kong Basic Law*. Hong Kong: Hong Kong University Press. p. 15.

港司法機構一直是「一國兩制」下香港政治憲制中的重要機構，也是內地與香港「兩制」的橋樑，同時，還成為了香港特區法治的保障。

不過，在回歸後的 20 年裏，香港特區法院作出的很多判決引發了《香港基本法》的設計者都始料未及的憲制爭議，進而引起內地及香港本地政治參與者、學者，乃至公眾的高度關注。毫無疑問，在一系列的爭議之中，香港特區法院在本地社會中的影響力逐漸增強，以至一些政客甚至將其視為政治協商的庇護所和角力舞台。可以說，如今，香港特區的司法機關正處於歷史的十字路口。每當審視其未來應如何扮演適當的角色時，我們就必須考慮這些憲制爭議背後更深層次的理論問題：首先，這些憲制性爭議是不是由於《香港基本法》對於特區司法機構特殊的規定所引發，在本質上是不可避免的？抑或，這些爭議本身反映了內地與香港法律制度的深層次差異，而保持這種差異的正是「一國兩制」的本質所在。其次，在理論層面上，《香港基本法》的兩個解釋者是否可以相互協調，從而弱化大陸法與普通法之間的分歧（如果這種分歧真實存在）？最後，香港特區的新憲制秩序在多大程度上影響着香港這個普通法區域對司法機關傳統角色的理解，「一國兩制」下香港司法機關應扮演的理想角色又是什麼呢？對這些問題的回應構成了本章的問題意識。

二、比較法視角下的混合法域國家

「一國兩制」的一個特點就是在香港特區保留原有的普通法傳統，在澳門特區保留原有的歐陸大陸法傳統。因此，在香港和澳門回歸後，中國成為了一個典型的多元法域或稱混合法域國家，[2] 即在一個有着大陸法傳統的社會主義國家中並存着普通法和葡萄牙大陸法的司法

---

2. 本章認為，儘管香港和澳門特區的兩部《基本法》的條文非常相似，但是，「一國兩制」在澳門特區和香港特區的實現方式是不同的，不僅因為澳門特區踐行歐洲大陸法傳統而香港特區踐行普通法傳統，還因為兩個特區的政治現實存在着很大的差異。

區域。不過，有時理論者過度誇大了這種特殊性，中國並非唯一具有
混合法域的國家，實際上，在複合制國家中，具有獨立法律制度的地
方區域並不是件稀奇的事情。在聯邦制國家中，混合法域的產生往往
可能是殖民統治的歷史造成的，例如，魁北克作為加拿大的一個「特
殊社會」為大眾所熟知。與加拿大的其他地區不同，魁北克省為了保
護以法語為母語的魁北克少數民族而單獨適用大陸法進行社會治理。
不過，這結果並非自然形成，在加拿大憲制性法律制定的過程中，魁
北克省也經歷了與其他省之間漫長而艱難的談判。[3]普通法國家的另一
個特例是美國的路易斯安那州，它保留了法國、西班牙和羅馬的法律
傳統，[4]另外，波多黎各自治邦也是美國的另一相似案例。在英國，由
於蘇格蘭在加入聯合王國時保留原有獨立的法律體系，因而與英國的
其他地區相區別。作為英國統一的條件，承認蘇格蘭的自治權被寫入
英國 1707 年《聯合法案》。如果將上述國家自治區與香港的情況進行比
較，可能發現會有一些不同。

　　首先，區域的整體自治性不同。在自治程度的談判過程中，香港
本地人民未曾有機會直接參與中英兩國之間的政府談判，不像上述那
些自治地區可以直接決定或參與本地自治程度的協商。[5]中國政府認為
香港回歸談判應發生在兩個主權國家之間，香港並不具備合適的資格
參與這一進程，因此不應參加或是列席中英兩國的外交談判。而且，
香港與蘇格蘭不同，其從未作為一個獨立的政治個體而存在。在港英
統治時期，英國政府一直以來抑制香港民主政治的發展，以至香港在

3. 參見 Catherine Valcke (1996). "Quebec Civil Law and Canadian Federalism," *Yale J. Int'l L.*, 21:
   68–69.

4. 參見 Mary Garvey Algero (2005). "The Sources of Law and the Value of Precedent: A
   Comparative and Empirical Study of a Civil Law State in a Common Law Nation," *La. L. Rev.*,
   65: 776.

5. 參見宗道一等編著、周南修訂 (2007)。《周南口述：身在疾風驟雨中》。香港：三聯書店。
   264 頁。

回歸前期缺乏成熟的政黨政治引導或支配香港本地政制發展。[6]在 1997年以前，香港的民主性改革是突變發展的，大多發生在 1985 年至 1997年的過渡階段，[7]這也主要是因為香港回歸日程確定後，港英政府力圖增加其未來在香港特區的影響力而進行的一種改革。因此，應該認識到，司法機構的自治始終與香港特區的整體自治息息相關，並不存在於整個政治架構外的獨立的司法機構。可以說，香港特區的自治程度決定了司法機構自治的制度空間，反過來，香港特區的司法自治無非旨在保護或促進香港特區整體的自治程度。以魁北克為例，法律自治也是為了保存加拿大法裔居民文化語言的多樣性。同樣，香港司法機關從來沒有成為獨立的系統，而是作為特區內的一個自治機關。所以，在過去 20 年間，有時香港的司法獨立程度是被高估了，會產生一種獨立於特區政治架構之外司法特權的錯覺，這也是關於特區法院憲制爭議產生的原因之一。

其次，法域的單一性不同。像魁北克和路易斯安那州這些普通法國家中的大陸法地區，雖然在私法方面延續了大陸法的傳統，但是卻在公法層面融入了國家層面的普通法，因此，即使對於自治區域而言，它們的法律制度並不是純粹大陸法的，而是具有混合法域特質的，即混合法域國家中的混合法域自治區。[8]這是一種雙向的融入機制，可以在國家的統一性與地區的自治性之間形成一種緩衝機制，達成「你中有我、我中有你」的局面。而在香港特區，這種互動除了在香港基本法解釋的問題之外是並不明顯的。《香港基本法》完整地保存了原有的普通法制度，使其與內地的法律制度相分離。因此，難以將香港視為一個多法域地區，至少在目前看來，香港還只是一個單一的法域。當然，從理論上說內地法律會在如下問題上影響到香港的法律

---

6. 王鳳超（2017）。《香港政制發展歷程（1843–2015）》。香港：中華書局。

7. 《香港人權法案條例》於 1991 年生效實施，其他民主性發展進程參見前註。

8. Hector L. MacQueen (2001). "Mixed Jurisdictions and Convergence: Scotland," *Int'l J. Legal Info*, 29: 309.

制度，不過不管怎樣看，這種影響還未使得香港法院將大陸法與其普通法結合起來而影響法域的單一性：（1）中國的 1982 年《憲法》在香港特區的應用。這在理論上是一個複雜的問題，但在司法實踐中卻較容易解決。內地學者對於中國憲法在特區的法律效力有不同的學術主張，如「憲法整體有效、部分不適用說」、「憲法效力區際差異說」、「憲法自我限制說」、「基本法變通適用憲法說」、「憲法在特區引用及與基本法的關係不確定論」等。[9] 儘管香港法院在少數案件中引用過中國憲法，但其應用並不直接決定該案件判決的爭議與結果。[10]（2）其他全國性法律的適用。根據《香港基本法》第 18 條第 2 款的規定，凡列於《基本法》附件三的全國性法律，由香港特別行政區在當地公佈或立法實施。在實踐中，香港法院並不會在香港特區頒佈全國性法律前審查相關法律，因此，實際上，香港法院適用的只不過是一部香港本地立法。不過，在「吳恭劭案」中，[11] 香港法院實際上處理了香港立法機關有關侮辱國旗、區旗立法的合基本法性的問題。在本案中，法院似乎認為國旗條例是一種普通的地方立法，並沒有提到大陸法方法的適用。[12]（3）內地與特區之間的跨境法律問題和司法協助。[13] 在這些情況下，如下文討論的「華天龍」號案，香港法院有時不得不參考內地法律

---

9. 鄒平學（2013）。〈憲法在香港特別行政區的效力和適用研究述評〉。深圳：《深圳大學學報（人文社會科學版）》。5 期，59–64 頁。本章中，鄒教授綜述了 10 種憲法適用觀點，其中一些主張可能存在重合。

10. 參見王振民、孫成（2014）。〈香港法院適用中國憲法問題研究〉。北京：《政治與法律》。4 期，4–9 頁；曹旭東（2018）。〈憲法在香港特別行政區的適用：理論回顧與實踐反思〉。北京：《政治與法律》。1 期，79–89 頁。

11. *HKSAR v. Ng Kung Siu and another* [1999] 3 HKLRD 907, (1999) 2 HKCFAR 442.

12. 香港法院不主張立法，而是策略性地規避與《香港基本法》第 18 條相關的憲制問題。在 2014 年，香港高等法院提出新的適用方法用以審查「吳恭劭案」，並未重審該案。

13. 以華天龍案和 TNB Fuel Services 案例，後者在判決中寫道：「被上訴人是否能夠主張普通法下的王室豁免是一個香港法律問題，但這一問題在於被上訴人是不是受到中央人民政府的控制，而決定控制的標準以及現代王室豁免的判例標準則涉及內地法律制度的問題。」(*Krajina v. The Tass Agency & Anr* [1949] 2 All ER 274 and *Baccus SRL v. Servico Nacional Del Trigo* [1957] 1 QB 438)". *TNB Fuel Services SDN BHD v. China National Coal Group Corporation*, HCCT 23/2015, 8 June 2017.

來解決問題，但是會將內地法律視為境外法律來對待，香港法院並不會認為通過考慮內地大陸法來發展普通法是必要的。（4）對《香港基本法》的解釋。只有這方面的問題才真正可能成為影響香港法院司法方法的困難。本章將在最後一部分詳細討論。無論如何，對《香港基本法》的解釋與當地的其他程序性或實體性法律無關。因此，儘管應充分認可其重要性，但不能說香港的法律制度便因此具有了一些大陸法的特徵。總而言之，從上述角度來説，香港特區並不是一個混合法域地區，依舊是一個單一法域。

第三，司法體制的保留完整度不同。儘管一些外國地區的司法自治程序和法律混合的風格與香港不盡相同，但為了保護大陸法系的完整性，這些地區也通常會對司法制度進行某些特殊安排，因為僅僅通過承認大陸法的法源地位對於維護大陸法傳統來説是遠遠不夠的。例如，蘇格蘭法院在蘇格蘭加入英聯邦後仍繼續享有刑事案件的終審裁判權，雖然英國上議院於 1709 年主張蘇格蘭高等民事法院享有上訴管轄權，[14]但隨後該權力移交給了英國最高法院。[15]與此同時，英國最高法院目前的 12 席法官席位中有兩名蘇格蘭大法官，分別是里德勳爵（Lord Reed）和霍奇勳爵（Lord Hodge）。事實上，在英國設計地方和國家司法系統時，考慮到了自治區與國家之間的相互影響，所以，在人員安排上，英國最高法院也有一定的多樣性。與其相比，路易斯安那州在綜合發展本州法律方面似乎更加開放：在法國大陸法系法源的影響下，它的法院系統幾乎保持了英美普通法的風格。例如，在刑事案件的審理中採取陪審制度，並且在民事案件上訴時，陪審團的調查結果需要受到審查。[16]總之，這種混合法源也體現在司法體制中。而香港並不存在這些情況。香港的司法機關擁有終審權，在香港回歸前，這

---

14. *Greenshields v. Magistrates of Edinburgh.* (1709) 1 Rob 12.

15. 英國最高法院同樣享有來自樞密院的移交案件的上訴審判權。See Drummond Young (2013). "Scotland and the Supreme Court," *Cambridge J. Int'l & Comp. L.*, 2: 67.

16. Nina Nichols Pugh (1975). "The Structure and Role of Courts of Appeal in Civil Law Systems," *La. L. Rev.*, 35: 1189.

一權力是由英國倫敦的樞密院所享有的。回歸後，一方面，位於內地的最高人民法院對香港特區案件沒有司法管轄權，僅由全國人大常委會而非最高人民法院對香港基本法的含義享有最終的解釋權。另一方面，除了有關跨境司法協助的案件外，香港法院對內地案件同樣也不產生任何域外的影響力。總之，內地和香港兩個司法管轄區是完全獨立的。即使考慮到全國人大常委會的解釋，全國人大常委也只是將《香港基本法》視為全國人大通過的全國性法律，而並非所謂的香港「小憲法」，因為香港回歸後中國保持了一種「複雜單一制」，而不是聯邦制的國家政體，所以，並不存在多個憲法的可能性。此外，全國人大常委會作出的立法解釋通常是規範性的，並非旨在對正在進行的法律訴訟產生影響。因此，可以說，香港的司法機關在特區享有獨立的司法終審權。

最後，大陸法系的純粹性不同。更為重要的是，前面的討論中並未強調，中國內地的法律制度並非屬於傳統意義上的大陸法系。正如一些比較法學者所觀察到的，大陸法系至少具備了某些共同特徵。其中，「在普通法律師眼中，現代民法最顯著的特點是被法典化了」。【17】然而，迄今為止，除了在司法判決中不可用作裁判依據的中國憲法及刑法典外，內地並不存在統一的法典。內地民法典的起草過程正在進行，其中總則部分自 2017 年 10 月 1 日起開始實施，而其他部分尚在制定。在這一過程中，由於 1986 年民法通則仍然有效，因此，與形成一部統一的民法典還有距離。在短期內，像其他傳統的大陸法系國家那樣將編纂的成文法典作為私法的唯一來源是不太可能的。此外，由於內地經濟體制與政府監管體制的轉變，傳統大陸法系國家中的私法（*ius privatum*）與公法（*ius publicum*）間的明顯區分在內地法律體系中也並非同樣明顯地存在着。內地的法律職業也是如此。不過，這並不意味着內地法律制度將以普通法和大陸法之外的第三種方式在發展着，而是說它所具有的大陸法特徵還在發展中。因此，一套植根於傳統大陸法

---

17. Peter G. Stein (1991). "Roman Law, Common Law, and Civil Law," *Tul. L. Rev.*, 66: 1594.

系推理模式的高度系統化的法律方法論可能並不會在這個階段產生。進而，在內地大陸法與香港普通法之間，自然存在着某種發展過程的不平衡。如果我們將香港特別行政區的司法實踐與澳門進行比較，可能會發現，同樣實施「一國兩制」，同樣在《基本法》中安排相似的規定，澳門回歸後遇到的爭議就少得多。然而，這可能不是因為澳門實行了大陸法制度，而是因為澳門法律的發展階段與香港不同。【18】事實上，與香港一樣，澳門的法律制度和內地法律也有着很大的差異。

三、高度自治與司法獨立

與其他國家的自治區相比，香港特區享有較高的自治權，包括行政管理權、立法權和司法權。《香港基本法》授權香港特區擁有獨立的財政稅收制度和貨幣金融制度，並能夠以「中國香港」的名義在特定的領域內單獨地同世界各國、各地區簽訂和履行有關協議。【19】在「一國兩制」下，司法自治是在這種高度自治的憲制框架內實施的。

在中央政府和香港政府之間的關係中，香港的行政機構與內地進行了更為積極的互動。由於香港基本法的起草者將香港政治制度的改革訴諸於未來，因此在過去 20 年中，圍繞香港政制改革存在着諸多爭議。《香港基本法》規定香港特區的政治制度要根據實際情況和循序漸進的原則發展。迄今為止，有關行政長官和立法會由普選產生的爭論仍在繼續。行政長官由選舉委員會選舉產生（委員人數逐漸增加），並由中央人民政府任命，這種任命被認為是實質性的，而非形式上

---

18. 參見陳弘毅、羅沛然、楊曉楠 (2017)。〈「一國兩制」下的憲制秩序：香港與澳門特別行政區合憲性司法審查與比例原則適用之比較研究〉，朱國斌主編（2017）。《香港特區政治體制研究》。香港：香港城市大學出版社。185–222 頁。

19. Johannes Chan and C. L. Lim (2011). *Law of the Hong Kong Constitution*, 2nd ed. Hong Kong: Sweet & Maxwell. p. 24.

的。[20]作為特區的首長，行政長官需要通過更正式的公事報告對中央人民政府負責。特區立法會則由功能團體選舉的議員和分區直接選舉的議員產生，雖然直接選舉的比例有所上升，但功能組別在一定時期內還將長期存在。香港的政黨政治仍不發達，[21]與其他地區傳統的自由／保守派二元對立性政治發展相比，香港特區的政客通常被分為泛民主派和建制派兩個陣營，近些年出現的激進的地方主義政黨似乎正在成為影響本地政治的第三股力量。此外，由於《基本法》的設計，香港特區立法機關的權力受到中央政府在一些事宜方面更直接的限制。在特定情況下，根據《香港基本法》第 17 條第 2 款的規定，全國人大常委會有權發回不符合《香港基本法》規定的法律，不過這一項權力在過去並未實際行使過。[22]

　　基於香港政治體制的獨特性和上述實際情況，司法獨立深受一些政客的吹捧也是可以理解的，因為《香港基本法》賦予香港司法機關的獨立性不僅意味着司法機關獨立於香港其他機關，也意味着法院是獨立於中央政府的。

　　首先，在香港的內部政制格局中，司法機關是足夠獨立的。儘管關於行政主導體制有所爭議，但《香港基本法》確保了行政、立法和司法部門之間的某種權力分立，對於這點是顯而易見的。分權原則作為普通法傳統中法治的核心價值，其中司法獨立的內涵對權力的分立至關重要。終審法院在早期判決的實踐中遵守了這一原則，終審法院前首席法官李國能就曾表示司法獨立應包含「行政、立法和司法機關互相制衡」，以「確保行政、立法機關的運作完全符合《基本法》和法律的規定，以及確保市民的基本權利和自由得到充分保障，而這些基本

---

20. 學界關於中央對香港特區行政長官的任命權的性質和範圍尚存在爭議。參見韓大元、黃明濤（2014）。〈論中央人民政府對香港特區行政長官的任命權〉，北京：《港澳研究》。1 期。

21. 參見曹旭東（2016）。《香港政黨與良性政治：憲制與法律的視角》。香港：三聯書店。

22. 在實踐中，全國人大常委會對香港特區立法機關制定的法律，未曾發回或宣佈發現有不符合香港《基本法》規定的。有學者建議要充分利用法規備案制度，但與香港《基本法》的解釋程序相比，備案審查是相關機構內部性過程，缺乏透明性。

權利和自由是代表我們社會持久不變的價值觀」。[23] 在吳嘉玲案中，終審法院採用了美國式的司法違憲審查方式，自賦了司法機關審查甚至推翻行政和立法機關決定的權力，[24] 判決中闡述如下：「毫無疑問，香港法院有權審核特區立法機關所制定的法例或行政機關之行為是否符合《基本法》，倘若發現有抵觸《基本法》的情況出現，則法院有權裁定有關法例或行為無效。」[25] 根據《香港基本法》，也有香港學者把合符基本法審查的權力視為 1991 年《香港人權法案條例》實施下的司法判例的延續。佳日思教授指出：「人權法案的優勢在於它對《公民權利和政治權利國際公約》如何適用於香港作了權威性規定，並為衡量其他法律的有效性提供一種尺度。」[26] 然而，儘管《香港基本法》第 39 條旨在通過國際公約保護人權，但《香港人權法案條例》及《英皇制誥》的有關條文在 1997 年並沒有被全國人大常委會選為特區的法律，因為相關條文被指稱與《基本法》有所衝突。因此，在香港回歸後的初期，吳嘉玲案中香港司法機關對違憲審查權的宣示很快受到一些內地學者的質疑和強烈批評。他們不接受香港終審法院將《基本法》視為憲法的立場，因為他們認為統一國家只能有一部成文憲法。此外，《香港基本法》顯然沒有賦予香港法院推翻行政和立法部門決定的權力。[27] 在內地，中國憲法目前尚不能在訴訟中直接適用，司法的違憲審查在中國憲法中缺乏依據。換句話說，有效的憲法審查機制在當下是明顯缺位的。儘管全國人大的備案審查機制可以被認為是對立法合憲性和合法

---

23. 李國能在香港 1998 法律年度開啟典禮上的致辭。原文連結：www.judiciary.gov.hk/en/other_info/speeches/legal_yr_cj.html（瀏覽日期：2017 年 6 月 19 日）。

24. 與英國 1998 年《人權法案》下的違憲審查相比，香港法院僅能對《基本法》作與《人權法案》相一致的解釋，或者宣佈不符合法律，但無權宣佈該立法無效。

25. *Ng Ka Ling and another v. the Director of Immigration* [1999] 1 HKLRD 315, (1999) 2 HKCFAR 4.

26. Yash Ghai (2007). *Hong Kong's New Constitutional Order*, 2nd ed. Hong Kong: Hong Kong University Press. p. 451.

27. 參見董立坤、張淑鈿（2010）。〈香港特別行政區法院的違反《基本法》審查權〉，北京：《法學研究》。3 期。

性的審查，[28]但是全國人大或者全國人大常委會自身的任何立法都不會受到這一機制的審查或質疑。因此，全國人大常委會對吳嘉玲案判決的反應如此強烈，使終審法院不得不作出非常規性的聲明也就不足為奇了。然而，司法的合基本法審查權在後來的香港法律訴訟中未受到過進一步的質疑，因此，香港特區法院成功確立了對特區立法的合基本法性進行司法審查的先例。[29]司法機關之後便將自身視為地方憲制的守護者，而不再局限於僅僅作《香港基本法》框架下的一個獨立機構。此外，在後來涉及到香港法院與立法會關係的案件中，香港法院甚至處理了立法會內部事務的有關問題，而對這些問題的處理在先前通常被視為英國議會的特權。在「港獨」議員梁頌恆、游蕙禎宣誓案中，終審法院通過發展出一套香港特有的「不干預原則」，[30]堅持履行維護《基本法》至高無上地位的責任，在判決中認為：「在這方面，重要的是須認識到不干預原則必然是受憲法規定所制約的。成文憲法的條文可以令某條法律的有效性取決於憲法所指明的任何事實、事情或情況。如果憲法規定涉及的是立法機關的某一程序，或對於某一程序的遵從，法庭便必須把此程序納入其管轄權內，以裁定有關的法律是否有效。」[31]其結果是，司法機關在香港特區的影響力愈來愈大，以至近期愈來愈多的政治爭議甚至由行政部門提交到法院進行解決。例如，2016 年圍繞新一屆立法會候選議員中泛民主派人士宣誓進行的法律訴訟就是這樣的例子，這些案件最初由行政長官和律政司司長針對候選議員和特區立法會主席提起的，不可避免地將本地憲制發展的決定權

---

28. 近幾年有很多關於法規審查的學術文獻，如陳道英（2012）。〈全國人大常委會法規備案審查制度研究」。北京：《政治與法律》。7 期；王建學（2017）。〈省級人大常委會法規審查要求權的規範建構」。北京：《法學評論》。2 期。

29. 值得一提的是，由於以往在里斯本進行的違憲審查多有不便，因此澳門於回歸後同樣建立了這種司法制度，即便看起來不像是澳門司法管轄的一部分，但這種權力幾乎不會受到質疑。

30. 參見楊曉楠（2017）。〈從「不干預原則」的變遷審視香港特區司法與立法關係〉。北京：《法學評論》。4 期，38–47 頁。

31. *Leung Kwok Hung v. The President of the Legislative Council of the HKSAR*, (2014) 17 HKCFAR 689.

交予司法機關之手。[32] 行政部門積極提請法院解決法律層面上出現的一些政治困境，這點在羅沛然大律師看來，是一個難以消化的案件。不可否認的是，香港法院在特區權力體系中扮演着重要的角色，其重要性遠遠超出了《香港基本法》起草者的預期。因此，在中央管治權與特區自治權之間關係的討論中就不可避免地要特別提到香港的司法機關。

其次，司法機關是獨立於中央政府的。與立法、行政部門相比，司法機關通常被認為擁有更多的自治權，即受到中央管治權的直接影響較小。如上所述，香港司法機關享有司法終審權。然而，在內地的法學理論看來，這種司法自治並不能簡單說明司法權本身是一種地方性權力。與此相反，近些年來內地的憲法學研究已顯示出司法權中央化的趨勢。[33] 與地方各級人民代表大會和地方各級人民政府相區分，《中國憲法》第 3 章第 8 節對內地的司法機關作了專門的授權規定。因此，儘管各級地方人民法院對同級地方人大負責，但內地學界的主流觀點仍將司法權視為一種中央權力。正如前文所述，中國憲法在香港特區的效力及憲法的哪些條款適用於特區尚未達成共識，但內地的憲法理論顯然會影響到學界對香港司法權的認識：（一）中國享有對香港特區的絕對主權和全面管治權；（二）中央依據全國人大通過的《香港基本法》授予香港特區自治權；（三）司法權包含了終審權，其僅是自治權的一部分。總之，司法權只是由香港法院獨立行使的，其在本質上並非獨立的地方性權力。內地的主流認知與普通法法系中的司法獨立理論有所區分，後者通常將司法機關視為受到更多尊重的高度自治的專門機關。然而，筆者認為，對香港司法權性質的區分就如中國憲法在香港的效力一樣，更多只是學術性和理論性的探討，實際上中央政府與香港司法機關之間的關係並非存在切實的矛盾。

---

32. *Chief Executive of the HKSAR and another v. Yau Wai Ching and others*, HCMP2819/2006；*Chief Executive of the HKSAR and another v. Yau Wai Ching and another*, CACV226/2016.

33. 參見王建學（2015）。〈地方各級人民法院憲法地位的規範分析」。北京：《法學研究》。4 期。

　　最後，香港司法機關是獨立的，同時也以一種非常複雜的方式與中央形成了密切的聯繫。《基本法》第 19 條規定，香港特區法院除對涉及國防、外交等國家行為的案件無管轄權外，其餘保留原有的司法審判權。司法機關可以單獨決定這些問題是否屬於其管轄範圍。在剛果金案中，[34] 香港終審法院根據《香港基本法》第 158 條第 2 款，首次提請全國人大常委會解釋《香港基本法》第 13 條第 1 款和第 19 條。在全國人大常委會作出解釋後，終審法院以過半數裁定維持原判決，即香港法院對有關法律訴訟沒有管轄權，因為依據國家豁免原則，中央政府所作出的行為屬於《香港基本法》第 19 條明確規定的一種國家行為。除了受到中央政府的直接管治之外，在香港回歸前，可能還受先前有關司法審判權的間接影響。例如，在「華天龍」號案中，[35] 高等法院原訟庭法官裁決王室豁免原則可適用於 1997 年後的香港，具體如下：「簡而言之，在我看來，真正意義上的『王室豁免』原則從來沒有被《官方法律程序條例》取消，作為從國際慣例中引入的一個概念，它在普通法法系中繼續存在，不受《官方法律程序條例》的影響。香港回歸後，中國對香港恢復行使主權，則相應地享有英國王室在香港享有的豁免權，如鄭律師所說，與『殖民地王室』方享有的含義恰恰相反。」

　　也就是說，由於先前的法律制度中的王室豁免原則的延續性，中央政府可以享有豁免權，因此，香港法院對這些案件並不享有管轄權。儘管這一判決受到了香港學者和上訴庭法官的質疑，但由於之後並不存在類似的案例及對此原則提出的爭議，因此這一案件的判決則仍可作為一個先例。[36] 在最近的一個案件中，作為被告的一家國企在原訟庭上聲稱享有主權豁免，因為「具有非常關鍵的憲制重要性」，律政

---

34. *Democratic Republic of the Congo and others v. FG Hemisphere Associate LLC*,(2011) 14 HKCFAR 95.

35. *Intraline Resources SDN BHD v. the Owners of the Ship of Vessel "Hua Tian Long"* [2010] 3 HKLRD 611.

36. 參見楊曉楠、唐藝卿（2015）。〈從「華天龍」號案看王室豁免原則在香港特別行政區的適用〉。江蘇：《中國海商法研究》。1 期，95–100 頁。

司司長獲准作為該案介入訴訟人參加了訴訟。[37] 該案法官將案中國企的
地位與「華天龍」號進行了區分，否認了該案原告擁有豁免權的主張。
實際上，在這個案件中，香港法院依然遵循「華天龍」號案確立的王
室豁免原則，而且迄今為止尚未遇到實質的挑戰。上述管轄權方面的
限制或許並不是來自中央政府的，而是通過解釋香港基本法實現的。
如若不然，《香港基本法》賦予香港司法機關的司法管轄權本身就會存
在一定的界限。關於管轄權的爭論通常不會引發關於中央和地方政府
之間關係的真正分歧，由於司法管轄是由香港法院而非全國人大常委
會決定的，諸如司法機關通過解釋國家行為（國防、外交事務）和香
港原有的限制確定其司法管轄，這些爭論僅涉及香港自治範圍內的事
務。無論中國外交部駐港特派員公署在剛果金案中反對法院管轄權的
來函，還是國務院港澳事務辦公室關於國企地位的來函，它們偏向被
視為是具有證據效力而不具有法律約束效力的文件。沒有跡象表明，
香港司法機關會將內地的大陸法法系融入其普通法的制度中。儘管如
此，中央政府在香港訴訟中採取的行動還是會對香港特區法院產生一
些非正式的影響，尤其是在剛果金案中，以至於最終形成一種正式的
提請解釋機制。總而言之，《香港基本法》的解釋機制仍然是香港司法
機關與代表中央的全國人大常委會進行互動的唯一正式方式。筆者將
在下一部分詳細討論該問題。

四、《基本法》的兩個解釋者：普通法與大陸法

《香港基本法》第 158 條賦予全國人大常委會和香港司法機關解釋
《基本法》的權力。至今，全國人大常委會先後做出 5 項《香港基本法》
的解釋。全國人大常委會在第一次解釋中，事實上否定了終審法院對
同一條款的解釋，從而引發了對其干涉香港司法獨立的爭議。至於第

---

37. *TNB Fuel Services SDN BHD v. China National Coal Group Corporation,* HCCT 23/2015, 8 June 2017.

五次解釋，它對正在進行的訴訟產生了影響，因此也受到一些當地政客和法律人士的質疑。現在，基於《香港基本法》第 158 條的規定對有關爭議進行探討。

首先，《香港基本法》第 158 條對全國人大常委會和香港特區法院賦予的解釋權並非是兩個平行的權力。正如終審法院在劉港榕案中所稱的那樣：「常務委員會顯然有權作出該項解釋。這項權力來自《中國憲法》第 67（4）條，並載於《基本法》本身第 158（1）條。由第 158（1）條賦予的解釋《基本法》的權力，是一般性和不受約制的權力。」【38】全國人大常委會享有合法且不受制約的《基本法》解釋權已逐漸被接受。鑑於全國人大解釋《基本法》是獨立而不受特區限制的，《基本法》解釋作出的方式、程序、條件及其效力仍應被進一步考量。吳嘉玲案的爭議之一是由於當地行政部門在案件敗訴後提請全國人大常委會解釋引起的。這是當地行政機構提出的兩項解釋之一，另一個解釋與訴訟無關。如果上述對司法獨立的理解已被普遍接受，則應謹慎適用這種解釋機制，以避免地方行政機構對司法獨立產生間接的影響。與香港終審法院在剛果金案中根據《香港基本法》第 158 條第 3 款提請的解釋相比，行政機構的要求顯然是更具爭議性的。總而言之，關於吳嘉玲案的爭議並非由於這種普通法—大陸法的二分性分歧引起的，某種程度上是出於對特區司法獨立連續性的顧慮。

其次，如果仔細審視《香港基本法》第 158 條的內容，不難發現這兩種解釋在本質上是不同的：一種是規範性解釋，另一種是具體的附隨式解釋。第 158 條的第 2 款規定：「全國人民代表大會常務委員會授權香港特別行政區法院在審理案件時對本法關於香港特別行政區自治範圍內的條款自行解釋。」【39】法院的法律解釋權是其裁判權所固有的，因此強烈依賴於當事人在訴訟中的事實和爭議。這與內地 1981年《全國人大常委會關於加強法律解釋工作的決議》和後來《立法法》

---

38. *Lau Kong Yung and others v. the Director of Immigration* [1999] 3 HKLRD 778.

39.《基本法》第 158 條第 2 款。

（2015 年修訂）中規定的司法解釋有所不同。內地的司法解釋只能由最高人民法院發佈，並且不受任何事實情況或案件的影響。司法解釋在本質上具有規範性，它是為了促進全國範圍內人民法院裁判的一致性，而向下級法院提供的一種準立法指導。特別是在 2015 年以前，司法解釋的效力、作出方式和適當界限一直受到學界的質疑。[40] 這種「越權」的懷疑並不適用於香港法院的解釋。特區司法機關的作用從理論上來說是解決案件和爭議，沒有其他的作用。而全國人大常委會的立法解釋的性質和作出方式則會在特區遭受質疑。很難想像，上世紀 80 年代的香港基本法起草者可以預料到全國人大常委會能夠通過解釋解決具體的案件爭議，它不是一個代議機關所具有的恰當職能。全國人大常委會更像是一個立法機關，儘管它有權解釋法律，但並非是一種附隨性解釋。設想立法機關試圖在立法中解釋一個術語，例如「永久居留」，它也可能會給出一個清單以表明立法機關的初衷，當然這必然與香港法院在一系列案件中解釋這個術語的情況有很大的不同，如 Fateh Muhammad、[41] Prem Singh、[42] Asif Ali、[43] Vallejos Evangeline Banao、[44] and Gutierrez Joseph James，[45] 顯然，後者所作的解釋更具有附隨性，更具有語境感。

最後，關於解釋的討論也集中在全國人大常委會和法院使用的解釋方法上。實際上，英國作為傳統的普通法國家可能缺乏對成文憲法的解釋方法。香港法院試圖在傳統的普通法方法和合憲性審查的作用之間取得平衡。在吳嘉玲案中，終審法院強調了普通法的解釋方法在

---

40. 參見沈巋（2008）。〈司法解釋的「民主化」和最高法院的政治功能〉，北京：《中國社會科學》。1 期，100–114 頁；王成（2016）。〈最高法院司法解釋效力研究〉，北京：《中外法學》。1 期，263–279 頁。

41. *Fateh Muhammad v. Commission of Registration* [2001] 2 HKLRD 659.

42. *Prem Singh v. the Director of Immigration* [2003] 1 HKLRD 550, (2003) 6 HKCFAR 26.

43. *Asif Ali v. the Director of Immigration and another,* (2013) 16 HKCFAR 91.

44. *Vallejos Evangeline Banao v. the Director of Immigration* (2013) 16 HKCFAR 45.

45. *Gutierrez Joseph James v. the Director of Immigration* [2014] 17 HKCFAR 518.

特區的適用，同時也承認了《香港基本法》的獨特性，闡述如下：「制定憲法性法律時，一般都會採用含義廣泛和概括性的語言⋯⋯ 解釋《基本法》這樣的憲法時，法院均會採用考慮立法目的這種取向，而該方法亦已被廣泛接納。法院之所以有必要以這種取向來解釋憲法，是因為憲法只陳述一般原則及表明目的，而不會流於講究細節和界定詞義，故必然有不詳盡及含糊不清之處。」[46] 香港終審法院支持在「冼有明案」中根據人權法案採用的考慮立法目的的這種取向，其中提到「我們不再受制於一般的成文法解釋原則和法律訓練中普通法固有的信條。」[47] 法院可以確定法律文本的目的，而不必對存在的模棱兩可或分歧進行説明。在吳嘉玲案中，終審法院釋明《基本法》的目的，即「關於目的方面，制定《基本法》的目的是按照《中英聯合聲明》所闡述及具體説明的中國對香港的基本方針政策，在「一國兩制」的原則下成立與中華人民共和國不可分離的香港特別行政區，並實行高度自治」。[48] 就確定《基本法》條款的目的，終審法院制定了規則：理解《基本法》要以文本本身為參考，同時參考外來資料。對《基本法》第 3 章中權利和自由的解釋中，終審法院對有關權利的規定進行了寬鬆解釋，對於限制權利的條款作了狹義解釋。然而，基本法學者通常認為，在後來的「莊豐源案」判決中，終審法院顯示出一些從強硬立場向較傳統的文本主義的回歸，[49] 法院認為，「參照了有關條款的背景及目的來詮釋文本字句，一旦斷定文本字句確是含義清晰後，便須落實這些字句的清晰含義。法院不會基於任何外來資料而偏離這些字句的清晰含義，賦予其所不能包含的意思。」[50]

---

46. *Ng Ka Ling and another v. the Director of Immigration* [1999] 1 HKLRD 315, (1999) 2 HKCFAR 4.

47. *R v. Sin Yau Ming* [1991] HKLY 134.

48. *Ng Ka Ling and another v. the Director of Immigration* [1999] 1 HKLRD 315, (1999) 2 HKCFAR 4.

49. Po Jen Yap (2007). "Constitutional Review under the Basic Law: The Rise, Retreat and Resurgence of Judicial Power in Hong Kong," *Hong Kong Law Journal*, 37: 449.

50. *The Director of Immigration v. Chong Fung Yuen* [2001] 2 HKLRD 533；(2001) 4 HKCFAR 211.

然而，當涉及全國人大常委會解釋的時候，全國人大常委會雖然沒有澄清這些做法，雖然會在大多解釋的說明中提及立法意圖，即目的解釋，但與目的相比，意圖更加明確而具體，意圖是起草者希望實現的某些目標或解決的某些問題。一般來說，目的解釋的批評者會質疑整體意圖的存在及辨別起草者主觀心理狀態的可能性，即存在不變的、具體的和可易接受的意圖嗎？因為在當下的民主國家中，立法通常是集體討論和不同利益集團之間的平衡，多數人、起草者或發起人的意圖都不能被直接認為是真正的立法意圖。憲法的起草程序通常比其他法律文件更具政治性，草擬《基本法》甚至比起草一般的憲制性法律更為複雜。因此，一些普通法學者會認為，很難想像基本法的起草者在整個起草過程中都能保持共同的意圖並將其像《基本法》規定的那樣表達出來。

總而言之，在普通法中，當法官提到「目的」時，他們不需要明確立法者的真正意圖，而是在用語中明確或含蓄地找尋意圖。在莊豐源案中，終審法院重申，普通法法官的職責是「確定所用語言的含義，並使用語所表達的立法意圖發生效力」。[51] 至於外部資料，法院認為，在《基本法》通過後作出的資料應謹慎使用，終審法院對《基本法》頒佈後起草者的評論並不會給予太多重視。與全國人大常委會採取的目的解釋的做法相反，這一目的是較為籠統和抽象的。似乎對解釋方法的爭議並非由於大陸法和普通法的二元性分歧造成的，而是由法律解釋的方法論所提供的明確預期程度和解釋程序的透明度引起的。

五、結語

當我們討論全國人大常委會和香港法院之間的協調可能時，通常會認為大陸法和普通法之間存在着一些不可逾越的障礙，最終導致這些努力徒勞無功。但是，如果與其他自治區域進行比較，我們很容易

---

51. *The Director of Immigration v. Chong Fung Yuen* [2001] 2 HKLRD 533；(2001) 4 HKCFAR 211.

發現，一方面，自治權與主權的矛盾隨處可見。另一方面，在法律領域裏，大陸法與普通法的區別可能不像想像的那麼大。例如，香港終審法院使用的比例原則源於受大陸法傳統支配的歐洲法院，澳門法院採用的方法與香港法院也有一些相似之處。同時，儘管澳門法院和內地法院都受大陸法的影響，但它們之間並未顯示出更加密切的關係。

綜上所述，特區政治發展的矛盾和現實在理解香港法院的困境時起到了至為重要的作用，這矛盾關係也在當地政治框架中整合和重塑了一個自治的司法機關。在普通法的世界中，獨立的司法機關是人們所期待的，但是，一旦法院從事符合基本法審查工作，並處於中央管治下的高度自治語境之中，政治影響就在所難免。因此，儘管普通法和大陸法存在着某種差異，我們也希望未來彼此之間有更多理解，同時期待一種更透明的解釋程序，以及更成熟、穩定的法律解釋方法論，以便在「一國兩制」原則下塑造更謹慎的司法機構。

第十一章

「基本法」模式下的中央與特區司法關係[*]

范忠信

杭州師範大學法學院教授

一、引論

《香港特別行政區基本法》和《澳門特別行政區基本法》（以下簡稱兩部《基本法》）確定的中央與特別行政區的司法關係，實際上僅僅是以國防、外交等國家行為為中央與特區司法權的分界，並沒有中央司法與地方司法之間關係的構思。這種劃分，在兩部《基本法》的規定中都過於原則、抽象甚至模糊不清，必將給未來的「一國兩制」實踐帶來諸多問題。因此，有必要透過盡快通過修改或解釋《基本法》及制定相關法律等方式，正式釐清中央與特別行政區之間的司法關係。這種司法關係機制的完善，是「一國兩制」穩健實施的制度性保障。

「基本法」模式下中央與特區的司法關係，其原則不外乎以下幾點：

(1) 特別行政區具有獨立的司法權和終審權，中央不干預特區司法（兩部《基本法》第 2 條）。

(2) 特區法院管轄發生於特區的一切案件，但對國防、外交等國家行為無管轄權（兩部《基本法》第 19 條）。

* 原載於《法商研究》（2000）。5 期。

(3) 特區終審法院法官和檢察官及高等法院首席法官等最高級司法人員之任用，應報中央備案、任命（《香港基本法》第 90 條，《澳門基本法》第 87、88、90 條）。

(4) 特區可與內地其他各省、市、區建立司法互助關係（《香港基本法》第 95 條，《澳門基本法》第 93 條）。

(5) 特區可與外國建立司法互助關係，但應得到中央授權。（《香港基本法》第 96 條，《澳門基本法》第 94 條）。

(6) 特區法院可以自行解釋《基本法》一切條款，但在關係重大且為終審案件中對屬中央管理事務或中央與特區關係的條款的解釋，應請求全國人大常委會（在徵詢基本法委員會意見後）解釋（《香港基本法》第 158 條，《澳門基本法》第 143 條）。

這 6 條基本原則構成了未來中央與特區司法關係的框架。但是，這一框架尚不完備，尚有一些明顯而重要的問題並未包括在內，亟待我們去研討完善之道。

在這 6 條原則中，真正涉及中央與特區司法權限劃分及二者在運作中的銜接關係的，即直接關於司法管轄、法律適用、司法協助方面中央與特區關係的規定，可以說僅僅是前兩條，只有極為簡約的原則，不具操作性。其他各條實際上同中央與特區在司法審判方面的關係問題沒有直接關係，因為第 3 條僅關司法人事問題，第 4 條僅涉及特區與內地其他地區（不是與中央）的司法平等互助關係；第 5 條僅涉及與外國關係；第 6 條僅間接涉及特區法院的法律解釋權，與審判上的中央特區關係也不直接相關。以上 6 條，沒有一條直接規定中央與特區在司法審判方面的權力關係。

因此，可以說，關於司法審判權行使方面中央與特區關係問題的可操作性規定，兩部《基本法》均暫付闕如，亟等我們去研討，去設計。

1997 年 7 月 1 日和 1999 年 12 月 20 日以來，港、澳特區與中央的司法關係，已經用事實證明，在實踐中的問題絕不僅僅是上述兩條抽象的原則所能解決的。實踐中亟待解決的問題之繁多和複雜，可能遠

遠超出我們的想像，香港「居留權」一案已現端倪，我們決不可掉以輕心。在一個國家之內的中央與地方司法權威之間，或者說在一國之內的不同法域的司法權威之間，其司法權的關係絕不是僅僅靠「獨立的司法權和終審權」及「國家行為無管轄權」兩條原則能夠解決的。這兩個原則需要引申、補充、完善，需要我們據以探討出落實這種關係的一系列法律規範和實施細則。否則，許多問題將無法解決。

這些問題，大約分為以下幾類。本章僅就各類問題的實質進行粗略分析，並就解決各類問題應有的具體法律規則作簡單的勾劃。

二、關於案件管轄劃分

兩部《基本法》的第 19 條均規定：特別行政區法院除繼續保持原有法律制度和原則對法院審判權所作的限制外，對特別行政區所有的案件均有審判權。

什麼是「特別行政區所有的案件」？我們一般可以回答說：是發生於特別行政區內的案件。這一回答是否為具有法律效力的解釋，無法確定。即使可以這樣解釋，也有許多問題解決不了：

第一，什麼是「發生」於特區？就刑事案件而言，是以犯罪行為開始地為發生地，還是以犯罪行為結束地為發生地？抑或兩者均在特區時始視為「發生地」？就民事案件而言，什麼是「發生於特區」情形更複雜。合同簽訂地及履行地，侵權行為發生地或侵權損害結果發生地，民事主體的戶籍地、住所地，標的物所在地……這些因素中哪些可以並如何確定民事案件發生地？什麼情況下才可以視為「特別行政區所有的案件」？

第二，就特區與內地的空間界限而言，也難以認定「發生地」及管轄問題。特區的範圍，雖有全國人大關於設立港、澳兩個特別行政區的決定及國務院頒發的特區行政區域地圖，但尚不完全明確。我們可以說，港澳司法權所及範圍應為原港英、澳葡的實際管治區域，包括附屬島嶼、海域。這是否包括在特別行政區登記註冊航行於內地的船

舶、飛行器中發生的案件？是否包括內地的船舶、飛行器等航行於特區海域、空域時在其內發生的案件？是否包括外國船舶、航空器航經其海空時發生於其內的案件？這些都需要從法律上作明確的界定。在「一國兩制」狀態下，為了澄清兩制的界限和體現對不同制度的尊重，可能不得不比以前更加注意管轄劃分，以穩定特區人心。

第三，未來有些案件，雖並不發生在特別行政區區域內，也有由特區法院管轄的可能。比如民商事案件中可以由當事人在一定條件下選擇管轄法院的案件，刑事上某些由中央或內地其他地區向特區移送管轄的案件。但具體是哪些情形？這也亟等詳定。

三、關於國家行為豁免

兩部《基本法》第 19 條均明確規定特區法院對國防、外交等國家行為無管轄權。特區法院在審理案件中遇有涉及國防、外交等國家行為的事實問題，應取得行政長官就該等問題發出的證明文件，上述文件對法院有約束力，行政長官在發出證明文件前，須取得中央人民政府的證明書。

這一條關於國家行為的司法豁免的原則規定，也迫切需要具體化和完善。否則，將來適用會因此產生中央與特區司法權之間的許多糾紛。

（一）什麼是《基本法》第 19 條所指的國家行為

對於「國家行為」（Act of State）《牛津法律大辭典》解釋為：「國家行為指一國在處理與其他國家關係，包括該國與另一國國民的關係中，作為政策所執行的行政行為。」[1]《中國大百科全書·法學卷》無「國家行為」專條，但在「外國國家的司法豁免」條中也間接涉及了國家行為之定義問題。依法學界一般觀點，國家行為包括以下涵義：（1）

1.【英】戴維·M·沃克（1988）。《牛津法律大辭典》。北京：光明日報出版社。13 頁。

從國家行為的屬性來分，國家行為可以分為「國家公法上的行為」與「國家私法上的行為」兩大類。[2] 公法上的行為，即主權行為或統治權行為；國家私法上的行為，即國家實施管理權上的行為。（2）從國家行為的合法性來分，可以分為合法的國家行為與非法的國家行為。[3]（3）從國家行為的執行者來分，可以分為直接國家行為和間接國家行為。凡直接以國家元首、政府首腦、中央政府名義所為的行為，應是直接國家行為。但以國家的下級或地方政府，國家的其他官員，國家下屬機構或官員的代理人的名義所作的行為，或許都可稱為國家的間接行為。[4]

《基本法》第 19 條所指的「國防、外交等國家行為」，應從什麼角度上去理解？

首先，從字面上講，似乎僅指國家公法上的行為。「國防、外交」是典型的公法上的行為。而依《基本法》設計，中央政府對特區的直接行政權，除象徵性的人事任免外，只限於國防、外交事務。中央執行這些權力的行為，不管是在特區進行，還是在特區以外進行而涉及特區利益，特區法院都不能對此加以管轄。既然這些權力是中央權力，則關於這些權力行使引起的糾紛，當然由中央法院來管轄，這在美國等聯邦制國家即如此。但是，這種理解又似乎不很確切。即是說，在特區發生的國家私法上的行為若完全由特區法院管轄，於理論上有所不恰，於現實上恐也行不通。如中國的中央銀行和國家專業銀行在特區發行公債、國有的船舶或航空器在特區的正常民事行為、中央對在特區的國有資產所作的某些處置行為等。若與外國政府、公司法人或公民個人發生利益爭訟，如果一概認為應由特區法院管轄，適用特區法律，以國家為被告，恐不符合中央與特區權力分際之構想（造成地方審判中央之局面），實踐中恐根本不可能。在外國司法中尚可能對我國

2.（1984）。《中國大百科全書・法學卷》。北京：中國大百科全書出版社。601 頁。

3.（1984）。《中國大百科全書・法學卷》。北京：中國大百科全書出版社。252 頁。

4.【英】戴維・M・沃克（1988）。《牛津法律大辭典》。北京：光明日報出版社。853 頁。

國家私法上的行為給予豁免，若在中國的一個地區之內中國國家私法行為反不獲豁免，恐於理不合。當然，我們也可以說，國家在特區的一切私法行為，既與《基本法》所定的中央政府可在特區直接行使的權力（國防、外交）無關，那就當然應遵守特區法律，受特區法院管轄，這更符合「一國兩制」之義。特區的高度自治權應包括對中央（國家）在特區所作私法上的行為的管轄權。否則，高度自治便失去了大部分保障。但這只是邏輯推理，實踐上恐是另外一回事。例如：中央駐港、澳機構的財產和公務行為（非公法上行為），若被外國政府、法人、公民起訴時，能成為特區法院的管轄對象嗎？[5]

其次，該條文似乎僅指國家合法行為，不包括非法行為及不合法的不作為行為。但這種理解也有問題。國家的合法行為較少成為審判對象，即使有，也只是在某些行政賠償、補償之類的訴訟中成為審判對象。真正常引起爭訟的是國家機關的違法行為（特別是違法的不作為），以及受國家機關委託的人員的某些越權行為。雖然國家在特區可以直接行使的僅為國防、外交行政權，不包括其他行政權，但是國防、外交權行使中並非不可能出現違法或越權行為而損害外國公民、法人及特區公民、法人的合法權益之情形。特別是當這種行為並非直接以中央政府名義執行而僅以中央政府下屬部門機構的名義執行之時，特區法院難道絲毫不能對其進行管轄或對其行為是否合乎特區法進行審查？[6]

再次，《基本法》第19條所稱的「國家行為」僅指直接國家行為抑或也包括間接國家行為？國家行為，絕大多數表現為國家下級機關或

---

5. 有人已經就此提出了對特區法院現行管轄及法律適用規範作出修改，以符合未來中央與特區民事關係之需要的構想，設想在「關於稅務要求的執行問題」（大約指國家財產在特區的課稅問題），「關於中國國家財產和行為在香港的民事法律地位問題」等管轄及法律衝突規則上，由特區立法機關或法院對現有法律作出變通性修改。參見許崇德（1994）。《港澳《基本法》教程》。北京：中國人民大學出版社。264頁。

6.《中華人民共和國香港特別行政區駐軍法》對此採取的態度是：駐軍一切公務行為案件的管轄權歸最高人民法院。

官員個人依命令或法律為國家對外目的而為的行為。在內地，這種間接國家行為完全可以在行政訴訟中成為法院的管轄對象，如政府部門或官員依法律或命令為國防、外交目的對在境內的外國法人、公民的財產進行某些緊急處置，此時外國公民、法人在中國法院可以以直接作出處置決定和行為的國家機關為被告提起訴訟。同樣的行為若發生於港、澳特區，特區法院能否管轄？《中華人民共和國香港特別行政區駐軍法》似乎採取的是一概不由特區法院管轄的立場。這在後面還要討論。這裏我們應注意，在這種情形下可能造成一個反差：內地法院可以受理的某些行政訴訟案件，特區法院反而不能受理。

(二)「國家行為不管轄」的涵義

首先，《基本法》第 19 條所謂特區法院對「國家行為無管轄權」，其具體涵義有以下幾種理解：一是國家行為不受特區法院管轄，但可能受中央法院管轄；二是國家行為同時不受特區和內地任何法院管轄。我認為應以第一種涵義作理解。國家行為及國家責任固然不能成為特區法院的審判對象，但是具體受指令或委託進行國家行為者的違法的法律責任，即國家的下級機構或官員個人的責任，只要外國法人、公民在內地法院起訴，應成為中央法院的審理對象。

其次，依《基本法》規定，特區法院在審理案件中遇有涉及國防、外交等國家行為的事實問題，應取得行政長官的證明書。這種證明書對法院有拘束力。這一規定也有兩種理解：一是以國家行為的合法性、正當性及責任承擔本身為訴訟目的的案件，特區法院不可受理。只要行政長官證明其訴訟對象為國防、外交之類國家行為，法院便要停止審理；二是國家行為的合法性、正當性及其責任問題僅僅是一個案件中的間接問題，是證據性事實問題時，特區法院在一經行政長官證明為「國家行為」之後，就應不再審查這事實本身是否合法、正當及責任歸屬，而應以國家行為事實作為一個不容爭辯和審查的客觀事實，作為認定案件爭執中的主要的、作為訴訟目的的事實的判斷根據。此時，絕不是說一發現案件諸多事實中有一個事實為國家行為，

特區法院即無權審理此案（若果如此，則特區的獨立司法權和終審權便可能落空）。因此，在理解「特區法院對國防、外交等國家行為無管轄權」之原則規定時，應兼上述兩層意思來理解，不可偏廢。

四、關於國事罪管轄

兩部《基本法》中第 23 條均規定：特別行政區應自行立法禁止任何叛國、分裂國家、煽動叛亂、顛覆中央人民政府及竊取國家秘密的行為。這一條，既可以視為授予特區制定國事罪刑條之權利，也可以視為給特區定下了一條立法義務。將這一條貫徹於特區立法，有很多問題亟待解決；即使在特區的國事罪司法中，將來也會出現中央與特區司法權的某種衝突。

在外國多法域國家，國事罪案件一般都由聯邦（中央）法院系統管轄。兩部《基本法》的設計中沒有類似的中央法院系統，故這類案件只能由特區法院管轄。既然在特區適用的國事罪刑法是特區刑法而不是全國性刑法，當然這類在特區發生的國事罪案只能由特區法院來審理。不過，《基本法》本身的規定太簡約，有許多問題亟待研擬具體的操作規則，以解決可能產生的中央與特區司法權糾紛。具體有以下幾種情形：

第一，特區公民在特區犯國事罪或在國外對中國犯國事罪回到香港或澳門，這時當然由特區管轄。但是，國事罪畢竟是對國家的犯罪，不是對特區的犯罪，若特區法院的審判結果並不為中央所贊同，中央認為嚴重侵害了中央的法益而特區法院判決太輕，怎麼辦？依《基本法》，只要與國防、外交等國家行為無關，中央不應以任何方式干預。但事實上能保證做到嗎？這一點能否做到，是對中央是否尊重特區高度自治的重大考驗。

第二，外國公民在香港或澳門對中國犯國事罪或在外國對中國犯此罪後逃回港澳。依中華人民共和國刑法，外國人在中國領域外對中國國家或公民犯罪，只要依犯罪地法應受處罰，中國法院即有權管

轄。這種情況下就涉及特區向內地引渡或遣返罪犯的問題了。若與特區有司法互助關係的外國或地區反對這種引渡（且依香港、澳門的法律可以不引渡）時，中央與特區間的矛盾就會發生。

第三，內地公民在港澳特區對國家犯國事罪。這種情形最難以處理。因為「一國兩制」的差異，特區的國事罪尺度不可能跟內地一樣緊密。當有內地居民在特區的言行被中央視為國事犯罪而特區法院不視為犯罪或認為不必處罰時，中央應該如何處理？依《中華人民共和國刑法》第 6 條的規定，中華人民共和國刑法適用於在中國領域內發生的一切刑事案件，適用於一切中國公民犯罪行為。即使考慮到「一國兩制」的原則，中央能真正對自己的公民在自己的一塊國土（儘管是特區）上對自己的叛亂、顛覆犯罪放棄管轄權，完全聽憑特區法院依特區刑法處理（包括作無罪或不罰處理）嗎？這也是對「一國兩制」、「高度自治」的重大考驗。中央如進行干預或要求遣返，則違背「一國兩制」原則；因為在特區的土地上人們沒有遵守全國性刑法的義務，全國性刑法不適用於特區。但是，這種場合會造成另一個尷尬的局面：中國刑法在外國都可能約束中國公民，在中國的特區反而不可約束中國公民，即中國刑法在特區的適用力反低於在外國的適用力。[7] 這種情形是「一國兩制」構思必須接受的：特區刑法是中國刑法的一部分，適用特區刑法正同樣體現了中國的刑事司法主權。

第四，特區居民在內地犯國事罪後逃回港澳藏匿。這種情形，從法律手續上講，中央應與特區商定遣返內地受審即訴訟移管辦法。但是事實上也有困難，因為特區可能根據自己的法律拒絕某情形下的遣返（比如特區不視為犯罪時），則中央和特區就會有爭議。即使遣返，也可能使特區人民感到不安。特別是其犯罪行為是跨內地和特區兩地時，雙方都有管轄權，更不好辦。這種情形，最好的解決辦法可能是實行訴訟移管，即中央把管轄權轉移或合並給特區行使。

---

7. 陳弘毅、陳文敏（1987）。《人權與法治 —— 香港過渡期的挑戰》。香港：廣角鏡出版社。57 頁。

第五，如果在特區發生的國事犯罪涉及國防、外交等國家行為事實怎麼辦？就是説，假如出現了一種極特殊的情形，某一案中犯罪是否成立，端視某一特定的國防、外交之類國家行為的合法性而定。這種案件，特區法院有無管轄權？很難回答。依照《基本法》第 23 條（即使依據特區未來的國事罪法條），特區有管轄權；依《基本法》第 19 條，特區法院無管轄權。此時，依理應移送給中央法院管轄，但如何移送？沒有程序規定。也許中央法院也不應管轄，那又該怎麼處理這種案件。[8] 在處理國事罪時，我們可能還不得不考慮「一罪不二罰」的原則。

五、駐軍案件管轄

　　駐軍案件的管轄問題，可能是未來中央與特區司法權衝突的又一個主要領域。這一方面，《中華人民共和國香港特別行政區駐軍法》、《中華人民共和國澳門特別行政區駐軍法》已經有初步的規定，解決了一些可能產生爭執的問題。但是，還有一些問題並未完全解決，尚有缺陷。[9]

（一）與非執行職務的駐軍人員有關的刑事或治安案件的管轄及法律適用

　　駐軍人員在港、澳的刑事案及治安案件包括幾種情形：第一是駐軍人員之間的犯罪，一般來説，應完全由軍事司法機關管轄。即使發生在軍營之外而由特區警察臨時拘押者，應依兩個《駐軍法》第 21 條規定移交駐軍羈押，駐軍司法機關依第 20 條規定管轄審判。此時當然完全適用全國性法律。第二是駐軍人員非執行職務時侵害非駐軍人員之人身、財產權之案件，《香港駐軍法》第 20 條明確規定「由香港特

---

8. 范忠信（1997）。〈特區未來問題：處理顛覆罪〉，《廣角鏡》。293 期。51 頁。

9. 范忠信（1997）。〈特區未來問題：處理顛覆罪〉，《廣角鏡》。293 期，58–59 頁。

別行政區法院及有關執法機關管轄」，這裏顯然包括不構成犯罪的一般治安違法案件，例如由香港警察及其他有關機關予以拘留或罰款之類的處理。這時當然完全適用特區法律。這一點，《香港駐軍法》比從前的《駐港英軍規例》進步。《駐港英軍規例》規定，駐港英軍在非執勤時犯法，雖交由香港法庭管轄，但又規定英軍有要求交回軍法處置的權利。《香港駐軍法》取消了這權利，體現了對香港法院管轄權的更大尊重。這一點得到了香港輿論的好評。[10] 第三是非駐軍人員侵害駐軍人員的犯罪及治安案件，原則上應由特區法院管轄。關於這點，兩部《駐軍法》沒有明文規定，但根據《基本法》高度自治原則，我們認為應由特區法院管轄或由其他執法機關處理。這也包括在軍營之外的侵害和在軍營之內的侵害兩種情形。在軍營之外的侵害自不必說，在軍營之內香港居民和其他非駐軍人員侵害駐軍人員的可能性也是有的。這時從理論上講，仍應由特區法院管轄，因為這體現了特區在特區境內司法權的完整性。但我認為，特區法院和駐軍司法機關完全可以通過《駐軍法》第 20 條第 2 項之規定，經協商將這種案件移交軍事司法機關管轄。在這種情況下，當然應適用特區法律；甚至移交駐軍司法機關管轄後，也應適用特區法律，因為在特區土地上非駐軍人員沒有遵守《基本法》附件三以外的全國性法律的義務，且附件三基本上沒有刑事法和治安法。

（二）駐軍人員執行職務時的犯罪或治安案件的管轄和法律適用

《香港駐軍法》第 20 條規定，香港駐軍人員犯罪的案件由軍事司法機關管轄。這裏指的是執行職務時犯罪的案件，也應包括執行職務時犯治安案件。這兩種違法案，不管發生在軍營裏還是軍營外，都應歸軍事司法機關管轄。這裏的犯罪，僅指執行職務時故意違背法定職權而為的案件，不包括依法而為或依上級命令而為的可以阻卻法律責任的案件。至於駐軍人員在犯案時是否執行職務，《香港駐軍法》第 25

---

10. 參見《東方日報》。1996 年 10 月 24 日。

條規定了證明程序。即是説，即便駐軍人員涉嫌犯罪被特區警察拘押或移送至法院，只要香港駐軍發出證明文件證明其為軍人並且為執法中，特區方面即應移交至軍方。但該條文規定：「相反證據成立的除外」，即有相反證據證明軍人不是在執行職務，則此時不得移交。這時的證據成立與否依什麼法判定？當然是依特區的刑事證據法律。不過這一條在適用時應該特別謹慎小心，要嚴防有人假借軍方證明文件為軍人違法行為作掩護，否定特區對有關案件的管轄權。我理解，為了保證嚴肅性，這證明文件，只有以駐軍司令部名義發出的才有效，其他下級機關發出的均無效。否則可能被人輕易利用。

與此點相關，駐軍的國防等國家行為不受特區法院管轄（第26條）。這應指駐軍執行職務而又未違反法律（或執行位階效力高的法律而違反了位階效力低的法律），但又實際上造成了與犯罪後果一般的損害而言。如緊急狀態期間因執行軍事戒嚴令誤傷民眾身體或損害民眾財產，則不受特區法院管轄（但會依全國性法律作國家賠償或行政賠償）。

這裏有一個問題：駐軍在應特區請求執行維持治安、救助災害等臨時性任務時，若有犯罪或違法案件，由誰管轄？兩個《駐軍法》均未明文規定，但據兩法第14條第4項「行使香港（澳門）特別行政區法律規定的權力」之規定來推論，當然應由特區法院來管轄，因為權力、權利和義務（守法義務）是緊密相關聯的。但是據第20條第1項「香港（澳門）駐軍人員犯罪的案件由軍事司法機關管轄」的總原則，又應由軍事法院審判。這矛盾，《駐軍法》本身未能解決，實踐中大概只有通過雙方協商（依第20條第2項）的途徑解決。

（三）駐軍的民事案件管轄和法律適用問題

這裏又分為多種情形。第一，駐軍人員犯罪引起非駐軍人員民事權益損害時，不管刑事部分歸軍事司法機關還是特區法院管轄，其民事部分應與刑事部分合併審理，但在決定承擔民事責任時應適用特區法律。這甚至包括駐軍人員之間犯罪而殃及第三者（非駐軍人員）的民

事權益之時的法律適用。第二，駐軍人員執行職務時引起的民事侵權案件，《駐軍法》第 23 條明確規定由最高人民法院管轄，而損害賠償適用特區法律。第三，駐軍人員非執行職務行為引起的侵權案件，《駐軍法》第 23 條明確規定，由特區法院管轄，當然適用特區法律。第四，駐軍機關和單位與駐軍以外的人員發生合同糾紛時，《駐軍法》規定由特區法院管轄，但合同中有仲裁或管轄約定的除外（第 24 條）。這裏的合同糾紛，應僅指軍需品採購之類的合同糾紛，不應是其他生產、經營性合同糾紛，因為《駐軍法》第 8 條明確規定駐軍不得經商。同時，這裏僅規定駐軍機關單位（無個人）與香港澳門居民及其他非駐軍人員（無單位、機關）之間的合同糾紛，排除駐軍人員個人與港澳個人之間，駐軍機關、單位與香港澳門機關、單位、法人之間的合同糾紛，是否也是為了防止駐軍經商？

這裏還應注意，關於港、澳人（個人、法人、團體）侵害駐軍的民事權益問題，《駐軍法》無明文規定。我理解應由特區法院管轄，由軍方向特區法院提起訴訟，依特區法取得賠償或補償。

六、駐特區官員職務案件管轄問題

駐特區的中央官員主要是以下幾類：一是駐軍官員及其他國防官員，負責國防事務；二是外交部設立的駐特區處理外交事務機構（外交部特派員公署）的官員；三是其他駐特區機構（如中共港澳工作委員會）的官員。這三類官員都是代表中央在特區執行公務。

這三類官員以外的任何中央或地方政府部門派駐香港的官員，都不能以中央名義或執行公務名義活動（因為與中央在特區可以依法公開執行或依慣例實際執行的權力無關）。

兩部《基本法》的第 22 條均明確規定：中央各部門、各省、自治區、直轄市駐特區機構及其人員均須遵守特區法律。

對這一條涵義的理解也應特別謹慎。有以下幾點值得注意：

第一，除了駐軍機構和外交部駐港機構可以就與特區有關的國防、外交問題對特區進行適當的干預以外，其他一切駐港機構（中央各部委駐港機構）都無權干預特區一切事務。並且都必須以在港、澳的法人身份活動，遵守特區的一切法律。其一切公私活動都必須以特區法律為依據，不得以中央法律否認特區法的約束力為藉口。其一切違法犯罪活動，均應由特區法院或其他審判機關管轄。

第二，所有駐港、澳機構（包括外交、駐軍）的人員都必須於非職務的生活、活動中遵守特區法律。

第三，駐港辦理國防、外交事務的中央官員的執行職務行為，既要遵守中央法律，又要遵守特區法律。二者矛盾時，以中央法律為準。

以上三點也許並不複雜，真正複雜的是以下這個問題：

在特區執行國防、外交等中央權力的官員在職務行為中違法或越權造成特區公民、法人合法權益的損害，這種案件當怎麼辦？

上述官員的職務行為，並非都直接等於國家行為，在許多場合只是普通的具體行政行為而已。只要不是直接以中央政府名義作出的決定，仍可能成為行政訴訟的對象。駐軍官員和外交部官員在港、澳的職務行為，肯定也有僅依中央命令或法令而以自己機構的名義而為並直接或間接侵害合法公民權益的情形發生。這種情形如何解決？香港《駐軍法》第 23 條規定「（駐軍人員）執行職務引起的民事侵權案件，由中華人民共和國最高人民法院管轄」，又規定軍事人員執行職務犯罪由軍事司法機關管轄。未來駐港辦理國防、外交事務的文職官員也能照此辦理嗎？文職官員不能歸軍事法院管轄，那麼駐港文職官員執行職務中的犯罪、違法、民事侵權行為也可以由最高人民法院管轄嗎？特區法院若對此類職務行為中的犯罪、違法、侵權行為無任何管轄權，恐不利於督促駐港、澳官員遵守特區法制，不利於「一國兩制」之實施。

我認為，這種情形下的案件，主要應由特區法院管轄，但特區法院在審理這類案件時，在決定是否犯罪或違法時，可以主要適用中央法律；但在決定賠償或補償時，主要適用特區法律。極少數重大案件

可以由最高人民法院管轄，但在審理時也要適當適用特區法律。舉例來講，駐港之中央外交領事官員在辦理簽證、認證、司法協助等公務時徇私枉法、收受賄賂、故意久拖不辦（不作為）、疏忽失職、篡改或偽造某些文件謀取非法利益而侵害特區公民權益時，特區公民若必須到北京向最高人民法院起訴，何等麻煩。這種案件只是一般行政或刑事案件，並不都是「國家行為」，應由特區法院受理。【11】當然，也可以考慮在深圳或香港專設一個特別法庭，管轄所有依基本法駐港辦理國防、外交及其他應由中央管理的事務的官員在執行職務中犯罪、違法、侵權案件（當然，其一切非執行職務行為引起的案件，均由特區法院管轄，這一原則不能改變）。

《中英聯合聲明》附件一第 13 節規定，任何人有權對行政部門的行為向法院申訴。《香港基本法》第 35 條規定，香港居民有權對行政部門和行政人員的行為向法院提起訴訟。《中葡聯合聲明》和《澳門基本法》也有類似的規定。這裏的「行政部門和行政人員」是否包括中央派駐香港辦理國防、外交及其他中央管理事務的機構和官員？我想應該包括。國防、外交行政權是中央可以在特區直接行使的行政權，當然可能因行使此權力與特區居民發生關係，當然可能會向特區居民作某些具體行政行為。特區居民應就此向哪個法院提起訴訟？中央官員在地方的中央行政行為受地方法院管轄（如國稅局在地方所作的行政處分），在內地是經常之例，在特區當然也應循此例。特區法院不可反無此權。

---

11. 陳弘毅（1987）。《人權與法治》。香港：廣角鏡出版社。55 頁。陳弘毅先生早在 1986 年就撰文強調，中央派駐香港的官員不是外交使節，當然不能享有刑事方面的特權或豁免權。我認為，中央官員既不享有特權或豁免權，則應受特區法院管轄。特區法院是我國自己的法院，我國官員在自己的國境內犯罪、違法、侵權（職務行為中），當然應由行為發生地之我國法院管轄。內地法院有此權，特區法院更應有此權。

七、特區法院對《基本法》的解釋與中央複審

兩部《基本法》明確規定:《基本法》的解釋權屬於全國人大常委會。但全國人大常委會又作出兩類授權:一是授權特區法院在審判時自行解釋基本法關於特區自治範圍的條款(不需報中央複審);二是授權特區法院解釋自治範圍以外的條款,但需報中央複審或請求權威解釋。中央作出的解釋必須遵守,但不溯及既往。[12]

這一規定的不足,在 1999 年 1 月 29 日香港終審法院關於「居港權」一案的裁決表露無遺。

「居港權」一案案情複雜,但我們可以大致歸為對《基本法》的解釋之爭。[13]案件的最終雖以全國人大常委會作出正式解釋了結,但它顯示的憲制問題並未徹底解決,隱患仍在。

隱患體現在哪些地方呢?可以簡單地總結以下幾點(或許更嚴重的沒有被總結出來):

第一,特區法院的《基本法》解釋權容易超越界限。在本案中,香港特區終審法院認為居港權問題完全是特區自治範圍內的事務,他們有全權解釋權,不需通報全國人大。他們甚至認為:「包括人大或人大常委會在內的國家權力機構所作的決定與行為,香港特區法院都可以檢視其是否符合基本法,只要待裁決事項實質上屬特區自治的事務,香港法院可以全權審理。」[14]香港終審法院顯然越權了。這種越權也許與《基本法》本身的不完善有關。《基本法》第 158 條規定特區法院在審判時可以對《基本法》的其他條款進行解釋。這些條款,當然是自治範圍以外的條款:按《基本法》規定之意,自治範圍外的條款只要不是在不可上訴的終局判決中,特區法院仍可自行解釋。至於什麼是自治

---

12. 參見《香港基本法》第 158 條,《澳門基本法》第 143 條。

13. 關於案情及評價,詳見郭森浩(1999)。〈居港權裁決惹爭議〉。香港:《經濟導報》。2690 號;史可鑑(1999)。〈終審法院的判決說明什麼〉。香港:《鏡報月刊》。4 號。

14. 郭森浩文引終審法院裁決。詳見郭森浩(1999)。〈居港權裁決惹爭議〉。香港:《經濟導報》。2690 號。

範圍內，什麼是自治範圍外，《基本法》沒有規定由誰來認定。因此，香港終審法院就認為他們有權「自行分辨何者為特區自治範圍內之事務並作出決定。」【15】這一作法，使終審法院幾乎成了「憲法法院」，幾乎使其解釋權凌駕於《基本法》之上。雖然 2 月 26 日香港終審法院更改了判詞，【16】承認特區法院的解釋權不能凌駕於全國人大之上，但我們很難保證將來不再發生此類糾紛。

第二，特區若不主動報請中央解釋，怎麼辦？兩部《基本法》均規定，特區法院在審判中需要對《基本法》中關於中央事務及中央與特區關係的條款進行解釋時，只要符合兩個條件，就應該報請中央解釋。一個條件是該條款的解釋影響到案件判決，另一個條件是在將作出終局判決的審判中。在符合這兩個條件的情形下，應由特區終審法院報請全國人大常委會作出解釋。這一規定，實際上難以實行，因為它要求特區法院主動報請中央解釋。但事實上，自普通法傳統中的法院而言，它們既習慣於普通法院可以有違憲審查權的觀念，則當然很難主動報請一個更高的機關為自己解釋法律。本案中，香港終審法院就認為不必報請中央解釋，因而直到作出終審判決以後，仍不報請中央解釋；而自己對《基本法》第 22 條和第 24 條的不當解釋，的的確確影響了案件的判決。幸而香港廣大民眾及行政當局不贊成此一解釋及判決，最後由行政長官向中央提出解釋申請，這才使不當解釋得以糾正。假設行政當局也認為解釋合理正確而不願報請中央解釋，中央不就一籌莫展了嗎？況且，以行政長官的名義報請中央解釋《基本法》，這在《基本法》中是沒有明文規定的。因此，董建華先生在提請中央解釋時，所引用的法律就不是《基本法》第 158 條，而是第 43 條和第 48 條第 2 項。第 43 條是說行政長官是特區首長，代表特區，依《基本法》的規定對中央負責；第 48 條第 2 項是說行政長官負責執行《基本

---

15. 史可鑑文引終審法院裁決。詳見史可鑑（1999）。〈終審法院的判決說明什麼〉。香港：《鏡報月刊》。4 號。

16. 參見《人民日報》。1999 年 2 月 27 日。

法》和適用於特區的其他法律。董先生報告所依據的主要是後者。既然行政長官有執行《基本法》的責任,而現在關於《基本法》重要條款的解釋有爭議,這種爭議或不當的解釋和判決嚴重影響了行政長官執行《基本法》,那麼行政長官當然有權請求中央作出權威解釋以便執行。不過,這僅僅是邏輯推論;《基本法》是否本來有此立法意圖,我們並不知道。反正沒有關於行政長官提請中央解釋的權力及程序規定。再進一步說,本案之所以最後能由行政長官主動向中央提出解釋申請,有一個重要原因,即:終審法院的判決對香港社會不利,將使 167 萬多名內地人士獲得香港居留權。[17] 多數人認為這一判決對香港不利,所以行政長官才申請中央解釋以化解危局。但是,如果不是這種情形,而是相反的情形,那又會出現怎樣的結局呢?

第三,「不溯及既往」若被反覆利用怎麼辦?兩部《基本法》規定,全國人大常委會對《基本法》的解釋,對解釋作出之前已判決的案件沒有溯及力。這一規定從法理上看是對的,但在實踐上可能會產生一些問題。從法條文字規定上看,它僅規定在終局判決前應報請中央解釋,但並未規定「在中央正式解釋作出之前不得對正在審理中的案件作出終局判決。」在這種情況下,特區法院若一面報請中央解釋,一面作出終審判決;等中央的正式解釋下達時,該案的判決已經成為《香港基本法》第 158 條 (《澳門基本法》第 143 條) 所說的「在此以前作出的判決」,中央的解釋對此判決已經無可奈何了。這是《基本法》此條的立法本意嗎?要是有人反覆利用這種「不溯及既往」的規定作出有損中央權威及中央利益的判決,又怎麼辦呢?從事實上看,香港終審法院似乎是在「居港權」一案中充分利用了「不溯及既往」之規定。根據此一判決,13,000 名內地人士當然取得「居港權證」,不受為此一案件所

---

17. 喬曉陽 (1999)。〈對全國人大常委會關於香港《基本法》第二十二條第四款和第二十四條第二款第三項的解釋草案的說明〉,《人大常委會公報》。4 號,328 頁。

報請中央作出的解釋的影響。[18]香港政府已經不能不接受此判決造成的沉重的房屋、教育、醫療、交通、社會福利等方面的負擔或壓力。這一局面的造成，與《基本法》本身的規定不周是否有一定的關係呢？

八、結語

本章僅就特區與中央在司法方面可能出現的管轄糾紛及已經出現的與司法相關的基本法解釋權爭議等問題作了初步的勾劃。這勾劃的實際作用，可能僅僅是提醒大家要注意這些潛在的嚴重問題，注意到《基本法》規定本身的不完善，注意到完善這些機制的緊迫性。通過上述分析，我們可以看到，《基本法》因其本身的法律屬性所限，只能就中央與特區的司法關係作一些原則性、概括性的規定，不可能具體而詳細。那麼，中央與特區之間上述司法關係問題的解決，不能不在《基本法》之外另有規定。這些落實基本法原則的具體規定，以什麼形態出現，如何產生，都是比較複雜的問題。因為是關於中央與特區關係的事情，所以這些具體規定將來用全國人大對《基本法》的解釋的形態出現可能比較合理。但這些畢竟是涉及中央與特區雙方關係的問題，中央與地方充分協商，充分尊重特區的意願，可能是不容置疑的立法程序和立法內容要求。

---

18. 參見盧壽祥（1999）。〈埋下人口炸彈，引發憲制風波〉，香港：《地平線月刊》。3 月號。據香港人士分析，此一判決實際上是「借機取消內地發單程證控制內地人士赴港定居的權力」。詳見史可鑑（1999）。〈終審法院的判決説明什麼〉。香港：《鏡報月刊》。4 號。

第十二章

香港司法案例中的中央與特區關係
以提請釋法的條件和程序為視角

❧❧❧❧❧❧❧❧❧❧❧❧❧❧❧

李浩然

香港基本法基金會會長及首席專家

一、引言

　　《香港基本法》（以下簡稱《基本法》）第 158 條規定了終審法院提請全國人大常委會進行解釋的安排。但只規定了基本原則：「關於中央人民政府管理的事務或中央和香港特別行政區關係」。在案件的實際審理過程當中，如何判定該案所審理的內容是否關於「中央人民政府管理的事務」或「中央和香港特別行政區關係」，即是否屬「範圍外條款」，則沒有明確的界定。

　　經過回歸後多年來的審判實踐，香港終審法院通過對案例的判決，已經逐漸形成一套提請人大常委會釋法的判定標準，亦即案件內容是否涉及範圍外條款的判斷標準。另外，通過人大常委會和終審法院在幾個案件中的互動，也已形成了一套提請程序和途徑。

　　本章將以分析相關規則創設的案例為載體，有系統地整理出這十多年間，關於（1）終審法院提請釋法的條件爭議，和（2）對提請釋法的程序性探索，以及當中對司法運作的影響。

二、終審法院提請釋法的條件爭議

筆者首先梳理重要的司法判決，明確終審法院與人大所確定的有關提請解釋的判斷主體、判斷方法等焦點爭議問題。

（一）終審法院在吳嘉玲案中確定的審查原則及人大釋法的回應

1. 終審法院提請人大釋法遇到的兩大問題

終審法院與全國人大常委會之間產生實務關係的紐帶，就是第 3 款中規定的提請程序。就提請程序來説，其面臨兩方面的問題：

首先，提請是否構成一種法定的義務。即當終審法院在審理案件的過程中涉及到第 158 條第 3 款所規定的情況，是否有義務上報全國人大常委會就相關法條予以解釋。毫無疑問，就該條款的文義來説，在終審判決中，涉及到中央政府管理的事務或中央和香港特別行政區關係的條款上，香港法院無權自行解釋。但無權解釋，是否意味着必須提請全國人大常委會解釋？從各國的司法實踐，特別是普通法傳統下的司法經驗來看，當法院發現案件中所涉及的問題超越了自己的審理權限時，其通常採取的做法是拒絕審理，而不是向其他機關請示批覆。因為後者有可能會被認為破壞了法院的獨立性地位。《基本法》對此並不明確，因此一旦遇到類似案件，香港法院將面臨一種兩難的抉擇：不提請可能違反《基本法》，提請則可能違反獨立性的原則。

其次，如何判斷是否應該提請。由於《基本法》對提請程序設置了條件，那麼關於條件是否成立，需要進行判斷。吳嘉玲案中，終審法院總結《基本法》為提請程序設置的兩項條件為：（1）類別條件：必須是關於中央人民政府管理的事務或中央和特區關係；和（2）有需要條件：當終審法院在審理案件時，需要解釋這些條款，而這些條款的解釋將會影響案件的判決。後一項條件是可以採取比較客觀或者顯而易見的標準來進行較為清晰判斷的。但第一項條件本身涉及到前置判斷，即必須去判斷某一條款處於自治範圍以內還是以外。可以説，該前置判斷實際上是一種先行解釋，即在對條款的內容進行解釋前，先對其性質進行解釋。

2.　終審法院對兩大難題的理解

首先，終審法院具有提請釋法的義務。第一，終審法院無權解釋「範圍外條款」。1999 年 1 月 29 日，吳嘉玲案[1] 中，終審法院將《基本法》的條款分為兩大類：（1）屬特區自治範圍內的條款；（2）《基本法》的其他條款，其中包括兩種特殊的「範圍外條款」。基於這一分類，終審法院以下的各級法院，有權解釋（1）及（2）項內的條款（包括範圍外條款）。而終審法院則僅有權解釋（1）及（2）項內的條款，但不包括範圍外條款。第二，根據《基本法》第 158 條的規定，當符合條件的情況下，終審法院「有責任」提請全國人大常委會作出解釋。也就是說，終審法院認為到提請條件滿足時，其有義務啟動提請程序。也正因如此，「提請」將會成為一項十分具有嚴重性的事項，必須謹慎對待。

其次，「範圍外條款」的判斷標準：類別條件與有需要條件。第一，類別條件是指必須是關於中央人民政府管理的事務或中央和特區關係；有需要條件是指當終審法院在審理案件時，需要解釋這些條款，而這些條款的解釋將會影響案件的判決。終審法院認為，這兩個條件都緊緊地在文字上依循了《基本法》的表述。第二，只有終審法院，而非全國人大，才可以決定某條款是否已符合類別條件，即是否屬範圍外條款。

吳嘉玲案中，申請人認為本案主要應該適用的是《基本法》第 24 條[2]，永久性居民的居留權及該項權力的內容。而入境處處長則認為

---

1. FACV 14/1998。

2. 《基本法》第 24 條：「香港特別行政區居民，簡稱香港居民，包括永久居民和非永久性居民。香港特別行政區永久性居民為：（1）在香港特別行政區成立以前或以後在香港出生的中國公民；（1）在香港特別行政區成立以前或以後在香港通常居住連續七年以上的中國公民；（3）第（1）、（2）兩項所列居民在香港以外所生的中國籍子女；（4）在香港特別行政區成立以前或以後持有效旅行證件進入香港、在香港通常居住連續七年以上並以香港為永久居住地的非中國籍的人；（5）在香港特別行政區成立以前或以後第（4）項所列居民在香港所生的未滿二十一周歲的子女；（6）第（1）至（5）項所列居民以外在香港特別行政區成立以前只在香港有居留權的人。以上居民在香港特別行政區享有居留權和有資格依照香港特別行政區法律取得載明其居留權的永久性居民身份證。香港特別行政區非永久性居民為：有資格依照香港特別行政區法律取得香港居民身份證，但沒有居留權的人。」

本案主要適用第 22 條第 4 款，出境批准是關於中央人民政府管理的事務，而由內地進入特區則有關於中央和香港特區的關係，終審法院應該提請人大釋法。終審法院支持了申請人的主張，認為該案涉及的主要解釋對象是第 24 條，而第 22 條第 4 款只是提出了一種可爭論的問題。雙方並沒有在某一條款的性質上產生爭議，因此終審法院無需對 22 條第 4 款進行解釋，即不滿足「有需要條件」，因此無須啟動提請程序。

3. 對終審法院判決的人大釋法

吳嘉玲案判詞引起軒然大波。1999 年 6 月 26 日，第九屆全國人大常委會第十次會議頒佈了〈關於《中華人民共和國香港特別行政區基本法》第 22 條第 4 款和第 24 條第 2 款第（3）項的解釋〉。在該解釋中，全國人大常委會並沒有理會終審法院所形成的上述規則，即當《基本法》某一條文的性質因自治範圍的問題產生爭議時，只能由終審法院啟動一項前置程序，判斷其是否符合類別條件及有需要條件，以確定該條款是否屬「範圍外條款」；而是直接宣佈第 24 條第 2 款第（3）項屬範圍外條款，終審法院應按第 158 條的規定提請釋法，並進而指出終審法院沒有履行法定的義務，因而可以推導出違反《基本法》的結論。這種宣稱相當於否認了終審法院形成的以判斷類別條件為核心的前置程序。

同時，人大釋法還認為終審法院以目的性方法對相關條文進行的解釋有違立法原意。針對第 24 條第 2 款中除第 3 項以外的其他條款，該解釋指出該條款的立法原意已體現在 1996 年 8 月 10 日全國人民代表大會香港特別行政區籌備委員會第四次全體會議通過的《關於實施《中華人民共和國香港特別行政區基本法》第 24 條第 2 款的意見》中。香港法院在適用第 24 條第 2 款其他條款時，如果需要對其進行解釋，應受籌委會 1996 年《意見》的約束。並強調，「本解釋公佈之後，香港特別行政區法院在引用《中華人民共和國香港特別行政區基本法》有關條款時，應以本解釋為準」。

（二）終審法院維護類別判斷規則的司法嘗試

1. 維護類別條件的判斷規則：合理性標準

在全國人大常委會釋法之後，1999 年劉港榕案 [3] 再起風波。該案申請人主張：根據《基本法》中規定的香港特區所享有的高度自治，第 158 條實際上是對全國人大常委會權力的一項憲法性限制。除非香港特別行政區終審法院就「範圍外條款」提請全國人大常委會作出解釋，在其他情況下全國人大常委會無權解釋《基本法》。

但是，終審法院沒有接受劉港榕案申請人的觀點。終審法院認為：（1）《基本法》是一項全國性法律，這是將《基本法》放入中國憲法和立法體系中來進行考察的結果，而不再強調《基本法》所具有的憲法地位；（2）首次直接引用憲法條文 [4] 第 67 條第（4）項 [5] 以及《基本法》第 158 條第 1 款 [6]，這裏並沒有引用《基本法》第 158 條第 3 款去討論提請程序的問題；（3）明確了從法條的字面上看，全國人大常委會的解釋權普遍而且不受任何限制的。

但判決仍然說如果提請程序是終審法院的一項義務，則終審法院必須通過掌握類別條件判斷的前置程序，以此決定提請程序的觸發條件。但是，針對全國人大常委會解釋序言中的批評（即指出終審法院錯誤地將《基本法》第 24 條第 2 款第 3 項界定為非「範圍外條款」），終審法院認為，在今後的案件中有必要重新考慮類別條件、有需要條件以及「主要條款標準」的合理性，並承認自己在吳嘉玲案中採取的類別條件判斷標準雖然合法，但存在「合理性」上的缺陷。

---

3. FACA 10&11/1999。

4. 《憲法》第 31 條規定「國家在必要時得設立特別行政區。在特別行政區內實行的制度按照具體情況由全國人民代表大會以法律規定」。在此之前，曾有意見認為該條是《基本法》與《憲法》的唯一聯繫，使得《基本法》可以排除對《憲法》其他條款的適用。

5. 《憲法》第 67 條第 4 項：「全國人民代表大會常務委員會形式下列職權：……（4）解釋法律」。

6. 《基本法》第 158 條第 1 款：「本法的解釋權屬全國人民代表大會常務委員會。」

2. 類別條件判斷中的「特性標準」

雖然 1999 年人大解釋中提出，涉及 24 條第 2 款第（3）項的解釋，應參考「立法原意」，並以人大解釋為準。但在 2000 年莊豐源案[7]中，終審法院認為全國人大常委會解釋中關於「以及第 24 條第 2 款其他各項的立法原意」的陳述，並不構成一項對第 24 條第 2 款第（1）項具有約束力的解釋。因此，該條款是否屬「範圍外條款」，仍舊需要由終審法院依據其獨立的司法權進行判斷。

終審法院援引了吳嘉玲案中創建的類別條件判斷方法，並且進一步發展了該判斷方法，即判斷時所應予以考慮的是該條款的「特性」。以第 24 條第 2 款第（1）項為例，終審法院認為該條款的特性是用來界定享有居留權的永久性居民的其中一個類別。並以該特性為考慮，這項條款並不涉及中央人民政府管理的事務或中央和特區關係，因而不屬「範圍外條款」，無須提請全國人大常委會解釋。

「特性標準」是對類別條件判斷規則的細化。「特性標準」可以理解為是對類別規則合理性標準的一種補充，其最終目的是為了支持類別條件判斷規則，使終審法院在第 158 條提請程序上更加明確。

3. 人大釋法與終審法院釋法的關係：解釋權的分判

與莊豐源案同時判決的談雅然案[8]，則進一步地重新考察了《基本法》第 24 條第 2 款第（3）項的性質。該案涉及到一個特殊的情況，即在第 24 條第 2 款第（3）項的情況附加了一層收養關係，這種特殊的情況並沒有包含在全國人大常委會解釋的文義之中。因而產生了一項爭議，即全國人大常委會是否需要再次對該條款進行解釋。

全國人大常委會解釋的序言已經確定第 24 條第 2 款第（3）項條屬「範圍外條款」，當該條款需要再次解釋時，就應該按照《基本法》第 158 條的規定由終審法院啟動提請程序。但終審法院認為，通過莊豐源

---

7. FACV 26/2000。

8. FACV 20 & 21/2000。

案的解釋，人大解釋的序言不具有約束力，所以其在序言中對條款性質的宣稱是不予以考慮的。全國人大常委會擁有絕對的不受約束的解釋權，1999 年人大釋法的基礎，是《憲法》和《基本法》第 158 條第 1 款規定的普遍的解釋權，而並非《基本法》第 158 條第 2 款的規定。這也意味着，即使當全國人大常委會就某一條款進行了解釋，並不當然地表明該條款屬「範圍外條款」。

所以，終審法院認為，全國人大常委會的法律解釋權與香港法院的法律解釋權是兩個獨立的系統，互不干預。因此，當終審法院在審理案件時，即使某條款已經被全國人大常委會解釋過，但終審法院依然有責任依據第 158 條就其性質進行判斷。

在關於第 24 條第 2 款第（3）項性質的爭議中，入境處處長主張該條款屬「範圍外條款」。其陳詞非常有意思，認為從實施結果和現實影響的角度來考慮，即認為該條款是一條「實施」起來會對中央政府管理事務或中央和特區關係產生「實質影響」的條款。

終審法院否定了這種以實質影響作為分類的驗證標準，並且再次提出了莊豐源案中確立的以條款「特性」為依據的判斷標準。按照該標準，終審法院認定第 24 條第 2 款第（3）項的特性表明，它是用來界定其中一類享有居留權的永久性居民。考慮到條款的這種特性，其並不涉及中央人民政府管理的事務或中央和特區關係，不屬「範圍外條款」，無須進行提請程序。

4. 保留部分先例效力

2002 年吳小彤案[9]，申請人主張其有權依據吳嘉玲案及陳錦雅案[10]的判決來核實其永久性居民身份。這些案件進行的過程中，全國人大常委會頒佈解釋。該解釋提及：「本解釋公佈之後，香港特別行政區法

---

9. FACV 1-3/2001。

10. FACV 13/1998。

院在引用《中華人民共和國香港特別行政區基本法》相關條款時，應以本解釋為準。」

《基本法》第 158 條第 3 款規定：「如果全國人民代表大會常務委員會作出解釋，香港特別行政區法院在引用該條款時，應以全國人民代表大會常務委員會的解釋為準。但在此之前作出的判決不受影響。」這項規定一般地應該被理解為：一方面承認解釋公佈前已決案件的效力，另外一方面也是消滅已被全國人大常委會解釋所取代的判決的先例價值。

由於終審法院已經通過案例判斷了全國人大常委會的解釋是基於《憲法》和《基本法》第 158 條第 1 款獨立作出的，而非經由第 158 條第 3 款的提請程序而作出。因此，第 158 條第 3 款中「在此之前作出的判決不受影響」的規定是否也適用於全國人大常委會的解釋[11]？對於這一問題，該案法官的意見一致認為：第 158 條第 3 款中的上述規定，也同樣適用於全國人大常委會以該條第 1 款所獨立作出的解釋。

這是否意味着終審法院在吳嘉玲案中的判決就徹底被否決？終審法院理解並非如此。終審法院對第 158 條第 3 款中「判決」採取了狹義的解釋，即該款所指的「不受影響的判決」僅限於判決的命令部分，而不包括判決的理由。因而法院最終裁定：任何人士於常委會解釋前的情形符合吳嘉玲案及陳錦雅案中所闡述的有關法律所指的情況，都有權根據該兩案中的判決取得已具體確立的香港永久性居民身份。

吳小彤案通過對「判決」的狹義解釋，將判決所確立的規則從中抽取出來，使其能夠繼續在日後的案例中使用，保留了部分的先例價值。這一考慮，對於終審法院日後的審判工作很重要。終審法院在《基本法》解釋權問題上所創設的一系列規則，都是以吳嘉玲案中的類別條件判斷為基礎。如果吳嘉玲案被常委會解釋徹底地廢絕，那麼終審法院在《基本法》第 158 條上所做的建構都將存在問題。從另一方面來

---

11. 按照終審法院在莊豐源案和談雅然案中的觀點，終審法院在援引全國人大常委會解釋時是不承認該解釋序言中陳述部分具有約束力的。

看，如果全國人大常委會的解釋並沒有截斷在先判例所確立的思想、方法和規則，那麼其通過解釋創造新規則的意義也會減低。這也為終審法院在《基本法》下積極地創造規則提供了廣闊的空間。

可以說，終審法院曲折地通過劉港榕案、莊豐源案和談雅然案、吳小彤案等一系列案件，對全國人大常委會的解釋進行了回應，並且重申其在《基本法》第 158 條第 3 款下所創設的規則，探索明確劃分《基本法》下法律解釋權的分配格局。

（三）剛果（金）案的發展及爭議

2010 年，在剛果（金）案[12]中，回歸以來香港終審法院首次依照《基本法》第 158 條第 3 款的規定提請全國人大常委會就《基本法》條文進行解釋。因為在吳小彤案中終審法院對「判決」的狹義解釋，使全國人大常委會的解釋沒有完全消滅吳嘉玲案的先例價值。吳嘉玲案所創設的前置判斷標準——類別條件與有需要條件——仍然能夠在常委會解釋之後被後續案件所援引。本案中，常任法官陳兆愷、李義和非常任法官梅師賢援引了吳嘉玲案中所創設的兩項判斷條件。認為只要案件同時符合上述兩項條件，且「有關理據又是『可爭辯的』而非『明顯地拙劣』，香港法院便有責任作出釋法的提請。」[13]

在審理剛果（金）案的過程中，終審法院法官之間的意見發生了較大的分歧。最終該案以 3 票贊成、2 票[14]反對的結果通過了啟動提請程序的意見。但是，法官在針對是否使用吳嘉玲案中所確立的前置判斷標準，以及其中的類別條件並無異議，即各方同意剛果（金）案涉及的相關條款應屬中央政府管理的事務或中央與特區關係的條款。因此，

---

12. FACV 5, 6 & 7/2010。

13. FACV 5, 6 & 7/2010。

14. 贊成提請的有常任法官陳兆愷、李義、非常任法官梅師賢，反對提請的有常任法官包致金、非常任法官馬天敏。

終審法院認為，剛果（金）案並非是檢討類別條件判斷規則「合理性」的合適案件，從而採取了「懸而未決」的態度。

一直以來，終審法院所創設的前置判斷標準遭受着一種疑問，即該標準在判斷類別條件之時，實際上已經在對待決條款預為解釋了。因為對某一條款進行判斷的過程，難免要涉及到對於該條款進行實質性解釋。在剛果（金）案中，終審法院的判決對這一質疑進行了回應。其認為《基本法》第 158 條第 3 款的措辭「顯然允許」終審法院對條文發表意見，該條款所要禁止的，只是在需要作出提請的案件中未經提請而作出最終判決。這裏用了「發表意見」這樣一個非常模糊的、非制度性的描述來作為對於前置判斷程序的支持。

法官的分歧是在於有需要條件（或者說必要性條件[15]）是否成立。在反對的包致金法官看來，剛果（金）案的實體問題，涉及到的是普通法的適用問題，相關法律清晰而明確，根本無須解釋，更不存在提請全國人大常委會的問題。而另一反對的馬天敏法官則認為，本案中提請程序所需要的「有需要條件」並不滿足，因而不應適用《基本法》第158 條。而有需要條件上的爭議，實在是只有個案上的意義，而不具備憲政上的意義。

最終，終審法院在判詞中以簡短的一段話解決了該必要性的「爭議」：「我們的看法是剛果民主共和國並沒放棄國家豁免。因此，我們必須就影響《基本法》第 13 條和第 19 條意思（尤其是『國防、外交等國家行為』這些字眼的意思）的解釋問題上作出決定，才可解決本案的爭議。因此，本案符合必要性條件。」

（四）小結

終審法院提請釋法的條件引起了廣泛討論，至少有以下幾點值得關注。

---

15. 在終審法院判詞中，這兩個概念具有相同意義，並且時常混用。

1.　終審法院是否有權確立「範圍外條款」的判斷標準

終審法院認為其是唯一享有判斷權的主體。這一結論顯然不是《基本法》第 158 條文義所當然包含的內容，而是終審法院通過對案例的法律解釋所設立的。主張對類別條件的判斷享有排他的權力，也就建立了提請程序的前置判斷權。

從主體上說，終審法院必須有權確定「範圍外條款」的判斷標準，但終審法院又不可能是唯一的主體。由於人大常委會有權按《基本法》第 158 條第 1 款進行解釋，這種解釋本身也應該包含對哪些條款屬「範圍外條款」的判斷權。終審法院亦承認，人大的解釋權是普遍的而不受任何限制的。從條款內容上看，終審法院堅持適用吳嘉玲案所創造的先例。但迄今為止，還沒有合適的案件澄清何謂「類別條件」。

2.　終審法院針對人大釋法效力的回應是否適當

終審法院宣佈人大釋法的序言無效，進而起到保留部分先例的效果。在這其中帶出了三個比較值得討論的問題：人大釋法存在怎樣的瑕疵？終審法院是否應當遵循人大釋法？實際形成的事實是什麼？

這涉及到（一）人大解釋當中的法理問題，這是內在問題，以及（二）人大解釋與建立規則的關係，實際上就是與整個司法理念和對日後案件的判例效力的外在關係。其核心還是人大解釋對於建立規則的效力問題。批評人大解釋的意見主要認為其對法理和解釋背後理由的闡述不足，也就是法理不夠透明。這一點確實不利於通過解釋去建立規則。一方面，只着重說明觀點而沒有分析的解釋，是無法融入實行普通法先例原則的香港司法運作當中。對於每個案例來說，結果固然重要，但是當中的思考和理據，也將成為日後考慮其他同類案件時的規則。從實際運用的角度，沒有詳細的法理說明，日後的案件也是無法參考的。另一方面，相對香港法院判詞關於法理的詳細分析，自然更為實用。而在之前的審判中，能夠看到終審法院對人大釋法的遵循，只是關於如何遵循有着不同的理解，例如終審法院對於人大常委會就吳嘉玲案的解釋的理解，是僅限於判決的命令部分，而不包括判

決的理由。這實際上就是對於《基本法》第 158 條第 3 款「在此以前作出的判決不受影響」中「不受影響」如何理解的問題。這最終形成的結果自然是人大解釋的法理無法落地。這些題目背後都存在着重大的法理邏輯的思考，很應該通過解釋的細化來進行規則的探索。

三、提請釋法的程序性探索

上述是提請釋法標準所經歷的案例和各方的努力。除了實體法的考量之外，各機構在構建提請程序的安排上，經過多年的實踐，也已經逐漸形成一套獨有的模式。

（一）吳嘉玲案後國務院提請人大常委會釋法

《基本法》第 158 條規定了終審法院的提請程序，作為啟動全國人大常委會釋法的一種途徑，但是對於其他的途徑卻沒有明文規定和法定程序。1999 年 1 月 29 日，吳嘉玲案判詞發佈以後，引起軒然大波。入境事務處處長進而要求終審法院澄清判詞中有關全國人大及其常委會的部分，理由是「該部分關乎一個重大的憲法性問題，並具有廣泛及公眾的重要性」[16]。為了消除輿論可能對判決產生的誤解，終審法院採取了特殊程序，對判詞發表聲明，明確並未質疑全國人大常委會根據《基本法》所具有的解釋權。同時強調了全國人大及其常委會應該依據《基本法》條文和《基本法》所規定的程序行使任何權力：即全國人大常委會在行使《基本法》解釋權時，必須依照《基本法》第 158 條所規定的提請程序進行。全國人大常委會如果避開提請程序，主動對《基本法》進行解釋，則可能會在程序上違反《基本法》。

吳嘉玲案判決以後，1999 年 5 月 20 日，特區行政長官向國務院提交了一份關於報告，希望能夠就《基本法》相關條文實施過程中遇到的

---

16. FACV 14AY/1998。

問題尋求中央政府的幫助。國務院則依據《立法法》所賦予的權力【17】，提請全國人大常委會釋法。在此之後，人大常委作出了解釋。

其後，在劉港榕案中，與吳嘉玲案中的態度相比，終審法院不再以自身的提請程序作為啟動全國人大常委會釋法的唯一途徑。五位法官一致同意，全國人大常委會有權主動釋法。

《基本法》在關於全國人大常委會釋法的程序問題上，並沒有較為明確的制度性設置。終審法院通過形成案例，為 158 條的提請程序加入一項前置程序，即類別條件的判斷。而全國人大常委會則依據《憲法》及《基本法》第 158 條第 1 款進行的釋法，通過行政長官報告制度，形成另外一條啟動法律解釋的途徑。（1）特區行政長官向國務院或全國人大常委會委員長提交報告；（2）國務院或全國人大常委會委員長會議向全國人大常委會提請釋法；以及（3）全國人大常委會進行解釋。在 1999 年人大釋法後，2004 年 4 月 6 日，全國人大常委會對《基本法》附件一和附件二作出解釋；2005 年 4 月 27 日，全國人大常委會對《基本法》第 53 條進行解釋，均採取了這一方式。

（二）終審法院在剛果（金）案中採用的提請程序

在剛果（金）案中，終審法院決定將涉及《基本法》的條款提請全國人大常委會解釋，但是馬上遇到一個非常現實的問題，即《基本法》第 158 條第 3 款並沒有規定具體的操作程序。另外由於剛果（金）案是終審法院首次決定啟動提請程序，所以並沒有過往經驗可以作為

---

17. 《中華人民共和國立法法》第 24 條：「委員長會議可以向常務委員會提出法律案，由常務委員會會議審議。國務院、中央軍事委員會、最高人民法院、最高人民檢察院、全國人民代表大會各專門委員會，可以向常務委員會提出法律案，由委員長會議決定列入常務委員會會議議程，或者先交有關的專門委員會審議、提出報告，再決定列入常務委員會會議議程。如果委員長會議認為法律案有重大問題需要進一步研究，可以建議提案人修改完善後再向常務委員會提出。」
第 43 條：「國務院、中央軍事委員會、最高人民法院、最高人民檢察院和全國人民代表大會各專門委員會以及省、自治區、直轄市的人民代表大會常務委員會可以向全國人民代表大會常務委員會提出法律解釋要求。」

參考。雖然在莊豐源案中，終審法院曾經試圖探討過提請的具體程序問題，但是並沒有得出任何定論。

剛果（金）案審理時，終審法院要求訴訟各方提交擬提請問題的草案供參考之用，並由終審法院決定最終提請問題的清單。當然，終審法院述明瞭最終問題選定的一項原則，即根據《基本法》第 158 條第 3 款作出提請的責任，只限於在第 158 條第 3 款所指明的範圍內，就有關的《基本法》條文進行解釋。

終審法院沒有籠統地將相關條文提請全國人大常委會解釋，而是將其細化為若干條具體的問題。這其中體現了終審法院對於提請責任的理解，即一方面是有責任將問題提交給全國人大常委會，另一方面也確保其所提交的問題必須具體而且界限清晰，避免全國人大常委會的解釋超越了需要解釋的範圍。

終審法院經過慎重考慮，最後決定由律政司司長透過外交部駐香港特派員公署，提請全國人大常委會釋法。隨問題提交的文件除了該案歷次審理的判決書，其中包括終審法院各成員在上訴中所宣告的判決理由。

（三）小結

1. 《基本法》對釋法程序的規定

《基本法》第 158 條對解釋權的安排作出了規定。其中第 1 款明確了解釋權屬於全國人大常委會，第 2 款則規定了特區法院在審理案件時進行解釋，第 3 款規定了特區法院在審理案件時提請人大常委會作出解釋的安排。可是對於全國人大常委會如何行使解釋權，以及在何種情況下怎樣使用，都是不明確的。相反，特區法院解釋《基本法》和由特區法院啟動提請程序的安排都是清晰的，明確了在審理過程當中的使用。

在中國的法律理念當中，所有權代表着不受限制的絕對使用權。可是放在香港的法律環境當中，所有權的行使卻必須有對應的程序安

排和前置條件，否則就只是空中樓閣沒法落地。這正是當前問題的核心，在理論上有待梳理的課題。

2. 有關國務院提請人大常委會釋法的嘗試

全國人大常委會第一次釋法引起了極大的爭議，被認為有意避開終審法院。值得注意的是，該解釋同時闡述了這次釋法的程序及其法理依據，即「國務院的議案是應香港特別行政區行政長官根據《中華人民共和國香港特別行政區基本法》第 43 條和第 48 條第（2）項的有關規定提交的報告提出的。」全國人大常委會此舉應該理解為是在回應終審法院聲明中提出的應依《基本法》條文及《基本法》所規定的程序行使權力。但以《基本法》第 43 條[18]和第 48 條第（2）項[19]的規定來看，僅僅是對於行政長官職權的概括性、原則性的規定，要從中推導出與《基本法》解釋相關的程序性規定，還需要細化，釐清當中所涉及的兩個主要問題，包括（1）司法機關及行政長官與《基本法》的關係，以及（2）《基本法》第 48 條第（2）項當中「執行」一詞所應該包括的範圍、方式和內涵。簡言之，這個途徑的法理依據分為兩部分，一是行政長官對國務院負責的關係，二是內地法律對國務院工作的規定。

3. 終審法院提請釋法的程序

總體而言，終審法院提請釋法的程序，是合法和合理的，在《基本法》的條文內，內化其中的規定，細化成一套具體的行為程序。從剛果（金）案當中，要求訴訟各方提交擬提請的問題，並列出提請問題清單的做法可見，終審法院體現出普通法法庭審理案件時一貫的嚴密辯論和舉證邏輯。同時主動劃定了人大常委會的釋法範圍和內容，體現出一種司法積極主義的傾向。

---

18. 《基本法》第 43 條：「香港特別行政區行政長官是香港特別行政區的首長，代表香港特別行政區。香港特別行政區行政長官依照本法的規定對中央人民政府和香港特別行政區負責。」

19. 《基本法》第 48 條第（2）項：「香港特別行政區行政長官行使下列職權：……（2）負責執行本法和依照本法適用於香港特別行政區的其他法律。」

四、結語

在香港的法律體系當中，關於《基本法》解釋，存在着因為兩個法系的不同理念而帶來的衝突。普通法的理念認為只有法院可以對法律作出解釋，這是平衡立法機關權力的一種制度安排，裏面隱含着立法和司法權力相互制約的政治理念。而人大常委的立法解釋則把重點放在進一步澄清範圍、區分法律界限使之更分明、內容更專注、法條應用更順暢等。可是這種做法，正正引起一些香港法律界人士的質疑，認為這種做法是「管轄權之管轄權」（「Kompetenz-Kompetenz」或「Competence-Competence」），即立法機關既立法，又解釋，容易造成權力無限擴大。從這種指責我們更可以看出理念上的矛盾。

香港的法律體系，特別是對《基本法》的解釋，正是處於兩個法系中的紐帶位置。回歸以來通過司法案例，對如何融合兩個法系作出了不斷的探索。這便是本章所討論的核心。

總括而言，經過這麼多年來對幾百個案例的處理，香港的司法系統已經逐步探索出一套對提請全國人大常委會解釋《基本法》的規則，大大地細化並充實《基本法》第 158 條的內涵。事實上，今天的《基本法》已經比文本有了更深入的內涵。在實際應用層面上，比文字的規定要複雜得多。這種動態的發展，正是我們進行研究時值得關注的焦點。相信判決對使用《基本法》的影響，將會愈來愈深。

本章對此整理出一些條理。在提請釋法的條件方面，終審法院在思考是否提請時，需要先作出「前置判斷」，考慮爭議內容是否「範圍外條款」（是特區自治範圍內或外的判斷）。具體包括思考案件的（1）類別條件：必須是關於中央人民政府管理的事務或中央和特區關係；（2）有需要條件：當終審法院在審理案件時，需要解釋這些條款，而這些條款的解釋將會影響案件的判決；（3）有關理據是「可爭辯的」而非「明顯地拙劣」。

　　而在提請程序上，終審法院通過剛果（金）案，嘗試了提請程序和內容的方式。而全國人大常委會則通過吳嘉玲案以後，由特區行政長官向國務院提交報告的方式，依據《立法法》的規定進行解釋。

　　雖然上述內容產生巨大爭議，但總體來說還是比較正面的。這強化了中央與特區在司法關係，特別是提請釋法這一環節上的制度建設。這些爭議其實也是十分正常而且可以理解的，因為這正是兩個法律系統不同思維的衝擊，而《基本法》本身就是處於這交叉點之上，對《基本法》的解釋權更是司法運作的最核心制度安排。而從這一環節的案例發展，我們甚至可以說這是香港回歸之後，建立新憲政秩序所必經的過程，當中的案例已經並將會成為香港回歸後憲政史的重要而具有影響力的基石，也是體現普通法面對新憲政秩序早期的真實史料。

第十三章

香港涉立法會案件中的司法與立法關係
普通法系下的比較研究

∽∾∽∾∽∾∽∾∽∾∽∾∽∾∽∾∽∾∽∾

付婧

中南財經政法大學法學院講師

一、引言

　　香港法院在過往判決中不止一次以消極謙抑的態度處理涉及立法機關的議題，在判例的演進中逐步釐清司法與立法的關係。早在港英殖民地時期，樞密院在 *Rediffusion Ltd v. Attorney General of Hong Kong* 案判決中就指出，英國普通法的議會特權與豁免原則不能完全適用於香港，因為香港立法機關並不享有英國式的議會主權，其應享有的特權與豁免「僅限於履行殖民地憲法規定的職能所需」。[1] 可見，立法局議會特權與豁免原則的範圍受制於殖民地的憲制性文件。回歸後，香港特區法院在 2006 年梁國雄訴立法會主席案中首次處理了立法會議事規則是否符合《基本法》的問題。夏正民（Hartmann）法官強調，《基本法》下的分權體制與英國議會至上模式有着顯著區別，法院當然有權通過解釋《基本法》來判斷議事規則是否與其保持一致。[2] 後來在 2009 年鄭家純案和 2012 年剪布案中，香港法院均表明法院依據《基本法》享有

---

1. *Rediffusion (Hong Kong) Ltd v. Attorney General of Hong Kong* [1970] AC 1136.
2. *Leung Kwok Hung v. The President of the Legislative Council of the Hong Kong Special Administration Region*, HCAL/2006.

對議會事務的司法管轄權，但是應採取靈活的方法解釋《基本法》，盡量避免對議會內部事務或特權加以干涉。同樣，2016 年梁游立法會宣誓案帶出的法律爭點為，候任議員宣誓及議員資格的問題，是否屬於立法會內部事務，或者説法庭是否應該適用普通法下的「不干預原則」放棄管轄。

從現代議會的理論形態來看，議會由人民通過選舉選出代表組成，相較於行政與司法，議會的民主正當性最為直接、充足，議員成為實質代表的目標與議員行使職權的方式乃至於整個議事過程的安排均將影響議會決議內容的形成，因此人民意志的形成必須在自由、開放、公平與獨立自主的議會程序中進行。普通法下的「不干預原則」作為分權原則的必然要求，其目的在於確保議會形成自我意志的自主性與獨立性，從而免遭其他國家機關的干預。但議會議事時，是否在議會逾越其自治界限，常抬出不干預原則以排除司法權介入時，只能期待議會自我修正而其他國家權力完全不得介入？鑑於實務上涉及議會自治之爭的案例多發生於司法機關與立法機關之間，本章是基於比較法的視角，對普通法系下法院如何處理議會事務作比較研究，並釐清香港法院如何介入立法會事務這一問題，分析在一系列案件中，香港法院介入立法會事務的基本理路。

二、普通法系下立法機關非立法性決定的司法審查

民主國家的大部分法院，包括普通法院和憲法法院，都會對法律的合憲性進行審查。然而法院是否有權審查立法機關的非立法性決定？[3] 立法機關不具法律形式的決定是否要接受司法審查？倘若沒有明

---

3. 「立法機關的非立法性決定」語出以色列最高法院首席大法官巴拉克，其列舉了多種立法機關的非立法性決定的形式，例如，立法機關可能作出準司法性質的決定，諸如美國彈劾總統和聯邦法院的決定，或以色列撤銷議員某種豁免的決定，立法機關發言人或委員會主席根據議會的規則，決定全體會議或委員會的議程，或者各種委員會的組成等。參見巴拉克著，畢洪海譯（2011）。《民主國家的法官》。北京：法律出版社。211 頁。

確的憲法規定，法官則必須對一國相關法律制度和權力分立原則[4]作出解釋。如德國憲法法院認為其有能力對立法機關的大多數決定進行司法審查，在司法實踐中，其已經審查過「要求涉及特定問題的法律進行兩讀的議會歸責是否違憲」、「大會審議具有重大公共意義的問題的時間是否充分」、「排除特定黨派的黨員參加議會委員會是否違憲」、「限制退黨的獨立議員的權利是否有違憲法保障議員權利的措施，諸如通過限制大會發言權和分配發言時間、限制私人提案」等問題，[5]以激進能動著稱的以色列最高法院依據權力分立原則也採取了類似的看法。[6]在擁有議會制度的普通法國家，大多數法院需要處理議會與法院關係的問題，法院在確定其管轄權與司法審查介入程度時自然會發展出一系列具有議會自治理念的理論或原則。

（一）英國普通法下的「不干預原則」

英國普通法下的「不干預原則」的產生與議會特權及豁免原則密切相關，而議會特權原則作為英國議會法律和習慣的一部分，在其憲制中佔有相當重要的地位。按照英國議會研究權威 Erskine May 爵士關於議會特權發展的階段理論來看，早期英國的議會法（Lex Parliament）完全由議會決定，而且不是普通法院適用的法律淵源。[7]如果一定要追溯這普通法原則的成文法淵源，可以追溯至 1689 年英國《權利法案》第 9 條：「議會內言論和辯論以及議事程序的自由不應受到法院或任何議

---

4. 儘管在議會主權下，英國分權原則的意義可能並不像美國憲法下三權分立那樣被強調，但隨着司法權在公法理論中的強化，分權原則在普通法中的重要性也逐漸被認可。參見【英】A. W. 布拉德利，K. D. 尤因程潔譯（1998）。《憲法與行政法（上）》。北京：商務印書館。81 頁。

5. Donald P. Kommers (1997).*The Constitutional Jurisprudence of the Federal Republic of Germany*, 2nd ed. Durham: Duke University Press. pp. 37, 217.

6. David Kretzmer (1988). "Judicial Review of Knesset Decisions," *Tel Aviv U. Stud. L*, 8: 95；Meir Shamgar (1994). "Judicial Review of Knesset Decisions by the High Court of Justice," *Isr. L. Rev*, 28: 43.

7. Erskine May (2004). *A Treatise on the Law, Privileges, and Usage of Parliament*, Malcolm Jack edition, 23rd ed. London: Lexis Nexis UK. p. 176.

會以外機構的彈劾或質疑」，這在英國公法上又被稱為「議會事務的排他管轄」（exclusive cognisance）。在這個意義上，議會享有排他性的權力決定議會特權和豁免的內涵及外延，從而完全將普通法院排除在外。

　　在 19 世紀，伴隨普通法院司法管轄權的擴張，英國法院在一系列案件中以積極態度取得了之前被排除的司法管轄權，由 *Stockdale v. Hansard* 案確立起「法院有權決定議會在特定事項上是否享有特權」這一管轄權。[8] 在隨後的 Case of the Sheriff of Middlesex 案中，法院進一步闡釋了司法權在議會事務方面介入的程度 —— 司法的功能僅在於檢視議會特權是否存在，而不審查議會特權行使的具體方式。[9] 同時期，另一個著名案件 *Bradlaugh v. Gossett* 案中，法院對下院針對議員 Charles Bradlaugh 宣誓及禁止其進入議會問題所作的決定保持尊重，法院承認自己沒有權力決定議會是否應作出某項決議，因為議會對於內部成員的紀律處分享有完全的排他性特權，即使根據 1866 年議會宣誓法案的規定，Charles Bradlaugh 有義務進行宣誓。[10] 由此可見，「議會事務的排他管轄」或「不干預原則」在某些時刻對普遍的法治原則造成了傾覆，尤其是對法的「普遍性」這核心要素構成了威脅。但法治原則亦非絕對，在必要的時候，必須與其他憲制原則如分權原則等達成妥協，分權原則則要求政府各權力分支在運作時互不干擾，因此普通法下的議會自治要求避免行政或司法干預議會自身的運作。然而，隨着普通法院權力的擴大及法治原則的發展，議會在特權與豁免上完全排除司法管轄的情況已經發生改變，雖說與議會特權有關的案件進入法院，法院在面對已經被權威地建立起來的議會特權，應立刻拒絕行使管轄權，而不應該進一步追問或探究該項特權的本質、源起及具體行使方式。但法院對判斷一項特權的範圍仍有不確定性，到底怎樣的議會行

8. *Stockdale v. Hansard* (1839) 9 Ad & El 1.

9. Case of the Sheriff of Middlesex, (1840) 11 A & E 273, 113 ER 419. Sheriff of Middlesex's Case .

10. *Bradlaugh v. Gossett* (1883–84) LR 12 QBD 271.

為才屬於議會特權與豁免的範圍呢？這仍需要由法院通過判例法來加以澄清。

「不干預原則」也必須受到「必要性原則」（doctrine of necessity）的限制，即議會從普遍的法治原則下得到豁免必須是為了保障議會的有效運作——議會特權與豁免僅適用於涉及議會核心功能的事項。在實踐中容易引發爭議的通常是議會的隨附事項是否適用排他管轄，這些隨附事項可能超出了議會演說、辯論、議事之程序，但實質上又與其具有某種關聯性。近年來，英國法院和議會委員會都以是否與議會議事程序「有必要的關聯」來判斷某些活動是否屬於議會特權的範疇。[11]在其他普通法地區，如 2005 年加拿大最高法院在一樁案件中，法官具體闡述了「必要性原則」：「如果一項特權的存在和範圍並沒有事先被權威地建立起來，法院將根據必要性原則加以檢驗——這也是所有議會特權的基礎。要維持一項特權存在，議會必須證明這項活動緊密地、直接地與作為議會整體或議員功能的實現相關，這些功能包括立法、審議、問責政府⋯⋯反之，如果不把此項活動歸為議會特權，將有可能瓦解議會運轉的自治、影響議員議事的工作效率和品質。」[12]在 2010 年的 *R v. Chaytor* 案中，菲利普斯法官也指出，「在檢驗議會和委員會之外的活動時，因其具有某種關聯，是否落入議會議事程序範疇時，有必要考慮這種關聯的本質，以及這種活動如果不受到議會特權保護的話，是否會反過來影響到或者說有損議會核心事務的運轉。」[13]要為議會特權列舉一份滿足所有發展和終極可能性的精確清單是非常困難的，基於判例演化的不確定性，遂有學者希望議員特權的範圍若

---

11. Report from the 1999 Joint Committee on Parliamentary Privilege, para 4.

12. *Canada (House of Commons) v. Vaid* [2005] 1 SCR 667, para 4.

13. *R v. Chaytor and others* [2010] UKSC 52, para 47.C

能在一部議會法案中加以明確的話，法院對自身的管轄權可能會具有更明確的解釋。[14]

通過前述分析可以發現，普通法地區議會與法院之間就「特權是否存在」與「議會議事行為的排他管轄」方面一直存在着大量爭議，法院在對議會特權事務的避讓與審查共存於普通法的發展過程之中。普通法不干預原則下的立法與司法關係通常表現為：法院一般不會干涉議會的內部事物，但有權審查議會特權與豁免存在與否，但不審查權力行使的具體方式；在判斷議會特權與豁免的具體範圍時，應運用「必要性原則」加以檢驗，對於相關法律或普通法原則的解釋要採用有利於議會特權的方式，盡量避免干涉議會內部程序及制度。

（二）歸檔法案規則

與「不干預原則」相關的另一項涉及司法介入立法機關內部事務的規則為歸檔法案規則（Parliamentary roll），即對於議會的立法程序，不得再施加任何外部的法律限制，甚至是議會自身都不得對其未來的立法能力進行自我設限，歸檔法案規則向來被認為是議會至上或議會主權的衍生品。[15]

1. 歸檔法案規則的適用及限制

歸檔法案規則源於 1842 年英國 *Edinburgh & Dalkeith Railway v. Wauchope* 案，該案法官判決，「一項法案只要由上下兩院通過並得到國王簽署，那麼法院不得再調查該法案以何種方式提起，也不得調查法案在兩院審議各階段的議事內容。」[16] 因此，歸檔法案規則為推定法案真實有效的決定性證據規則，法院不得事後以程序不合法來挑戰法

---

14. Robert Rogers and Rhodri Walters. *How Parliament Works. Longman Publishing Group.* 206. p. 183.

15. R. Elliot (1991). "Rethinking Manner and Form: From Parliamentary Sovereignty to Constitutional Values," *Osgoode Hall L. J.,* 29(215): 220–22.

16. *Edinburgh and Dalkeith Ry. v. Wauchope,* (1842) 8 Eng. Rep. 279, 285 (H.L.).

案之合法性。1870 年的 *Lee v. Bude & Torrington Junction Railway Co* 案，法官更明確表示自己只是國王和議會的僕人，倘若議會以不恰當的方式通過了法律，那麼只能端賴議會自身來修正；法律一旦形成，法院唯有遵守。[17] 值得注意的是，一起發生在距前述案例兩百年前的 Prince 案，法官指出法案的通過需要國王、上下兩院三者一致同意，這種同意必須明示無誤地表達在議會記錄中，否則法案無法成為法律。Prince 案確立的規則與 Edinburgh 案及 Lee 案略有不同——只有當議會記錄沒有明顯錯誤時，歸檔法案規則才能成為推定法案真實有效的決定性證據，Prince 案實質上限制了歸檔法案規則的適用。[18] 而這裏的「錯誤」是否僅指缺少某一分支的同意即通過法案？是否還包括其他明顯的錯誤？Prince 案並沒有回答，後人也無法猜測法官會否將諸如「違背議事規則而通過」也定性為一種明顯的錯誤？但現實恐怕是，只有明顯的錯誤才有可能通過審查立法記錄的方式而被發覺，而「蓄謀式」的立法錯誤必須依賴大量的其他外部證據才能查明。Edinburgh 案和 Lee 案並未提及何為立法過程中的錯誤似乎也情有可原，法官的擔憂伴隨立法記錄中明示的合意而終止，法官無需深究已歸檔的法案在多大程度上能夠證明法案是真實有效的。可見，歸檔法案規則雖然明確排除了司法審查對立法程序的干預，但同時該規則的運用也可能須受到一定程度的限制——即只有不存在明顯的立法錯誤的情況下，才能根據歸檔法案規則判定法案真實有效。

英國版歸檔法案規則有其發軔於議會主權的路徑依賴，同時期美國 *Marshall Field & Co. v. Clark* 案確立的「歸檔法案規則（enrolled bill rule）」也被認是美國立法機關抵禦司法審查極為有效的議會武器，凡已交存州務卿或國務卿的法案，應推定為絕對真實可靠，其內容與立

---

17. *Lee v. Bude and Torrington Junction Ry. Co.*, (1871) 6 L.R. 576, 582 (P.C.).

18. (1606), 8 Co. Rep. la；77 E.R. 481 (Ch.). Forward from Swinton K (1976). "Challenging the Validity of an Act of Parliament: The Effect of Enrolment and Parliamentary Privilege," *Osgoode Hall L. J.* 14: 345.

法機關原本通過的內容無異。法院無權決定法案內容的真實性，以及法案表達是否符合成文法的規定。[19] 美國作為成文憲法地區，對於立法部門的這種司法尊重，最具常識性的經典理據為其提供了辯護，諸如：（1）遵循分權原則的法院不應該質疑已通過（歸檔）的法案的效力，因為立法機構是一個與法院平等的政府部門；（2）一國人民必須信賴他們的立法機關對法律的最後決斷，法院深入到已歸檔法案的「背後」進行審查將摧毀人民對立法者的信任。[20]（3）依傳統的憲法解釋理論，法院對包括所有立法記錄在內的立法材料持有抵觸，這些材料很有可能會遭到議員、立法官僚，甚至利益集團的操縱、篡改，這令法院在根據立法材料來判斷法案的合法性、合憲性上猶疑不決，這也是諸如斯卡利亞大法官這樣的原旨主義者捍衛「歸檔法案規則」的根本緣由。[21]（4）基於現實考慮，歸檔法案規則可能導致存有嚴重立法程序瑕疵的法案被簡單推定有效，但這種錯誤的危害遠遠小於法院單純基於立法材料來定奪法案的合法性甚至合憲性。[22] 而在 *United States v. Ballin, Josef Co.* 案，法官主張可調查有關議事紀錄，作為判決法律的有效性。[23] 在後期 1962 年 Baker 案中，Brennan 大法官針對前述司法調查議事紀錄部分，進一步闡示，認為法院於案件必要時，調查議會的議事錄，決定法律生效日期，目的在於確保立法的效力，可見法院針對個案是可能介入審理的。[24]

---

19. *Marshall Field & Co. v. Clark*, 143 U.S. 649, 668–673 (1892).

20. Robert F. Williams (1987). "State Constitutional Limits on Legislative Procedure: Legislative Compliance and Judicial Enforcement," *U. PITT. L. REV.* 48: 797, 817.

21. *United States v. Munoz-Flores*, 495 U.S. 385, 408–10 (1990) (Scalia, J., concurring); Antonin Scalia (1997). *A Matter of Interpretation: Federal Courts and the Law* 29–37.

22. *Marshall Field & Co. v. Clark*, 143 U.S. 673 (1892).

23. *United States v. Ballin*, 144 U.S. 1 (1892).

24. *Baker v. Carr*, 369 U.S. 186 (1962).

　　1998 年英國人權法案通過後，英國的議會主權原則受到了歐盟法的影響，英國法院根據人權法第 3 條與第 4 條對議會立法的審查也被認為在一定程度上挑戰了英國議會的權威，但法院對議會內部事務的審查與依據人權法案對議會立法的審查完全不同，迄今英國司法界對歸檔法案規則仍秉持一種保守態度。[25] 為回應議會主權受到人權法案、憲法至上等理念的衝擊，學術界「新議會主權」學派將議會至上原則的「議會不受限制」約束至「實體問題上不受限制」，但不及於「針對立法過程的程序性規則」，認為立法程序與其他政府程序一樣也必須受到法律的規制，因此司法審查與議會主權並不矛盾。[26]

2.　歸檔法案規則在成文憲制下的演進

　　從美國憲法條文來看，歸檔法案規則雖與聯邦憲法第 1 條第 5 款確有直接關聯，但無論是根據目的解釋還是文意解釋，都難以得出聯邦憲法第 1 條第 5 款的原意是打算將司法審查排除出立法程序並建立一套不受司法干預的「國會兩院自治」。而 Marshall Field & Co. v. Clark 案中，哈倫大法官也沒有將歸檔法案規則建立在憲法解釋或者憲法條文之上，僅強調現行憲法尚不能明確地或者通過其他方式來解決一部法案的真實有效性問題，出於審慎考慮各權力之間的平等與尊重，接受歸檔法案規則是最理想的做法。[27] 在 1990 年的 United States v. Munoz-

---

25. 如針對2004年的《狩獵法案》(Hunting Act)經獨特的立法程序繞過上議院而徑行通過是否有違立法程序而導致合法性缺失的問題，法官仍判決因程序瑕疵導致的法案合法性問題無需司法者介入其立法程序。R (Jackson) v. Att'y Gen., [2006] 1 A.C. 262, 102. 相關評論參見 Mark Elliott (2006). "Comment, The Sovereignty of Parliament, the Hunting Ban, and the Parliament Acts," Cambridge L. J. 65(1): 2–4；Michael C. Plaxton (2006), The Concept of Legislation: Jackson v. Her Majesty's Att'y General. 69 MOD. L. REV. 249. pp. 257–61.

26. 參見 Jeffrey D. Goldsworthy (1987). Manner and Form in the Australian States, MELB. U. L. REV., 16: 403 & n.4；Anupam Chander, Note. Sovereignty, Referenda, and the Entrenchment of a United Kingdom; R. Elliot (1991). "Rethinking Manner and Form: From Parliamentary Sovereignty to Constitutional Values," OSGOODE HALL L. J., 29(215): 220–22；Jeremy Waldron (2003). "Legislating with Integrity," FORDHAM L. REV., 72: 373, 375.

27. Marshall Field & Co. v. Clark, 143 U.S. 649, 671–72 (1892).

Flores 案中，聯邦最高法院在判斷「一項法案的提出是否符合美國憲法中的徵稅條款」時指出哪怕爭議法案確實符合徵稅條款須由眾議院提出，也不得排除法院對後續法案的合憲性進行審查，法院有責任確保國會制定法律過程的合憲性。[28]正是由此，多數意見否定了斯卡利亞大法官在協同意見中的觀點 —— 根據歸檔法案規則，爭議法案源起何處已有答案，法院無權調查該法案是由參議院還是眾議院提出。[29]多數意見在斯卡利亞的觀點之下加上了一條意味深長的註腳 ——「由於缺乏對國會明文的憲法約束，基於各平等獨立的權力機關之間的尊重，法院接受已歸檔的法案為真實有效的。但本案中，由於存在明確的憲法條款，Field 案確立的規則在此不適用。」[30]

同樣 1969 年的 Powell v. McCormack 案，聯邦最高法院判決強調，「決定一項政府權力是否存在以及立法機關在行使立法權限時是否與憲法的規定保持一致」是法院的憲制義務。[31] Immigration and Naturalization Service v. Chadha 案中，在諸多領域都對國會的憲制性權力給予寬泛解釋的聯邦最高法院又毫無留情地拒絕了國會的「立法否決權」，認定只要參眾兩院任何一院即可否決立法的程序違憲，破壞了美國的分權體

---

28. *United States v. Munoz-Flores*, 495 U.S. 391 (1990).

29. Id. at 409–10.

30. Id. at 391 n.4. 這一註腳引發了學者們對歸檔法案理論適用範圍的討論，有學者認為歸檔法案規則只適用於那些「沒有違反制定法明文規定的立法程序的案件」，比如立法機關只是違背了議事規則而通過法案的案件」，參見Victor Goldfeld (2004). "Legislative Due Process and Simple Interest Group Politics: Ensuring Minimal Deliberation Through Judicial Review of Congressional Processes," *N.Y. U. L. REV.,* 79: 367, 417.也有學者認為歸檔法案規則不能適用於聯邦憲法規定的兩院制條款，而非其他憲法條文，此觀點實際上認為Munoz-Flores案區分了「對法案生效具有約束力的憲法條文」（如兩院制條款和徵稅條文）和「不影響法案生效的憲法條文」，歸檔法案理論僅適用於後一種。參見 Matthew D. Adler & Michael C. Dorf (2003). "Constitutional Existence Conditions and Judicial Review," *VA. L. REV.,* 89: 1105, 1172. 也有一種觀點認為，Munoz-Flores案雖然無法讓法院去監督憲法第1條徵稅條款的實施（該條款僅關注法案由哪一院提出而不管法案如何通過），但可以讓法院監督憲法第1條中作為法律制定大前提的兩院制條款的實施。Vikram David Amar (2006). "Why the'Political Question Doctrine' Shouldn't Necessarily Prevent Courts from Asking Whether a Spending Bill Actually Passed Congress". *FINDLAW.*

31. *Powell v. McCormack*, 395 U.S. 506 (1969).

制和國會兩院制。[32] Clinton v. New York 案中，聯邦最高法院又否決了美國總統針對法案的「部分否決權」（line-item veto），指出，一部「法律草案」要變成一部「法律」，必須遵循憲法和國會兩院議事規則明定的程序要件。[33] 這些案例雖與歸檔法案理論無直接關聯，但其判決要旨均說明國會制定法律必須遵循聯邦憲法第 1 條規定的立法程序，法院有憲制責任確保國會在立法時不損害法定程序，並最終決定國會法案的合憲性。不難看出，前述案例與奠定歸檔法案規則的 Field 案存在內在緊張，後者從根本上禁止由法院來執行聯邦憲法規定的立法程序。至此，傳統的歸檔法案規則演進為：凡符合憲法規定的程序所制訂的、已歸檔的法律應絕對地被推定有效，且法案本身外的任何其他證據都不能挑戰其有效性。[34]

如今，即使是最堅貞的文本主義者或原旨主義者也再難為歸檔法案規則進行現代辯護了，他們無法解釋為何「歸檔法案」就比「立法材料」在推定法案真實有效方面更加可靠？嚴格的文本主義者或原旨主義者難道不是應該嚴格依賴憲法、法律規定的程序要件來判斷法案的真實有效嗎？立法機關在立法的過程中一定不會犯錯？即便沒有立法者預謀式的犯錯，偶然隨機的程序性錯誤絕對有可能存在。歸檔法案規則最本質的缺陷還是在於杜絕了司法審查介入立法程序，將決定「法律草案」是否成為「法律」的權力排他性授予個別立法官僚。歸檔法案規則的動搖與當時美國憲法學界「審慎政治問題」理論的衰落是為平行的

---

32. *Immigration and Naturalization Service v. Chadha*, 462 U.S. 919 (1983).

33. *Clinton v. City of New York*, 524 U.S. 448–449 (1998).

34. David B. Snyder (1987). "The Rise and Fall of the Enrolled Bill Doctrine in Pennsylvania" *TEMP. L. Q.*, 60(315): 315.

兩條線索，【35】愈來愈多的學者表示「對某些宣稱可避免司法審查的事物」有必要持嚴格和懷疑的態度重加檢驗，法院所認定的「政治問題」，只是表現出對行政、立法的一般性尊重，而非一種「特殊迴避」，法院在訴訟具備訴之要件的情況下，無迴避司法審查的必要。【36】

在其他普通法地區，司法在介入對立法程序進行司法審查的道路上幾乎走得更遠，如南非最高法院在 Harris 案中，首席法官 Centlivres 拒絕適用歸檔法案規則，因所歸檔的法案試圖以一種新的分組投票的方式拋棄憲法明確規定的議會多數決議，這顯然構成了「明顯的錯誤」。【37】Ranasinghe 案中，法院在對「法案是否是以憲法規定的三分之二多數決方式通過」進行司法審查時，已不再拘囿於只對已歸檔的官方翻印文本（official reprint）進行審查，還可深入對原初文本（Original

---

35. 傳統的「政治問題」理論由 Brennan 大法官在 *Baker v. Carr* 案提出：（1）憲法明文委諸其他政府機關決定；（2）欠缺司法可裁決或可操作該問題的解決標準；（3）須先有非司法的政策決定方足以作出司法判斷；（4）法院的判斷將損傷對其他部門的尊重；（5）須毫不考慮地遵守作成的政治決定；（6）法院做成結論互異的決定將造成政府間的困窘局面，*Baker v. Carr*, 369 U.S. 186, 217 (1962)；後在 1979 年發生的 *Coldwater v. Carter* 案，Powell 大法官將前述標準化約為三個方面：其一，憲法上是否有明文的規定將該問題的解決委諸相應的政府部門來進行？其二，對該問題的解決是否將使法院超越專門的司法領域？其三，是否有審慎的考量來建議司法不宜介入？*Coldwater v. Carter*, 444 U.S. 996 (1979)；直至 1993 年 *Nixon v. U.S.* 案，聯邦最高法院對上述 Brennan 基準又作出進一步的闡釋，指出政治問題的適用必須符合「憲法明文交付其他政府機關決定」的前提，其餘另五項標準，僅作為可能的補充理由。而「審慎政治問題」理論則並非建立在憲法解釋的基礎上，而是強調法院在案件中進行自由裁量以避免腳踏政治棘叢，主要體現在 *Baker v. Carr* 案中的後四條標準，參見 Rachel E. Barkow (2002). "More Supreme than Court? The Fall of the Political Question Doctrine and the Rise of Judicial Supremacy," *COLUM. L. REV.*, 102(237): 268–69.

36. 參見 L. Henkin (1976). "Is There a Political Question Doctrine?" *The Yale Law Journal*, 85: 600–625；M. H. Redish (1985). "Judicial Review and the Political Question," *Nw. U. L. Review*, 79: 1053–1055；W. McCormack (1987). "The Justiciability Myth and the Concept of Law" *Hastings Const. L. Q.*, 14.

37. Harris 案中，激進白人種族主義政府為廢除有色人種的投票權（該權利只能通過議會全體三分之二多數決的方式廢除）而制定 1951 年《分組投票法案》，該法案試圖繞過議會兩院聯席多數決的投票方式，以兩院各自分組投票來廢除有色人種的權利。*Harris v. Minister of the Interior* (1952) (2) SA 428 (A) (S. Afr.)

copy）進行審查。【38】當然司法審查對立法程序的介入並非毫無節制，在 *R. v. Ndobe* 案，法院明確表態，除非有相反的證據顯現，否則法官一般會推定法案通過的程序是合法的。【39】加拿大最高法院也承認法院不僅要執行憲法規定的立法程序，同時也要督促立法機關制定法律時要滿足議會自我設定的議事規則（self-imposed statutory requirements）。【40】80 年代後期的以色列法院也拋棄了議會至上原則，開始介入對立法程序的司法審查。這種司法審查的歷史甚至早於馬伯里訴麥迪遜式的對實體問題的司法審查，也早於以色列《基本法》的制定。【41】

　　這些法院成功對抗歸檔法案規則的實踐表明，如果一國立法機關的立法程序已有先在的制定法和成文憲法或憲法性法律的約束，那麼法律要獲得通過則必須滿足前述法律規定的要件。只要法官能夠通過審查議會內部任何必要的材料證明立法並沒有遵照前述規範規定的程序要件，法院便可以推翻立法的真實有效性，也就是說此刻法官是通過制定法規範要件來排除適用歸檔法案規則的。

（三）司法審查的特徵

　　在普通法地區，法院通過司法審查介入立法程序的目的一般在於保障立法機關在立法過程中盡到了最低限度的立法審慎義務，一定程度上減少利益集團對政策過程的俘獲，【42】監控立法機關政策決定的程序

---

38. *Bribery Comm'r v. Ranasinghe* [1965] A. C. 172,194–195 (P.C. 1964) (appeal taken from Ceylon).

39. *R. v. Ndobe* [1930] A.D. 484 at 496.

40. *R. v. Mercure* [1988] 1 S.C. R. 234 (Can.).

41. 參見Suzie Navot (2006). "Judicial Review of the Legislative Process," *ISR. L. REV.* 39(182): 192–194.以色列也是沒有成文的憲法，但是有一套 "The Basic Laws of Israel"，以色列剛立國時政局不穩定、外來移民人數還在增長中，反立憲者認為在國家尚未穩定的情況下立憲太過生硬、且難於修改，對一個尚未摸準自己定位的國家的發展有阻，立憲派在當時的政治環境下並不佔據主流地位，立憲難以獲得民主認同。並且英國人長期統治巴勒斯坦地區，受英國人影響比較深的一部分人認為沒有成文憲法也沒有關係。

42. 參見 V. Goldfeld (2004). "Legislative due Process and Simple Interest Group Politics: Ensuring Minimal Deliberation through Judicial Review of Congressional Processes," *NYUL Rev.* 79: 367.

品質、提升立法品質等。[43]這一異於傳統馬布里訴麥迪遜式的司法審查模式很快吸引了學者眼球，有論者將這種司法審查賦予「立法的正當程序」[44]、「結構正當程序」[45]等五花八門的標籤。對立法程序的司法審查通常具有以下幾個特點：

第一、審查對象僅限於立法程序而不及於法律制定以後產生的實體問題。[46]對立法程序的司法審查能減緩司法審查正當性與反多數難題之間的緊張，避免洛克納式保守司法能動主義[47]的批評——司法過度介入對政府政策偏好的評估。普通法法院依然強調，應盡量避免對立法程序的干涉，如 Namoi 案澳洲法院強調，法官要以一種避免引發合憲性審查的方式解釋憲法，議會議事規則的效力是指引性的而不是強制性的，不會因在立法程序中違反議事規則就簡單判定法案無效。[48]如新西蘭法院在 Ah Chong 案也強調，應避免在立法（法律草案）階段介入議會內部事務，法院施以憲法救濟的主要方式應該是在立法生效後宣稱違反憲法的法律無效，而不是頒佈禁令禁止其生效或是宣稱一項正在審議程序中的法律違憲。[49]

---

43. P. P. Frickey and S. S. Smith (2002). "Judicial Review, the Congressional Process, and the Federalism Cases: An Interdisciplinary Critique," *The Yale Law Journal.* 111(7): 1707–1756.

44. Hans A. Linde (1976). "Due Process of Lawmaking," *NEB. L. REV.* 55:197

45. Laurence H. Tribe (1975). "Structural Due Process," *HARV. C.R.-C.L. L. REV.* 10: 269

46. 也有學者認為基於程序的司法審查最終會指向實體問題。參見Laurence H. Tribe (1980). "The Puzzling Persistence of Process-Based Constitutional Theories," *YALE Law Journal,* 89: 1063.

47. 司法能動主義並不總是建立在進步主義哲學的基礎上。當保守派的法官持有能動主義立場的時候，它所捍衛的就是往昔的秩序。比如，1905 年代的洛克納判決，作為保守派能動主義的代表判例，它宣告了紐約州保護麵包工人的福利立法無效。這和當時進入大工業時代以後工人權利保護、社會福利制度等客觀需求是不相吻合的。1990 年代，倫奎斯特法院時期興起的新聯邦主義原則下以州權為由宣告國會基於州際貿易條款的各項立法違憲而無效。這實際是對傳統的聯邦主義的回歸，在經濟領域裏試圖取消聯邦政府的優勢地位，恢復州權及其州立法的應有地位。倫奎斯特法院也被自由派學者指控為是「保守的能動主義」的典型。參見汪慶華（2007）。〈司法能動主義視野下的同性婚姻和平等保護——基於歐伯格費案的討論〉,《浙江社會科學》。1 期。

48. *Namoi Shire Council v. Attorney-General for New South Wales*, [1980] 2 NSWLR 639.

49. *Ah Chong v. Legislative Assembly of Western Samoa*, [2001] NZAR 418, [1996] WSCA 2.

第二、從審查基準來說，對立法程序的審查遵循的是不超過合理性審查基準的弱式司法審查。法官不得基於個案為立法機關審慎議事設置更高的證明標準，否則會導致法官基於個人的政策偏好過度干預立法過程。[50] 如英國樞密院在 Bahamas 案判決中指出，如果法律草案條文的生效會立即產生不可逆轉的影響，導致憲法保護的權利遭受重大損害，此刻法院才有必要介入立法程序。[51] 以色列法院較英聯邦國家法院走得更遠，在一系列案件中建立了更積極的審查標準，認為如果出現「核心性程序缺陷」，法院就可以在法律生效前介入立法程序，而這種缺陷不僅僅是因為缺乏授權（或者說違反越權原則），也包括這種缺陷違反了「憲法的主要價值」或「立法程序所依據的憲法中的基本精神」。[52]

第三、從憲法救濟來說，對立法程序的司法審查僅意味着對法律草案的「暫時否決」或「發回重新審議」，不像傳統司法審查那樣導致法案永久無效。二戰後，大多數國家都開始傾向於接納憲政民主政體，「議會自治」與「憲法至上」一定程度上造就了憲政體制內部的緊張，憲法至上原則要求立法機關行使職權時必須依據憲法的規定，於是法院順理成章將司法審查的範圍擴展至立法過程。但司法對立法程序的審查標準能否超越前述不干預原則、歸檔法案規則之表面有更精細化的發展還未有定論。無論是普通法下的「不干預原則」抑或「歸檔法案規則」，司法介入立法機關的非立法性決定時採取的標準都必須考慮到對議會生活結構本身所造成的損害，以及該損害可能影響到立憲政體的結構性基礎，此時就必須要求司法機關保持自我節制，以確保立法機關遵守普遍的法治與尊重議會獨自決定內部事務的需要之間的適當平衡。

---

50. *Fullilove v. Klutznick*, 448 U.S. 448, 550–52 (2001) (Stevens, J., dissenting).

51. *The Bahamas District of the Methodist Church v. Symonette*, [2000] 5 LRC 1996.

52. *Poultry Farmers Case*, [2004] ISR LR 383.

三、香港法院確立「不干預原則」的過程

（一）2006 年梁國雄案訴立法會主席案

香港法院在 2006 年梁國雄訴立法會主席案中首次處理了立法會議事規則的合《基本法》問題。《香港基本法》第 74 條限制立法會議員提出影響公共開支的法律草案（提出前需得到行政長官書面同意），但沒有對提出修正案作出限制。而《立法會議事規則》第 57（6）條禁止議員在審議階段提出影響公共財政開支的修正案，故原告認為議事規則第 57（6）條違反《基本法》第 73（1）條立法會「依據本法規定並依照法定程序制定、修改和廢除法律」及第 74 條，因而無效。

夏正民法官指出，「依照法定程序」這一概念在《基本法》不同的條文中具有不同的含義，而在《基本法》第 73（1）條處則指立法會不僅要根據《基本法》來制定、修改和廢除法律，同時也要根據立法會議事規則來行使前述職權。[53] 於是就自然產生了議事規則如果與《基本法》相衝突，法院是否具有管轄權的問題。夏正民法官強調《香港基本法》下的分權體制與英國議會至上模式有着顯著區別，根據《基本法》第 75（2）條「議事規則不得與《基本法》相抵觸」之規定，法院當然有權通過解釋《基本法》來判斷議事規則是否與其保持一致。並援引 2000 年樞密院在 Bahamas 案的決定，「法院在行使管轄權的同時必須保持一定的審慎和節制」。[54]

---

53. 在外籍公務員協會訴行政長官案，法院結合《基本法》中的體制性條款對「依照法律程序」作出靈活、寬泛的解釋，以維持《基本法》下香港新舊體制的平衡。後來在 2005 年的梁國雄訴行政長官案中，法院從人權保障的角度，將《基本法》第 30 條中的「法律」限縮解釋為立法會制定的法律。該案中，當事人認為《截聽條例》授權政府以行政命令的方式設立攔截電話的許可程序，無法滿足《基本法》第 30 條規定的「依照法律程序」要件。法院拒絕在本案中適用法官 Keith 在前述香港外籍公務員協會案中對《基本法》第 48 條第（7）項「依照法律程序」的解釋，指出《基本法》第 30 條「依照法律程序」當基於隱私權做出限縮解釋，意指程序應由法律規定，該程序亦構成法律的部分，以滿足法律的確定性這一要件。*Leung Kwok Hung v. HKSAR*, HCAL107/2005 para. 148–150.

54. *Leung Kwok Hung v. The President of the Legislative Council of the Hong Kong Special Administrative Region*, HCAL/2006.

　　1998 年議事規則起草時，律政司認為議員提出的法律草案和修正案都應受到《基本法》第 74 條的約束，對第 74 條應採取寬宏的目的解釋，修正案是否符合《基本法》第 74 條的限制也應由行政長官來決定。但立法會議事規則委員會並不接受律政司的主張，委員會認為第 74 條並不具有規制修正案的目的，議事規則第 57 條（6）條財政方面的限制是一項單獨的限制，與《基本法》第 74 條無關。如果將「法律草案」的範圍擴展至「修正案」，將剝奪議員議事的權利，無法保障行政主導體制下立法與行政之間的制約與平衡。退一步而言，即使《基本法》第 74 條的原意是要涵蓋對政府法律草案的修正案的話，那麼起初在立法時絕無理由不明文將之寫入條文。[55] 歷屆立法會主席亦在一系列裁決中拒絕將《基本法》第 74 條下的各項限制適用於議員修正案，此為立法會的慣常做法。

　　與議事規則委員會的觀點相同，夏正民法官認為《基本法》第 74 條與議事規則第 57（6）條之間不存在關聯。正如前文所贅述，自 1998 年起，律政司和立法會對《基本法》第 74 條當如何解釋一直存在分歧，始終各執一詞，究竟誰的解釋更具有合理性，法院並不想借此案成為一個歷史遺留問題的「裁判者」。因此要判斷議事規則第 57（6）條是否違憲，法官根本沒有必要對《基本法》第 74 條作出解釋。法官的判斷體現了普通法司法裁判實踐中的一個重要原則——盡量不把合憲性

---

55. Committee on Rules of Procedure (1998). "Procedure in Dealing with the Introduction of Member's Bills as Provided in Article 74 of the Basic Law and the Interpretation of Article 48(10) of the Basic Law" *LC Paper* No. CB (1)45/98–99. paras. 8, 11, 14.

問題列入討論議程，即在司法判決過程中迴避合憲性問題。【56】最後，夏正民法官將「立法啟動」剝離出整個「立法程序」【57】，法案的提出屬於「立法啟動」。而《基本法》第74條限制議員提出法律草案，其約束力只及於立法啟動，對立法啟動之後的立法程序並無約束。因此《基本法》第74條只限制立法啟動，而議事規則第57（6）條規範的是立法程序——大多是草案提出以後的讀審程序，因此兩者彼此無涉。可見，香港法院在解釋《基本法》及議事規則時，始終秉持盡量避免引發合憲性審查的態度，盡量以「不干預」議會內部事務作為其行使管轄權的基本原則，盡量避免將《基本法》解釋為施加於議事規則或立法程序的一種強制性的明確要求或標準。

（二）鄭家純、梁志堅訴立法會案

香港立法會是《基本法》明定的行使立法權的機構，然而回歸後圍繞香港立法會許可權的爭議頗多。2008年鄭家純、梁志堅訴立法會案中，立法會委任調查委員會調查梁展文任職新世界地產有限公司和其他房地產機構時從事的工作是否與其曾任房屋及規劃地政局常任秘

---

56. 法官此處援引美國司法消極主義發展歷程中的里程碑案件 *Ashwander v. Tennessee Valley Authority* 案指出，「法院不會去建立一項含義比由案件中的精確事實所要求的更為寬泛的憲法規則」，*Ashwander v. Tennessee Valley Authority* (1936), 297 U. S. 288. pp. 346–348 該案形成了一系列消極主義價值立場的規則，史稱「布蘭代斯」規則：「一、在友好的、不存在對立的司法訴訟中，法院不會討論立法的合憲性，因為只有把它作為最後的手段，並且是對個人之見真實、急切且關鍵的爭議的解決非常必要，判決合憲性問題才是正當的；二、法院不會在決定合憲性這一必要性出現之前就去預見法律的合憲性問題；三、法院不會去建立一項含義比由案件中的精確事實所要求的更為寬泛的憲法規則；四、法院不會去探討憲法問題，儘管案卷記錄業已清楚地提出了這一問題，如果基於其他的理由案件也能得到解決的話；五、法院不會因一方的訴請而去判斷一項法律的有效性，如果這一方不能證明此項法律的執行而受到傷害；六、法院不會已經利用這部法律給自己帶來利益之人的請求而將這一法律的合憲性列入議程；七、當國會一項法案的有效性受到質疑，而且即使其合憲性受到極大的懷疑時，法院首先考慮的是：是否存在這樣一種對這項法律的解釋方法——通過這種解釋此質疑或懷疑能夠避免，這是一項基本的原則。」參見劉練軍（2010）。《消極主義：憲法審查的一種哲學立場》。北京：法律出版社。

57. HCAL2006 *Leung Kwok Hung v. The President of the Legislative Council of the Hong Kong Special Administrative Region*, HCAL/2006.

書長、房屋署署長期間參與制定或執行的重大房屋、土地政策的決定有何關聯。調查委員會向鄭家純和梁志堅發出傳票，要求其出席調查委員會的聆訊並提交相關證據和文件。本案爭議的關鍵在於《基本法》第 73 條是否將權力授予了立法會下屬的調查會員會？否定説認為《基本法》第 48 條和第 73 條對立法會的職權規定已經相當清楚，並沒有授予立法會調查委員會傳召權，而且《基本法》明確規定了廉政公署的權力，故立法會此舉為濫用職權；肯定説則認為立法會有權將其職權細化，交由下屬機構行使，但權力的行使須受制於 73 條第（1）至（9）各項職權。【58】最後法院選擇對「立法會」進行靈活、寬泛的解釋，認為《基本法》並沒有明確規定立法會必須作為整體來行使傳召權。【59】

當事人還根據《立法會條例》第 9 條第（2）項規定指出，即便調查委員會獲得了立法會授權也必須在立法會決議明確規定的事項範圍內行使傳召權，即傳召必須以立法會的決議為依據，否則構成「越權」。對此，法院援引 2009 年梁國雄訴立法會主席案指明法院不能挑戰議會自身事務，即使出現違反議會規則的事項，也只能由議會而不是法院來解決，法院對立法會制定的程序規則是否符合《基本法》的司法管轄必須受到一定限制。【60】

（三）2014 年的梁國雄訴立法會主席案

2014 年的「梁國雄訴立法會主席案」【61】（「剪布案」）是特區法院建立「不干預原則」最重要的判例，法庭討論裁決的法律問題是，在法律

---

58. 「鄭家純、梁志堅訴香港特別行政區立法會」研討會綜述，中國法學網。原文連結：www.iolaw. org.cn/showNews.asp?id=20837；王鍇：〈從「鄭家純、梁志堅訴香港特別行政區立法會案」看香港立法會的調查權〉，中國憲政網。原文連結：www.calaw.cn/article/default.asp?id=5782

59. *Cheng Kar-Shun and another v. Hon Li Fung-Ying, BBS, JP and others*, HCAL 79/2009 paras. 79–88, 98, 105.

60. *Cheng Kar-Shun and another v. Hon Li Fung-Ying, BBS, JP and others*, HCAL 79/2009 para. 217.

61. *Leung Kwok Hung v. President of the Legislative Council*, HCAL87/2006.

草案辯論屢遭「拉布」（filibustering，即無限拉長辯論時間之意）影響之下，立法會主席已就辯論時間的長短作出裁決，法庭對此裁決程序的干預是否適合？該案特殊之處在於原訟庭作出判決時所涉立法尚未生效，故法庭對案件的審理屬於在法律制定階段干預立法程序的情況。而在上訴審理時，該法律已經生效，上訴庭需要處理的爭議轉變為若立法有違反《基本法》的程序瑕疵是否會因此喪失有效性。顯而易見，該案涉及法院是否應當介入作為議會內部事項的立法審議程序、法院審查立法程序的正當性及其界限問題。

1. 原訟法庭介入立法程序的司法審查理路

代表申請人的大律師李柱銘在本案中援引樞密院在 Bahamas 案 Nicholls 法官的觀點，簡單來說，法官 Nicholls 認為，雖然法庭是有司法管轄權就有關法案是否符合憲法作出宣告式的裁決，但一般情況下，法庭應在立法程序完結，當有關法案經已成為法律後才可作出是否違憲的判斷。因此，若法庭要在立法程序完結之前作出干預，這應該屬於十分例外之情況。這種「十分例外之情況」包括「若有關法案在通過時立刻產生不可逆轉及即時對有關人士作出嚴重破壞之果效，若屬這情況，雖然在當時立法程序仍然未完成，法庭應履行法庭的憲制責任作出有關的措施」。李柱銘大律師認為立法會主席的「剪布」裁決就屬於前述「十分例外之情況」，從而需要法院介入。[62]

對此，原訟庭林文瀚法官開宗明義地指出法院是否應當介入立法會事務時，必須考慮《基本法》所確立的分權體制，在此分權體制下，立法會是自身內部事務的「主人」，面對立法會事務，法院採取的基本原則即為普通法下的「不干預原則」，除非立法會在管理其內部事務時有違背《基本法》之處，法院才出面干預，並且此種干預必須保持相當程度的審慎。[63] 林文瀚法官在此案中着重強調了幾點：在立法程序完

---

62. *Leung Kwok Hung v. President of the Legislative Council*, HCAL87/2006 paras. 33, 35.

63. *Leung Kwok Hung v. President of the Legislative Council*, HCAL87/2006 paras. 28–29.

成之前，法院一般不介入法案內容的合憲性問題；並且議事規則的合
憲性與立法會不遵守議事規則行事是兩個應當區分開來的問題。主持
會議是立法會主席的憲制性職權，其履行職權不當但又未達到違憲的
地步，這種失誤可以被立法會內的後續程序或通過其他政治過程加以
彌補等。[64] 原訟庭更多從實踐層面考量了「不干預原則」的價值，認為
法院在立法程序階段的干涉會影響立法過程的完整性，不符合分權原
則，也不是適當的憲法救濟方式，並會嚴重影響立法會有序、高效、
公正的審議與工作程序。

2. 終審法院介入立法程序的司法審查理路

在上訴審中，終審法院首先闡明香港法院所確立的「不干預原則」
的範圍邊界與英國普通法的發展脈絡並不一致 —— 英國法院在具備成
文制定法管轄要件的情況仍然可以拒絕干預議會的實踐，而香港的不
干預原則必然是受憲法規定所制約的。成文憲法的條文可以令某條法
律的有效性取決於憲法所指明的任何事實或情況。如果憲法規定涉及
的是立法機關的某一程序，或對於某一程序的遵從，法庭便必須把此
程序納入其管轄權內，以裁定有關的法律是否有效。[65]同時，《基本法》
第 73 (1) 條規定了香港法庭須行使司法管轄權，以確保立法會在其立
法過程中遵守議事規則，法庭會行使司法管轄權來裁定立法會是否擁
有某項權力、特權及豁免，但法庭不會裁定立法會或其主席應在什麼
場合或應以什麼具體方式行使此等權力、特權及豁免。[66]

可見，終審法院區分了「確權」與「權力行使」兩種情況。對於
前者，終審法院根據《基本法》規定的香港憲制權力分立架構和公共政
策的原因，可以行使司法管轄權以裁定立法會或其主席是否擁有某項
權力、特權或豁免權。同時，終審法院還附帶澄清了其他普通法地區

---

64. *Leung Kwok Hung v. President of the Legislative Council,* HCAL87/2006 para. 36.

65. *Leung Kwok Hung v. President of the Legislative Council of the Hong Kong Special Administrative Region,* FACV No. 1 of 2014, para 32.

66. 同上註，判詞第39–43段。

的激進的司法實踐，論是前述樞密院在 Bahamas 案中的「十分例外之情形」或以色列判例法中的「核心型程序缺陷」，還是普通法歸檔法案規則中的「明顯錯誤標準」，均不適用於香港，因其違反了香港本土的普通法原則及其依據的公共政策，並不能給予香港法院一種清晰地指引和評價方法；對於後者，立法會主席「對辯論設定限制和終結辯論」的權力，固有或附帶於立法會主席在《基本法》第 72（1）條下「主持會議」的權力。至於立法會主席有否恰當地行使權力，或主席的決定是否構成未經授權地訂立議事規則等問題，均非由法院考慮的立法會內部權力行使問題。

3. 2016 年梁游立法會宣誓案

2016 年，香港高等法院原訟法庭對「立法會宣誓風波」司法覆核案件進行公開聆訊。代表立法會主席梁君彥的律師翟紹唐在聆訊過程中提出，立法會主席有權依據香港立法會的議事規則獨立處理「宣誓風波」，該事件屬於立法會內部事宜，強調完全沒有需要交由法庭進行司法覆核。兩位被告梁頌恆與游蕙禎的代理律師亦強調分權原則的重要性，基於「不干預原則」，《基本法》已經賦予立法會主席取消議員資格的權力，法庭無需介入該案。[67] 審理「梁游宣誓案」的各級法院均強調了《基本法》第 104 條作為一項憲制要求賦予法院介入立法會內部事務的管轄權，從而在該個案中排除適用「不干預原則」。

原訟庭區慶祥法官在判決中率先表明不接納梁游一方基於「不干預原則」作為抗辯法院管轄權的理據。後代表上訴人游蕙禎的資深大律師戴啟思（Philip Dykes）在上訴審中更為克制地指出，立法會議員的宣誓雖應屬立法會「內部事務」，尤其是立法會主席在梁游宣誓上並沒有作出任何裁決兩人是否違反《宣誓及聲明條例》第 21 條的結論時，法庭

---

67. See *Chief Executive of the Hong Kong Special Administrative Region and another v. The President of the Legislative Council*, HCAL 185/2016.

更不應過早干預。[68]言外之意，即在宣誓事件上若出現主席或監誓人拒絕監誓、監誓後不作裁決、裁定反覆無常等情形，法院在時機成熟之際還是可以介入立法會事務的。因上訴法庭林文翰副庭長在判詞協同意見第 62 段模糊地指出，戴啟思大律師認同在香港，不干預原則是法庭在施行司法管轄權時的自我設限（self-restraint），而不是說在某些事務上或者領域內法庭根本無權插手。但是針對這一論點，潘熙大律師的觀點則相反。[69]上訴法庭則認為《基本法》作為香港特區的明文憲法是至高無上的，所以普通法中源至英國議會至上原則的「不干預原則」理應受限於作為成文憲制的《基本法》。終審法院裁定最終也否認了，只有在出於保障民選議員的香港永久居民的憲法權利的情況下，法庭才可對立法會主席所作的（容許她重新作出立法會誓言的）程序決定進行覆核。[70]因此，在宣誓案中香港法院實質上分別拒絕了潘熙大律師的「絕對不干預原則」、戴啟思大律師的「自我設限的不干預原則」（區分法庭介入時機）和李志喜大律師的「基於憲法權利保障的不干預原則」三種存有差異的理據。

原訟、上訴和終審三級法庭均一以貫之地認為自己在《基本法》下對於憲法問題有絕對的管轄權，但是運用與否則是基於不干預原則對立法會有效運作這一自我設限為前提，即一旦適用了不干預原則則會一定程度但並非絕對排除法院對議會事物的管轄。無論是在「梁游宣誓案」，抑或後續的立法會梁國雄、劉小麗、羅冠聰及姚松炎四議員 DQ 案（DQ，即喪失資格，簡稱「四議員 DQ 案」）中，法院判決均否定了立法會主席及秘書長在宣誓中的終局性角色，

明確將決定議員資格的權力收歸法院。即使立法會主席或秘書長認為某個宣誓合法，又或立法會慣例曾容許宣誓形式不一，但只要法

---

68. *Yau Wai Ching v. Chief Executive of the Hong Kong Special Administrative Region, Secretary for Justice*, CACV 224/2016, para. 19.

69. 同上註，判詞第 62 段。

70. *Yau Wai Ching v. Chief Executive of the Hong Kong Special Administrative Region, Secretary for Justice*, FAMV7/2017, para. 23.

庭客觀認為宣誓不符合法律，該議員就自動喪失資格。而立法會的行事方式並不值得參考，因為對宣誓的要求來自法律和《基本法》，而法庭只應對法律負責。[71]

值得注意的是，宣誓案終審裁定中，游蕙禎的代理人李志喜大律師就「不干預原則」能否被擴展應用於「立法會可否借其內部程序和慣例管轄此類宣誓的形式」[72]——作為一項新的上訴理據提出，這一表述的核心問題直指香港普通法下的「不干預原則」的具體適用範圍為何？如何通過必要性原則界定屬於香港立法會的內部事務或者說屬於香港立法會的議會特權與豁免？儘管各級法院均認為既然《基本法》至高無上，那作為憲法守護者的法庭就不可能無權插手一個有關公職人士就職宣誓是否滿足憲制責任的爭議。但正如一審、二審判決一樣，法庭並未解決（在本案中亦無必要）司法介入議會事物的審查基準、審查密度問題，上訴庭認定宣誓案並非普通的、沒有牽涉憲制責任爭議的一般性司法覆核案件，所以法庭不會只用溫斯伯里不合理原則（Wednesbury Unreasonableness）原則——該原則指的是除非該決定者做了一個荒謬至極的決定，否則法庭不應該插手，去審視立法機關所作的決定。當問題牽涉到一個公職人士或者政府機關有否滿足憲法規定的要求時，法庭必須展開全面審查（full merits review），[73] 至於何謂全面審查，法庭未有述説。

---

71. 針對「法院在判斷宣誓是否合法這一問題上是否應當考慮立法會往常宣誓的慣例」，前任立法會主席曾鈺成舉例表示，對上一屆議員黃毓民在第一次宣誓時的表現，他沒有裁定黃毓民已拒絕或忽略宣誓；於是，作為未有完成宣誓的議員，他必須補行依法宣誓。但當時沒有人挑戰他的裁決；如果有，也只能交由法庭裁決黃毓民的行為是否已令他喪失議員資格。參見 http://archive.am730.com.hk/column-335320。「四議員 DQ 案」中，陳文敏和戴啟思大律師嘗試以宣誓的古老傳說説明它帶有政治性質，因此應該當作為一儀式從輕處理。宣誓是否「莊重」，議員是否「拒絕或忽略」誓詞，往往取決於不同機構的傳統、歷史、文化及價值；參見 HCAL 226/2016。

72. *Yau Wai Ching v. Chief Executive of the Hong Kong Special Administrative Region, Secretary for Justice*, FAMV7/2017, para. 18.

73. *Yau Wai Ching v. Chief Executive of the Hong Kong Special Administrative Region, Secretary for Justice*, CACV 224/2016, para. 39.

四、結語

　　傳統普通法下的「不干預原則」和「歸檔法案規則」是法院對其管轄權施加的一種自我限制，體現出法院在缺乏制定法明確授權時對議會至上原則的服膺，傳統「不干預原則」的憲制基礎受到了立憲主義分權制衡原則的挑戰，法院從順從於議會的次級角色變成當仁不讓成文憲制下的「憲法守護者」。在成文憲制的影響下，普通法地區的法院不再受制於因議會主權而對其審查議會內部事務或行為的限制，在管轄權原則上有了更大的突破，法院甚至將審查議會行為的合憲性作為一種憲政主義下的憲制職責。由前述分析所揭示的「不干預原則」、「歸檔法案規則」的普通法源流，隨着立憲主義的變遷發展而鬆動，愈來愈多的國家和地區的法院都將司法審查權延展至議會事物，尤其是立法程序之中。香港特區的「不干預原則」由特區法院在「剪布案」等一系列案件中初步確立。在司法權行使上，「不干預原則」的內涵是多重的：第一，它決定司法機構在某一特定問題上的管轄權；第二，作為一種法律與憲法解釋原則，它決定了司法權介入議會事務（立法權）的邊界；第三，它表現為一種司法審查基準，法院根據案件事實進行判斷，決定在具體問題上「干預」的程度。[74] 另外，香港法院確立「不干預原則」的系列案件中，作為法理上的路徑，法院總體上對無節制援引外國普通法或國際法、比較法資源的「世界司法主義」秉持基本的排斥態度，[75] 而且愈是針對不具有普世性的、基於憲政體制分疏的憲法問題，香港法院愈是應當保持司法謙抑（self-restraint）的態度，應當優先尋求本國／地法律解釋資源的支持。故前述涉立法會案件也表現了香港法院不同於以往在人權類案件中積極參考、援引域外普通法的做法，而是專注於對本地成文法進行靈活的解釋。

---

74. 楊曉楠 (2017)。〈從「不干預原則」的變遷審視香港特區司法與立法關係〉，《法學評論》。4 期。

75. 「世界司法主義」這一概念參見波斯納法官在《波斯納法官司法反思錄》一書第十二章中的精彩論述與批判。參見理查・波斯納、蘇力（2014）。《波斯納法官司法反思錄》。北京：北京大學出版社。

第十四章

讀「四議員資格」初審判詞，
斷香港法院「消化不良」之症

❧ ❧ ❧ ❧ ❧ ❧ ❧ ❧ ❧ ❧ ❧ ❧ ❧

羅沛然

香港大律師，博士

中華人民共和國第十二屆全國人民代表大會常務委員會於 2016 年 11 月 7 日在其第二十四次會議通過〈全國人民代表大會常務委員會關於《中華人民共和國香港特別行政區基本法》第一百零四條的解釋〉（下稱「2016 年全國人大常委會釋法」）。當時，香港特別行政區原訟法庭剛審結香港特別行政區行政長官及律政司司長提起對香港特別行政區立法會主席讓梁頌恆議員及游蕙禎議員可再次宣誓的決定的司法覆核和對梁、游二人的立法會議員資格的取消訴訟（下稱「梁游議員資格案」）。雖然原訟法庭及上訴法庭在梁游議員資格案的判案書[1]均提述 2016 年全國人大常委會釋法適用，可是對於在這類訴訟如何應用 2016 年全國人大常委會釋法，那就要到之後香港特別行政區行政長官及律政司司長就另外四位立法會議員（即羅冠聰、梁國雄、劉小麗及姚松炎）是否因其宣誓不符合誓言而其立法會議員資格即被取消的訴因而提起的司法覆核和立法會議員資格的取消訴訟（下稱「四議員資格案」）才得知。本章透過閱讀和分析原訟法庭法官區慶祥在 2017 年 7 月 14 日

---

1. 原訟法庭的判案書是 *Chief Executive of the HKSAR & Anor v. President of the Legislative Council & Ors* (HCAL 185/2016 及 HCMP 2819/2016，2016 年 11 月 15 日)（後來的彙報版為 [2016] 6 HKC 417, [2017] 2 HKLRD 53)。

   上訴法庭的判案書是 *Chief Executive of the HKSAR & Anor v. President of the Legislative Council & Ors* (CACV 224–227/2016, 2016 年 11 月 30 日)（後來的彙報版為 [2016] 6 HKC 541, [2017] 1 HKLRD 460)。

在四議員資格案的判案書[2]，以及考慮梁國雄及劉小麗針對該判案書的上訴理據和終審法院上訴委員會在拒絕受理梁游議員資格案時所持的根據[3]，來研判香港特別行政區法院在領受、應用 2016 年全國人大常委會釋法時採用的面向，以及試圖譜出日後香港司法者面對中央行為和國家法理的發展方向[4]。這樣的預後是演化性和具有路徑依賴意涵，涉及香港特區法院以普通法系統運作中央釋法，以及中央釋法的國家法本質之間的爭持。至於演化的結果是普通法的制度性觀念將中央釋法同化或融化，還是國家法理驅使香港特區法院以接近中央的觀點解釋、應用香港特區基本法而引致在香港這方面的部門法變得異化、混化，甚至全面發展為與現身不同的異形，則以現時囫圇吞棗、生搬硬套的情景而言，要下判斷，還是尚早。

一、四議員資格案

（一）四議員資格案的背景

2016 年 10 月 12 日，香港特別行政區第六屆立法會舉行第一次大會。議程的第一項是當選的立法會議員的就職宣誓。由於當時未選出立法會主席，按照有關法律[5]，就職宣誓由立法會秘書監誓。立法會秘書後說他「無權」為當天 70 位出席宣誓的立法會議員的三位監誓，而

---

2. 該判案書是 *Chief Executive of the HKSAR & Anor v. President of the Legislative Council & Ors* (HCAL 223–226/2016 及 HCMP 3378, 3379, 3381, 3382/2016, 2017 年 7 月 14 日)（後來的彙報版為 [2017] 4 HKLRD 115)。

3. *Yau Wai Ching & Anor v. Chief Executive of the HKSAR & Anor* (2017) 20 HKCFAR 390.

4. 在本章完稿後，劉小麗在 2018 年 5 月撤回上訴，而上訴法庭於 2018 年 11 月聆訊梁國雄的上訴，然後在於 2019 年 2 月 11 日頒下判案書，駁回上訴（CACV 200, 201/2017, 2019 年 2 月 11 日)（後來的彙報版為 [2019] 2 HKC 244, [2019] HKCA 173)。筆者認為，上訴法庭駁回梁國雄的判案書沒有偏離本章理解香港特區法院領受和應用 2016 年全國人大常委會釋法時的面向，也不影響本章提出的預後觀點。

5.《宣誓及聲明條例》（香港法律第 11 章）第 19（a）條。

這三位議員分別是姚松炎、梁頌恆及游蕙禎[6]。會議後，有議員要求那時已選出的立法會主席梁君彥裁定另外三位議員的宣誓是否有效，當中包括劉小麗及羅冠聰。[7]

2016 年 10 月 18 日，立法會主席梁君彥發出書面裁定，認為包括姚松炎、梁頌恆、游蕙禎、劉小麗及羅冠聰等共六位議員在 2016 年 10 月 12 日所作的宣誓無效，但他們可在下一次立法會大會重新宣誓。其時，梁游在 2016 年 10 月 12 日所作的宣誓行為已在香港和香港以外引起軒然大波。他們被指在宣誓時拒絕承認中華人民共和國對香港的主權，冒犯了中華人民共和國人民，甚至中華民族。

立法會主席讓梁游二人可重新宣誓的決定立即在 2016 年 10 月 18 日受到香港特別行政區行政長官及律政司司長的挑戰。香港特區首長和律政司司長在香港特別行政區高等法院提起司法覆核，要推翻立法會主席的決定，以阻止梁游二人在 2016 年 10 月 19 日的下一次立法會大會重新宣誓。同時，首長和司長也在香港特別行政區高等法院依據《立法會條例》第 73 條提起訴訟，要法庭頒令宣佈由於梁游二人在 2016 年 10 月 12 日在被邀請宣誓時拒絕或忽略作出立法會誓言[8]，他們已喪失以立法會議員身份行事的資格，以及授予禁制令，制止他們如此行事。提起訴訟的首長和司長要高等法院原訟法庭開庭處理案件受理司法覆核，安排聆訊，和頒令禁止立法會主席於 2016 年 10 月 19 日的立法會大會為梁游二人監誓。高等法院原訟法庭法官區慶祥聽畢有關各方的法律代表（包括梁游二人的法律代表）的陳詞後，在同一天的晚上決定受理司法覆核，安排訴訟於 2016 年 11 月 3 日審理，但拒絕批出禁

---

6. 姚松炎、梁頌恆及游蕙禎個別的宣誓行為，見於 2017 年 10 月 18 日的《立法會主席就 6 位議員在 2016 年 10 月 12 日的立法會會議上作出立法會誓言的有效性所作的裁決》。附件一、附件二及附件三。原文連結：www.legco.gov.hk/yr16-17/chinese/pre_rul/pre20161018-ref-c.pdf。

7. 劉小麗及羅冠聰的各別的宣誓行為，見上註《立法會主席就 6 位議員在 2016 年 10 月 12 日的立法會會議上作出立法會誓言的有效性所作的裁決》的附件四及附件五。

8. 即是引用《宣誓及聲明條例》第 21（b）條的規定，指名在被邀請宣誓時拒絕或忽略作出相關誓言的人，若未就任，則須被取消其就任資格。

制立法會主席於 2016 年 10 月 19 日的立法會大會為梁游二人監誓的命令【9】。

2016 年 10 月 19 日的立法會大會以議員製造不夠法定人數的情況流會告終，使梁游二人不能在該次會議重新宣誓。立法會主席然後在 2016 年 10 月 25 日作出新的裁決，押後梁游二人的重新宣誓要求【10】。然而，由於梁游二人之後在 2016 年 10 月 26 日及 2016 年 11 月 2 日舉行的兩次立法會大會均以行動擬作重新宣誓，導致議會秩序混亂，無法開展新一屆議會的正常工作。

2016 年 11 月 3 日，香港特別行政區高等法院原訟法庭開庭審理梁游議員資格案。可是，就在同一星期，正在北京開會的第十二屆全國人民代表大會常務委員會第二十四次會議醞釀要對規定包括立法會議員的就職宣誓的《中華人民共和國香港特別行政區基本法》第 104 條進行解釋。即使香港特區高等法院於 2016 年 11 月 3 日聽畢與訟各方陳詞後押後宣判，全國人大常委會的第八十一次委員長會議於 2016 年 11 月 4 日下午在聽取了全國人大常委會副秘書長李飛作的關於委員長會議提請審議《香港特別行政區基本法》第 104 條的解釋草案有關情況的匯報後，建議將該草案提請全國人大常委會的第二十四次會議審議【11】。

2016 年 11 月 5 日上午，全國人大常委會的第二十四次會議聽取全國人大常委會香港基本法委員會副主任張榮順在提交《香港特別行政區基本法》第 104 條的解釋的草案審議時對草案的說明，然後在同日下午分組討論草案。2016 年 11 月 6 日的全國人大常委會第八十二次委員長會議在聽取會議討論的匯報後，認為下一次的委員長會議將考慮是

---

9. *Chief Executive of the HKSAR & Anor v. President of the Legislative Council & Ors* [2016] 6 HKC 144.

10. 《立法會主席就押後為梁頌恆議員及游蕙禎議員監誓所作的決定》。原文連結：www.legco.gov.hk/yr16-17/chinese/pre_rul/pre20161025-ref-c.pdf（瀏覽日期：2016 年 10 月 19 日）。

11. 《十二屆全國人大常委會舉行第八十一次委員長會議》。原文連結：www.npc.gov.cn/npc/xinwen/syxw/2016-11/05/content_2000986.htm（瀏覽日期：2016 年 11 月 5 日）。

否將經修改的解釋草案提交全國人大常委會會議表決[12]。2016 年 11 月7 日上午的全國人大常委會第八十三次委員長會議在聽取關於審議解釋草案的表決稿的情況的匯報後，建議該表決稿的草案交付全國人大常委會的第二十四次會議閉幕會議表決[13]。

　　2016 年 11 月 7 日上午，全國人大常委會的第二十四次會議閉幕會議上，會議全票表決通過《香港特別行政區基本法》第 104 條的解釋的草案。

　　2016 年的全國人大常委會釋法，簡而言之，表明《香港特別行政區基本法》第 104 條的規定的「擁護中華人民共和國香港特別行政區基本法，效忠中華人民共和國香港特別行政區」，既是該條規定的宣誓必須包含的法定內容，也是參選或者出任該條所列公職的法定要求和條件；訂明相關公職人員依照該條規定「依法宣誓」的要求和方式；規定「拒絕宣誓」的含義和後果；和按照該條所作的宣誓的性質和宣誓之後對宣誓人的要求。用李飛主任的話，2016 年的全國人大常委會釋法「明確了參選和出任相關法定公職的法定要求和條件，明確了相關法定公職人員宣誓就職必須遵循的法定程序和內容，明確了違反法定宣誓要求，以及作出虛假宣誓及宣誓後從事違法誓言的法律後果及法律責任，符合《基本法》第 104 條所包含的立法原意和法律原則」[14]。

　　高等法院原訟法庭法官區慶祥於 2016 年 11 月 15 日頒下梁游議員資格案的判決，批准香港特區行政長官和律政司司長的申請，推翻香港特區立法會主席的決定，宣佈梁游二人於 2016 年 10 月 12 日的宣誓行為違反《香港特區基本法》第 104 條及《宣誓及聲明條例》第 16（d）及第 19（a）條及附表 2 的規定並因此無效和並無法律效力，宣佈梁游

12.《十二屆全國人大常委會舉行第八十二次委員長會議》。原文連結：www.npc.gov.cn/npc/xinwen/syxw/2016-11/06/content_2001375.htm（瀏覽日期：2016 年 11 月 6 日）。

13.《十二屆全國人大常委會舉行第八十三次委員長會議》。原文連結：www.npc.gov.cn/npc/wyzhhy/2016-11/08/content_2001751.htm（瀏覽日期：2016 年 11 月 7 日）。

14.《全國人大常委會辦公廳新聞發佈會文字實錄》。原文連結：www.npc.gov.cn/npc/zhibo/zzzb39/node_363.htm（瀏覽日期：2016 年 11 月 7 日）。

二人就職立法會議員的資格被取消，自 2016 年 10 月 12 日起他們喪失立法會議員議席，他們無權以立法會議員身份行事，宣佈香港特區立法會主席無權重新為梁游二人監誓，宣佈自 2016 年 10 月 12 日起梁游二人的立法會議員職位懸空，並發出命令禁制梁游二人擔任立法會議員或聲稱有權以立法會議員身份行事。區法官在他的判案書認為，香港特區法院有權裁定某人在立法會會議的宣誓行為是否有效並符合《香港特區基本法》第 104 條和《宣誓及聲明條例》，普通法有關法院不干預立法會內部運作的原則在這情況不適用。梁游二人的宣誓行為，無論是在形式還是實質上，都屬於《宣誓及聲明條例》第 21 條所指的拒絕或忽略宣誓的情況，有關的宣誓無效，宣誓人須被取消其就任資格，而這觀點是獨立於《香港特區基本法》第 104 條的理解和要求的。同時，區法官根據 2016 年人大常委會解釋來理解《香港特區基本法》第 104 條的要求，也同時指出即使依據香港方面解釋《香港特區基本法》的「目的為本」方式來解釋，梁游二人的宣誓行為亦不符合以此方式得出該條的要求。

梁游二人提出上訴，高等法院上訴法庭於 2016 年 11 月 24 及 25 日聆訊上訴，後於 2016 年 11 月 30 日頒下判案書，三名法官一致地駁回他們的上訴。上訴法庭的主要判詞由張舉能高等法院首席法官撰寫（而林文瀚上訴法庭副庭長及潘兆初上訴法庭法官均同意）。張高等法院首席法官在判案書表明，《香港特區基本法》第 104 條訂立就任時依法作出特定宣誓的憲法要求，明確規定該宣誓是就職上任的必要和先決條件。張高等法院首席法官也表明，2016 年人大常委會解釋釐清了對這等事項的疑問，因為人大常委會的釋法出了第 104 條的真正含義。張高等法院首席法官亦駁回了質疑 2016 年人大常委會解釋的性質和效力的論點，包括指它實質是修改了《香港特區基本法》，它補充了第 104 條、它沒有溯及力等論點。反之，張高等法院首席法官認定 2016 年人大常委會解釋「從定義上來看，是把第 104 條從第一天就有的真正含義闡明」（by definition, sets out the true and proper meaning of article 104 from day one），而 2016 年人大常委會的解釋也「確實地擊敗」任何指宣誓不符

合第 104 條規定的後果不是有關的憲法要求的論點【15】。不單如上，更重要的是，張高等法院首席法官宣佈「就是法院，而不是任何其他人，來裁定上述憲法要求是否已經符合」，而由於有關問題屬司法事項，以及有否遵從憲法要求是一項只有一個正確答案的事項，法院的責任不是依循一般的司法覆核方式只考慮合理性，法院是要進行對該事項的全面審理，經過給予各方充分機會提出相關和可受理的證據，以及申述後來確定這事項【16】。

（二）四議員資格案的提起和聆訊

　　高等法院上訴法庭判決了梁游議員資格案的兩天後，香港特別行政區行政長官及律政司司長於 2016 年 12 月 2 日向香港特區高等法院原訟法庭提出針對羅冠聰議員、梁國雄議員【17】、劉小麗議員及姚松炎議員的議員資格的申請，尋求類似的法律救濟，要法庭審判他們每人在 2016 年 10 月 12 日所作的宣誓是否因未能符合《香港特區基本法》第 104 條的憲制規定和要求，而應被視為拒絕或忽略宣誓，因此就職立法會議員的資格被取消。高等法院原訟法庭法官區慶祥指示將這等可稱為「四議員資格案」的案件排期在 2017 年 3 月 1 日開審。

　　由於訴訟開始至實質聆訊之間的時間比較充裕，四位立法會議員的辯護可更為全面、成熟和細緻，與梁游二人那時急就章和根本沒有提證的辯護成強烈對比。首先，四位立法會議員均提供誓章，解釋他們每人在 2016 年 10 月 12 日當天宣誓時的言行意義，並且說明他們每

---

15. 葉保仁教授認為這看法是對中央當局「屈服」（capitulation），見 Po-jen Yap (2017). *Courts and Democracies in Asia.* Cambridge: Cambridge University Press. p. 69.

16. 葉保仁教授也質疑上訴法庭選擇由法院不僅確定宣誓是否有效，還要宣佈被發現拒絕宣誓的立法會議員就職資格被取消。葉教授認為，上訴法庭誤解了 2016 年全國人大常委會解釋，以為它命令確定宣誓無效就立即並自動取消資格；並認為法庭有權讓立法會的監誓人決定其宣誓被裁定無效的議員是否應被取消資格或可再次宣誓，而這樣處置並不會與 2016 年人大常委會釋法不一致。Po-jen Yap (2017). *Courts and Democracies in Asia.* Cambridge: Cambridge University Press. pp. 70–73.

17. 梁國雄議員的宣誓行為，見於四議員資格案的判案書，段 115 至 120。

一人遵守了與立法會就職宣誓相關的規定，在被邀請宣誓時並沒有「拒絕或忽略」宣誓。其次，四位立法會議員的法律代表質疑梁游四議員資格案的原訟和上訴判決的理據，也質疑 2016 年人大常委會解釋的理據及其法律效力。法律代表的論點包括下述各點：

- 區分在失敗或無效的宣誓和在被邀請時拒絕或忽略宣誓，指分別具關鍵性；

- 爭議什麼可算是「立法會誓言」；

- 質疑取消資格的法律規定的目的及如何實施該規定；

- 爭議在確定宣誓人是否拒絕或忽視宣誓時，可考慮什麼有關事宜（包括言詞和行為）；

- 爭議監誓者在確定宣誓人是否已經拒絕或忽略宣誓前，是否應該採取公平的程序；

- 爭議「莊重」的宣誓如何可以成為法理上肯定的取消資格標準，尤其是考慮到「莊重」如何可能在缺乏已存在準則的情況下被客觀地用作標準；

- 爭議「擁護中華人民共和國香港特別行政區基本法」及「效忠中華人民共和國香港特別行政區」這兩個的承諾義務的性質；以及

- 陳述法院如何根據某宣誓人在被告知和其知道的宣誓要求的情況下的宣誓行為來裁定他已拒絕或忽略宣誓，權力分立原則在立法會誓言事宜的作用，以及案件涉及獲選人及其選民的憲法權利。

此外，他們提出了政府有否選擇性起訴的問題，並向法院申請以濫用程序為由擱置訴訟。

所有這些論點都是以體現香港特區法律和司法制度基礎的普通法原則為立腳點。這些原則將在本章之後的部分進一步討論。

（三）四議員資格案的判決

高等法院原訟法庭法官區慶祥於 2017 年 7 月 14 日頒下判案書，拒絕擱置訴訟，批准香港特區行政長官和律政司司長的申請，推翻立法會主席容許劉小麗議員和姚松炎議員重新宣誓的決定，並裁定由於羅冠聰議員、梁國雄議員、劉小麗議員及姚松炎議員每人均在法律上被視為於 2016 年 10 月 12 日被要求作出立法會誓言後，拒絕或忽略宣誓，他們每人自該天起喪失出任或就任立法會議員的資格或被視為喪失上任議員的資格，而且無權聲稱以立法會議員的身份行事，然後宣佈他們每人的立法會議席懸空和頒令禁止他們擔任立法會議員或聲稱有權以立法會議員身份行事。

區法官首先說明適用立法會宣誓的「相關法律原則」。區法官論證的起點是《香港特區基本法》第 104 條，而據他理解，該條文的含義已在 2016 年人大常委會解釋闡明，對香港特區所有法院具約束力[18]。他也考慮了《宣誓及聲明條例》。他更考慮了他在梁游議員資格案的判決及上訴法庭在該案的兩個判決[19]。從上述材料，他判斷對立法會議員宣誓有這等要求：

（1）立法會選舉的當選人必須按照法律規定的形式及內容恰當及有效地讀出立法會誓言，才可就任立法會議員。這是一項憲法上和強制性的規定。換句話說，依法作出立法會誓言是就任該職位的必須和先決條件。

（2）按照法律規定的形式及內容作出立法會誓言意味着，在法律上，宣誓人須：（a）準確地以與《宣誓及聲明條例》附表 2 規定完全相同的形式和內容宣誓（準確形式和內容要求）；

---

18. 區法官援引梁游議員資格案的上訴法庭在 2016 年 11 月 30 日的判決來封殺任何對 2016 年人大常委會解釋的合法性和效力的質疑。

19. 梁游二人其後申請終審上訴許可，上訴法庭拒絕給予上訴許可；他們就向終審法院上訴委員會申請上訴許可，當時已獲排期在 2017 年 8 月開庭聆訊。

（b）莊重和真誠地作出宣誓（莊重要求）；（c）在宣誓時，真誠相信並嚴格遵守誓言的承諾（實質信奉要求）[20]。

然後，他解釋了每一個具體要求：

（3）根據準確形式和內容要求，宣誓人必須按規定準確和完整地宣讀誓言。根據 2016 年人大常委會釋義第 2（3）段的規定，宣誓人「故意宣讀與法定誓言不一致的誓言也屬於拒絕宣誓，所作宣誓無效，宣誓人即喪失就任該條所列相應公職的資格」。這規定不僅要涵蓋沒有宣讀規定格式誓言的文字，還包括在宣誓時增加文字或措辭信息。作出後者的宣誓人在法律上將被視為改變了宣誓的形式和內容，因此違反了準確的形式和內容要求[21]。

（4）根據莊重要求，宣誓人必須莊重地宣誓。「莊重」這個詞具有尊嚴和正式這個普遍理解的意思。換句話說，在宣誓就職的情況下，宣誓人必須以具有尊嚴和正式的方式和態度宣誓，而這種方式和態度與宣誓要求的憲法重要性應該給予的尊重是相符和相稱的，並反映和強調宣誓人誓言約束自己效忠中華人民共和國香港特別行政區，擁護《香港特別行政區基本法》這等非常認真和重要的承諾[22]。

（5）在實質信奉要求下，宣誓人必須在宣誓時忠實地和真誠地承諾並約束自己，以擁護和遵守立法會宣誓規定的義務。

他接下來解釋違反其中一個要求的後果：

---

20. 區法官引用了《香港特區基本法》第 104 條，2016 年人大常委會解釋的第 2（2）、（3）及第 3 段，以及梁游議員資格案的上訴法庭在 2016 年 11 月 30 日的判決的第 27 段。

21. 區法官引用了 2016 年人大常委會解釋的第 2（1）、（3）段。

22. 區法官引用了 *New Shorter Oxford English Dictionary*，2016 年人大常委會解釋的第 2（2）、（3）段，梁游議員資格案的上訴法庭在 2016 年 11 月 30 日的判決的第 26、27 及 72 段，梁游議員資格案的原訟法庭在 2016 年 11 月 15 日的判決的第 31 至 33 段，以及 *AG v. Bradlaugh* (1885) 14 QBD 667 (Brett MR), p. 685.

（6）宣誓人如在宣誓時擬改變誓言的形式、態度或內容，將違反《香港特別行政區基本法》第 104 條的規定，其宣誓屬非法和不具效力[23]。宣誓人將在法律上被取消喪失出任或就任立法會議員的資格，或者將被視為在有人邀請其宣誓時拒絕或忽略宣誓而必須離任。在這方面，如果宣誓人作出任何被發現不符合宣誓的法律規定的任何故意行為或作為，他便在法律上被被視為拒絕或忽略作出立法會誓言[24]。

他最後就《香港特區基本法》第 104 條的憲制規定，訂明香港特區法院的角色：

（7）法庭是決定宣誓人是否不遵守法律規定以致拒絕或忽略作出立法會誓言的最後仲裁人[25]。

（8）法院在決定這個問題時採取客觀測試。換句話說，法庭會決定宣誓人作出的方式和態度在客觀地評估和看待時是否符合法律規定，以及該方式和態度是否故意或蓄意地執行[26]。考慮到評估是客觀的，法庭是會考慮宣誓人作出立法會誓言時採取的行為、態度和言辭，以決定這些行為、態度和言詞對合理的人所傳達的意義，以及他是否故意以這樣的方式行事。在這個客觀評估中，法院並不關心宣誓人所採取的行為、態度和言辭的主觀意義，而宣誓人如此宣誓的主觀意圖或思想在這方面是無關緊要的。

---

23. 區法官引用了 2016 年人大常委會解釋的第 2（2）段，以及梁游議員資格案的原訟法庭在 2016 年 11 月 15 日的判決的第 31 段。

24. 區法官引用了 2016 年人大常委會解釋的第 2（3）、（4）段，《宣誓及聲明條例》第 21 條，梁游議員資格案的上訴法庭在 2016 年 11 月 30 日的判決的第 43 段，以及梁游議員資格案的原訟法庭在 2016 年 11 月 15 日的判決的第 34 至 35 及第 94 至 100 段。

25. 區法官引用了梁游議員資格案的上訴法庭在 2016 年 11 月 30 日的判決的第 32 及 33 段。

26. 區法官引用了梁游議員資格案的上訴法庭在 2016 年 11 月 30 日的判決的第 5、27 及 41 段，以及梁游議員資格案的原訟法庭在 2016 年 11 月 15 日的判決的第 33、35（1）、38 至 40、42、45 及 46 段。

在製定了相關法律原則之後，區法官就處理和拒絕四名議員的法律代表對這等原則提出的陳述。區法官説明，他拒納指法庭在決定當選議員是否按照法律要求「莊重」地作出立法會誓言時，應考慮立法會有關議員着裝和在立法會展示物品的規則和做法的陳述。他也拒納指法庭在決定同一問題時應甚為尊重立法會主席之前對相類問題的決定的陳述。他亦駁回法院應該將宣誓作為一種該被遵守的形式的陳述，即是只要宣誓人遵守有關形式、宣讀誓言的所有詞語，則不論他相信作出的誓言與否，他已有效地宣誓。他還駁斥了指這等宣誓要求違憲的陳述，並認為憲法保障的參加選舉、參與公共事務和言論自由的權利，應受已被全國人大常委會解釋的《香港特區基本法》第 104 條的規定限制（shall be read to be subject to BL 104）[27]。對於決定宣誓人是否拒絕或忽略作出立法會誓言，他拒絕採用排除合理疑點的舉證標準，而是採用平衡可能性的舉證標準，縱然需要客觀上有力的證據才能夠裁斷某人客觀地拒絕或忽略作出立法會誓言。

區法官接着審議針對四名議員的申請，考慮他們每人當時作出立法會誓言時，在客觀上理解的情況下，當時的合理的人對有關表現的理解，同時認為他們各自提出，解釋他們宣誓時的行為和言論的證據應被視為法院不用理會的「主觀意圖，思想過程或意義」的證據，與法院的客觀性考慮無關。此外，他認為，法院進行的客觀性考慮只要裁斷下述事宜：（a）宣誓人有意採用那些備受挑戰的言詞、行為和態度宣誓；（b）該等言詞、行為和態度經客觀地解讀被裁斷不符合作出誓言的法律規定。法庭不需要信納宣誓人懷有蔑視或不遵守憲法／法律要求的特定意圖。

最後，區法官拒絕了永久擱置訴訟的申請，認為四名議員沒有克盡確立啟動法律程序，屬於濫用該等程序的沉重責任（譬如指有關法律程序是企圖達成某別有用心或政治的動機）。根據香港特區政府提交的

---

27. 見四議員資格案的 2017 年 7 月 14 日的判決第 66 段。

證據，政府對他們（而不是其他可能在宣誓時犯錯的當選人）提起訴訟是考慮過「對案情作出評估的法律意見」才進行的。

二、對四議員資格案判決的分析

（一）分析四議員資格案判決的框架：應如何解釋和實施全國人大常委會解釋

　　筆者在其學術工作一直注意中央與香港特區法院之間就全國人大常委解釋的互動。然而，這工作的大部分都與香港特區法院會否或應否在終審判決前將某可能屬《香港特區基本法》的「範圍之外的條款」提交全國人大常委會作解釋。香港特區法院如何收納、應用和實施全國人大常委會的解釋的課題並未受到應有的重視。這情況或有幾個原因。其一是到目前為止只有五個全國人大常委會的解釋。其二是五個全國人大常委會解釋的其中兩個，即 2004 年全國人大常委會關於香港特區政治體制發展的解釋和 2005 年全國人大常委會關於行政長官任期內出缺後選出的新的行政長官任期的解釋並非出於法律訴訟，亦是打算由香港特區行政和立法當局透過立法施行。其三是，2011 年的全國人大常委會解釋是根據香港終審法院在終審一宗案件前作出的提請而提出並經審議香港終審法院對提請有關的事項的臨時判決中列出臨時結論才通過的。實施這一個全國人大常委會解釋的手段簡單明白，那就是香港終審法院根據該全國人大常委會的最終解釋，判決所關乎案件。這等事情的結合，顯示香港的法院、法律專業和法律學者，只曾透過一系列涉及 1999 年全國人大常委會解釋的居港權案件得到處理在香港特區法律和司法系統內領受、收納和管控全國人大常委解釋的經驗。這等案件大多數是由現在已退休的前一代法官裁決的，特別是李國能終審法院首席法官、包致金終審法院常任法官及梅師賢終審法院非常任法官。他們審理和判決了 *Lau Kong Yung v. Director of Immigration* (1999) 2 HKCFAR 300（劉港榕案），*Director of Immigration v. Chong*

Fung Yuen (2001) 4 HKCFAR 211（莊豐源案），*Tam Nga Yin v. Director of Immigration* (2001) 4 HKCFAR 251（談雅然案），*Fateh Muhammad v. Director of Immigration* (2001) 4 HKCFAR 278（Fateh Muhammad 案）和 *Ng Siu Tung v. Director of Immigration* (2002) 5 HKCFAR 1（吳小彤案）。

從這個角度看，2016 年全國人大常委會解釋可以説是在香港特區法院進行審理梁游議員資格案時間橫空出世，它被香港特區上訴法庭認定為適用法律，到了審理四議員資格案時，就由區慶祥法官在其判案書將 2016 年全國人大常委會解釋的內容編入適用裁判四議員行為的法律規則裏面。他這樣做，吸引了被取銷議員資格的立法會議員的投訴，説他們被明天的法律裁定昨天的行為不合規而喪失議員資格。

將全國人大常委對《香港特區基本法》一項條文的解釋引入香港以普通法為基礎的法律和司法制度為適用法律，以決定在該等制度正擬解決的法律問題並非易事。這不同於 1999 年的全國人大常委會解釋實際上否決了吳嘉玲（第 1 號）的判決[28]，它或留有一點空間讓香港特區法院可在後續案件中決定是否適用 1999 年全國人大常委會解釋。因此，在莊豐源案，香港終審法院能夠成功聲稱，由於法院能夠成功地得到與訟各方的對 1999 年的全國人大常委會解釋的內容的一致理解，於是就認為 1999 年的全國人大常委會解釋並不約束或適用該案必須解釋才有終局判決的《香港特區基本法》條文[29]。這裏涉及運用普通法慣用的區分案件和立法條文的手法，把 1999 年的全國人大常委會解釋的效力當成類似普通法系統推翻先例的效果，使香港終審法院在吳嘉玲（第 1 號）判決對《香港特區基本法》條文的解釋被 1999 年的全國人大

---

28. *Ng Ka Ling & Ors v. Director of Immigration* (1999) 2 HKCFAR 4。

29. 這做法被認為是險着。全國人大常委會法工委在香港終審法院頒下判決後經發言人指出香港終審法院採用的解釋不符合「立法原意」，但沒有後續行動。香港終審法院常任法官鄧國楨在 2018 年 2 月 22 日的演講（見上文）認為這是因為全國人大常委會意識到香港終審法院在莊豐源案須解釋的《香港特區基本法》條文是香港特區自治範圍內的條文，可讓香港終審法院解釋留下為最終解釋。

常委會解釋替代或取代。《香港特區基本法》第 158（3）條對此要求香港特區法院按照全國人大常委會採用的解釋來相關條文【30】。

澳洲前首席大法官及終審法院前非常任法官梅師賢爵士（Sir Anthony Mason）接受香港特區的法治與普通法的法治理念不同：香港特區的法治因全國人大常委會對《香港特區基本法》具有最終解釋權而構成不同。梅師賢爵士很清楚，這個差異會削弱普通法的法治觀念所支持的價值，特別是公眾對香港特區政府和法律制度的信心，而這種信心與政府及法律決策的確定性，可預測性和一致性息息相關。梅師賢爵士在於 2011 年撰寫的文章中認為，香港法治的未來如何可能取決於全國人大常委會作解釋的頻率、主題和內容，以及在什麼情況下作出【31】。

上述這些考慮，可讓人們立即明白到，如果香港特區法院既要繼續接近普通法的法治理念，並要同時執行 2016 年全國人大常委會解釋的規定，區慶祥法官就有很多工作要做。儘管香港特區上訴法庭可能通過在梁游議員資格案駁回對 2016 年全國人大常委會解釋的有效性和適用性的質疑而略微減少區法官任務的艱難，2016 年全國人大常委會解釋的規定倒是引發了一些問題，令確保法律的確定性、可預測性和一致性，以及根據香港特區適用法律作出的決定等保護性價值或會受到損害。當涉案事項觸及由香港特別行政區永久性居民行使選舉權和參與公共事務的權利選出的立法會議員時，與及議員本身行使參與公共事務和表達其政治權利時，這一觀點尤為尖銳。因此可以說，這等議員資格訴訟觸及和連動《香港特區基本法》所保證的基本權利。當裁斷違反宣誓的憲法規定的法律後果似乎使宣誓人喪失出任或就任資格並宣佈其議席懸空，則公平處事的價值要求有與關乎實質事宜相適合的程序保障。當法院要首次決定在與之同為管治的政治部門的程序中

---

30. Mason Anthony (2011). "The Rule of Law in the Shadow of the Giant," *Sydney Law Review*. p. 621

31. 同註 35，643 頁。

的行為（即立法機關的成員的宣誓行為）的憲法有效性，特別是在有關行為過後適用 2016 年全國人大常委會解釋，並知道當前的法律程序是另一個同為管治的政治部門（即由香港特區行政長官領導的香港特區政府）提起的法律戰，權力分立和公義原則就要求適當考慮該機關之前做過的和准許做的事情。

現在就根據上述原則，以及上述法律代表的陳述，評估區慶祥法官的四議員資格案判決。上文的陳述清楚地反映了法律確定性原則[32]，以普通法方式解釋《香港特區基本法》[33]，以及由司法機關運作的《香港特區基本法》的權利保障制度[34]。他應將 2016 年全國人大常委會解釋納入以普通法為本的香港特區法律和司法制度的「活水」，並使其規定在運作時與香港制度的基本原則和價值觀相融。可以説，「一國」的命令是在「兩制」的環境下操作和相解的。如是，「一國兩制」的原則就「有機結合」地運行[35]。

（二）四議員資格的判決的「消化不良」問題

這評估的一個方便的起點是立法會兩名議員梁國雄及劉小麗在四議員資格案就區慶祥法官的判決提起上訴的理由。他們除了爭辯 2016 年全國人大常委會解釋「補充」《香港特區基本法》第 104 條的做法是否法律上有效，爭論其時間上的效力及可否針對在其通過之日前已作的宣誓適用之外，也提出以下上訴理由：（1）區法官應該但沒有就《宣誓及聲明條例》及 2016 年全國人大常委會解釋有關段落沒有明確規定

32. *Shum Kwok Sher v. HKSAR* (2002) 5 HKCFAR 381；*Hysan Development Co Ltd v. Town Planning Board* (2016) 19 HKCFAR 372.

33. *Director of Immigration v. Chong Fung Yuen.*

34. *HKSAR v. Ng Kung Siu* (1999) 2 HKCFAR 442; *Hysan Development Co Ltd v. Town Planning Board* (2016) 19 HKCFAR 372.

35. Li, Andrew. "Speech at the Dedication Ceremony for Cheng Yu Tung Tower at the University of Hong Kong," 原文連結：www.cpao.hku.hk/media/121108_LiSpeech_E.pdf（瀏覽日期：2012 年 11 月 8 日）。

那種情況屬宣誓人在被邀請時拒絕或忽略宣誓適用法律確定原則，因而犯錯；（2）區法官沒有按照《香港特區基本法》保障立法會議員的言論自由和參與公共事務的權利的規定應用對權利限制的相稱性測試（proportionality test），因而犯錯；（3）區法官沒有考慮先前立法會就議員宣誓的做法，以及當選的議員在宣誓前收到從該等做法彙編的書面指引，這等事宜令到當選的議員懷有合理期望的情況，因而犯錯；（4）區法官未能區分宣誓無效和在被邀請時拒絕或忽略宣誓的重大分野（因為前者或可在同一場合由監誓人予以糾正），因而犯錯；（5）區法官在處理每一位議員個案時均考慮了某些不構成宣誓一部分的措詞和／或行為，因而犯錯；以及（6）區法官沒有考慮到每一位議員就其宣誓言行以誓章提供的解釋，因而犯錯。

劉小麗後來於 2018 年 5 月 29 日宣佈撤回她的上訴，而梁國雄則繼續他的上訴。

上訴法庭考慮梁國雄提出的上訴時，要參照香港終審法院上訴委員會於 2017 年 9 月 1 日拒絕批予梁游二人的終審上訴許可的決定。雖然香港終審法院上訴委員會的主要決定理由是，縱使梁游議員資格案的上訴判決涉及具有重大廣泛的或關乎公眾的重要性的問題，他們卻沒有合理的論據足以干預判決，可以估計上訴法庭會考慮由馬道立終審法院首席法官，李義終審法院常任法官及霍兆剛終審法院常任法官組成的上訴委員會對他們提出的重要問題的所說的評語，並且會以為這些言論具有影響力和說服力。

既然香港終審法院上訴委員會在其決定理由提述 2016 年全國人大常委會解釋的內容，那就在說明上訴委員會的理解如何影響梁國雄提出的上訴理據的勝算前，引述 2016 年全國人大常委會解釋的主文：

> 對《中華人民共和國香港特別行政區基本法》第 104 條「香港特別行政區行政長官、主要官員、行政會議成員、立法會議員、各級法院法官和其他司法人員在就職時必須依法宣誓擁護中華人民共和國香港特別行政區基本法，效忠中華人民共和國香港特別行政區」的規定，作如下解釋：

一、《中華人民共和國香港特別行政區基本法》第 104 條規定的「擁護中華人民共和國香港特別行政區基本法，效忠中華人民共和國香港特別行政區」，既是該條規定的宣誓必須包含的法定內容，也是參選或者出任該條所列公職的法定要求和條件。

二、《中華人民共和國香港特別行政區基本法》第 104 條規定相關公職人員「就職時必須依法宣誓」，具有以下含義：

(一) 宣誓是該條所列公職人員就職的法定條件和必經程序。未進行合法有效宣誓或者拒絕宣誓，不得就任相應公職，不得行使相應職權和享受相應待遇。

(二) 宣誓必須符合法定的形式和內容要求。宣誓人必須真誠、莊重地進行宣誓，必須準確、完整、莊重地宣讀包括「擁護中華人民共和國香港特別行政區基本法，效忠中華人民共和國香港特別行政區」內容的法定誓言。

(三) 宣誓人拒絕宣誓，即喪失就任該條所列相應公職的資格。宣誓人故意宣讀與法定誓言不一致的誓言或者以任何不真誠、不莊重的方式宣誓，也屬於拒絕宣誓，所作宣誓無效，宣誓人即喪失就任該條所列相應公職的資格。

(四) 宣誓必須在法律規定的監誓人面前進行。監誓人負有確保宣誓合法進行的責任，對符合本解釋和香港特別行政區法律規定的宣誓，應確定為有效宣誓；對不符合本解釋和香港特別行政區法律規定的宣誓，應確定為無效宣誓，並不得重新安排宣誓。

三、《中華人民共和國香港特別行政區基本法》第 104 條所規定的宣誓，是該條所列公職人員對中華人民共和國及其香港特別行政區作出的法律承諾，具有法律約束力。宣誓人必須真誠信奉並嚴格遵守法定誓言。宣誓人作虛假宣誓或者在宣誓之後從事違反誓言行為的，依法承擔法律責任。

假若上訴法庭跟隨香港終審法院上訴委員會的意見判斷梁國雄提出的上訴，那麼第一套註定失敗的論據，就是質疑 2016 年全國人大常

委會解釋的效力和影響的上訴理由。上訴委員會在梁游議員資格案的決定書表示信納 2016 年全國人大常委會解釋的「範圍和效果是明確的，梁游二人被取消資格是他們拒絕或忽略作出立法會宣誓的自動結果，而且它就梁游二人宣稱要宣誓的關鍵時候《基本法》第 104 條的正確解釋對香港特別行政區的法院具有約束力。」鑑於梁國雄在同一天聲稱作出受到質疑的立法會誓言，似乎可以合理地說他在上訴法庭開展這等論據會遭遇困難[36]。

第二套註定失敗的論據可能是那些與莊重要求有關的論據。香港終審法院上訴委員會回應游蕙禎指《宣誓及聲明條例》第 21 條沒有施加莊重宣誓的要求時認為認為：「按照其背景和宗旨（包括《基本法》第 104 條的條款）闡釋，作出立法會宣誓的要求顯然隱含以客觀上莊重的方式宣誓的要求。這得到下述各項的支持：誓言本身的措辭；一般的對於監誓方式的規定（《宣誓及聲明條例》第 5 條）；以及，如果有人反對作宗教式宣誓，則需要以非宗教式宣誓替代，而該誓詞字句明言「謹以至誠，據實聲明及確認」（《宣誓及聲明條例》第 7 條）。無論如何，解釋的第 2（2）和 2（3）款現明確規定作出立法會宣誓的莊重規定，而這條文對香港特別行政區法院具有約束力。」另一方面，上訴委員會指出，梁游二人沒有提出任何論點，認為第 21 條不符合法律確定性的憲法要求，或者它不是第 104 條的「依法」字眼所指的條款。因此，基於法律確定性的爭議或可保存。[37]

第三套註定失敗的論據，可能是那些依據無效宣誓與拒絕或忽略宣誓之間的區別的論據。這是因為香港終審法院上訴委員會已經指《香港特區基本法》第 104 條「構成對於立法會議員的憲法責任去宣誓擁護基本法和效忠香港特別行政區」，而且這項責任是「依法」宣誓，即是

---

36. 然而，香港終審法院常任法官鄧國楨在 2018 年 2 月 22 日的演講（見上文）認為可自普通法的面向提問 2016 年全國人大常委會解釋是否具有溯及力，並說應積極地提出這問題讓香港終審法院有機會全面考慮它。另外，參見上訴法庭駁回梁國雄上訴的判案書，同上註，段 14 至 35。

37. 參見上訴法庭駁回梁國雄上訴的判案書，同上註，段 72 至 78。

作出《宣誓及聲明條例》規定的立法會誓言，並根據《宣誓及聲明條例》的規定，如在正式邀請下拒絕或忽略該誓言的話，須負上該條例規定的後果。上訴委員會亦指出，2016 年全國人大常委會解釋「明確」規定，作出立法會誓言的上任的法律先決條件，而拒絕發誓的人則喪失上任資格[38]。上訴委員會進一步表示，立法會議員是否有合法地作出立法會誓言，只要是適當地提出，就是香港特區法院「有責任調查的事宜」。當法院裁斷議員無可置疑地拒絕或忽略立法會宣誓的時候，立法會主席並無「酌情權或判斷空間」。[39]

其餘的上訴理由可以共同地描述為關於法院對曾經作出立法會誓言的立法會議員審視他是否事實上是在被正式邀請時拒絕或忽略宣誓的司法程序。這些上訴理由基本上是以普通法為基礎的論點，反映從普通法視角閱讀《香港特區基本法》及其所建立的法律和司法制度下得出的原則性關注。它們關注普通法體系的法律和司法制度應如何領受和應用 2016 年全國人大常委會解釋。

於是，區法官就其所編成的「莊重要求」的既有彈性也有點兒像循環論證的描述，即「宣誓人必須以具有尊嚴和正式的方式和態度宣誓，而這種方式和態度與宣誓要求的憲法重要性應該給予的尊重是相符和相稱的，並反映和強調宣誓人誓言約束自己效忠中華人民共和國香港特別行政區，擁護《香港特別行政區基本法》這等非常認真和重要的承諾」，備受批評，被認為是缺乏確定性、可詣達性和可預測性。此外，區法官拒絕考慮立法會對作出立法會誓言方面的歷年做法和裁決，即使立法會在採用此等做法和裁決時應當有理解宣誓應當莊重，或是合理的批評，因為如法院有這方面的考慮將加強可預見性和引入一致性，讓其裁斷客觀地得到更強的理論和實質支持。

顯然，普通法就有保障個人基本權利的憲法文書的解釋的面向是要求該文書有權依據該文書行事的機關個人保護這等個人的基本權

---

38. 見上文引述的 2016 年全國人大常委會解釋第 2（1）段。

39. 參見上訴法庭駁回梁國雄上訴的判案書，同上註，段 36 至 51。

利。《香港特區基本法》第 4 條明確規定，香港特區（包括其法院）必須「依法」保障香港居民和其他人士在香港特區的權利和自由。區法官列舉的宣誓要求是對立法會議員的基本權利的限制，需要政府方面確立符合相稱性測試，可是，區法官以較為粗略的方式，指有關陳述要他作不可能的事去宣告第一百零四條違憲無效，就此駁回有關的論點。他另外指提出的基本權利，雖然都是由《香港特區基本法》保障，它們還是受到第 104 條約制，好像在表達這等權利是憲法上不得有效執行保障。區法官這樣闡釋憲法條款的做法並不是試圖將在同一憲法文書的規定相互一致地解釋。他可能認為他在這方面的理解是合理的，因為全國人大常委會解釋了第 104 條，也對第 104 條的意思解釋得明確。於是，他或者忘記了香港特區法院曾有對全國人大常委會對《香港特區基本法》的解釋進行適用與否的解釋【40】。反之，他可以並應該探討能否採用比較細膩的做法，譬如對第 104 條採用補救性解釋，或者對決定那些指控宣誓無效而要取消就任資格的司法程序進行補救性調校，以更好地達到或符合香港特區基本法的整體目的。他應該做，但沒有做。【41】

　　餘下的上訴理由多數攻擊區法官訂定的事實認定程序。區法官稱法院會客觀地評估和查看有關證據。可是，他採用的方法，僅限於決定宣誓者在作出立法會誓言的行為、態度和言辭，給一個合理的人的含義是什麼，以及宣誓者是否故意以這種方式行事。區法官認為，這

40. 香港終審法院常任法官鄧國楨在 2018 年 2 月 22 日的演講（見上文）就有重申香港特區法院有保障《香港特區基本法》訂明的香港居民的基本權利的責任，強調香港特區法院應該對全國人大常委會解釋施以解釋，謀求不損害這等基本權利。這一點可以說成是葉子暘副教授理解的香港特區《基本法》的設計上一個推定，即是全國人大常委會制定解釋時不可能打算違反《基本法》的基本原則；見 Eric Ip (2017). "Interpreting Interpretations: A Methodology for the Judicial Enforcement of Legislative Interpretations of the Hong Kong Basic Law," *Public Law.* pp. 552–562.

41. 參見上訴法庭駁回梁國雄上訴的判案書，同上註，段 31 至 51。在這等段落，上訴法庭以為只要 2016 年全國人大常委會解釋的內容提及的和香港一直以來的法律無異就沒有越位補充。可是，上訴法庭忽略了全國人大常委會進行解釋的主體是《香港特區基本法》而不是香港特區的整套法律，犯下嚴重錯誤。

種客觀或以合理的人的面向的斷案手法不用理會宣誓者對自己的意圖或考慮的任何解釋。這種二元方法是蠻有問題的，因為什麼證據和法庭要作的評估相關是要就待決問題和個案情況考慮[42]。例如，在評估某人某個特定行為的意圖時，該人自己知道什麼、相信什麼和有意做什麼似乎都是相關的。這似乎適用於梁國雄的個案。此外，當區法官的面向如此設限，則在劉小麗的個案[43]，他認為她在事件發生後在面書的帖子中確認了他所作的客觀結論看來是不恰當的。

　　一個客觀地裁斷事實程序應如何解決歧義？這需要法院判斷應該推定一個合理的人具有什麼品質。例如，他是否價值中立，或者他是否傾向對某行為的不同解讀採納一個維護宣誓者權利的解讀？這或可能會影響劉小麗宣讀立法會誓言的不常見形式，以及究竟誓前聲明和誓畢聲明是否有關係而應當作為誓言行為的一部分，尤其是在誓畢聲明是宣讀誓言後稍作停頓後才說的情況。

　　最後一點關乎公平之所需，特別是像梁國雄這樣的曾將宣誓的場合作為一人示威的連任立法會議員。他可以聲稱，基於立法會管理自己的事務的權力分立和一致性原則，他於是有合理期望而這合理期望應該被考慮在內，並且在決定其宣誓行為是否通過區法官的要求清單時該獲給予比重，予以考慮。

　　筆者還有一個可爭辯但似乎沒有成為上訴理由的論點，它涉及領受和應用 2016 年全國人大常委會解釋這主題（和順接着的「消化」，或者，如梅師賢爵士所用的「吸收」這等概念）。論點鎖定區法官提出的「實質信奉要求」，該要求要宣誓言者在宣誓時，「真誠信奉並嚴格遵守法定誓言」。法官從權威材料中抄錄這一條成為他訂明宣誓言者在作出

---

42. 正如陳文敏資深大律師（榮譽）為劉小麗的陳詞説：「劉小姐在她的誓章擬解釋的事情，應該被視為相關的背景和語境，而法庭應該據這等背景和語境客觀地理解一個合理的人會如何理解她的慢節奏宣讀立法會誓言的意思。尤其是 …… 在劉女士解釋的境況下，如果對於她能合理、客觀理解的含義或有歧義，法院應接受對她有利的理解，因為這顯示缺乏有力的證據支持她違反了法定要求。」

43. 參見上訴法庭駁回梁國雄上訴的判案書，同上註，段 64 至 78。

立法會誓言時必須遵循的具體要求。筆者認為，從 2016 年全國人大常委會解釋第三段的內容轉錄和形成實質信奉信仰要求並將之定為宣誓人必須在宣誓時符合的要求，明顯地超逾上下文理，是過度的。筆者以為，準確閱讀第三段該理解該條規定一項一般性義務，說明透過虛假宣誓或從事違背誓言的行為違反這義務會招致法律責任。這一條文不構成評估某人是否在關鍵時候拒絕或忽略立法委宣誓的要求。

上文的分析試圖説明普通法教養出來的律師們會如何為全國人大常委會的解釋工作，以產生符合他們所秉承的原則和價值觀，以及由他們透過在香港特別行政區實施《香港特區基本法》以維護和推進這些原則和價值的結果。2016 年全國人大常委會的解釋是一個特別嚴峻的例子，因為它規定了一連串要香港特區機構實施的要求和命令。他們對於法院會以某種方式執行全國人大常委會解釋的條款以迴轉、緩解和改善它內在的直率性質（如果這不是苛刻的話），並同時維護香港特區基本權利和自由的制度及其獨特身份的期望仍然很高。到了發現香港特區法院接受了行政機關通過行政長官和律政司司長的申請或邀請而執行這個全國人大常委會解釋的要求，很自然地，很多律師們對區法官在四議員資格案的判案書感到失望，並且在梁游議員資格案的上訴法庭判決書，梁游議員資格案的終審法院上訴委員會的決定書和區法官其後在《陳浩天選舉呈請案》[44]毫無懸念地應用 2016 年全國人大常委會解釋第一段，將《香港特區基本法》第 104 條規定的「擁護中華人民共和國香港特別行政區基本法，效忠中華人民共和國香港特別行政區」拓展成為參選立法會議員的法定要求和條件等事情之後，感覺視線模糊，分不清法官和官吏的區別，也對有關人員囫圇吞棗地將這釋法納入香港特區法律和司法制度，承認和執行其文字的規定，沒有深刻地了解和運用普通法的憲法原理將它的異態和非常性化解。他們發現身處黑暗冰寒的時刻，往未來的訴訟看，卻看不到信奉的公義得到伸張，只看到消化不良的法院對權威的無力、屈從或順從。

---

44. *Chan Ho Tin v. Lo Ying Ki Alan & Ors* [2018] HKCFI 345, [2018] 2 HKC 213.

三、向前看的司法軌道：異化／同化到嬗變與耦合

總結這文章的討論，可從關於 2016 年全國人大常委會解釋及其在香港特區法院訴訟中的領受和應用，提出以此「新時代」為起點，對香港特區和法律和司法制度，系統的演化性的預後評估（evolutionary framework of prognosis）。

預後評估採用提述設定路徑來談論衝突的可能解決的形式。至少有兩條範式路徑可以設定。一個路徑涉及香港特區機構收取全國人大常委會解釋，認定和固定它的「異體」性質，將它投進普通法系統的「水域」，在這主體的包裹中將之溶化和同化。這範式的基本假設是，全國人大常委會解釋與香港特區法院根據普通法原則對同一《香港特區基本法》條文的解釋是一致的，或者香港特區法院採用普通法的原則和方法來接收、重塑和適用全國人大常委會解釋，以確保其無縫銜接納入香港特區的法制。不論是哪一種手法，這範式涉及把全國人大常委會解釋「普通法」化。這已經是一個內地法學界已認識和警惕的事情[45]。

另一條路徑是香港特區機構領受全國人大常委會解釋並在自覺或不自覺地受到它的社會主義法制／民法法制的立法法理（legis-prudence）影響。可設定有三個變化程度：異化（malignant incorporation）、混化／嵌合體（chimera）和異形（xenomorph）。它們每個都該有一個體面的描述。就第一種，「異／惡」是一個相對的概念，這種描述的出發點是假定基於普通法的原則和價值觀的根深蒂固的立場。採用這態度來作描述，就是慨嘆香港特區的機關制度在實施全國人大常委會解釋時，不論在有知覺還是不知不覺地受它的潛在意識或處事態度（subliminal or attitudinal）影響。只要官員或法官未能接受或是放開心扉，則他們將全國人大常委會解釋機械式地轉錄為施加他人遵守的規定時就會出現上述風險。

---

45. 林來梵、黎沛文（2016）。〈反思香港《基本法》的「普通法化」現象〉，《明報》。

　　第二種和第三種都是說明路徑完成得出的形相。混化／嵌合體是普通法體系和社會主義法律體系的要素或特徵公開同時展示的雜交狀態。異形則是一個徹底的系統整合的發展狀態，那時《香港特區基本法》作為中華人民共和國國家法的單一理論體系下的分支，既在深圳河兩岸也在西九龍站的兩個部分應用。另一提述這項實質成就的方式是「基本法作為中國法的回歸」。

　　究竟目前香港特區法院的方法論會如何演變？這裏可借用劉慈欣書寫的猜疑鏈概念，特別是差異能夠被行動者之間的溝通交流所「消解」這一點【46】。高等法院首席法官張舉能在聆訊梁游議員資格案的上訴時指全國人大常委會是根據中國內地的「大陸法系」進行解釋香港特區《基本法》，那就需要證據說明在中國內地實行的「大陸法系」下進行這種對法律的解釋的適當範圍。張首席法官認為在沒有任何材料爭論，就不能對全國人大常委會作出的是否超出了允許範圍的命題得出結論，而就此問題，他認為普通法律師的觀點全不相關，這是因為他們不認識中國內地實行的「大陸法系」【47】。張首席法官接着駁回了普通法律師提出要法庭判斷 2016 年全國人大常委會解釋是否不是香港特區《基本法》作指的全國人大常委會可作出的「解釋」的爭論點，而同時如上所述，認定 2016 年人大常委會解釋「從定義上來看，是把第 104 條從第一天就有的真正含義闡明」。這裏雖然好像在認同有猜疑鏈，但同時否定或限制溝通交流。於是，上文提述的案件能構成的路徑依賴，可謂不言而喻，儘管這路徑將是一段相當長的路程。

---

46. 〈齊澤克談〈三體〉：三體把我們從「人類紀」真正推向「怪物紀」〉。原文連結：https://philosophy.hk01.com/channel（瀏覽日期：2018 年 4 月 28 日）。

47. 見梁游議員資格案上訴法庭判案書，第 57 段。

附錄

中央與特別行政區關係研究綜述

馮韓美皓

香港城市大學法律學院副研究員

　　中央與特別行政區的關係是《基本法》制定時的核心問題，關乎「一國兩制」在香港、澳門特別行政區能否順利實施。香港基本法起草委員會、澳門基本法起草委員會委員王叔文在《香港特別行政區基本法導論》中專門討論中央和特區的關係，指出該關係是指中央對香港特別行政區實行管轄和香港特別行政區在中央監督下實行高度自治而產生的相互關係，其核心是權力關係，也就是中央對香港特別行政區行使哪些權力、香港特別行政區被授予哪些權力、中央如何監督香港特別行政區被授予的權力。[1] 從特區的法律地位看，香港是單一制國家結構形式下的一個地方行政區域，享有高度自治權並直轄於中央人民政府。[2] 儘管《基本法》對中央和特區關係作出了規定，但港澳回歸後，圍繞中央與特區關係的討論就從未停止，居港權案、人大釋法、「一地兩檢」等爭論都與中央和特區關係密切。本文嘗試對當前中央和特區關係的學術觀點進行梳理，以期對相關學術研究作出貢獻。

---

1. 參見王叔文（1990）。《香港特別行政區基本法導論》。北京：中共中央黨校出版社。
2. 參見蕭蔚雲主編（1990）。《一國兩制與香港基本法律制度》。北京：北京大學出版社。參見楊靜輝、李祥琴（1997）。《港澳基本法比較研究》。北京：北京大學出版社。

一、導言：研究現狀概述

《中華人民共和國香港特別行政區基本法》[3]和《中華人民共和國澳門特別行政區基本法》[4]第二章對中央和特區的關係做了專章規定。除此之外，第一章、第七章、第八章和其他各章也涉及了中央和特區關係。[5]以《香港基本法》為例，第四章中行政長官對中央人民政府負責的規定、第八章中對《基本法》解釋權和修改權的規定，都是涉及中央和香港特別行政區關係的重要內容。鑑於《澳門基本法》的大部分內容與《香港基本法》一致，故在分析時以《香港基本法》為主。有學者指出[6]，《基本法》規定了三種中央和地方的關係：一是屬於國家主權和國家整體權益範圍事務，由中央管理，香港特別行政區必須服從中央的領導；二是香港特別行政區的地方性事務，由特區自己管理，但其中有些事務要受到中央監督；三是由香港特別行政區管理的地方事務，中央概不干預。[7]中央和特區關係的核心是權力關係，從權力行使的時間點看，通常是港澳特區高度自治權行使在先，中央監督權行使在後[8]。儘管《基本法》對中央和特區關係作出了規定，朱世海[9]指出現實中關於兩者之間在權力劃分、權力行使和權力監督等方面仍存在一些紛爭。中央和特區關係是中央和地方關係中的一種，從本質上看是一個憲法問題，涉及到憲法基本法原理，如主權與治權、聯邦制與

---

3. 下文簡稱《香港基本法》。

4. 下文簡稱《澳門基本法》。

5. 例如 1990 年 3 月 28 日姬鵬飛在第七屆全國人民代表大會第三次會議上做了《關於〈中華人民共和國香港特別行政區基本法（草案）〉及有關文件的說明》，他指出「中央和香港行政區的關係，是《基本法》的主要內容之一，不僅在第二章，而且第一、第七、第八章以及其他各章中均有涉及」。

6. 參見王叔文（1990）。《香港特別行政區基本法導論》。北京：中共中央黨校出版社。

7. 王叔文（1990）。《香港特別行政區基本法導論》。北京：中共中央黨校出版社。

8. 魏淑君、張小帥（2016）。〈論「一國兩制」下中央對港澳特區的全面管治權〉，《中國浦東幹部學院學報》。6 期。

9. 朱世海（2016）。〈香港基本法中的權力結構探析 —— 以中央與香港特別行政區關係為視角〉，《浙江社會科學》。6 期。

單一制、授權與分權等。因此對中央和特區關係的討論，可以從基本理論、權力劃分和行使、權力監督三個角度展開，學術界的討論也主要集中在上述這三個方面。

在學術著作方面，較有代表性的包括董立坤著《中央管治權與香港特區高度自治權的關係》[10]、王振民著《中央與特別行政區關係：一種法治結構的解析》[11]、宋小莊著《論「一國兩制」下中央和香港特區的關係》[12]。董立坤認為當前香港的矛盾與爭議，本質上仍然是一個特區高度自治權的問題。作者期望通過理論的論述，對以往發生在香港有關事件的分析，尋找出處理中央管治權與特區高度自治權關係的最佳的權力界限。王振民對中央與特別行政區的關係應當如何定位、兩者的職權應該如何劃分、劃分標準是什麼、中央應該享有哪種權力、特別行政區應該享有什麼權力、當權力歸屬不明確的事情出現時或當產生矛盾是應該如何解決等問題進行深入討論。宋小莊對正確處理中央和香港特區關係的重要意義、劃分中央和香港特區職權的原則、「一國兩制」下中央和香港特區關係的基本特點及建立新型的中央和香港特區關係的理論意義等問題進行探討。除了專門著作外，有關基本法方面的書籍基本都會對中央和特區關係有所討論，例如王叔文著《香港特別行政區基本法導論》[13]、蕭蔚雲主編《一國兩制與香港基本法律制度》[14]、楊靜輝、李祥琴著《港澳基本法比較研究》[15] 等。

在學術論文方面，既包括對中央和特區關係的總體論述，又包括對專門問題的詳細分析。對中央和特區關係進行總體論述的論文主要包括張小帥和魏淑君著〈論「一國兩制」下中央對港澳特區的全面管

10. 董立坤（2014）。《中央管治權與香港特區高度自治權》。北京：法律出版社。

11. 王振民（2014）。《中央與特別行政區關係：一種法治結構的解析》。香港：三聯書店有限公司。

12. 宋小莊（2003）。《論「一國兩制」下中央和香港特區的關係》。北京：中國人民大學出版社。

13. 王叔文（1990）。《香港特別行政區基本法導論》。北京：中共中央黨校出版社。

14. 蕭蔚雲主編（1990）。《一國兩制與香港基本法律制度》。北京：北京大學出版社。

15. 楊靜輝、李祥琴（1997）。《港澳基本法比較研究》。北京：北京大學出版社。

治權〉[16]、黃志勇和柯婧鳳著〈中央與特別行政區的關係 —— 以「剩餘權力說」不成立為視角〉[17]、張定淮和孟東著〈是「剩餘權力」，還是「保留性的本源權力」—— 中央與港、澳特區權力關係中一個值得關注的提法〉[18]、駱偉建著〈論中央全面管治權與特區高度自治權的有機結合〉[19]、王振民著〈略倫中央和特區的法律關係 —— 國家主權和高度自治〉[20]、陳以定著〈試析中央與香港特區權界〉[21]、程潔著〈中央管治權與特區高度自治 —— 以基本法規定的授權關係為框架〉[22]、劉兆佳著〈中央與香港特區關係的磨合與發展 —— 兼論近期香港事態的變遷〉[23]、Peter T. Y. Cheung "Who's Influencing Whom? Exploring the Influence of Hong Kong on Politics and Governance in China"[24]、Jane C. Y. Lee "Hong Kong—Mainland Relations after 1997"[25]、Jianfa Shen "Cross-Border Connection between Hong Kong and Mainland China under 'Two Systems' before and beyond 1997"[26] 等。對司法權、基本法解釋權等專門問題進行論述的論文主要包括范忠信著〈「基

16. 魏淑君、張小帥（2016）。〈論「一國兩制」下中央對港澳特區的全面管治權〉，《中國浦東幹部學院學報》。6 期。

17. 黃志勇、柯婧鳳（2011）。〈論基本法框架下中央與特別行政區的權力關係 —— 以「剩餘權力說」不成立為視角〉，《嶺南學刊》。4 期。

18. 張定淮、孟東（2009）。〈是「剩餘權力」，還是「保留性的本源權力」—— 中央與港、澳特區權力關係中一個值得關注的提法〉，《當代中國政治研究報告》。7 輯。

19. 駱偉建（2018）。〈論中央全面管治權與特區高度自治權的有機結合〉，《港澳研究》。1 期。

20. 王振民（2004）。〈略論中央和特區的法律關係 —— 國家主權和高度自治〉，《中國法律》。6 期。

21. 陳以定（2008）。〈試析中央與香港特區權界〉，《福建省社會主義學報》。4 期。

22. 程潔（2007）。〈中央管治權與特區高度自治 —— 以基本法規定的授權關係為框架〉，《法學》。8 期。

23. 劉兆佳（2016）。〈中央與香港特區關係的磨合與發展 —— 兼論近期香港事態的變遷〉，《港澳研究》。4 期。

24. Peter T. Y. Cheung (2011). "Who's Influencing Whom? Exploring the Influence of Hong Kong on Politics and Governance in China," *Asian Survey,* 51(4).

25. Jane C. Y. Lee (1999). "Hong Kong—Mainland Relations after 1997," *China Review.*

26. Jianfa Shen (2003)."Cross-Border Connection between Hong Kong and Mainland China under 'Two Systems' before and beyond 1997," *Geografiska Annaler,* Series B, 85(1).

本法」模式下的中央與特區司法關係〉[27]、鄭磊著〈「一國」整全「兩制」
—— 以基本法解釋制度構建為例看作為整全原則的「一國兩制」〉[28]、李
浩然著〈香港司法案例中的中央與特區關係 —— 以提請釋法的條件和程
序為視角〉[29]、強世功著〈司法主權之爭 —— 從吳嘉玲案看「人大釋法」
的憲政含義〉[30]、Qingjiang Kong Enforcement of Hong Kong SAR Court Judgments
in the People's Republic of China[31] 等。很多論述基本法問題的書籍和論文中
都涉及了中央與特區關係問題，鑑於篇幅問題就不逐一介紹，相關內
容會在下文展開。

二、中央與特區關係的基本理論

　　從本質上看，中央與特區關係是中央與地方關係的一種特殊形
式，是憲法學研究所關注的問題。無論國家的組成形式是什麼，中央
與地方關係都是一國憲法中必不可少的部分，涉及對兩組憲法概念的
討論：主權與治權；聯邦制、邦聯制和單一制。中央與特區關係是「一
國兩制」原則和《憲法》、《基本法》規定下對中央地方關係的新發展，
在處理兩者關係時要遵循特有的原則。

---

27. 范忠信（2000）。〈「基本法」模式下的中央與特區司法關係〉，《法商研究（中南政法學院學報）》。5 期。

28. 鄭磊（2015）。〈「一國」整全「兩制」—— 以基本法解釋制度構建為例看作為整全原則的「一國兩制」〉，《浙江學刊》。5 期。

29. 李浩然（2014）。〈香港司法案例中的中央與特區關係 —— 以提請釋法的條件和程序為視角〉，《港澳研究》。1 期。

30. 強世功（2009）。〈司法主權之爭 —— 從吳嘉玲案看「人大釋法」的憲政意涵〉，《清華法學》。5 期。

31. Qingjiang Kong (2000). "Enforcement of Hong Kong SAR Court Judgments in the People's Republic of China," *The International and Comparative Law Quarterly*, 49(4).

（一）主權與治權

主權與治權雖然不是一個層面的概念，但兩者間有着密切的聯繫。博丹、格勞秀斯、洛克、盧梭等學者都對主權的概念進行過討論，形成了不同的主權學説。《元照英美法詞典》指出，「主權是一國最高、絕對和不受控制的統治權」【32】。主權可分為對內和對外兩個方面，對內主權即為統治權。董立坤指出在英美法國家，主權即為統治權，治權是主權行使的方式，也是統治權行使的方式，從屬於主權，是管轄和治理社會的能力。【33】他將這種主權和治權相統一的社會治理能力稱之為管治權。【34】英國在佔領香港期間，對其行使治權。香港回歸後，中央政府對香港恢復行使主權，説明主權和治權都在中國。有些香港學者在探討香港高度自治權問題時提出主權歸中央，治權歸香港，進而否認中央對香港享有的全面管治權。這一觀點從實質上是將特區享有的高度自治權和從屬於主權的治權相混淆。香港所享有的高度自治權來源於中央的授權，中央通過《憲法》、基本法的具體條文授予香港高度自治權，遵循了主權—授權—自治權的邏輯關係，並沒有改變香港特區主權屬於全體中國人民的性質，也沒有改變治權歸中央的性質。【35】對主權、治權和高度自治權概念的釐清，有助於理解全面管治權。

全面管治權的概念最早是在 2016 年《「一國兩制」在香港特別行政區的實踐》白皮書（以下簡稱「白皮書」）中被首次提出，白皮書指出「中央擁有對香港特別行政區的全面管治權，既包括中央直接行使的權力，也包括授權香港特別行政區依法實行高度自治。對於香港特別行政區的高度自治權，中央具有監督權力」。全面管治權這概念自提出後就受到諸多討論。有學者指出，香港有人認為，中央對香港擁有全

32. 薛波主編（2006）。《元照英美法詞典》。北京：法律出版社。1274 頁。

33. 董立坤（2014）。《中央管治權與香港特區高度自治權》。北京：法律出版社。

34. 同上註。

35. 參見上註。

面管治權是破壞「一國兩制」，損害香港的高度自治；還有人認為「一國兩制」就是除了國防、外交事務由中央政府行使外，其他權力都屬於香港高度自治範圍，對於自治事項，中央無權過問；也有人認為，《基本法》列舉了中央和香港特別行政區的權力，沒有列舉的權力一概由香港擁有，即香港特別行政區擁有「剩餘權力」。[36] 如果從主權和治權的關係角度分析，治權是主權行使的表現，中央行使全面管治權是主權行使的體現，這就對上述質疑作出了有力的回應。魏淑君指香港與澳門的主權屬於中國，這為代表中國主權的中央行使對港澳特區的管治權提供了正當性。[37] 也有學者指出，「全面管治權」在白皮書中被譯為 "overalljurisdiction"，"jurisdiction" 是指一個主權國家對其領土範圍內的一切人和事享有的管轄權，根據一般法理，一國對某地擁有主權，就當然擁有對該地的全面管治權，主權是全面管治權的法律依據。[38] 也有學者將這一管治權稱為「主權性管治權」。[39] 這些都論證了中央享有全面管治權的正當性。

（二）聯邦制、邦聯制和單一制

特別行政區與中國一般省級地方相比，其「特別」之處在於：特別行政區實行資本主義，而一般地方則實行社會主義；特別行政區享有高度自治權，這種自治權不僅大於一般地方，而且也大於聯邦制下的

---

36. 范宏雲（2014）。〈「一國兩制」下的中央全面管治權〉，《特區實踐與理論》。5 期。

37. 魏淑君、張小帥（2016）。〈論「一國兩制」下中央對港澳特區的全面管治權〉，《中國浦東幹部學院學報》。6 期。魏淑君等人同時對主權何以為管治權提供正當性進行了論證，包括：其一，中國政府堅決不承認英國、葡萄牙與晚清政府簽訂的不平等條約的效力，直接否定了英國、葡萄牙政府對香港、澳門的主權主張的正當性；其二，1997 年 6 月 26 日國務院發佈的《中華人民共和國國務院關於授權香港特別行政區政府接收原香港政府資產的決定》規定，中央人民政府授權即將成立的香港特區政府接收和負責對港英政府的全部資產和債務，並根據香港特區的有關法律自主進行管理；第三，港澳《基本法》中存在這諸多關於香港與澳門的主權屬於中國的規定，其中既有原則性規定，也有具體的權力分配規定。

38. 參見范宏雲（2014）。〈「一國兩制」下的中央全面管治權〉，《特區實踐與理論》。5 期。

39. 郝鐵川（2015）。〈從國家主權與歷史傳統看香港特區政治體制〉，《法學》。11 期。

邦的權力；特別行政區與中央的關係要有法律明文規定；特別行政區的設立及其所實行的制度要由國家最高權力機關即全國人民代表大會決定。[40] 相對於省而言，特別行政區享有的高度自治權較大，這使一些人在討論中央和特區關係時忽視了中國的國家結構形式，進而提出下列觀點。有人認為「一國兩制」之下，高度自治意味着特區擁有對抗中央政府的權利；有人認為高度自治本質上屬於《公民權利與政治權利公約》所規定的「自決權」；[41] 有人指出香港特別行政區享有的高度自治權類似於聯邦國家成員享有的權力，在某些方面如成立單獨關稅區，單獨發行貨幣，甚至超過聯邦國家成員邦的權力，於是就認為香港特區同中央的關係已經超出單一制的範疇而帶有聯邦制的特點[42]。基於上述觀點，他們認為全國人大常委會的釋法構成了越權，干涉了特區高度自治，或者認為應當修訂《基本法》，以更加明確中央地方分權，防止類似情況發生。[43]

從國家結構形式的角度，可以很好的回應上述觀點。一般而言，主要的國家結構形式有三種，即邦聯制、聯邦制和單一制。王振民分析了邦聯制、聯邦自和單一制在創設的權力重心、憲法與國際法上的「人格」不同，提出了兩個判斷國家結構形式的標準：第一是地方區域政府權力的性質和「剩餘權力」的歸屬；第二是地方政府有沒有「自主組織權」。[44] 他指出中國一直都實行單一制結構，歷史上基本奉行「一國一制」原則。[45] 蕭蔚雲教授指出單一制和聯邦制有以下區別：是否具有固有權、是否具有自主組織權、是否具有參政權、地方政府的職權

40. 王振民（2014）。《中央與特別行政區關係：一種法治結構的解析》。香港：三聯書店有限公司。

41. 程潔（2007）。〈中央管治權與特區高度自治 —— 以基本法規定的授權關係為框架〉，《法學》。8 期。

42. 王叔文（1990）。《香港特別行政區基本法導論》。北京：中共中央黨校出版社。

43. 同註 41。

44. 同註 40。

45. 同上註。

是否由中央授予、中央和地方政府職權的劃分是否有憲法保障。【46】他認為香港特區是中國單一制國家結構形式下的一個地方行政區域，主要基於以下三個理由：一是從香港的歷史發展看，香港自古以來就是中國領土的組成部分；二是香港特區所享有的高度自治權是由全國人民代表大會通過法律授予的，其權力具有派生性；三是從《香港基本法》的性質看，它是中華人民共和國關於香港特別行政區的授權法，在中國的法律體系中屬於基本法的範疇。【47】王禹【48】在比較法的基礎上，根據中央與地方的關係，將單一制國家分為簡單單一制、複雜單一制和複合單一制。他認為複雜單一制是指在單一制國家的結構形式下，存在着普通國家結構單位和特殊國家結構單位的區別，中央與地方存在着兩種或兩種以上不同的法律關係。在中國單一制的國家結構形式下，既存在着作為普通國家結構單位的省和直轄市，又有特殊國家結構單位的民族自治權和特別行政區。因而，中國屬於複雜單一制的國家結構形式。因此，特區從法律性質看是單一制國家結構形式下一個享有高度自治權的地方區域，「一國兩制」並沒有改變我國單一制結構。

香港、澳門特區雖然享有比其他聯邦國家成員各國在內容或範圍上大得多的自治權【49】，但其仍是單一制體制下的地方。特別行政區與聯邦制國家中的州（邦或成員國）有以下幾個區別：一是不擁有自己的憲法；二是不擁有固定權力和剩餘權力；三是權力運行方式不同；四是特別行政區無權與中央抗衡。【50】在單一制國家中，主權在中央，中央的權力是本源性的、全面性的，地方沒有任何固定的權力，地方的權力來自中央的授權，並且這種授權也僅是「權力行使的轉移，而非權力本

---

46. 蕭蔚雲主編（1990）。《一國兩制與香港基本法律制度》。北京：北京大學出版社。

47. 同上註。

48. 參見王禹（2008）。《「一國兩制」憲法精神研究》。廣東：廣東人民出版社。

49. 楊靜輝、李祥琴（1997）。《港澳基本法比較研究》。北京：北京大學出版社。

50. 傅思明（1997）。《香港特別行政區基本法通論》。北京：中國檢察出版社。

身的轉移」。[51] 地方權力來源是授權而不是分權[52]。因此，對中央和特區關係的討論應當建立在中國是單一制國家這一前提之下，從本質上看是單一制國家下中央與地方關係，特區是享有高度自治的地方行政區域，但又具有一定的特殊性。

（三）處理中央和特區關係的基本原則

基於香港、澳門特別行政區的獨特地位，中央在處理與特區關係時，遵循特有的原則。王振民[53] 對處理中央和特區關係的基本原則進行了總結，指出其首要原則就是「一國兩制」，具體包括三大方面。第一，「一國兩制」原則。該原則首先強調維護國家統一與領土權，尊重歷史與現實，保持特別行政區的繁榮與穩定，處理好「一國」與「兩制」的關係。第二，「港人治港」、「澳人治澳」、「高度自治」原則。第三，法治原則。在該原則下要嚴格依照《基本法》辦事，中央對特別行政區行使的權力要嚴格限制在法律規定的範圍內。同時提出對有關中央與特別關係的法律，如若修改需要遵循嚴格的法律程序。這些原則貫穿了處理中央和特區權力的劃分、行使和監督的全過程。蕭蔚雲教授[54] 總結了處理中央和特區關係的三項基本原則：第一，維護國家統一、主權和保證香港特別行政區高度自治相結合的原則；第二，在「一國」前提下社會主義與則本主義兩種制度共存；第三，法制原則。焦洪昌[55] 認為處理中央與特區關係應當遵從以下兩個基本原則。第一，「一國兩

---

51. 王禹（2016）。《恢復行使主權》。北京：人民出版社。

52. 有部分著作用 "separation of power" 來描述中央和地方權力關係，雖然並沒有明確指出中央和地方是分權的關係，但在一定程度上容易導致誤解。例如 Johannes S. C. Chan and C. L. Lim, "Law of the Hong Kong Constitution" 中，採用了 "separation of power" 的論述方式。See Johannes M. M. Chan, H. L. Fu and Ghai Yash (2000). *Hong Kong's Constitutional Debate: Conflict Over Interpretation*. Hong Kong: Hong Kong University Press. pp. 2, 25.

53. 參見王振民（2014）。《中央與特別行政區關係：一種法治結構的解析》。香港：三聯書店有限公司。

54. 蕭蔚雲主編（1990）。《一國兩制與香港基本法律制度》。北京：北京大學出版社。

55. 焦洪昌主編（2007）。《港澳基本法》。北京：北京大學出版社。

制」原則，該原則是中國處理港澳問題的基本方針和政策，也是處理中央與特別行政區關係的基本指導思想。第二，法治原則，該原則包括三個具體要求。第一，法治原則要求盡可能把中央與特別行政區的關係法律化和制度化。第二，中央對特別行政區行使的權力要嚴格限制在法律規定的範圍內。第三，有關特別行政區關係的法律，包括《基本法》，要嚴格、慎重地修改。

儘管不同學者對中央與特區關係的基本原則有着不同的表述方式，但基本都支持以下兩個原則。第一，「一國兩制」原則。「一國」原則要求在處理中央與特別行政區關係時，必須首先把維護國家的統一、維護國家領土及主權的完整放在首位。「兩制」原則要求在處理中央與特別行政區的關係時，既要維護國家的統一與主權，又要十分注意不損害這些地區的繁榮與穩定。在「兩制」原則下，要做到「港人治港、澳人治澳」。同時，還要求正確理解「一國」和「兩制」之間的關係。第二，法治原則，該原則下有三個要求。一是要嚴格依照《基本法》辦事；二是中央對特別行政區行使的權力要嚴格限制在法律規定的範圍內；三是要求有關中央與特別行政區關係的法律，其修改程序要十分嚴格，不可隨意修改。

在中央和特區關係中，最為核心的就是兩個的權力關係，既涉及到《憲法》及《基本法》的具體條文，又涉及到基本法在特區的實施問題，這是學術界討論的熱點。

三、權力劃分和行使

《基本法》規定了特區是中華人民共和國的一個擁有高度自治權的地方行政區域，享有行政管理權、立法權、獨立的司法權和終審權。如何認識中央和特區權力界限是落實「一國兩制」構想和正確實施《基本法》的關鍵。《基本法》不僅規定了中央行使的權力與特別行政區高度自治權的關係，還界定了中央的權力、特別行政區的權力，以及

其行使的條件與界限。【56】王叔文總結了中央和特別行政區的關係，認為這種關係大體上可以分為三種情況。第一種，屬於國家主權和國家整體權益範圍的事務，由中央管理，香港特別行政區必須服從中央的領導；第二種，特別行政區的地方性事務，由香港特別行政區自己管理，但其中有些事務要受中央監督；第三，此外的地方性事務，由香港特別行政區自己管理，中央一概不干預。【57】王振民則將權力劃分為五種情況【58】。也有學者【59】將中央和特區關係分為三個類型，即領導與被領導關係、監督與被監督關係、授權與被授權的關係，中央和地方權力在不同關係中有不同的體現。無論採用哪種劃分標準，從本質上都與白皮書的規定一致【60】。白皮書指出中央對香港擁有全面管治權包括兩方面，一方面是中央直接行使權力，另一方面是授權特區依法實行高度自治，中央具有監督權力。下文對權力劃分和行使的論述也將從這兩個角度展開。

---

56. 牛文展（2008）。〈論中央政府的權力與高度自治的關係——從憲法與《基本法》的角度〉，《基本法回顧與前瞻研討會論文集（2007）》。香港：一國兩制研究中心。

57. 王叔文（1990）。《香港特別行政區基本法導論》。北京：中共中央黨校出版社。

58. 王振民指出，具體而言，《基本法》對職權的劃分可以分為以下幾種情況，一是有些權力完全由中央直接行使，如防務；二是有些權力歸中央行使，但中央在行使這些權力時，充分吸收特別行政區的參與，如中央對特別行政區《基本法》的解釋權；三是有些權力歸中央，但中央不行使，而授權特別行政區——法定的名義、方式自主處理對外經貿關係，中央對此實施監督。四是有些權力歸特別行政區行使，中央只發揮監督作用，例如立法權歸特別行政區行使，中央只用備案的形式起監督作用。五是有些權力完全歸特別行政區行使，如司法權和終審權，管理金融貿易的權力等。參見王振民（2014）。《中央與特別行政區關係：一種法治結構的解析》。香港：三聯書店有限公司。

59. 例如傅思明在《香港特別行政區基本法通論》中就有此論述。參見傅思明（1997）。《香港特別行政區基本法通論》。北京：中國檢察出版社。

60. 例如董立坤將中央權力分為兩類，第一類是與主權密切相關的重大權力由中央直接行使，第二類是中央授權香港行使高度自治權。參見董立坤（2014）。《中央管治權與香港特區高度自治權》。北京：法律出版社。

（一）中央享有的權力

中央對香港特區享有的全面管治權源自於中央對香港享有的主權，是對香港特別行政區的管轄權和治理權。這些直接由中央行使的權力大多與主權密切相關，在《基本法》中均有所體現。主要可分為以下幾種。

第一，負責管理與香港特別行政區有關的外交事務。外交事務往往與主權密切相關，因此決定了其權力行使主體應為主權國家。在實踐中，中央對港澳外交事務的管理主要有五個方面。第一，支持特區對外交往與合作；第二，處理國際條約在特區的適用條約法律問題；第三，審批外國在特別行政區設立領事機構或其他官方、半官方機構；第四，維護港澳同胞在海外的安全和合法權益；第五，防範和遏制外部勢力干預港澳事務。這些事務主要由外交部駐港澳公署負責。除上述事務外，中央政府也可以通過授權的方式賦予特區自行處理外交事務的權力，《基本法》第五章、第六章、第七章賦予港澳在經濟、文化領域處理事務的權力，是高度自治權的體現。

第二，負責香港特別行政區的防務。外交和國防是一個國家主權的標誌，對國防的規定主要體現在《基本法》第 14 條 [61]。在防務問題上，中央向香港特別行政區派駐軍隊，管理防務，駐軍費用由中央人民政府負擔。駐軍在一定的前提和條件下，可以協助維持特區的社會治安或救助自然災害。《澳門基本法》中沒有寫到駐軍問題，這與澳門實際情況密切相關。在實踐中，《中華人民共和國香港特別行政區駐軍法》、《中華人民共和國澳門特別行政區駐軍法》兩部駐軍法規定了駐

---

61. 《香港基本法》第 14 條：「中央人民政府負責管理香港特別行政區的防務。
香港特別行政區政府負責維持香港特別行政區的社會治安。
中央人民政府派駐香港特別行政區負責防務的軍隊不干預香港特別行政區的地方事務。香港特別行政區政府在必要時，可向中央人民政府請求駐軍協助維持社會治安和救助災害。
駐軍人員除須遵守全國性的法律外，還須遵守香港特別行政區的法律。
駐軍費用由中央人民政府負擔。」

港、駐澳部隊的職責，包括：防備和抵禦侵略、保衛特別行政區的安全；負擔防衛勤務；管理軍事設施；承辦有關的涉外軍事事宜。

第三，任命行政長官和主要官員。《基本法》第 15 條規定：「中央人民政府依照本法第四章的規定任命香港特別行政區行政長官和行政機關的主要官員。」《香港基本法》第 48 條第 5 款將主要官員明確為「各司司長、副司長，各局局長，廉政專員，審計署署長，警務處處長，入境事務處處長，海關關長」，《澳門基本法》第 50 條第 6 款將主要官員劃定為「各司司長、廉政專員、審計長、警察部門主要負責人和海關主要負責人」。同時，《澳門基本法》規定了中央政府有權任免澳門特別行政區檢察院檢察長。

當前學界產生爭議較多的問題是中央對行政長官的任命權究竟是實質任命權還是形式任命權。任命權如何行使是事關選舉的最後環節和關鍵環節，這一問題在基本法起草時就經過討論【62】。主張形式任命權或名義上的權力的人認為，中央對香港的方針是「港人治港」，因此由誰來出任行政長官，應以香港人民的意願為依歸，行政長官在經過選舉或協商產生後，中央即應尊重香港人民的議員加以任命，不能拒絕任命。【63】上述觀點誤解了「港人治港」的含義，使國家主權的行使流於形式。大多數學者認為中央享有的任命權是實質任命權，例如韓大元指出「中央人民政府任命特首的權力是實質性的，即中央人民政府擁有依法獨立決定是否對當選者予以任命的權力」【64】；王叔文認為形式任命

---

62. 《基本法草案徵求意見稿》的諮詢過程中，有關於任命權的實質性或形式性的疑問被提出來，諸如（1）如中央人民政府不任命選舉出來的行政長官，會如何處理？（2）中央人民政府是否一定要任命選出來的行政長官呢？（3）由「中央人民政府任命」是否指中央人民政府有實權不任命「通過選舉或協商產生」之候任行政長官？等等。總體而言，起草過程中的各方意見對任命權問題關注不多。參見李浩然（2012）。《香港基本法起草過程概覽（中冊）》。香港：三聯書店有限公司。

63. 王叔文（1990）。《香港特別行政區基本法導論》。北京：中共中央黨校出版社。

64. 韓大元、黃明濤（2014）。〈論中央人民政府對香港特區行政長官的任命權〉，《港澳研究》。1 期，13 頁。

權「並不符合國家對香港的基本方針政策」[65]。支持實質任命權的主要基於以下觀點。第一，在《基本法》起草之時，基本法起草委員會總體上認為中央人民政府的任命權是實質性權力，「形式任命權」的觀點缺乏歷史根據和説服力[66]。第二，中央對行政長官的任命權，體現了國家對香港的主權。[67]第三，中央對香港特區主要官員享有實質性的任免權符合香港特區的法律地位，符合中央和特區兩者直轄與被直轄之間的關係。[68]第四，中央對香港特區主要官員享有實質性任免權有助於保障中央對特區各項方針的真正落實。[69]第二、三、四觀點實質上是從中央和地方關係出發進行論證。第五，《基本法》從多個方面保障了中央對主要官員實質任免權的行使，主要體現在《基本法》規定中央對特區主要官員的任命權和免職權、主要官員對中央政府負責制和國家行為不受審查制度。[70]因此，支持中央任免權是形式權力的觀點既缺乏歷史根據，又缺乏理論論證。中央的實質任命權意味着，行政長官在當地經選舉或協商產生後，中央可以任命，也可以不任命；如果拒絕任命，就需要重新協商或選舉。

　　第四，決定特別行政區進入緊急狀態。《基本法》第 18 條第 4 款[71]對緊急狀態的權力加以規定，確定進入緊急狀態的兩種情況：一是國

---

65. 同註 63。98 頁。

66. 參見韓大元、黃明濤（2014）。〈論中央人民政府對香港特區行政長官的任命權〉，《港澳研究》。1 期。

67. 王叔文（1990）。《香港特別行政區基本法導論》。北京：中共中央黨校出版社。98 頁。其他學者也作出過類似的論證，例如傅思明認為對行政長官的任命權是體現國家主權的重要措施，因此必須是一項實質性權力。參見傅思明（1997）。《香港特別行政區基本法通論》。北京：中國檢察出版社。

68. 參見董立坤（2014）。《中央管治權與香港特區高度自治權》。北京：法律出版社。

69. 同上註。

70. 同上註。

71.《香港特別行政區基本法》第 18 條第 4 款：「全國人民代表大會常務委員會決定宣佈戰爭狀態或因香港特別行政區內發生香港特別行政區政府不能控制的危及國家統一或安全的動亂而決定香港特別行政區進入緊急狀態，中央人民政府可發佈命令將有關全國性法律在香港特別行政區實施。」

家進入戰爭狀態；二是特別行政區發生了危及國家統一或安全的動亂而特別行政區政府對動亂已失去控制。作出該決定的主體是全國人民代表大會常務委員會。在進入緊急狀態後，全國人大常委會有權決定將有關的全國性法律在香港特別行政區實施。

第五，修改《基本法》。《基本法》第 159 條【72】對修改作出了規定，《基本法》是由全國人大制定的法律，其修改主體為全國人大。《基本法》修改的提案權行使主體包括：全國人民代表大會常務委員會、國務院和香港特別行政區，該範圍小於全國人大組織法規定的可向人大提出議案的機關範圍。第 159 條對《基本法》的修改作出了較為嚴格的規定，須經特別行政區的全國人民代表大會代表三分之二多數、特別行政區立法會全體議員三分之二多數和特別行政區行政長官同意後，交由特別行政區出席全國人民代表大會的代表團向全國人民代表大會提出。上述規定保證了《基本法》的穩定性。此外，《基本法》附件一、附件二對特區立法會、行政長官產生辦法的修改，採取相對簡單的方式，即立法會全體議員三分之二多數通過，行政長官同意。立法會產生辦法的修改需報全國人大常委會批准，行政長官的產生辦法需報全國人大常委會備案。

第六，解釋《基本法》。中國《憲法》第 67 條第 3 款及《基本法》第 158 條第 1 款【73】明確了《基本法》的解釋主體為全國人大常委會。解釋可分為以下幾種情況：全國人民代表大會常務委員會授權特別行政區法院對自治權範圍內的條款自行解釋；對《基本法》自治範圍以外

---

72. 《香港基本法》第 159 條：「本法的修改權屬於全國人民代表大會。
   本法的修改提案權屬於全國人民代表大會常務委員會、國務院和香港特別行政區。香港特別行政區的修改議案，須經香港特別行政區的全國人民代表大會代表三分之二多數、香港特別行政區立法會全體議員三分之二多數和香港特別行政區行政長官同意後，交由香港特別行政區出席全國人民代表大會的代表團向全國人民代表大會提出。
   本法的修改議案在列入全國人民代表大會的議程前，先由香港特別行政區基本法委員會研究並提出意見。
   本法的任何修改，均不得同中華人民共和國對香港既定的基本方針政策相抵觸。」
73. 《澳門基本法》的相關規定體現在第 143 條第 1 款。

的條款，全國人大常委會可授予特區法院在審理案件時的解釋權；但如果涉及到中央人民政府管理的事務或中央和特區的關係，該條款的解釋又會影響到案件的判決，特區終審法院應提請全國人大常委會作出解釋。在《基本法》起草時，就曾對《基本法》的解釋主體進行過討論，主要有三種觀點：一是《基本法》的解釋權應全部授予特別行政區法院；二是全國人大常委會和特別行政區應共同擁有《基本法》的解釋權；三是特別行政區法院的終審案件如涉及有關《基本法》的條款解釋，應提請全國人大常委會作出解釋後裁決。[74]有學者[75]指出《基本法》解釋權歸屬的爭議，歸根結底是兩種法律解釋機制如何互相協調的問題，即中國現行的以立法解釋為主導的法律解釋體制與香港特別行政區實行的「司法解釋至上」原則如何協調的問題。最終經討論，確立了現有的《基本法》解釋模式。[76]

有人對該解釋模式提出質疑，認為它會破壞香港特別行政區的司法權和終審權的獨立行使，也有學者[77]從學理的角度主張應當由法院來解釋憲法和法律，由此實現「憲法司法化」。有學者[78]站在主權國家

---

74. 參見焦洪昌主編（2007）。《港澳基本法》。北京：北京大學出版社。

75. 同上註。

76. 有著作專門對基本法的解釋進行討論，例如白晟（2012）。《香港基本法解釋問題研究 —— 以法理學為視角》。北京：中國政法大學出版社。再如 Johannes M. M. Chan, H. L. Fu and Ghai Yash (2000). *Hong Kong's Constitutional Debate: Conflict over Interpretation.* Hong Kong: Hong Kong University Press. 該書包括兩個部分，一個是學術分析，另一個是公眾討論，對《基本法》解釋進行了較為深入的探討。

77. 參見強世功（2009）。〈司法主權之爭 —— 從吳嘉玲案看「人大釋法」的憲政意涵〉，《清華法學》。5 期。

78. 例如王叔文指出：「英國及其他歐洲共同體成員國都接受了共同體條約規定的這種辦法，它們作為主權國家不認為這樣做有損於自己的司法獨立，為什麼作為地方行政區域的香港特別行政區法院提請全國人大常委會解釋基本法，竟然會有損於司法獨立呢？」參見王叔文（1990）。《香港特別行政區基本法導論》。北京：中共中央黨校出版社。

的角度對此進行反駁，有學者【79】從全國人大常委會解釋權性質的角度進行反駁；也有學者【80】指出這種解釋是一種「隱性的司法主權」，這種解釋權並不是由最高國家司法機關行使，而是由一個立法機關或政治機關來行使。《基本法》的解釋在香港特區的實踐引發了較多的爭議，有學者【81】對目前爭議的焦點進行了總結。爭議主要包括：全國人大常委會的解釋權是否有所限制、全國人大對於授權特區法院自行解釋的特區自治範圍內條款是否有權解釋、對於是否屬於提請全國人大常委會的條款的判斷權歸屬、特區法院的提請是否是全國人大常委會釋法權行使的唯一程序，以及全國人大常委會釋法的文本效力。

除了上述權力外，中央還享有以下權力。第一，按法定程序在特別行政區適用憲法和實施全國性法律的權力。《憲法》在總體上在特區實施，但特區實行的制度、政策和法律又需以《基本法》為依據。【82】《基本法》第 18 條第 2 款、第 3 款對全國性法律的實施作出了規定，明確了在香港實行的全國性法律應當納入附件三，主要涉及國防、外交和其他按照《基本法》規定不屬於香港特區自治範圍內的事項。第二，特區創制權，全國人大 1990 年 4 月 4 日通過了《關於設立中華人民共和

---

79. 例如焦洪昌指出：「按照我國《憲法》和《立法法》的規定，全國人民代表大會常務委員會行使的法律解釋權僅限於法律的規定需要進一步明確具體含義或法律制定後出現新情況，需要明確適用法律依據這兩種情況，其並不針對具體案件，而且由於該解釋的不可溯性，從而並不存在全國人民代表大會常務委員會對特別行政區獨立的司法權和終審權的干涉問題。」

80. 例如強世功在《司法主權之爭 —— 從吳嘉玲案看「人大釋法」的憲政意涵》一文中指出，在《基本法》解釋機制問題上，內地法學家普遍忽略了司法主權的問題，只有陳端洪注意到人大常委會解釋《基本法》實際上是在行使司法權。陳端洪是從一般法理原則中的「立法者引退」角度出發論證。強世功是從《基本法》確立的立法機入手分析，認為由立法者行使最低限度的司法主權既是由中國憲政體制決定的，也是由香港回歸初期特殊的歷史狀況決定的。之所以強調這個是一種「最低限度的司法主權」，一方面是指權力範圍有限，主要在涉及「自治範圍之外條款」的案件中，才通過人大釋法發揮司法監督功能；另一方面是權力的強度有限，因為人大釋法僅僅闡明法律含義並通過這種方式來影響案件判決，並沒有直接審理俺案，也不直接做出判決。參見強世功（2009）。〈司法主權之爭 —— 從吳嘉玲案看「人大釋法」的憲政意涵〉，《清華法學》。5 期，9 頁。

81. 參見董立坤（2014）。《中央管治權與香港特區高度自治權》。北京：法律出版社。

82. 宋小莊（2003）。《論「一國兩制」下中央和香港特區的關係》。北京：中國人民大學出版社。

國香港特別行政區的決定》、1993 年 3 月 31 日通過了《關於設立中華
人民共和國澳門特別行政區的決定》，並通過一系列的程序完成設立香
港、澳門特區的全部法律程序。第三，法律審查權。《基本法》第 17 條
和第 160 條規定了全國人大常委會對香港法律的審查權。具體包括三個
方面：一是對法律的事先審查權；二是對法律的事後審查權；三是對
特區立法機關新制定的法律及特區新判例法的審查權。第四，重大事
項決定權，這裏的重大事項既包括上文提及的全國性法律實施，又包
括如下內容：決定特區進入戰爭狀態和緊急狀態、決定特區全國人民
代表大會代表的選舉事宜、決定國際協議是否適用於特別行政區、決
定內地公民定居特別行政區的人數等。[83]

　　當前學界對中央享有哪種權力不存在較大的爭議，不同著作和論
文多是採取不同的分類方法，具體的內容基本一致。中央將部分自身
享有的權力授予特區行使，這構成了特區的高度自治權。

（二）特區的高度自治權

　　特別行政區的高度自治權來自於中央授予，體現在《基本法》第 2
條[84]和第 13 條第 3 款[85]。有學者也引用《聯合聲明》的規定來證明香
港擁有的自治權。[86]不同學者對高度自治權的具體內容作出了闡釋，大
體可分為立法權、行政管理權、獨立的司法權和終審權和自行處理有
關對外事務的權力。

　　第一，特區享有立法權。《基本法》第 17 條第 1 款規定「特別行政
區享有立法權」，明確了特區的立法權。《基本法》對特區立法權作出

---

83. 參見焦洪昌主編（2007）。《港澳基本法》。北京：北京大學出版社。

84. 《基本法》第 2 條：「全國人民代表大會授權香港特別行政區依照本法的規定實行高度自治，享有行政管理權、立法權、獨立的司法權和終審權。」

85. 《基本法》第 13 條第 3 款：「中央人民政府授權香港特別行政區依照本法自行處理有關的對外事務。」

86. See Ghai Yash (1997). *Hong Kong's New Constitutional Order: The Resumption of Chinese Sovereignty and the Basic Law*. Hong Kong: Hong Kong University Press.

了一定的規定。第 17 條第 2 款【87】明確了特區立法機關制定的法律，必須報全國人大常委會備案，備案不影響其生效。第 17 條第 3 款【88】規定中央可將法律發回，但不做修改。從《基本法》的整體理解，特區立法機關有權就特區高度自治範圍內的一切事物立法，但對外交、國防，以及其他屬於中央人民政府管理範圍的事務無權立法。【89】同時，符合《基本法》第 18 條規定的在特區實施的全國性法律，也需要特區在當地自行公佈或立法實施。

第二，行政管理權。【90】《基本法》並沒有在法律中對特區享有的行政管理權進行詳細的列舉，而是在第 16 條【91】規定了特區享有行政管理權，依照《基本法》的有關規定自行處理特區的行政事務。一般認為，香港特別行政區享有如下行政管理權：行政決策權；發佈命令權；參與、制約立法工作並擁有附屬立法權；人事任免權；臨時撥款權；維持社會治安的權力；經濟管理權；教育管理權；醫療管理權；科技管理權；文化事業管理權；體育事業管理權；社會福利政策自治權；專業資格評審權；勞工管理權等。澳門的規定和香港略有不同，其中澳門還有如下權力：制定行政法規；行政長官有權任免部分立法會議員、各級法院院長、檢察官；行政長官有權頒授澳門特區獎章和榮譽

---

87. 《香港基本法》第 17 條第 2 款：「香港特別行政區的立法機關制定的法律須報全國人民代表大會常務委員會備案。備案不影響該法律的生效。」

88. 《香港基本法》第 17 條第 3 款：「全國人民代表大會常務委員會在徵詢其所屬的香港特別行政區基本法委員會後，如認為香港特別行政區立法機關制定的任何法律不符合本法關於中央管理的事務及中央和香港特別行政區的關係的條款，可將有關法律發回，但不作修改。經全國人民代表大會常務委員會發回的法律立即失效。該法律的失效，除香港特別行政區的法律另有規定外，無溯及力。」

89. 王叔文（1990）。《香港特別行政區基本法導論》。北京：中共中央黨校出版社。

90. 這一部分的總結參考了焦洪昌主編（2007）。《港澳基本法》。北京：北京大學出版社。

91. 有學者指出，在基本法（草案）徵求意見稿中，對此採用的是另一種寫法：「香港特別行政區享有行政管理權，依照本法的有關規定自行處理財政、金融、經濟、工商業、貿易、稅務、郵政、民航、海事、交通運輸、漁業、農業、人事、民政、勞工、教育、醫療衛生、社會福利、文化康樂、市政建設、城市規劃、房屋、房地產、治安、出入境、天文氣象、通訊、科技、體育和其他方面的行政事務。」王叔文（1990）。《香港特別行政區基本法導論》。北京：中共中央黨校出版社。109 頁。

稱號。相對於香港，澳門缺少一些經濟方面的權力，例如與外國續簽或者修改原有的民用航空協定和協議、與外國談判簽訂新的民用航空運輸協定等。也有學者將行政管理權分為抽象行政行為、人事任免權和具體行政行為三種類型。【92】

第三，獨立的司法權和終審權，在《基本法》第 19 條中有所體現。「獨立的司法權」，指香港、澳門特別行政區各級法院依法行使特區的審判權，特區法院獨立行使審判，不受任何干預；「終審權」，指香港、澳門特別行政區有權設立終審法院，作為香港、澳門特別行政區各級法院審理各類案件的最終審級法院。【93】上述權力要受到兩個限制：一是受到特區內部的限制，即受特區原有的法律制度和原則對法院審判權所做的約束；二是受到中央的限制，即特區對各級法院對國防、外交等國家行為無管轄權。

第四，依法處理對外事務的權力。這是高度自治權的一個重要方面，與港澳特區的歷史背景和社會環境密切相關。該權力源於中央授予，主要集中在《基本法》第七章規定的經濟、文化領域。具體包括發展對外經貿文化關係、參加國家組織與國家會議、參加有關的外交談判、簽發護照和旅行證件、外國與特別行政區互相設立機構等。特區在對外方面，不得就國防、外交等問題作出決定。

除了高度自治權外，特區還享有參與管理全國性事務的權力和接受中央授予的「其他權力」的權力。2006 年批准設立的深圳灣口岸就是全國人大常委會通過決定的方式授權香港享有管轄權，使深圳灣口岸能夠實施「一地兩檢」。儘管《基本法》對中央和特區的權力進行了規定和列舉，但依舊無法窮盡對兩者權力分配的情況，這就產生了中央和特區在權力和責任劃分方面的爭議。

---

92. 王振民（2014）。《中央與特別行政區關係：一種法治結構的解析》。香港：三聯書店有限公司。

93. 楊靜輝、李祥琴（1997）。《港澳基本法比較研究》。北京：北京大學出版社。

（三）權力劃分的爭議

在《基本法》起草時，儘管各界都認同中央和特區必須有清楚的權力和責任劃分，但所持觀點各有不同。有人主張「零總和分配規律說」，認為政府權力的總量是一定的，如果中央享有的權力多了，地方政府享有的權力肯定少了，反之亦然。有人主張「對等地位說」，認為中央政府只有在國防和外交事務上才是特區的中央政府，在其他事務上中央和特區的地位是對等的。有人主張「灰色地帶說」，認為《基本法》中沒有清晰界定的事務管轄權，是「灰色地帶」，有人建議最好應當有特區政府行使。還有人主張「剩餘權力」，認為《基本法》中沒有明確指出歸中央還是地方的權力就是「剩餘權力」，為了表示中央對實施「一國兩制」的決心，這些權力最好應有特區享有。這些說法從本質上看，都傾向於擴大特區權力，並主張特區享有部分中央未享有的權力。其中「剩餘權力」問題是在《基本法》起草過程中，基本法起草委員會的中央與香港特別行政區關係專題小組內討論時間最長、爭論最多的問題之一。當前學術界對「剩餘權力」問題的討論也較多，存在着不同的觀點[94]，學界也對相關的學術論文進行討論。2007 年 6 月 6 日全國人大常委會委員長吳邦國在「紀念香港特別行政區基本法實施十周年座談會」上強調特區「不存在所謂『剩餘權力』問題」。

目前支持「剩餘權力」的人主要持有兩種觀點[95]。第一種，在《基本法》起草階段，有代表認為「在即將建立的香港特別行政區制度下，由中央政府行使國防、外交事務的權力。國防、外交以外的其他權力作為『剩餘權力』，應該概括地由特別行政區行使」。在這一觀點下，提出了要求在《基本法》明確中央行使的權力和特區享有權力之外的權

---

94. 例如，基本法草委許崇德教授、王叔文教授和基本法委員會委員譚惠珠等均認為，香港特區不存在「剩餘權力」，而香港特區民主派人士李柱銘等認為港區存在「剩餘權力」。參見張定淮、孟東（2009）。〈是「剩餘權力」，還是「保留性的本源權力」——中央與港、澳特區權力關係中一個值得關注的提法〉，《當代中國政治研究報告》。7 輯，246 頁。

95. 這兩種觀點的總結見張定淮、孟東（2009）。〈是「剩餘權力」，還是「保留性的本源權力」——中央與港、澳特區權力關係中一個值得關注的提法〉，《當代中國政治研究報告》。7 輯。

力由特區行使。第二種，有學者認為用「一國兩制」方式解決港澳主權回歸問題存在「剩餘權力」問題。面對上述兩種觀點，反對「剩餘權力」的學者從幾個方面進行了論述。

第一，從國家結構形式的角度看，「一國兩制」並沒有改變中國是單一制國家的本質，在單一制國家裏中央沒有授予地方的權力是「保留性的本源權力」，與聯邦制國家中的「剩餘權力」有着本質區別。從「剩餘權力」的概念看，其是聯邦制國家中的概念。聯邦國家的成員邦本來是國家，當它們聯合起來組成聯邦時，各自將其所有的權力保留在自己手裏，因此聯邦國家的憲法，在規定聯邦和成員邦各自享有的權力之後，還規定剩餘權力屬於成員邦。[96]在中國，雖然特別行政區享有的權力在一定程度上要比聯邦國家的成員州政府多，但仍未改變中國單一制國家的結構形式。在單一制國家中，國家擁有主權，特別行政區享有的權力源自於授權，沒有授予特區權力的享有主體是國家，中央政府享有「保留性的本源權力」。因此，不能將「剩餘權力」理論套用在中國單一制國家中。

第二，從有無必要性的角度看，有學者認為為了表示中央對實施「一國兩制」的決心，應當將「剩餘權力」賦予特別行政區享有。有學者認為沒有必要賦予特別行政區「剩餘權力」。正如上文所述，國家通過《基本法》授予香港在立法、司法、行政管理、處理對外事務等方面較為廣泛的權力，同時根據《基本法》第 20 條的規定，中央還可以對特別行政區進行新的授權，在實踐中該權力也得到了行使。因此，沒有必要在突破單一制國家理論的前提下，賦予特區所謂的「剩餘權力」。

第三，從授權和分權的角度看，特別行政區的權力來自於中央的授予，並不是通過分權而獲得。在分權的概念下，除了明文規定各個權力歸屬各個主體外，還存在一個「剩餘權力」問題；在授權的概念下，被授權者享有的權力以授予的權力為限度，未授予的權力依舊在

96.　王叔文（1990）。《香港特別行政區基本法導論》。北京：中共中央黨校出版社。

授權者，即中央的手中。因此，提出特區享有「剩餘權力」的人是從分權的視角出發，忽視了特區權力的享有是源自於中央授權這一前提。

由此可見，中央享有「保留性的本源權力」，特區通過權力授予的途徑享有高度自治權，「剩餘權力」、「灰色地帶」等説法在中國單一制國家體制下並不成立。中央和香港特別行政區的關係，不僅體現在權力劃分和行使中，還表現在中央對香港特別行政區高度自治權行使的監督。

四、權力的監督

中央對特別行政區高度自治權的監督是主權行使的表現，從時間順序看，發生在高度自治權行使之後。在授權理論之下，被授權者應當按照授權的方式和範圍行使權力，授權者對被授權者的行為進行監督。中央對特區權力的監督有不同的分類，有學者從立法、司法和行政三個角度出發論述；有學者從對授予香港行使的原屬於中央管理事務的治權和對香港的內部自治事務兩個方面對權力監督進行論述；有學者將權力監督劃分為中央國家機構對香港特區的直接監督、中央國家機構通過備案作出監督和通過解釋《基本法》進行監督。本文對權力監督的梳理通過立法、行政和司法三個方面進行。

第一，立法監督。《基本法》要求特區立法機關通過的所有法律，都不得與《基本法》相抵觸，主要體現在《基本法》第 17 條中。全國人大常委會的立法監督分為兩個層面：一是對特區立法會制的法律有備案權，但備案並不影響特區法律生效；二是對特區立法進行實質性審查，若認為特區立法不符合《基本法》的規定，可將法律發回，但不作修改。

第二，行政監督。《基本法》確立了中央對特區行政權的監督制度，即行政長官負責制。【97】行政長官及主要官員行使香港的行政權，故

---

97. 董立坤（2014）。《中央管治權與香港特區高度自治權》。北京：法律出版社。

中央對行政權的監督主要體現在對行政長官及主要官員的任免上，也包括行政長官的述職、報告和問責制度。[98]特區行政長官在當地通過選舉或協商產生，由中央人民政府任命，這一任命是形式任命還是實質任命是討論的焦點問題，在上文已經展開論述，多數學者認為中央對行政長官的任命應當是實質任命。除此之外，中央政府有權通過備案的形式特區的財政、外事等方面的事務予以監督。

第三，司法監督。中央對特區的司法監督可分為兩種情況：一是全國人大常委會對特區法院形式《基本法》解釋權享有監督權；二是中央對特區行使的司法權有監督權。首先，中央對特區行使《基本法》解釋權有監督權。特區的這項權力源於中央授權，自香港回歸以來，該項權力的行使引發了風波。有學者對該監督的體現進行了總結，認為主要有以下三方面。[99]第一，對釋法範圍的監督，即《基本法》中規定的特區政府僅對特區自治範圍內的條款享有解釋權。第二，對應當提請釋法行為的監督。《基本法》規定了特區法院「在審理案件時需要對本法關於中央人民政府管理的事務或中央和香港特別行政區關係的條款進行解釋，而該條款的解釋又影響到案件的判決」時，需要提請全國人大常委會作出解釋。第三，對特區法院錯誤釋法的糾正權。這一問題在吳嘉玲案中備受討論。

其次，中央對特區行使的司法權有監督權。有學者[100]總結了這種監督權，包括五個方面。第一，對法官任命的備案，體現在基本法第90條第2款。第二，對司法管轄權的限制，香港法院對國防、外交行為無管轄權。范忠信[101]探討了特區法院的管轄權，更討論了國家行為豁免問題，認為需要進一步具體化和完善化。第三，對判例法進行審

---

98. 同上註。

99. 同上註。

100. 參見上註。

101. 范忠信（2000）。〈「基本法」模式下的中央與特區司法關係〉，《法商研究（中南政法學院學報）》。5期。

查。第四，全國人大常委會對香港法律的審查結果對特區法院具有約束力。第五，全國人大常委會有關《基本法》的解釋權對特區法院具有約束力。該約束力對之前作出的判決不產生影響，釋法內容不具有拘束力。

本文從中央和特區關係的基本理論、中央和特區的權力劃分、行使及監督這幾個層面對已有的研究進行梳理。當前學界對這些問題都已經有較為全面和深入的討論，在一些問題上亦已達成共識，但在人大釋法、司法監督等引發爭議較多的問題上，還有待進一步討論。

參考書目

一、專著

王叔文（1990）。《香港特別行政區基本法導論》。北京：中共中央黨校出版社。

王禹（2008）。《「一國兩制」憲法精神研究》。廣東：廣東人民出版社。

王振民（2014）。《中央與特別行政區關係：一種法治結構的解析》。香港：三聯書店有限公司。

白晟（2012）。《香港基本法解釋問題研究 —— 以法理學為視角》。北京：中國政法大學出版社。

宋小莊（2003）。《論「一國兩制」下中央和香港特區的關係》。北京：中國人民大學出版社。

李浩然（2012）。《香港基本法起草過程概覽》。香港：三聯書店有限公司。

許崇德（2010）。《「一國兩制」理論助讀》。北京：中國民主法制出版社。

傅思明（1997）。《香港特別行政區基本法通論》。北京：中國檢察出版社。

焦洪昌主編（2007）。《港澳基本法》。北京：北京大學出版社。

楊靜輝、李祥琴（1997）。《港澳基本法比較研究》。北京：北京大學出版社。

董立坤（2014）。《中央管治權與香港特區高度自治權》。北京：法律出版社。

蕭蔚雲主編（1990）。《一國兩制與香港基本法律制度》。北京：北京大學出版社。

Chan, Johannes M. M., Fu, H. L. and Yash Ghai (2000). *Hong Kong's Constitutional Debate: Conflict over Interpretation*. Hong Kong: Hong Kong University Press.

Chan, Johannes S. C. and Lim, C. L. (2009). *Law of the Hong Kong Constitution*. Hong Kong: Sweet & Maxwell.

Ghai, Yash (1997). *Hong Kong's New Constitutional Order: The Resumption of Chinese Sovereignty and the Basic Law*. Hong Kong: Hong Kong University Press.

Gittings, Danny (2016). *Introduction of the Hong Kong Basic Law*, 2nd ed. Hong Kong: Hong Kong University Press.

Leung, Priscilla Mei-fun (2006). *The Hong Kong Basic Law: Hybrid of Common Law and Chinese Law.* Hong Kong: Lexis Nexis.

Lo, P. Y. (2011). *The Hong Kong Basic Law.* Hong Kong: Lexis Nexis.

二、學位論文

孔梓娜（2014）。《論基本法框架下中央司法與香港司法的關係》。暨南大學，碩士。

王藝璇（2015）。《香港特別行政區司法權研究》。武漢大學，博士。

何婧鳳（2013）。《論「一國兩制」下中央與香港特區的權力關係》。暨南大學，碩士。

孟燁（2013）。《香港基本法解釋研究》。中國地質大學（北京），碩士。

彭素梅（2017）。《國家統一與地方自治的關係研究——以〈香港特別行政區基本法〉為例》。南京大學，碩士。

程瀟綺（2016）。《中央對香港特別行政區管治權研究》。華南理工大學，碩士。

馮舟（2009）。《論香港〈基本法〉下中央政府對香港特區的「制度控制」——從「吳嘉玲」案說起》。中國政法大學，碩士。

馮顥（2016）。《特別行政區高度自治權研究》。河北大學，碩士。

黃振（2012）。《特別行政區高度自治權研究》。武漢大學，博士。

潘俊強（2011）。《論香港特別行政區高度自治權的法理基礎》。中國社會科學院研究生院，博士。

潘國建（2011）。《從「一國兩制」看中央與地方關係法治化》。河北師範大學，碩士。

聶婧（2016）。《香港基本法的授權法原理與制度研究》。深圳大學，碩士。

羅盈盈（2015）。《香港高度自治權的限度研究》。廣東財經大學，碩士。

三、英文期刊論文

Cheung, Peter T. Y. (2011). "Who's Influencing Whom? Exploring the Influence of Hong Kong on Politics and Governance in China," *Asian Survey,* 51(4): 713–738.

Ghai, Yash (1991). "The Past and the Future of Hong Kong's Constitution," *The China Quarterly,* 128: 794–813.

Kong, Qingjiang (2000). "Enforcement of Hong Kong SAR Court Judgments in the People's Republic of China," *The International and Comparative Law Quarterly,* 49(4): 867–875.

Lee, Jane C. Y. (1999). "Hong Kong-Mainland Relations after 1997," *China Review:* 133–145.

Shen, Jianfa (2003). "Cross-Border Connection between Hong Kong and Mainland China under 'Two Systems' before and beyond 1997," *Geografiska Annaler, Series B,* 85 (1): 1–17.

Tsim, T. L. (1991). "China-Hong Kong Relations," *China Review:* 8.1–8.26.

四、中文期刊論文

王振民（2004）。〈略論中央和特區的法律關係 —— 國家主權和高度自治〉,《中國法律》。6 期,20–23、84–89 頁。

王新建（2000）。〈中國主權與澳門駐軍〉,《法學雜誌》。1 期,7–9 頁。

王薇（2000）。〈論中央政府與香港特區政府的新型關係〉,《中華女子學院學報》。6 期,15–18 頁。

田飛龍（2007）。〈法律的抑或政治的? —— 香港基本法模式下的中央與地方關係反思〉,《研究生法學》。6 期,59–67 頁。

朱世海（2016）。〈香港基本法中的權力結構探析 —— 以中央與香港特別行政區關係為視角〉,《浙江社會科學》。6 期,65–73、157 頁。

朱世海（2018）。〈憲法與基本法關係新論:主體法與附屬法〉,《浙江社會科學》。4 期,36–45、156–157 頁。

朱國斌（2015）。〈新憲制秩序與中央 —— 特區關係〉,《原道》。3 期,12–25 頁。

朴柄久、劉世偉（2017）。〈《香港特別行政區基本法》的授權原則、特點及模式〉,《深圳大學學報（人文社會科學版）》。2 期,45–49 頁。

李浩然（2014）。〈香港司法案例中的中央與特區關係 —— 以提請釋法的條件和程序為視角〉,《港澳研究》。1 期,43–52、95 頁。

李曉兵、何天文（2018）。〈論全國人大釋法對香港憲制秩序的維護和塑造 —— 基於第五次全國人大釋法的思考〉,《江漢大學學報（社會科學版）》。3 期,13–21、124 頁。

周偉（2000）。〈論中央對香港、澳門特別行政區的立法權限〉,《現代法學》。4 期,37–40 頁。

林哲森（2013）。〈論人大釋法及其與香港特區司法終審權的銜接〉，《海峽法學》。3 期，55–63 頁。

范宏雲（2014）。〈「一國兩制」下的中央全面管治權〉，《特區實踐與理論》。5 期，49–52 頁。

范忠信（2000）。〈「基本法」模式下的中央與特區司法關係〉，《法商研究（中南政法學院學報）》。5 期，3–12 頁。

夏引業（2015）。〈憲法在香港特別行政區的適用〉，《甘肅政法學院學報》。5 期，27–42 頁。

夏正林、王勝坤（2017）。〈中央對香港特別行政區監督權若干問題研究〉，《國家行政學院學報》。3 期，21–26、128 頁。

郝鐵川（2015）。〈從國家主權與歷史傳統看香港特區政治體制〉，《法學》。11 期，69–79 頁。

郝鐵川（2017）。〈論中央對香港的憲制性管治權〉，《江漢大學學報（社會科學版）》。4 期，5–17、125 頁。

馬嶺（2016）。〈從《基本法》規範看中央與香港的權力關係〉，《哈爾濱工業大學學報（社會科學版）》。3 期，31–41 頁。

張小帥（2015）。〈論中央對特別行政區的立法權的權力來源、實施方式及合法性審查──以香港特別行政區為例〉，《政治與法律》。12 期，100–108 頁。

張小帥（2016）。〈論中央管治權的合法性──以香港特別行政區為例〉，《理論月刊》。2 期，84–91 頁。

張定淮、孟東（2009）。〈是「剩餘權力」，還是「保留性的本源權力」──中央與港、澳特區權力關係中一個值得關注的提法〉，《當代中國政治研究報告》。7 輯，246–258 頁。

張定淮、底高揚（2017）。〈論一國兩制下中央對香港特別行政區授權的性質〉，《政治與法律》。5 期，2–12 頁。

強世功（2009）。〈司法主權之爭──從吳嘉玲案看「人大釋法」的憲政意涵〉，《清華法學》。5 期，5–29 頁。

莊偉光（1999）。〈「一國兩制」下澳門特別行政區的法律地位〉，《廣東社會科學》。3 期，59–64 頁。

許昌（2016）。〈中央對特別行政區直接行使的權力的分類研究〉，《港澳研究》。3 期，32–41、94 頁。

許崇德（1999）。〈澳門特別行政區的法律地位〉，《鄭州大學學報：哲學社會科學版》。5 期，32–36 頁。

許崇德、胡錦光（1993）。〈試論澳門基本法的若干問題〉，《法學家》。2 期，73–80 頁。

郭天武、陳雪珍（2010）。〈論中央授權與香港特別行政區高度自治〉，《當代港澳研究》。2 期，1–13、91 頁。

陳以定（2008）。〈試析中央與香港特區權界〉，《福建省社會主義學報》。4 期，92–96 頁。

喬曉陽（2018）。〈中央全面管治權和澳門特別行政區高度自治權 —— 在紀念澳門基本法頒佈 25 周年學術研討會上的講話〉，《港澳研究》。2 期，3–6、93 頁。

溫學鵬（2017）。〈香港的「高度自治」與未來政制發展 —— 基於比較法的視角〉，《蘇州大學學報（法學版）》。3 期，56–66 頁。

焦洪昌、楊敬之（2017）。〈中央與特別行政區關係中的授權〉，《國家行政學院學報》。3 期，15–20、128 頁。

程潔（2007）。〈中央管治權與特區高度自治 —— 以基本法規定的授權關係為框架〉，《法學》。8 期，61–68 頁。

程潔（2017）。〈香港新憲制秩序的法理基礎：分權還是授權〉，《中國法學》。4 期，88–103 頁。

黃志勇、柯婧鳳（2011）。〈論基本法框架下中央與特別行政區的權力關係 —— 以「剩餘權力說」不成立為視角〉，《嶺南學刊》。4 期，80–82 頁。

葉遠濤（2017）。〈《基本法》語境下香港特區立法權受限性探析〉，《當代港澳研究》。2 期，37–54 頁。

劉兆佳（2015）。〈中央對特區主要官員的實質任免權和監督權將成為新常態〉，《港澳研究》。2 期，15–17 頁。

劉兆佳（2016）。〈中央與香港特區關係的磨合與發展 —— 兼論近期香港事態的變遷〉，《港澳研究》。4 期，3–13、91 頁。

潘俊強（2011）。〈關於中央與香港特別行政區關係的法理思考〉，《湖南大學學報（社會科學版）》。3 期，136–139 頁。

鄭磊（2015）。〈「一國」整全「兩制」——以基本法解釋制度構建為例看作為整全原則的「一國兩制」〉，《浙江學刊》。5 期，124–134 頁。

駱偉建（2018）。〈論中央全面管治權與特區高度自治權的有機結合〉，《港澳研究》。1 期，14–24、93 頁。

韓大元（2015）。〈香港基本法第 45 條解析：中央政府對香港特區行政長官任命權〉，《中國法律》。3 期，37–40 頁。

韓大元、黃明濤（2014）。〈論中央人人民政府對香港特區行政長官的任命權〉，《港澳研究》。1 期，13–21、94 頁。

魏淑君、張小帥(2016)。〈論「一國兩制」下中央對港澳特區的全面管治權〉,《中國浦東幹部學院學報》。6 期,103–111 頁。

五、會議論文

牛文展(2008)。〈論中央政府的權力與高度自治的關係 —— 從憲法與《基本法》的角度〉,《基本法回顧與前瞻研討會論文集(2007)》。香港:一國兩制研究中心。69–75 頁。

王津平(2008)。〈中央政府的權力與高度自治的關係〉,《基本法回顧與前瞻研討會論文集(2007)》。香港:一國兩制研究中心。53–56 頁。

王玲瓏(2008)。〈從主要官員的任免權看中央與特別行政區的關係〉,《基本法回顧與前瞻研討會論文集(2007)》。香港:一國兩制研究中心。76–80 頁。

王磊(2008)。〈論人大釋法與香港司法釋法的關係〉,《基本法回顧與前瞻研討會論文集(2007)》。香港:一國兩制研究中心。81–88 頁。

田飛龍(2009)。〈香港基本法模式下的中央與地方關係 —— 分權與自治的視角〉,《中國—瑞士「權力的縱向配置與地方治理」國際學術研討會》。

孫恪勤、李貞兵(2008)。〈試論中央權力與香港高度自治關係 —— 法理與實踐〉,《基本法回顧與前瞻研討會論文集(2007)》。香港:一國兩制研究中心。43–48 頁。

黃中明(1997)。〈「一國兩制」對憲法學的重大發展〉,《「一國兩制」與香港法律問題研究論文集》。四川:四川大學出版社。41–46 頁。

趙炳壽(1997)。〈香港特別行政區基本法概論〉,《「一國兩制」與香港法律問題研究論文集》。四川:四川大學出版社。19–40 頁。

劉乃強(2008)。〈中央政府的權力與高度自治的關係〉,《基本法回顧與前瞻研討會論文集(2007)》。香港:一國兩制研究中心。49–52 頁。